신구약 전체의 구원사 백두대간의 첫 출발지점이 출애굽 구원사다. 출애굽 구원 역사에 대한 기억들은 신구약을 관통하는 핵심 서사다. 출애굽 구원의 메아리는 창세기부터 요한계시록까지 쩌렁쩌렁 울린다(창 15:13-16; 계 13장 바다의 짐승). 예수와 바울, 그리고 다른 신약 저자들 또한 출애굽 구원이 이스라엘의 민족적 정체성의 가장 결정적인 표지임을 믿어 의심치 않았다. 이처럼 19세기 역사적-비평적 성서해석이 등장하기 전까지는 출애굽의 역사성은 자명한 공리였다. 그런데 19세기 율리우스 벨하우젠, 20세기 마르틴 노트 같은 독일학자들은 출애굽과 모세의 역사성을 의심하고 부정하는 학문적 주장들을 펼쳤고 경건한 성경 애호 신자들에게 우려와 비판을 자아냈다. 이런 상황에서도 출애굽의 역사적 사실성을 믿는 복음주의 학자들이 다수 활동해 오고 있다. 복음주의 학자들은 대체로 출애굽의 연대에서만 견해를 달리할 뿐 출애굽의 역사성을 옹호하고 믿는다. 본서는 출애굽의 역사성과 연대 등에 대한 다섯 가지 관점을 가진 학자들의 서면 집담회를 녹취한 듯한 책이다. 학자들 다섯 명 중 네 명은 출애굽 사건은 확실히 성경에 묘사된 그 방식으로(거의 같은 방식으로) 일어났다고 주장한다. 즉 출애굽의 역사성을 주장한다. 마지막 학자 로널드 헨델은 출애굽기의 기록은 역사적 사건을 바탕으로 만들어진 문화적 기억이라고 규정하며 출애굽기에 묘사된 그 방식대로 출애굽이 일어났다는 것에 대해서는 의심한다. 그러나 헨델이 나중에 이스라엘 조상이 될 일련의 셈족이 이집트에서 체류한 적이 있었다는 것을 부인하지는 않았다. 다섯 명 모두 셈족이 이집트에서 거주했다는 사실을 인정한다. 이들의 주장을 요약하면 다음과 같다:

- 기원전 15세기 연대설: 열왕기상 6:1, 이집트 역사가 마네토, 이집트 고고학 및 하솔, 아이 등의 이스라엘 고고학 자료 등에 의존하는 학설(스코트 스트리플링, 왕상 6:1에 집착함)이며 우리 나라 합신, 총신, 고신 등에서 가르

치는 대세 학설이다.

- 기원전 13세기 연대설: 출애굽기에 등장하는 지명·인명 등의 이집트 기원과 국고성 건축에 동원된 히브리 노예들의 상황 및 기원전 1208년경 이집트의 메르넵타가 가나안을 정복하고 나서 세운 업적칭송비문(메르넵타 석비) 등 성경 외적 자료에 의존하는 학자들의 입장(제임스 호프마이어)으로서 구약학자 버나드 앤더슨 등과 장신대 등에서 가르치는 대세다.
- 라암셋 2세 때 힉소스족 레위인 모세가 출애굽을 주도했다고 보는 입장(피터 파인만)으로서, 기원전 13세기 연대설과 유사하나 출애굽 영도자를 힉소스 족 레위인이라고 보는 점에서 전통학설에서 다소 이격된 주장이다.
- 기원전 12세기(라암셋 3세) 출애굽 연대설(게리 렌즈버그). 위의 둘째, 셋째와 유사한 가설이다.
- 문화적 기억으로서의 출애굽 가설: 역사적 사건의 신학적 각색이라는 가설이다(로널드 헨델).

이 책은 출애굽의 역사성을 진지하게 믿어보려는 성경 독자에게는 흥미진진한 책이다. 독자들은 이집트학, 고고학, 금석학 등이 성서해석에 동원되는 과정을 보면서 성서공부의 수고와 보람을 동시에 만끽할 수 있을 것이다. 출애굽의 역사성은 하나님의 성품, 예레미야 9:24("나는 사랑과 정의와 공의를 땅에서 행하는 하나님이다")에서 나오는 그 성품의 필연적 성취다. 억압과 부르짖음이 있는 곳에 하나님의 출애굽은 항상 있었다. 하나님은 압박당하는 자들을 위하여 공의로운 일을 행하시고 정의를 행하시는 하나님이시다. 출애굽의 역사를 부정하는 학문은 성공할 가능성이 전혀 없으며 출애굽의 역사를 옹호하는 학문은 반드시 흥할 것이다. 다만 출애굽의 역사성을 신앙의 이름으로 회피하기보다는 위의 다섯 학자처럼 그것을 올바로 옹호해 보려고 분투해야 한다.

김회권 숭실대학교 기독교학과 교수

출애굽의 역사성을 부정하는 학자들이 많다는 사실은 제쳐놓고, 여기선 출애굽의 역사성을 견지하는 여러 학자(고고학, 이집트학, 성서학 등)가 출애굽 연대에 관해 다른 의견을 제시한다. 다소 이른 기원전 15세기 출애굽 연대를 주장하는 학자로부터 기원전 13세기의 늦은 출애굽 연대, 그보다 약간 더 늦은 기원전 13세기로 추정하되 힉소스/레위인들과 연결 짓는 주장, 기원전 12세기 출애굽설, 문화적 기억으로서 출애굽을 이해하려는 학자까지 모두 다섯 명이 건설적으로 열띤 토론을 벌인다. 차이에 대해 치밀하게 논박하며 자기주장을 펼치고 다른 네 명의 학자의 질문과 논박으로 이어진다. 토론의 품격을 잃지 않는다. 고대 사건에 관한 연대기는 대부분 상대적 연대기다. 출애굽 연대기 역시 마찬가지다. 그래서 다양한 의견들이 개진된다. 출애굽의 역사성을 변용된 방식으로 부정하는 주류 학계의 흐름에 얼마나 제동이 될는지 궁금하다. 독자들은 학자들의 치밀한 토론에 참여하여 어느 한쪽 입장을 선호해야 할지도 모른다. 상충되어 보이는 역사적, 문헌적 자료들에 대한 해석 다툼이 흥미롭다. 적어도 출애굽 연대에 관해서는 그렇다.

류호준 백석대학교 신학대학원 은퇴 교수

오경의 두 번째 책인 출애굽기는 창조와 언약 등의 묵직한 신학적 주제들이 형성되는 발원지다. 특히 출애굽기라는 무대 위에서 펼쳐지는 이스라엘 백성의 애굽에서의 탈출과 광야 여정 그리고 시내산 언약 체결 같은 일련의 사건들과 이야기들로 확장되는 "출애굽"이라고 하는 주제는 마치 대하(大河)를 이루듯 오경에 이어 구약의 나머지 책들과 신약에서 예수의 가르침과 사역 그리고 십자가에서의 죽으심과 부활하심이 갖는 구속적 의미와 효과로 최종 실현되기까지 전체 성경을 관통하며 유유히 흐른다. 그러기에 이 책의 편집자인 마크 D. 얀젠이 서론에서 "시대를 초월한 그 주제는 지금도 여전히 적실성이 있다"라고 한 말은 정확한 통찰이다. 이처럼 중요한 "출애굽" 주제는 과거 3,500-3,300여 년 전의 시대를 그 역사적 배경으로 하기에 논쟁과 이견이 따르는 것은 당연하다. 성서에 기록된 내용과 연계하여 방대한 고고 학적 자료들을 함께 연구하고 분석해야 한다는 어려움도 공존한다. 출애굽 사건만 다루더라도 출애굽의 역사성, 시기, 이집트 혹은 주변 국가들과의 역사-정치적 사실관계, 출애굽의 경로와 규모 등 고려해야 할 문제들이 다양하다. 이 책은 이러한 제반 문제를 다채로운 관점에서 살펴보고 핵심 사안과 그 의미들을 잘 정리하여 독자들에게 제공해 준다. 가령, 출애굽의 역사성을 믿는 이들 사이에는 그 사건이 발생한 시기와 관련하여, "이른 출애굽설"(기원전 15세기)과 "늦은 출애굽설"(기원전 13세기)이 팽팽히 맞서고 있다. 거기에 더해 출애굽 시기를 기원전 12세기로 보는 입장도 새로이 부각되고 있다. 이 논쟁과 이견들은 "진보"와 "보수"의 입장을 대변한 논쟁이 아니다! 또 출애굽 사건을 주도한 인물들은 과연 누구였는지에 대한 사안은 물론, 혹자들이 주장하는 출애굽 사건이 구원에 대한 은유로서 문학-신학적인 문화적 윤색이라는 대담한 도전도 소개한다. 이 책에 실린 글들을 전문 학자들이나 이 문제에 많은 관심이 있는 일부 목회자들만을 위한 담론이라고 치부할지도 모르겠다. 또 출애굽 사건에 대해 많은 관심이 있긴 하지만 자신만의 입장과 의견만이 옳다고 생각하여 다른 이들의 해석이나 의견에 불편함을 느끼는 독자들도 얼마든지 있을 수 있다. 만일 당신이 그러한 독자라면 이 책에서 본인의 입장을 대변하는 학자의 글을 읽고 그 입장에 존재하는 장점과 단점을 함께 살펴보고 난 다음 이 책을 덮어도 좋다. 그러나 타자에 대한 이해는 불편한 자극에부터 시작되기 마련임을 기억하라. 이와 달리, 출애굽 사건과 관련하여 확장된 이해와 신학적 사고를 추구하고자 하는 이들은 자신의 이해와 더불어 반대 의견들, 때로는 도발적인 주장과 제안들, 그리고 그 주장들에 반영된 긍정적인 함의들과 논리적으로 취약한 부분들을 균형 있게 사고해 보길 바란다. 의외로 많은 수의 청년층들과 진지하게 성서 본문을 읽고 묵상하는 성도들이 본서에서 다루는 사안들에 대해서 깊은 관심과 의문을 가지고 그들을 양육하는 목회자들이 충분한 설명을 제공해 주기를 원하고 있다는 사실을 잊지 말기를 조언하고 싶다. 획일적인 해석, 고정된 사고, 소통 없는 설교, 일방적인 주입식 가르침으로는 하나님의 말씀이 선포되는 강단을 풍성하게 할 수 없다. 출애굽기를 전공한 학자요 목사로서 나는 책임감을 가지고 성서에 기록된 하나님의 말씀을 선포하고 가르치고자 하는 목회자들과 성서가 의미하는 바를 포착하기 위해서 고민하고 사색하며 몸부림치는 신학의 길을 걷는 신학도들에게 정독(精讀)을 권고하고 추천한다.

주현규 백석대학교 신학대학원 구약학 주임교수

출애굽 사건은 세계 3대 유일신교(유대교, 기독교, 이슬람교)의 토대가 된다. 구약성경에 언급된 그 어떤 사건도 출애굽 사건보다 더 중요한 것은 없다. 출애굽은 야웨 신앙인들의 "뿌리 경험"(root experience)이라 할 수 있다. 야웨 신앙은 이 출애굽 사건에 뿌리를 박고 있다. 이 책은 이러한 출애굽 사건의 연대(기원전 15세기 설, 13세기 설, 12세기 설), 힉소스 가설, 출애굽의 역사성에 관한 문제를 심층적으로 다루고 있다. 5명의 복음주의 진영 및 에큐메니칼 진영의 학자들 중 한 학자가 이러한 문제에 대하여 자신의 입장을 상세히 논증하고, 이에 대하여 나머지 학자들 네 명이 신랄하게 코멘트한다. 이 책의 의도는 다양한 관점에서 다양한 문제에 대해 독자들을 교육하는 것이다. 출애굽 사건에 대하여 성서는 물론, 고고학 및 이집트학과도 연결하여 최고의 전문가들이 주고받는 고급 세미나에 관심 있는 독자들을 적극적으로 초청하고 싶다.

차준희 한세대학교 구약학 교수, 한국구약학연구소 소장, 한국구약학회 회장 역임

이 책은 내용과 구성이 모두 흥미롭다. 이 책은 이스라엘 역사 가운데 역사성에 대한 논쟁에서 가장 뜨거운 주제인 "출애굽 연대" 문제를 다룬다. 출애굽 사건은 이스라엘의 민족적 기억 속에 깊게 자리하고 있는 "뿌리 체험"이자 이스라엘 사람들이 자신의 전체 역사를 이해하고 해석하는 "구원의 원형"이어서 구약성경에서 중심 기압이 가장 높은 주제 중 하나다. 이 때문에 출애굽 연대에 대한 논쟁은 뜨겁고 파급력이 크다. 이 책에서는 이러한 출애굽 연대에 대한 다섯 가지 관점이 소개된다. 그런데 그 관점들이 그냥 소개되지 않는다. 다섯 가지 관점을 가진 학자들의 방송토론과 같은 열띤 논쟁이 지면을 통해서 중계된다. 각 견해에 대한 발표와 반박, 그리고 재답변의 형식으로 구성되어 있어 독자들이 각 견해의 강점과 약점을 파악할 수 있는 충분한 기회를 제공한다. 나아가 이 책은 단지 출애굽 연대 문제만 아니라 성경해석의 방법과 관점에 대한 풍부한 지식을 제공하고 있어 읽는 내내 독자들을 즐겁게 한다.

하경택 장로회신학대학교 구약학 교수

마크 얀젠은 출애굽 연대에 관한 주요 관점을 대표하는 에큐메니칼 학자 그룹을 불러 모았다. 그의 작업은 역사적 출애굽은 입증될 수 없다는 관점뿐만 아니라 증거와 논증, 특히 이른 연대와 늦은 연대에 대한 증거와 논증을 검토하고자 하는 모든 사람을 위한 출발점이 될 것이다. "다섯 가지 관점"의 형식은 히브리 성경에 대한 이 기본적인 역사적 질문에 비판과 답변을 끌어들이기에 적합한 이상적인 형식이다. 학생들과 학자들은 그 분야의 주요 관점에 대한 이 솔직한 평가로부터 유익을 얻을 것이다.

리처드 S. 헤스(Richard S. Hess) 덴버신학교 구약 및 셈어 교수이 책은 선구적인 업적이다! 성서학자들은 너무도 자주 자기의 입장과 조화를 이루는 관점에만 주의를 기울인다. 여기서 우리는 뛰어난 전문가 다섯 명이 출애굽에 대한 자신들의 견해를 박식하고 명쾌하고 이해하기 쉬운 문장으로 제시하고, 서로 답변하고, 비판하는 것을 경청한다. 그 형식은 폭넓은 청중을 위한 성경 연구 출판에 있어서 환영할 만한 혁신이다.

조슈아 버만(Joshua Berman) 바르일란 대학교 히브리 성서학 교수

최신의 다섯 가지 학문적 관점을 특집으로 다루는 이 책은 성경에 등장하는 출애굽 사건에 대한 독자의 향연이다. 이 작업은 확고하고 텍스트상·고고학적·과학적 데이터들의 차이, 문제 및 해석을 아우르며 법정에서 사용되는 과학적인 방식으로 그 문제들의 복잡한 성격을 드러낸다. 이 책은 역사적 출애굽 연구에 필수적인 텍스트다.

카린 소와다(Karin Sowada) 박사, 맥쿼리 대학교 고대 역사학과

이 자극적인 책은 복음주의와 비복음주의 학계의 전문가들을 불러 모아 성서 고고학에서 가장 중요하고도 논쟁의 여지가 있는 문제들 가운데 하나인 이스라엘의 출애굽 연대를 논한다. 다른 어떤 저작물도 이처럼 접근하기 쉬운 형식으로 출애굽에 관한 최신의 상호 작용을 제공하지 않는다. 출애굽기 강좌를 위한 이상적인 교과서다.

제리 황(Jerry Hwang) 싱가포르 바이블 칼리지 구약학 부교수

이 책은 출애굽의 역사적 세부 사항에 관한 철저한 조사를 제공하는데, 이는 성경을 형성하는 사건에 관한 지속적인 논쟁을 가열시키는 방법론적·신학적·학문적 헌신을 유용하게 식별하고 보여준다. 고려할 많은 증거를 제공하는 전문가들이 쓴 이 책은 토론에 참여하는 모든 사람에게 필수적인 자원이다.

미셸 나이트(Michelle Knight) 트리니티 복음주의 신학교 구약 및 셈어 조교수

다양한 분야의 전문가들이 정중하게 대화에 참여하는 것은 언제나 즐거운 일이다. 특히 그 주제가 이렇게 흥미진진하고 그들의 결론이 이렇게 다를 때는 더욱 그렇다. 편집자와 기고자들은 때로는 불편할지라도 이러한 대화를 나누고 우리 나머지 사람들이 듣도록 초청한 데 대해 칭찬받아야 한다.

빌 T. 아놀드(Bill T. Arnold) 애즈버리 신학대학원 구약 해석학 폴 S. 아모스 교수

FIVE VIEWS ON THE EXODUS:

HISTOROCITY, CHRONOLOGY, AND THEOLOGICAL IMPLICATIONS

Scott Stripling / James K. Hoffmeier
Peter Feinman / Gary A. Rendsburg
Ronald Hendel

Mark D. Janzen, general editor
Stanley N. Gundry, series editor

출애굽의 역사성과 연대 논쟁

출애굽의 역사성, 연대기, 신학적 함의에 대한 토론

스콧 스트리플링 / 제임스 K. 호프마이어 / 피터 파인만
게리 A. 렌즈버그 / 로널드 헨델 지음

마크 D. 얀젠 / 스탠리 N. 건드리 편집

안영미 옮김

Holy
WavePlus

편집자·기고자 소개

마크 D. 얀젠(Mark D. Janzen, Ph.D., 멤퍼스 대학교, 고대 이집트사)은 루이지애나 대학의 역사학 조교수다. 그는 트리니티 복음주의 신학교에서 성서와 고대 근동 고고학 분야 석사학위도 취득했다. 마크는 이집트 룩소르에 있는 카르나크 신전에 초점을 맞춘 비문 프로젝트인 카르나크 대열주실(Karnak Great Hypostyle Hall Project) 프로젝트의 부책임자다. 그는 모세의 역사성, 신왕국사, 아마르나 시대, 비문, 다양한 고고학 주제에 관한 글을 썼다.

스콧 스트리플링(Scott Stripling)은 텍사스 케이티에 있는 성서 신학교의 학장으로 재직 중이며, 키르베트 엘 마카티르와 실로에서의 성서 연구학회 발굴 책임자다. 그는 요르단과 예루살렘에서도 발굴 작업을 했으며,『고고학자의 삽과 진실』(*The Trowel and the Truth*)의 저자다.

제임스 K. 호프마이어(James K. Hoffmeier)는 트리니티 복음주의 신학교의 구약학과 고대 근동 역사 및 고고학 명예교수다. 그는『이집트 안의 이스라엘』(*Israel in Egypt*) 등 출애굽의 역사성을 지지하는 많은 논문과 책을 저술한 이집트학 학자이자 고고학자다. 그는 또한 시나이 북부에 있는 텔 엘 보르그의 발굴 책임자였다.

피터 파인만(Peter Feinman)은 역사·고고학·교육 연구소(Institute of History, Archaeology, and Education)의 창립자이자 소장이다. 펜실베이니아 대학교에서 역사학 학사학위(B.A.)를 받았고 뉴욕 대학교에서 교육학 석사학위(M.Ed.)와 MBA를 받았으며 컬럼비아 대학교에서 교육학 박사학위(Ed.D.)를 받았다. 그는 히브리 성경의 작성, 자료비평, 성경의 역사를 분석한 『예루살렘 왕좌 게임』(*Jerusalem Throne Games*)의 저자다.

게리 A. 렌즈버그(Gary A. Rendsburg)는 럿거스 대학교(Rutgers University) 유대사 분야 블랑쉬 앤 어빙 로리 재단(Blanche and Irving Laurie) 석좌교수이며, 히브리어와 성경에 관한 많은 책과 논문을 썼다. 그의 최근에 『성경은 어떻게 기록되었는가?』(*How the Bible Is Written*)를 저술했으며, 『내가 이스라엘을 애굽에서 데리고 나오지 않았느냐?』(*Did I Not Bring Israel out of Egypt?*)를 공동 편집했다. 그는 출애굽 연대를 좀 더 전통적인 견해인 늦은 연대보다 대략 1세기 뒤인 람세스 3세의 통치 기간(기원전 1186-1155년경)으로 정해야 한다는 견해를 주창(主唱)했다.

로널드 헨델(Ronald Hendel)은 캘리포니아 대학교 버클리 캠퍼스의 히브리 성경과 유대학 분야 노마 앤 샘 대비 재단 교수(Norma and Sam Dabby Professor)다. 그는 『히브리 성경: 비평판』(*The Hebrew Bible: A Critical Edition*), 『창세기: 전기』(*The Book of Genesis: A Biography*), 『히브리 성경 신판을 향한 발걸음』(*Steps to a New Edition of the Hebrew Bible*) 등 히브리 성경에 관한 많은 책과 논문을 저술 또는 편집했다. 그는 기억과 그것이 문화, 역사, 히브리 성경에 미치는 영향과 관련하여 인정받는 전문가다.

약어

ABD	*Anchor Bible Dictionary. Edited* by D. N. Freedman. 6 vols. New York, 1992
ABR	Anchor Bible Reference Library
AeL	Ägypten und Levante
AIL	Ancient Israel and Its Literature
AJA	*American Journal of Archaeology*
ANET	*Ancient Near Eastern Texts Relating to the Old Testament.* Edited by J. B. Pritchard. 3rd ed. Princeton, 1969
ARM	Archives royales de Mari
BAR	*Biblical Archaeology Review*
BASOR	*Bulletin of the American Schools of Oriental Research*
BBR	*Bulletin for Biblical Research*
BBRSup	Bulletin for Biblical Research Supplement
Bib	*Biblica*
BibOr	Biblica et Orientalia
BN	*Biblische Notizen*
BRev	*Bible Review*
BurH	*Buried History : Quarterly Journal of the Australian Institute of Archaeology*

CHANE   Culture and History of the Ancient Near East

CBQMS   Catholic Biblical Quarterly Monograph Series

COS   *The Context of Scripture*. Edited by W. W. Hallo and K. L. Younger. 3
          vols. Leiden, 1997–2002

ChrEg   *Chronique d'Egypte*

DCH   *Dictionary of Classical Hebrew*. Edited by D. J. A. Clines. Sheffield,
          1993–2011

EA   El-Amarna tablets. According to the edition of J. A. Knudtzon. *Die el-
          Amarna-Tafeln*. Leipzig, 1908–1915. Continued in A. F. Rainey, El-
          Amarna Tablets, 359–379. 2nd rev. ed. Kevelaer, 1978

ErIsr   *Eretz-Israel*

HALOT   L. Koehler, W. Baumgartner, and J. J. Stamm, *The Hebrew and
          Aramaic Lexicon of the Old Testament*. Translated and edited under the
          supervision of M. E. J. Richardson. 4 vols. Leiden, 1994–1999

HBAI   *Hebrew Bible and Ancient Israel*

HTR   *Harvard Theological Review*

HTS   Harvard Theological Studies

IEJ   *Israel Exploration Journal*

JANESCU *Journal of the Ancient Near Eastern Society of Columbia University*

JAOS   *Journal of the American Oriental Society*

JBL   *Journal of Biblical Literature*

JCS   *Journal of Cuneiform Studies*

JEA   *Journal of Egyptian Archaeology*

JETS   *Journal of the Evangelical Theological Society*

JNES	*Journal of Near Eastern Studies*
JSSE	*Journal of the Society for the Study of Egyptian Antiquities*
LCL	Loeb Classical Library
MSJ	*The Master's Seminary Journal*
NEAHL	*The New Encyclopedia of Archaeological Excavations in the Holy Land.* Edited by E. Stern. 4 vols. Jerusalem, 1993
OBO	Orbis Biblicus et Orientalis
OHAE	*Oxford History of Ancient Egypt.* Edited by Ian Shaw. Oxford: Oxford Univ. Press, 2000.
OLA	Orientalia Lovaniensia Analecta
OLZ	*Orientalistische Literaturzeitung*
PEQ	*Palestine Exploration Quarterly*
RBL	*Review of Biblical Literature*
RdÉ	*Revue d'éyptologie*
SAAB	*State Archives of Assyria Bulletin*
SAOC	Studies in Ancient Oriental Civilization
SBLDS	Society of Biblical Literature Dissertation Series
TA	*Tel Aviv*
VT	*Vetus Testamentum*
VTSup	Supplements to Vetus Testamentum
WBC	Word Biblical Commentary
WTJ	*Westminster Theological Journal*

성경 역본

달리 언급이 없으면 1, 3, 5장에 나오는 성경 인용문들은
NIV에서 가져온 것이고, 2장에 등장하는 성경 인용문들은
ESV에서 가져온 것이며, 4장의 성경 인용문들은
그 장 기고자의 번역이다
(번역서에서는 달리 언급이 없으면 개역개정이 사용된다).

▶ 서론

▶ 출애굽: 자료, 방법론, 학문

마크 D. 얀젠

그것은 우리가 몇 번이고 다시 찾아보게 되는 이야기다. 찰턴 헤스턴(Charlton Heston)이 모세 역을 연기한 유명한 영화에서 모세가 팔을 쭉 뻗고 수염과 망토를 바람에 휘날리며 승리의 외침을 선언한다. "모세의 주께서 우리를 위해 싸우시리라!" 카메라가 점점 멀어지면서 폭풍 가운데 있는 바다가 드러난다. 하늘은 큰 소리를 내고, 바람은 세차게 불고, 파도가 갈라진다. 마른 땅이 드러나고, 히브리인들이 바다를 건넌다. 하나님은 기적적으로 자기 백성을 이집트의 속박에서 안전하게 구원하신다. 출애굽이라는 말을 들으면 1956년에 발표된 고전 영화 "십계"(*The Ten Commandments*, 파라마운트 픽쳐스)에 나오는 이 상징적인 순간을 떠올리는 사람이 많을 것이다. 젊은 세대는 출애굽이 언급되면 아마도 드림웍스사의 1998년 애니메이션 영화 "이집트 왕자"(*The Prince of Egypt*)나 20세기 폭스사의 2014년 서사 영화 "엑소더스: 신들과 왕들"(*Exodus: Gods and Kings*)의 추억을 떠올릴 것이다. 확실히 할리우드는 출애굽 사건에 내재된 억압과 구원이라는 주제가 영화제작자의 적절한 수입원이라는 것을 안다. 할리우드 제작자들은 역사적인 정확성을 무분별하게 다루는 것으로 악명이 높지만, 출애굽에 관한 한 적어도 한 가지에 대해서는 옳다. 그것은 시대를 초월한 그 주제가 지금도 여전히 적실성이 있다는 사실이다.

특히 이 이유로 인해 출애굽 사건에는 우리의 단순한 오락을 훨씬 넘어서는 중요성이 있다. 출애굽은 세계 3대 유일신교에 토대가 되는 사건이며, 따라서 유대인, 그리스도인, 이슬람교도를 아우르는 수십억 명의 사람들에게 중요한 사건이다. 고대 히브리인들은 이 사건을 자기들의 과거에 일어났던 유일한 바로 그 변혁적인 사건으로 평가했다. 그것은 고대 이스라엘의 기원에 대해 성경이 제시하는 단 하나의 명시적인 설명이다. 구약성경 또는 히브리 성경에 수록된 어떤 사건도 히브리인들이 이집트에서 탈출한 사건보다 더 중요하지는 않다. 그것은 거의 모든 시대의 성경 저자들에 의해 참조되며, 출애굽이나 모세에 대한 언급이 내러티브·시·예언 등 모든 주요 장르의 페이지를 가득 채운다. 야이르 호프만(Yair Hoffman)은 출애굽이 구약성경에서 120회 이상 언급된다고 추정하는데, 그 추정치에 출애굽 이야기 자체(출 1-15장)는 포함되지 않는다.[1]

출애굽 사건이 성경의 여러 곳에 등장하고 3대 주요 종교에서 중심적인 역할을 함에도 질문들이 넘쳐난다. 그 사건이 실제로 오경에 기록된 대로 일어났는가? 그 사건이 일어나기는 한 것인가? 그 사

---

1   Yair Hoffman, "A North Israelite Typological Myth and a Judean Historical Tradition: The Exodus in Hosea and Amos," *VT* 39 (1989): 170.

건이 일어났다면, 언제 일어났는가? 파라오는 누구였는가? 그것은 여러 세대에 걸쳐 다시 이야기되는 가운데 윤색된 위대한 이야기에 불과한가? 그것은 단지 구원에 대한 은유인가? 그렇다면, 그것이 역사적 사건인지 또는 모세가 실제로 존재했는지가 정말 중요한가? 출애굽이 오늘날 우리에게 무엇을 의미하는가?

이 질문들에 대한 답은 쉽지 않다. 독자들은 출애굽에 관한 모든 답을 갖고 있다고 주장하는 책, 영화, 다큐멘터리, 블로그를 조심해야 한다. 학자들은 출애굽의 역사성, 출애굽과 고고학 및 이집트학 사이의 관계, 우리가 가지고 있는 본문의 구성과 관련하여 논쟁을 벌이고 있다. 이것들은 중요한 문제들이며, 그중 다수는 해결하기 어려운 문제로 남아 있다. 역사적 출애굽을 주장하는 사람들은 그 사건이 일어난 시기에 관해 의견을 달리한다. 그럼에도 내가 독자들이 계시적이고 매력적이라고 생각할 것이라고 믿는 고대의 데이터가 많이 있다. 그 문제들과 잠재적인 증거는 복잡하지만, 우리가 그것들을 극복할 수 없는 것은 아니다.

학자들은 너무도 자주 여러 학문 분야에 걸친 논의가 거의 없이, 그리고 진공상태에서 이 문제들을 다루고 있다. 훌륭한 책들이 몇 권 있기는 하지만 공동 연구를 한 책은 거의 없다.[2] 그러나 저자들은 일

---

2   최근에 출간된 다음과 같은 인상적이고 포괄적인 책 두 권이 그런 사례다. Thomas E. Levy, Thomas Schneider, and William H. C. Propp, eds., *Israel's Exodus in Transdisciplinary Perspective: Text, Archaeology, Culture, and Geoscience*, Quantitative Methods in the Humanities and Social Sciences (New York: Springer, 2015); James K. Hoffmeier, Alan R. Millard, and Gary A. Rendsburg, eds., *"Did I Not Bring Israel out of Egypt?" Biblical, Archaeological, and Egyptological Perspectives on the Exodus*

반적으로 그들의 동료 전문가들을 위해 이런 책들을 쓴다. 우리는 이 책이 학문적으로 엄밀하면서도 접근하기 쉽고 적실성이 있어서 전반적인 대화에 유례없이 공헌하기를 바란다. 나는 이 책 전반에 걸친 대화가 상당한 의견의 불일치를 포함하고 있을지라도 협력의 가치를 보여주기를 바란다. 결국 학문은 증거·분석·논증·반론을 바탕으로 주고받는 대화다.

이후의 장(章)들에서는 고고학, 이집트학, 성서학 분야의 전문가 다섯 명이 그들의 방법론과 철학적 토대뿐만 아니라 출애굽에 대한 그들의 관점과 그 관점을 뒷받침하는 증거를 설명할 것이다. 이 책의 각 장은 한 가지 특정 관점에 집중한다. 기고자가 자신의 관점을 밝히고 나서 다른 기고자들이 그에게 답변한다. 그런 다음 재답변에서 해당 장의 기고자가 최종적으로 의견을 개진한다.

훌륭한 논쟁을 좋아하는 사람에게는 이 책이 구미에 맞을 것이다. 이런 책의 구조는 논쟁을 환영하며, 이 책의 기고자들은 기초적이고 중요한 문제들에 대해 의견을 달리할 것이다. 그들은 다양한 배경을 갖고 있고, 성경의 무오성이나 신적 영감 같은 교리에 대해 다양한, 또는 심지어 상반되는 견해를 갖고 있다. 독자들은 누구의 주장이 가장 설득력이 있는지 스스로 결정해야 할 것이다.

Narratives, BBRSup 13 (Winona Lake, IN: Eisenbrauns, 2016). 후자는 주로 전자에 대한 대응으로서 쓰였다.

움직이는 모래: 잠재적인 함정과 증거

아마도 출애굽 내러티브와 관련하여 가장 골치 아픈 문제는 그 사건이나 모세에 관해 고대 이집트에서 나온 직접적이고 물리적인 증거가 없다는 사실일 것이다. 그런 직접적인 증거가 존재한다면, 아마도 이런 책이 덜 필요할 것이다! 그러나 그렇다고 해서 그 사건이 허구라고 말하려는 것은 아니다.[3] 나는 그 논의들을 이후의 장들에서 나의 동료들이 다루도록 그들에게 맡겨두겠지만, 여기서 그 논의를 위한 무대를 세워 둘 가치가 있다. 독자들이 곧 알게 되겠지만, 해석이 필요한 정황 증거가 산더미처럼 쌓여있기 때문에 출애굽이 일어났는지, 그것에 얼마나 많은 사람이 관련되었는지, 그것이 일어났다면 언제 일어났는지 같은 문제들에 대한 논쟁이 벌어진다.

그렇기는 하지만, 고고학이 제공한 놀라운 데이터에도 불구하고(당신은 곧 많은 데이터를 보게 될 것이다!), 특히 이집트 삼각주와 시나이반도에서 우리가 다루는 고대 유적지의 범위라고 추정되는 곳

---

3 출애굽 전승의 역사성에 대한 긍정적인 평가는 다음 문헌들을 보라. James K. Hoffmeier, *Israel in Egypt: The Evidence for the Authenticity of the Exodus Tradition* (Oxford: Oxford Univ. Press, 1996); Kenneth A. Kitchen, *On the Reliability of the Old Testament* (Grand Rapids: Eerdmans, 2003), 241-313라. 다른 사람들은 그 사건이 허구이거나 이스라엘의 기원과 관계가 없다고 생각한다. 예를 들어, Robert B. Coote, *Early Israel: A New Horizon* (Minneapolis: Fortress, 1990)과 Donald B. Redford, "The Great Going Forth: The Expulsion of West Semitic Speakers from Egypt," in *Israel's Exodus in Transdisciplinary Perspective: Text, Archaeology, Culture, and Geoscience*, ed. Thomas E. Levy, Thomas Schneider, and William H. C. Propp, Quantitative Methods in the Humanities and Social Sciences (New York: Springer, 2015), 437-48을 보라.

은 믿을 수 없을 정도로 적다. 위성 영상에 따르면 이집트에서 발굴된 곳은 1% 미만인데,[4] 이는 삼각주의 많은 자료가 발견을 기다리고 있거나 사라졌음을 의미한다. 시나이반도와 관련하여, 리처드 엘리엇 프리드먼(Richard Elliott Friedman)은 회의론자들이 "우리가 시나이반도를 자세히 조사했지만 어떤 증거도 발견하지 못했다고 주장한다.…그 주장은 사실이 아니다. 시나이반도에서 주요한 발굴 작업이 이루어진 적이 없다"라고 말한다.[5] 불확실한 양의 데이터가 영원히 사라졌거나 발견되지 않은 상태로 있다.

그럼에도 논의할 문제가 부족하지는 않다. 다양한 출처와 연구 분야에서 나온 데이터가 출애굽과 밀접하게 연관되어 있다. 그 세부 사항을 연구하려면 오경을 해석하거나 이집트에서 나온 비교 증거를 정리하는 작업 이상이 필요하다. 물론 그것들이 중요하지만, 학자들은 고고학·역사·인류학 및 기타 다양한 연구 분야에서 얻는 정보도 사용해야 한다. 고대 이집트어와 성서 히브리어 그리고 70인역의 가치에 대한 개인의 관점에 따라 잠재적으로 코이네 헬라어 등 여러 언어가 관련되어 있다. 그토록 많은 학문을 적절히 활용하려면 실제

---

4   Abigail Tucker, "Space Archaeologist Sarah Parcak Uses Satellites to Uncover Ancient Egyptian Ruins," *Smithsonian* 47, no. 8 (December 2016): 38-40, https://www.smithsonianmag.com/innovation/spacearchaeologist-sarah-parcak-winner-smithsonians-history-ingenuity-award-180961120/.

5   "The Exodus Is Not Fiction: An Interview with Richard Elliott Friedman," *Reform Judaism* (Spring 2014), 6-8, https://reformjudaism.org/exodus-not-fiction. Mark D. Janzen, "Making a Case for the Historicity of Moses," *Christian Research Journal* 42, no. 1 (2019): 34-41,www.equip.org/article/making-a-case-for-thehistoricity-of-moses/도 보라.

로 여러 해 동안의 연구가 필요하다.

이 모든 점을 고려할 때 학식 있는 전문가의 의견을 구하지 않는 책, 영화, 다큐멘터리 또는 블로그에 대해 건전한 회의론을 유지할 필요가 있다. 이 책의 또 다른 목적은 독자들에게 그런 "연구"가 그들을 속일 때 인지할 수 있는 충분한 정보를 제공하는 것이다. 정보화 시대에 잘못된 정보를 퍼뜨리기는 너무도 쉽다. 나는 이 책이 그러한 출처에 관해 사실을 확인하는 데 유용한 자원이 되기를 간절히 바란다.

모든 사람이 좋아하는 주제: 연대

이후의 장들로 돌진하기 전에 고고학, 이집트학, 연대에 관해 몇 가지 사항을 주목할 필요가 있다. 역사학자, 고고학자, 성서학자에게 그들이 연구하는 가장 복잡한 주제가 무엇인지 물어보면 그들은 아마도 연대라고 대답할 것이다. 절대 연대들(absolute dates)이 극히 드물기 때문에 거의 모든 고대 연대는 상대적이며 단지 소수의 핵심 연대만 구할 수 있다. 기원전 763년 아시리아 에포님 연대기(Assyrian Eponym Chronicle)에 기록된 일식이 그런 연대 중 하나의 예다. 천문학자들은 이를 기원전 763년 6월 15일로 특정할 수 있다.[6] 아시리아인들은 기

---

6   Alan R. Millard, *The Eponyms of the Assyrian Empire 910-612 BC*, SSA 2 (Helsinki: Neo-Assyrian Text Corpus Project, 1994), 2; Kenneth A. Kitchen, "Establishing Chronology in Pharaonic Egypt and the Ancient Near East: Interlocking Textual Sources Relating to c. 1600-664 BC," in *Radiocarbon and the Chronologies of Ancient*

원전 7세기에 일어난 일식을 추가로 기록했으며, 바빌로니아인들도 일식을 기록했다. 이러한 기준들이 고대 연대기의 기반이 되며, 이전 사건들과 개인들의 연대는 그것들과 비교하여 계산된다. 그래서 "상대 연대기"(relative chronology)라는 용어가 나왔다.

고고학자들은 발굴된 자료를 청동, 철 등 당시 도구와 무기에 주로 사용된 재료에 따라 큰 시대(period)로 구분한다. 이 시대들은 논의를 촉진하고 미묘한 차이를 추가하기 위해 하위 시대로 더 나뉠 수 있다. 이 책과 좀 더 관련이 있는 시대는 후기 청동기와 철기 시대 I기다(표1 참조).

표1: 고대 근동의 고고학적 시대 구분*

신석기 시대	기원전 8500–4300년
금속 병용 시대	기원전 4300–3300년
초기 청동기 시대	기원전 3300–2300년
초기 청동기 시대 4기 / 중기 청동기시대 1기	기원전 2300–2000년
중기 청동기 시대 2기	기원전 2000–1550년
후기 청동기 시대	기원전 1550–1200년
철기 시대 1기	기원전 1200–1000년
철기 시대 2기	기원전 1000–586년

* 아미하이 마자르의 표준적인 연구 *Amihai Mazar, Archaeology of the Land of the Bible*: 10,000–586 BCE(New York: Doubleday, 1990)에 따른 구분임.

Egypt, ed. A. J. Shortland and C. Bronk Ramsey (London: Oxbow, 2013), 1-18.

이집트 연대기

이집트 연대기는 앞서 언급된 핵심이 되는 연대 외에 적절한 발굴 자료와 심지어 화산 폭발에서 유래된 방사성 탄소를 통해 측정된 연대뿐만 아니라 고대 텍스트의 해석에도 기초한다. 특히, 파라오 시대(기원전 3000-664년경)의 연대는 고대 왕의 명부들, 특정 사건에 대한 왕의 통치 연도를 알려주는 비문들, 관리 또는 종교적 행사 목록들, 천체 관측들의 복잡한 조합에서 도출된다. 신왕국(New Kingdom)의 오차 범위는 약 10년이다.[7] 시간을 거슬러 올라갈수록 오차 범위가 확대된다.

이집트학 학자들은 두 가지 매우 중요한 도식을 사용하여 고대 이집트의 경이적인 수명을 다룬다. 이집트의 제사장 마네토(Manetho, 기원전 3세기)가 그리스어로 이집트의 역사를 쓴 이후 학자들은 그의 30개 왕조를 기본적인 연대기 틀로 사용해왔다.[8] 이 왕조들은 이집트가 통합되어 일반적으로 강력해지거나(왕국 단계) 좀 더 작은 정치 조직으로 분열됨(중간기)에 따라 그룹들로 배치된다. 이 시스템이 완벽하지는 않지만, 그것이 오랜 기간을 훌륭하게 조직한다는 점에는 학자들이 거의 만장일치로 동의한다.

반대로, 유명한 많은 파라오의 통치 기간과 관련하여 많은 논쟁이 있으며 학자들은 연대기의 세부 사항에 대해 계속 논쟁을 벌이

---

7   Ian Shaw, "Chronology," in *OHAE*, 480-81.
8   자세한 내용은 A. J. Shortland, "An Introduction to Egyptian Historical Chronology," in *Shortland and Ramsey, Radiocarbon and the Chronologies of Ancient Egypt*, 19-28을 보라.

고 있다. 특히 제18왕조(이른 연대 출애굽)는 대략 20년의 불일치를 포함하고 있지만, 비탁(Bietak)과 회플마이어(Höflmayer)가 지적하는 바와 같이 "그 두 시스템—방사성 탄소와 역사적 연대기—은 기원전 13세기와 14세기처럼 일치하는 추정치를 제공한다."[9] 여기서 내가 그 논쟁에 끼어들려고 하는 것은 아니지만, 독자들은 연대기에 관한 논쟁이 학자들이 이 책 전반에 걸쳐 두 파라오에 대해 다르게 생각하는 이유라는 점에 유의해야 한다. 표2를 보라. 이 표는 신왕국 통치자들의 연대에 관해 가장 널리 받아들여지는 이집트사 연대기를 따른다.[10]

내가 아는 한, 진지하게 역사적 출애굽을 고수하는 모든 학자는 출애굽이 이집트 신왕국 시대(기원전 1550-1069년)에 일어난 것으로 보며, 히브리인들의 이집트 체류는 중왕국 말기(기원전 2055-1650년)

---

9   Manfred Bietak and Felix Höflmayer, "Introduction: High and Low Chronology," in *The Synchronisation of Civilisations in the Eastern Mediterranean in the Second Millennium B.C. III: Proceedings of the SCIEM 2000-2nd EuroConference, Vienna, 28th of May-1st of June, 2003*, ed. Manfred Bietak and Ernst Czerny, Contributions to the Chronology of the Eastern Mediterranean 9 (Vienna: Österreichischen Akademie der Wissenschaften, 2007), 13-23. 이 책은 매우 유용한 입문서다. 좀 더 최근의 문헌으로는 Kenneth A. Kitchen, "Establishing Chronology in Pharaonic Egypt and the Ancient Near East: Interlocking Textual Sources Relating to c. 1600-664 BC," in *Shortland and Ramsey, Radiocarbon and the Chronologies of Ancient Egypt*, 1-18도 보라.

10   독자들은 이러한 연대기 문제가 이 책의 서문에서 완전히 다루기에는 너무 복잡하고 그러한 연대기적 세부 사항들은 이 책의 범위와 의도를 훨씬 뛰어넘는다는 점에 유의해야 한다. 호기심이 있는 독자들은 이 단락에서 인용된 자료에서 연대기에 대한 풍부한 내용을 발견할 수 있을 것이다.

또는 제2중간기(기원전 1650-1550년)에 일어난 것으로 본다.[11]

우리는 이집트에 셈족이 있었다는 데 동의한다

신왕국 이전에 이집트 북부(하이집트)는 제2중간기 동안 "외국 땅의 통치자들"이란 의미를 지닌 힉소스(Hyksos)로 알려진 셈족 집단의 지배를 받았다.[12] 이집트학 학자들은 삼각주에서의 발굴이 힉소스 시대(기원전 1650-1540년경) 동안 셈족의 강력한 존재를 드러내며 이 존재가 신왕국까지 계속된다는 데 동의한다. 삼각주에서 발굴된 가장 중요한 유적지는 힉소스의 수도로서 고대 아바리스(Avaris)인 텔 엘 다브아(Tell el-Dabʿa)다. 만프레트 비탁(Manfred Bietak)과 그의 발굴 팀은 1966년부터 아바리스를 광범위하게 발굴하여 레반트와의 매우 밀접한 관계를 보여주는 대량의 유물을 발견했다. 그들이 발견한 사항 중에는 종교 및 가정 건축물, 매장 풍습의 증거, 청동 기구 및 무기 등이 있다.[13] 이 시기 동안 상당한 수의 셈족이 나일강 삼각주에 정착했

---

11 신왕국의 시작에 관해서는 Betsy M. Bryan, "The 18th Dynasty before the Amarna Period (c. 1550-1352 BC)," in *OHAE*, 207-64을 보라. 제18왕조 후기와 람세스 시대에 관해서는 Jacobus Van Dijk, "The Amarna Period and the Later New Kingdom," in *OHAE*, 265-307을 보라. 자세한 내용은 Hoffmeier, *Israel in Egypt*, 62-68을 보라.

12 힉소스와 제2중간기에 대한 자세한 내용은 Janine Bourriau, "The Second Intermediate Period (c. 1650-1550 BC)," in *OHAE*, 172-206을 보라.

13 훨씬 자세한 내용은 Manfred Bietak, *Avaris and Piramesse: Archaeological Exploration in the Eastern Nile Delta*(London: Oxford Univ., 1986)를 보라.

다는 사실에 대해서는 논란이 없다.

결국 이집트 남부(상이집트) 테베에 기반을 둔 통치자들이 힉소스를 물리치고 그들을 이집트에서 몰아내 다시 한번 이집트를 통합시켰다.[14] 힉소스 유형의 상황이 다시는 발생하지 않도록 서아시아에 완충지대를 만들기로 작정한 신왕국의 파라오들은 시리아-팔레스타인으로 공격적으로 원정을 떠나 견고한 제국을 세웠다. 파라오들은 전쟁포로 수천 명과 기타 포로들을 잡아 와 농지와 건축 프로젝트에서 일하게 했다. 일반적으로 이집트 텍스트들은 그들을 "아시아인"이라는 포괄적인 용어로 부른다. 전반적으로 이 시기는 이집트에서 전례 없는 번영의 시기였으며, 셈족은 계속 삼각주에 대규모로 거주했다.[15]

이 책에 담긴 성경 자료와 관점들

우리가 역사적 출애굽을 고수할 경우 세 가지 가능한 연대가 있는데, 각 연대는 성경과 고고학 자료의 조합에 기초한다. 나는 이러한 관점들에 대한 충분한 설명은 각각의 관점을 대표하는 기고자들에게 맡길 것이다. 다음은 각 관점에 대한 간략한 소개다.

소위 이른 연내 출애굽을 고수하는 학자들은 그 사건을 신왕국의 전반기, 즉 제18왕조(표2를 보라) 동안 일어난 것으로 본다. 특히, 첫 번째 기고가인 스콧 스트리플링은 기원전 15세기(기원전 1446년)에 출애굽이 일어났다고 주장한다. 이 이른 연대를 고수하는

---

14   Bryan, "The 18th Dynasty before the Amarna Period," 207-64.
15   고고학자들은 삼각주 지역의 몇몇 매장지에서 가나안 물품을 발견했다. 좀 더 자세한 사항은 Hoffmeier, *Israel in Egypt*, 62-68에서 찾아볼 수 있다.

사람들은 출애굽이 고연대(High chronology)를 따르느냐 저연대(Low chronology)를 따르느냐에 따라 이집트의 가장 위대한 전사 파라오 중 한 명인 투트모세 3세(Thutmose III) 또는 그의 아들이자 후계자인 아멘호테프 2세(Amenhotep II)의 통치 기간에 일어났다고 본다(참조. 표 2).[16] 이 관점은 이스라엘 백성이 이집트를 떠난 지 480년째 되는 해에 솔로몬이 성전을 건축하기 시작했다고 알려주는 열왕기상 6:1 같이 성경에서 주어진 연대를 문자 그대로 해석한 데 기초한다. 스트리플링은 또한 고고학 자료에 대한 그의 지식을 활용하여 이 연대를 주장한다.

표2: 신왕국의 역사적 연대기*

제18왕조	
아흐모세(Ahmose)	기원전 1550–1525년
아멘호테프 1세(Amenhotep I)	기원전 1525–1504년
투트모세 1세(Thutmose I)	기원전 1504–1492년
투트모세 2세(Thutmose II)	기원전 1492–1479년
투트모세 3세(Thutmose III)	기원전 1479–1425년 (출애굽 사건이 기원전 15세기에 일어났을 경우 당시의 파라오일 가능성이 있음)
하트셉수트(Hatshepsut) 여왕	기원전 1473–1458년 (투스모세 3세가 어렸을 때 통치함)

16　Stripling은 고연대를 따르는 반면, 이 서론과 나머지 기고자들은 잠재적으로 경미한 변경이 있는 저연대를 따른다.

아멘호테프 2세(Amenhotep II)	기원전 1427–1400년 (출애굽 사건이 기원전 15세기에 일어났을 경우 당시의 파라오일 가능성이 있음)†
투트모세 4세(Thutmose IV)	기원전 1400–1390년
아멘호테프 3세(Amenhotep III)	기원전 1390–1352년
아케나텐(Akhenaten)	기원전 1352–1336년
네페르네페루아텐(Neferneferuaten)	기원전 1338–1336년 (아케나텐과 공동으로 통치했을 수 있음)
투탕카문(Tutankhamun)	기원전 1336–1327년
아이(Ay)	기원전 1327–1323년
호렘헤브(Horemheb)	기원전 1323–1295년 (그의 정확한 통치 기간은 여전히 논쟁 중임)
제19왕조	
람세스 1세(Ramesses I)	기원전 1295–1294년
세티 1세(Seti I)	기원전 1294–1279년
람세스 2세(Ramesses II)	기원전 1279–1213년 (출애굽 사건이 기원전 13세기에 일어났을 경우 당시의 파라오일 가능성이 있음)
메르넵타(Merenptah)	기원전 1213–1203년
아멘메세(Amenmesse)	기원전 1203–1200년? (상이집트를 잠시 통치한 찬탈자)
세티 2세(Seti II)	기원전 1200–1194년 (1203년부터 하이집트를 통치했을 수 있음)

시프타(Siptah)	기원전 1194–1188년
타우스레트(Tausret) 여왕	기원전 1188–1186년
제20왕조	
세크나크트(Sethnakht)	기원전 1186–1184년
람세스 3세(Ramesses III)	기원전 1184–1153년 (출애굽 사건이 기원전 12세기에 일어났을 경우 당시의 파라오)‡
람세스 4세(Ramesses IV)	기원전 1153–1147년
람세스 5세(Ramesses V)	기원전 1147–1143년
람세스 6세(Ramesses VI)	기원전 1143–1136년
람세스 7세(Ramesses VII)	기원전 1136–1129년
람세스 8세(Ramesses VIII)	기원전 1129–1126년
람세스 9세(Ramesses IX)	기원전 1126–1108년
람세스 10세(Ramesses X)	기원전 1108–1099년
람세스 11세(Ramesses XI)	기원전 1099–1069년

* 이 연대들은 널리 받아들여지는 역사적 연대기로 Shaw, "Chronology," 484–85에 기초한다.

† 스콧 스트리플링은 아멘호테프 2세의 통치를 더 뒤로 이동시키는 약간 다른 연대기를 따르며, 그를 기원전 1446년에 발생한 출애굽 당시의 파라오로 본다.

‡ 그의 통치가 언제 시작되었는지에 대해 상당한 논쟁이 있다. 예를 들어, 게리 A. 렌즈버그(Gary A. Rendsburg)가 그의 기고문에서 주장하는 것처럼 많은 학자가 람세스 3세의 즉위 초년을 기원전 1186년 또는 1187년으로 본다.

반대로, 제임스 호프마이어(James Hoffmeier)와 피터 파인만(Peter Feinman)은 출애굽 연대를 이집트의 가장 강력한 파라오 중 한 명인 람세스 2세(기원전 1279-1213년)의 통치 때로 추정한다. 이것을 보통 늦은 연대 출애굽(late-date exodus)이라고 부르지만, 우리는 그것을 좀 더 정확하게 기원전 13세기 출애굽(thirteenth-century exodus)이라고 부를 것이다. 출애굽기 1:11은 피라메세스/람세스(Pi-Ramesses/Ramses)를 히브리인들이 이집트에 거주하는 동안에 건축한 국고성들 가운데 하나로 언급한다. 이 도시는 짧은 기간(기원전 1275-1130년경)만 사용되었기 때문에 많은 사람이 그것을 핵심적인 연대기 자료로 간주하는데, 그 도시의 사용 연대는 출애굽이 기원전 13세기에 일어났음을 시사한다.[17] 비평 관점에서 볼 때 이 시기는 열왕기상 6:1의 문자적 읽기와 모순되므로, 호프마이어, 파인만, 키친(Kitchen) 같은 학자들은 480년에 대한 언급을 상징적인 표현으로 취급한다.[18] 호프마이어와 파인만은 출애굽 연대에 관해서는 일치하지만, 서로 다른 접근법을 취한다. 호프마이어는 그의 학문적 경력 전반에 걸쳐 그랬던 것처럼 많은 이집트 데이터를 사용하여 출애굽 내러티브의 역사성을 주장한다. 파인만은 그 이야기를 이집트 텍스트와 비교함으로써 그 이야기 안에 있는 인간적 요소를 찾으려고 노력하고 힉소스인과 레위인 사이의 유사점을 발견한다.

게리 A. 렌즈버그(Gary A. Rendsburg)도 호프마이어와 파인만처

---

17 이 중요한 삼각주 도시에 관한 자세한 내용은 Mark D. Janzen, "(Pi-)Rameses—The Delta Capital of Ramesside Egypt," in *Lexham Geographic Commentary on the Pentateuch*, ed. Barry Beitzel(Bellingham, WA: Lexham, forthcoming 2020-2021)을 보라.

18 Kitchen에 대해서는 *On the Reliability of the Old Testament*, 255-56을 보라.

럼 열왕기상 6:1에 나오는 480년에 대한 언급을 문자적인 숫자로 읽지 않는다. 그는 동료 학자들과 달리 이집트 최후의 강력한 파라오였던 람세스 3세(기원전 1184-1156년)의 통치 기간이었던 기원전 12세기에 출애굽 사건이 발생했다고 본다. 렌즈버그의 관점은 철기 시대 1기 동안 레반트 지역에서의 정착지 증가에 기초하는데, 그는 이것이 이전의 목축민들이 좀 더 영구적인 주거로 전환했기 때문이라고 믿는다. 렌즈버그는 또한 람세스 3세의 통치 기간에 제국이 쇠퇴했다는 증거가 있다고 보며, 이집트의 힘이 강력했던 시기보다는 그의 통치 기간에 불확실한 수의 노예가 떠났을 가능성이 좀 더 크다고 본다.

이 책의 마지막 장에서 로널드 헨델(Ronald Hendel)은 학자들이 출애굽의 역사성을 결정하기에는 출애굽이 문화적 기억 층들에 너무 깊이 스며들어 있다고 설명한다. 그는 좀 더 소규모의 출애굽이 불가능하지는 않지만, 출애굽의 정확한 세부 사항과 역사성을 결정하는 것은 거의 불가능하다고 말한다. 문화적 기억은 현재에 대한 적실성을 특히 강조하면서 과거를 묘사한다. 따라서 출애굽 이야기의 저자(들)는 그가 자기의 청중들에게 들려주고 싶었던 버전을 권위 있게 전한다. 헨델은 그 결과 "문화적 기억은 과거의 상황들을 왜곡하고, 생략하고, 허구화한다"라고 말한다. 이는 출애굽 사건이 명백한 역사도 아니고 순수한 허구도 아니라는 것을 의미한다.

한층 더 열변을 토하거나 더 이상 소란 피우지 않기

이 책에 대한 내 주된 목표는 독자들에게 고대 이스라엘의 형성에서 가장 중요한 사건과 관련이 있는 다양한 데이터를 강조하고 논의하는, 출애굽에 대한 정교한 관점들을 제공하는 것이다. 나는 독자들이 주제의 복잡성을 인식할 뿐만 아니라, 이 책을 통해 출애굽, 성경에 기록된 이야기를 구성하는 텍스트들, 출애굽의 잠재적 역사성, 그것의 연대기에 관해 좀 더 충분하게 이해할 수 있기를 바란다. 이 책의 편집자로서 나는 우리 기고자들이 직접 자기 생각을 말하도록 허용하면서, 때로는 토론이 좀 더 격렬해지더라도 각 관점을 공평하고 관대하게 제시하려고 노력했다.

논쟁이 중요한 신앙의 문제들을 다루기 때문에, 때로는 논쟁이 다소 개인적으로 되기도 한다. 일반적으로 학계는 그렇게 되는 것을 피하려고 노력하지만, 누구도 완전히 객관적일 수는 없다. 나는 논쟁이 좀 더 격렬해지는 곳에서는 독자들이 그것이 생각을 자극한다는 것을 인정하고 우리 기고자들의 전문성을 인식하길 바란다. 나는 또한 개인의 신앙이 학문에 영향을 줄 필요가 없다고 생각한다. 그리고 우리는 이 책이 유대교와 기독교를 배경으로 한 학자들이 쓴 책이라는 점에도 주의를 기울여야 한다. 이를 존중하여, 우리는 기고자들이 BC/AD 또는 BCE/CE 연대 표기법을 사용하도록 허용했다(본 번역서에서는 "기원전/기원후"로 표기한다—역자주).

마지막으로, 완전한 공개를 위해 밝히자면 나 자신의 관점은 역사적 출애굽 사건이 대체로 오경에 기록된 대로 일어났다는 것이다. 나는 그 사건이 기원전 13세기에 일어났다고 믿지만, 어떤 관점에 대해서도 중요한 질문이 계속되고 있다는 것을 인정한다. 나는 이 책을 편집하면서 각 기고자로부터 많이 배웠다는 사실을 기쁘게 인정한다. 내 관점을 재검토할 충분한 기회가 있었는데, 이는 학문적 노력이 성취해야 하는 바다! 나는 이 책이 독자들에게도 같은 일을 하기를 바란다.

1

기원전 15세기(이른 연대) 출애굽 관점

스콧 스트리플링

성경의 저자들은 고대 이스라엘 민족의 정체성을 이집트 노예 생활로부터의 기적적인 구원과 확고하게 연결하지만, 버나드 F. 바토(Bernard F. Batto) 같은 많은 학자는 출애굽의 역사성에 도전한다. "성경의 창세기부터 여호수아서까지는 역사적 장르라기보다는 고대 근동의 민간전승에 좀 더 많은 빚을 지고 있으며, 고대 이스라엘의 진정한 역사를 재구성하는 데 사용될 수 없다."[1] 그러나 이 책의 기고자 다섯 명 중 네 명은 비록 그 일이 일어난 시기에 관해서는 서로 견해를 달리 하지만, 히브리인들이 이집트에서 가나안으로 탈출한 일이 실제로 일어났다고 믿는다. 확실히 지성 있고 진지한 사람들이 똑같은 데이터를 평가한 후 다른 결론에 도달할 수 있다. 매우 중요한 이 사건이 언제 일어났는지에 관한 논의는 성경이 역사적으로 신뢰할 수 있다고 믿는 사람들 사이에서 큰 열정을 일으키고 때로는 갈등을 일으킨다.

성경 텍스트를 따로 떼어 고찰한다면 성서학자 대다수는 성경

---

1   Bernard F. *Batto, Slaying the Dragon: Mythmaking in the Biblical Tradition* (Louisville: Westminster John Knox, 1992), 102.

내부의 연대기가 출애굽이 기원전 15세기에 일어났음을 가리킨다는 데 동의한다. 비록 성경의 증거가 분명해 보일지라도, 그것은 또한 고고학적 증거에 비추어 고찰되어야 한다. 역사적 문제는 좀처럼 단순하지 않다. 이스라엘의 구릉지에 있는 중요한 두 유적지인 키르벳 엘 마카티르(Khirbet el-Maqatir, 아이[Ai]?)와 실로(Shiloh)에서 발굴 작업을 지휘한 나는 고고학에 감사한다. 하지만 이 유적지들과 다른 유적지들의 물질문화는 성경 텍스트를 명확히 밝혀 주지만, 종종 문제를 해결하기보다는 좀 더 많은 질문을 제기한다. 이집트와 그 북쪽 지역에서 수행되었던 많은 고고학자의 훌륭한 작업에도 불구하고, 엄청난 양의 고대 유적이 발굴되지 않은 채로 남아 있다. 문화유산 파손, 불규칙한 도시 확장, 전쟁, 자연재해, 정치, 자금 부족으로 인해 [고고학 발굴용] 흙손이 드러낼 수 있는 것이 제한된다. 출애굽과 가나안 정복 시기를 명확히 할 수 있는 중요한 증거를 포함하고 있는 고대 유물이 아직 발굴되지 않았을 수 있다. 이 글을 쓰고 있는 현재, 출애굽 사건의 역사성을 고수하는 학자들 사이에 출애굽 시기와 관련하여 의견의 일치가 이뤄지지 않고 있다.

출애굽이라는 딜레마에 대한 접근 방법론

고대 이집트인들은 자기들을 불리하게 묘사하는 사건을 거의 기록하지 않았기 때문에, 출애굽에 대한 기록을 발견한다면 그것은 놀라운 일일 것이다. 이런 사건들을 생략하려는 그들의 욕구에도 불구하고, 출애굽의 역사성을 확립할 수 있는 문서 자료와 고고학적 유물이 존재하지만, 우리는 이러한 문서 자료와 유물에 적절한 비중을 둘 필요가 있다. 올바른 인식론은 신뢰할 수 있는 역사 기술(historiography)을 가능하게 한다. 이 기고문에서 나는 기록된 텍스트는 물질문화에 대한 인간의 해석보다 덜 주관적이므로 우리의 고려에서 기록된 텍스트에 우선순위가 주어져야 한다고 주장한다. 힐(Hill)은 다음과 같이 말하면서 이른 연대 옹호자들과 늦은 연대 옹호자들 사이의 방법론의 차이를 설명한다. "출애굽 연대에 대한 논쟁에서 성경의 데이터와 성경 외 데이터의 해석이 쟁점이 되고 있다. 이른 연대 입장을 지지하는 사람들은 **성경에 기록된 숫자의 문자적 해석을 강조한다.**…그리고 그것을 지지하기 위해 고고학에 선택적으로 호소한다(예를 들어, **양 진영 모두** 그들의 입장을 뒷받침하기 위해 여리고와 하솔에서 나온 **고고학적 증거를 인용한다**). 늦은 연대 관점을 고수하는 사람들은 성경에 기록된 숫자를 상징적으로 이해하고 **성경 밖의 역사적 정보와 고고학적 증거를 우선시한다.**"[2]

힐은 학자들 사이의 방법론적 차이를 정확하게 요약한다. 이른 연대 지지자들은 성경에 좀 더 비중을 두는 반면, 늦은 연대를 주장하는 사람들은 그들의 역사 기술에서 고고학에 우위를 두는 경향이 있다. 이 기고문에서 나는 강력한 고고학적 증거도 이른 연대를 지지하지만, 이른 연대를 찬성하는 논거는 성경 텍스트에서 시작된다고

---

2   Andrew E. Hill, "Exodus," in *A Survey of the Old Testament*, ed. Andrew E. Hill and John H. Walton, 3rd ed. (Grand Rapids: Zondervan, 2009), 106, 108, 강조는 덧붙인 것임.

주장할 것이다. 적절하게 수행된 고고학 발굴은 기록된 하나님의 말씀을 조명하며, 그 반대의 경우도 마찬가지다. 그러나 만약 그 두 가지가 충돌하는 것으로 보이면, 이른 연대 옹호자들은 성경 텍스트를 따를 것이다.

출애굽 사건의 경우 성경은 가장 완전한 고대 문서 자료로 사용되는데, 그것은 역사적으로 신뢰할 수 있는 설명으로 읽혀야 한다. 일치하지 않는 내용이 있다는 제안은 침묵으로부터의 논증이 아니라 증거에 기초한 주장이어야 한다. 다윗 왕의 존재에 관한 최소주의 주장(minimalist argument)을 생각해 보라. 다윗 왕이 존재하지 않았을 수도 있다는 주장은 아브라함 비란(Avraham Biran)의 발굴 팀이 1993년 텔단(Tel Dan)에서 "다윗의 집" 비문을 복구했을 때 사라졌다.[3] 텍스트상의 논리적인 불일치가 발생할 때마다, 역사학자는 당연히 성경 외부의 자료를 통해 명확히 밝히고자 해도 무방할 것이다. 그러나 나는 성경 밖의 텍스트가 성경 텍스트와 모순되는 경우를 전혀 알지 못한다. 양자가 가끔 다른 관점을 제공하기는 하지만 말이다. 예루살렘 포위 공격에 대한 산헤립의 설명과 역대기 편집자의 설명(대하 32장)이 그런 경우나.[4] 신약성경의 복음서 저자들은 확실히 세부 사항에서는 다르게 묘사하지만, 그 다양성이 진정성을 강화한다. 목격자들이 한 사건에 대해 똑같은 세부 사항을 보고하는 경우는

---

3   Avraham Biran and Joseph Naveh, "The Tel Dan Inscription: A New Fragment," *IEJ* 45 (1995): 1–18.

4   산헤립의 설명은 "Sennacherib's Siege of Jerusalem," trans. Mordechai Cogan(*COS* 2.119B:302–4)을 보라.

거의 없다.

오경은 확실히 고대에 기원을 두고 있다. 케테프 힌놈(Ketef Hinnom)의 무덤 25(Tomb 25)에서 나온 기원전 7세기 말의 은 두루마리/부적은 출애굽기와 민수기의 일부를 보존하고 있다. 의심할 바 없이, 케테프 힌놈 II는 제사장의 축복(민 6:24-26)을 인용한다. 쿤틸레트 아즈루드(Kuntillet Ajrud)에서 발굴된 큰 항아리 B(Pithos B)는—케테프 힌놈 II보다 100년 전의 것이다—같은 구절을 반항하거나 다른 말로 바꿔 표현한다.[5] 더욱이 케테프 힌놈 I(3-6행)은 출애굽기 20:6을 인용하거나 넌지시 암시할 가능성이 있다. 마찬가지로, 데이르 알라 석고 비문(Deir 'Alla Plaster Inscriptions, '발람 비문'으로도 알려졌다)의 연대는 적어도 기원전 8세기로 추정되며, 민수기 22-24장의 이야기와 일치한다. 이 자료들의 연대는 오경 내러티브들의 고대성을 증명한다. 내가 언급한 단편들(fragments)은 기원전 8세기에 갑자기 나타난 것이 아니며, 이는 출애굽 이야기가 제1성전 시대(기원전 1200-586년)에, 아마도 훨씬 이전에 존재했을 가능성이 있음을 암시한다. 그러나 성경이 출애굽에 대해 기록된 유일한 자료인 것도 아니다.

금석학자들은 기원후 21세기 이전에는 출애굽과 체류에 대한 성경 이야기와 관련된 데이르 알라 석고 비문만 발견했을 뿐 그 외의 성경 밖 문헌 자료를 하나도 확인하지 못했다. 새천년으로 접어들

5　　Nadav Na'aman, "A New Outlook at Kuntillet 'Ajrud and Its Inscriptions," *Maarav* 20, no. 1 (2013): 39-51.

면서 베를린 받침대(Berlin Pedestal)가 발표되자 상황이 바뀌었다.[6] 이어서 2016년에 더글러스 페트로비치(Douglas Petrovich)가 시나이반도에서 발굴된 비문 16개를 소개했는데, 그중 세 개는 출애굽과 출애굽에 관련된 인물들 및 사건들을 기록했다고 알려졌다.[7] 아마르나 서판(Amarna tablets)과 메르넵타 석비(Merenptah Stela)도 고려할 만한 가치가 있는 관련 비문 증거를 제공한다.[8]

고고학적 증거 또한 출애굽 사건이 제18왕조(기원전 1550-1292년)의 어느 때에 발생했다는 견해를 지지한다. 나는 이집트 삼각주 지역에 있는 텔 엘 다브아(Tell el-Dabʻa) 같은 유적지가 출애굽 이야기(출 2-12장)가 발생한 시기와 동시대의 고고학 데이터일 수 있다고 생각한다. 나는 이스라엘 구릉지에 있는 에발산도 관련 증거라고 생각한다. 우리가 앞으로 알게 되겠지만, 텔 엘 다브아와 에발산 및 여리고, 아이, 하솔 같은 기타 관련 유적지들은 중요한 데이터를 제공한다.

유사 고고학(pseudoarchaeology)은 문제를 복잡하게 만들고 일반 대중을 혼란에 빠뜨린다. 1990년경 이후 한 무리의 자칭 연구자들이 출애굽과 성경에 등장하는 다른 사건들에 대해 선정적인 주장을 해

---

6   Manfred Görg, "Israel in Hieroglyphen," *BN* 106 (2001): 21-27.

7   Douglas Petrovich, *The World's Oldest Alphabet: Hebrew as the Language of the Proto-Consonantal Script* (Jerusalem: Carta, 2016).

8   William L. Moran, ed. and trans., *The Amarna Letters* (Baltimore: Johns Hopkins Univ. Press, 1992); Michael Hasel, "Merneptah's Reference to Israel: Critical Issues for the Origin of Israel," in *Critical Issues in Early Israelite History*, ed. Richard S. Hess, Gerald A. Klingbeil, and Paul J. Ray Jr., BBRSup 3 (Winona Lake, IN: Eisenbrauns, 2008), 47-60.

왔다. 그들은 출애굽의 증거를 발견했다고 주장한다. 성경에 등장하는 **얌 수프**(*yam sûp*)일 수 있는 곳의 바닥에 있는 전차 바퀴에 관한 근거 없는 주장들을 반박하는 것은 이 기고문의 범위를 벗어난다. 이런 터무니없는 주장들이 우리를 혼란에 빠뜨려 우리가 진지한 학문적 논쟁에 집중하지 못하게 하지만, 다행스럽게도 우리에게는 출애굽과 출애굽에 관련된 사건들을 조명해 줄 수 있는 진짜 고고학이 있다.

다음 단락(section)에서 내가 제시하는 바와 같이, 합리적인 증거는 야곱의 자손(이스라엘 사람들)이 제12왕조부터 제18왕조까지—기원전 19세기에서 기원전 15세기까지(기원전 1900-1400년)—500년 동안의 어느 시점에 이집트에 체류했음을 보여준다. 마찬가지로 복음주의자들 사이에서는 드문 예외를 제외하고 이스라엘 사람들이 후기 청동기 시대 2기(기원전 1400-1200년경)보다 늦지 않은 시기에 가나안에 정착했다는 데 학문적 합의가 이뤄져 있다. 이른 연대를 옹호하는 사람들은 그들의 도착 연대로 기원전 15세기 말, 또는 고고학 용어로 표현하자면 후기 청동기 시대 1B기를 선호한다. 성경과 고고학 모두 이스라엘 사람들이 이집트에서 수백 년을 보냈으며, 그 후에 가나안 땅에서 천 년 이상을 지냈다고 본다는 점에 관해 내가 제시하는 증거가 정확하다는 것이 입증된다면, 그들이 이 연대표의 어느 시점에 이집트를 떠난 것이 분명해 보인다. 성경에서 출애굽 이야기는 역사적으로 입증할 수 있는 이야기들에 선행하기도 하고 후행하기도 한다. 그러므로 그 이야기 자체를 원인론적(etiological) 이야기로 볼 이유는 존재하지 않는다. 성경의 증거와 성경 밖의 증거는 이스라엘 사람들이 이른 시기에 존재했으며 그들이 기원전 15세기에 이집트에서 나왔다는 역사성과 연대를 입증한다.

이른 출애굽에 대한 성경의 증거

창세기에 수록된 조상 내러티브는 요셉이 고대 세계의 초강대국 이집트에서 제2인자가 되었다고 알려준다. 요셉은 이집트의 고관(최고 행정관)으로 일했을 가능성이 있다. 그는 이집트의 나일 삼각주에 있는 고센(Goshen)이라는 좋은 땅에 자기 가족을 정착시켰다. 그러나 정치적 풍토가 바뀌자 야곱의 자손은 노예 상태로 전락했다. 여러 성경 구절이 이스라엘의 노예 생활에서의 해방이 기원전 15세기에 일어났음을 확증한다. 이 인용구들에는 열왕기상 6:1, 사사기 11:26, 역대상 6:33-37, 에스겔 40:1, 사도행전 7:29-30이 포함된다. 종합해 보면, 이 구절들의 무게는 해석의 저울이 결정적으로 이른 연대 쪽으로 기울어지게 한다.

열왕기상 6:1로부터의 증거

솔로몬은 출애굽 후 480년째 되는 해에 제1성전을 짓기 시작했다(왕상 6:1). 아시리아의 기록들과 비교하면 그 해는 기원전 967년이다. 고고학에서는 알려진 것에서 알려지지 않은 것으로 이동한다는 한 가지 중요한 원리가 있는데, 이 원칙은 연대기에도 적용된다. 기원전 967년이라는 알려진 연대에 479년을 더하면 기원전 1446년이라는 성경 연대에 도달한다.

솔로몬 성전이 건축되기 480년 전에 출애굽 사건이 일어났다는 히브리어 텍스트와 달리, 70인역은 출애굽이 440년 전에 일어났다고 말한다. 이런 이유로 스티븐 콜린스(Steven Collins) 같은 몇몇 고고학자는 출애굽 연대로 기원전 1406년을 선호한다.[9] 아무튼 두 연대 모두 기원전 15세기에 대규모 이주가 일어난 것으로 본다. 데이비드 롤(David Rohl) 같은 다른 학자들은 기원전 1446년을 포용하지만, 이집트 역사가 몇 세기 뒤로 늦춰져야 하며 출애굽이 중기 청동기 시대 말에 일어났다고 주장한다.[10] 내가 출애굽의 이른 연대를 언급할 때는 후기 청동기 시대 1기 중반인 기원전 1446년을 뜻한다.

W. F. 올브라이트(W. F. Albright)의 의견에 동의하는 늦은 연대 옹호자들은 고고학 기록에서 기원전 15세기 말 정복에 대한 증거가 전혀 또는 거의 없다고 본다. 따라서 그들은 오컴의 면도날 원칙(Occam's razor)을 위반하고 480이라는 숫자가 실제로는 300을 의미하는 은유적 표현이라고 여긴다.[11] 그들은 열왕기상 저자가 480이라는 숫자를 사용한 것은 한 세대를 40년으로 이상화하여 열두 세대를 언급한 것이지만, 한 세대가 실제로는 25년이기 때문에 그 숫자는

---

9   Steven Collins, *Let My People Go! Using Historical Synchronisms to Identify the Pharaoh of the Exodus* (Albuquerque: Trinity Southwest Univ. Press, 2012), 104-32.

10   David Rohl, *Exodus: Myth or History?* (St. Louis Park, MN: Thinking Man Media, 2015), 71-85. Rohl의 견해는 학자들 사이에서 관심을 끌지 못했다.

11   Albright는 원래 출애굽 연대로 기원전 1446년을 받아들였지만, 그에 대한 고고학적 증거를 발견할 수 없어 늦은 연대로 견해를 바꿨다.

480이 아니라 300이어야 한다고 주장한다(12세대 x 25년 = 300년).[12] 케네스 키친(Kenneth Kitchen) 같은 학자들은 이 공식을 사용하여 출애굽이 기원전 13세기에 일어났다고 보며, 그 시기에 출애굽과 정복에 대한 좀 더 강력한 증거가 있다고 생각한다.[13] 연대 추정에 대한 이러한 접근법을 통해 늦은 연대 옹호자들은 우리가 성경의 저자가 혼동했거나 과장법을 사용했다고 믿게 만들려고 할 것이다. 나는 이 두 가지가 모두 불가능하다고 본다.

사사기 11:26로부터의 증거

사사기 11:26에 따르면, 입다는 암몬 왕에게 "이스라엘이 헤스본과 그 마을들과 아로엘과 그 마을들과 아르논강 가에 있는 모든 성읍에 거주한 지 삼백 년이거늘 그동안에 너희가 어찌하여 도로 찾지 아니하였느냐?"라고 선언한다. 다시 한번 운이 좋게도 입다가 활동한 시기가 기원전 1100년경이라는 데 합의가 이뤄져 있다. 출애굽 연대는 이로부터 간단하게 계산된다. 기원전 1100년 + 300년 = 기원전 1400년. 이 연대는 열왕기상 6:1의 연대와 밀접하게 조화를 이룬다. 이스라엘 사람들은 40년간의 광야 체류가 끝날 때까지 암몬 지역을 정복하지 못했기 때문이다. 혼동한 또 다른 성경 저자나 화자가 있는가? 역대기 편집자도 비슷한 방향 상실을 겪었다.

---

12   Kenneth A. Kitchen, *On the Reliability of the Old Testament* (Grand Rapids: Eerdmans, 2003), 308-10.

13   Kitchen, *On the Reliability of the Old Testament*, 308-10.

역대상 6:33-37

역대상 6:33-37은 다윗 시대의 헤만부터 모세 시대의 고라까지 열여덟 세대에 걸친 성전 음악가들의 족보를 제시한다. 따라서 솔로몬까지는 열아홉 세대에 해당한다. 오늘날 학자들은 한 세대가 평균 25년이라는 데 대체로 동의한다. 그러므로 이 기간은 대략 19세대 x 25년 = 475년으로 추정된다.[14] 기원전 967년(솔로몬의 즉위 4년째)에 475년을 더하면 기원전 15세기 중반이 된다(기원전 1442년). 출애굽이 기원전 13세기 중반에 일어났다면, 고라부터 솔로몬까지 열아홉 세대의 평균 기간은 약 15.2년이 될 것이다. 특히 헤만의 모든 조상이 맏아들은 아니었을 것이기 때문에 그럴 개연성이 매우 희박하다.

에스겔 40:1로부터의 증거

에스겔 40:1의 히브리어 텍스트는 에스겔이 기원전 574년에 환상을 본 날이 로쉬 하샤나(Rosh Hashanah, 새해 첫날)였으며 또한 그달의 열 번째 날이었음을 나타낸다. 로쉬 하샤나는 희년이 시작되는 달의 열 번째 날이었다(레 25:9-10). 제사장인 에스겔은 안식년과 희년이 언제인지 알았을 것이다. 『세데르 올람』(*Seder Olam*) 11장과 바빌로니아 탈무드는 에스겔의 환상이 열일곱 번째 희년 주기의 끝에 있었고 또 다른 희년은 요시야 18년(현대 학계에 의하면 기원전 623/22년)에 있었다고 기록한다. 두 수치는 모두 안식년과 희년의 계산이 기원전

---

14   나는 늦은 연대 옹호자들이, 성경의 저자가 480년이라고 썼음에도 독자가 300년으로 이해하도록 의도했다는 가정에 기초하여 40년을 25년으로 전환하는 데 반대하지만, 성경의 평균 세대가 25년이었다는 데는 동의한다.

1406년에 시작되었음을 나타내는데, 이는 열왕기상 6:1과 그 이후의 광야 생활 40년으로부터 계산된 출애굽 연대 1446년과 일치한다.[15]

사도행전 7:29-30로부터의 증거

사도행전 7장에 수록된 스데반의 설교에서 스데반은 모세가 미디안 광야에서 40년을 보내는 동안에 그가 도망쳤던 대상인 파라오가 "여러 해" 후에(출 2:23) 죽었다고 선언한다. 출애굽기 2:23과 4:19은 모세가 이집트로 돌아오기 전에 압제자 파라오가 죽었다고 밝힌다. 제18왕조(기원전 1570-1320년경)에서는 투트모세 3세(기원전 1504-1450년)만이 40년 넘게 통치했다.[16] 만약 그가 압제자 파라오라면 아멘호테프 2세가 출애굽 때의 파라오가 될 것이다. 이는 이른 연대 견해와 일치한다. 스데반은 뛰어난 변증가였는데, 그의 연대기적 통찰력을 무시하면 안 될 것이다.

이 다섯 개 성경 구절의 증거에 기초할 때 데이터는 명확히 기원전 15세기를 가리킨다. 나는 열왕기상 6:1에 기록된 480년(실제로는 479년)을 300년으로 압축하는 늦은 연대 옹호자들의 허약한 해석을 납득할 수 없다. 민약 그들이 옳디면, 왜 "부정확한" 연대가 그토록 많은 성경 구절과 조화를 이루는가? 확실히 늦은 연대 옹호자들은 이른 연대의 압도적인 텍스트의 힘을 능가할 방대한 고고학적 증거를 가지고 있다. 우리는 이에 관해 살펴볼 것이다.

---

15   Andrew E. Steinmann, *From Abraham to Paul: A Biblical Chronology* (St. Louis: Concordia, 2011), 51.

16   이 연대들은 표준 고연대기(High chronology)에서 유래한다.

이른 출애굽 연대에 대한 성경 외부의 증거

고고학적 증거를 살펴보기 전에, 먼저 이른 출애굽 연대에 대한 성경 외부의 증거를 고려해 보자. 성경 외부의 증거도 성경의 증거와 마찬 가지로 출애굽이 일어났다는 **사실**(역사성)뿐만 아니라 출애굽이 일 어난 시기(연대)도 제시한다. 다양한 고대 자료와 유적지는 출애굽의 실제성과 시기를 입증한다.

요세푸스와 마네토로부터의 증거

고전 세계의 두 역사학자인 요세푸스(Josephus)와 마네토(Manetho)가 출애굽의 실제성과 시기를 논의한다.[17] 기원후 1세기 때의 유 대인 역사학자인 요세푸스는 출애굽 때의 파라오를 "아메노피 스"(Amenophis)로 본 프톨레마이오스 시대(기원전 270년경)의 이집트 제사장 마네토를 인용했다(*Ag. Ap.* 1.2.227-53).[18] 제18왕조에서 아메노 피스라는 이름을 가진 파라오들과 그들의 통치 연대는 이른 출애굽 에 부합한다. 아메노피스(또는 아멘호테프)라는 이름으로 불린 네 명의 파라오 중에서 아멘호테프 2세만이 요세푸스가 마네토를 인용한 내 용과 비슷하다.

---

17   Manetho, *History of Egypt and Other Works*, trans. W. G. Waddell, LCL 350 (Cambridge: Harvard Univ. Press, 1940).

18   [원서의] 편집자 주: 이 이름을 가진 파라오는 현재 일반적으로 아멘호테프라는 이 름으로 알려져 있다. 이 책에서 아멘호테프 대신 "아메노피스"가 나타나는 것은 요 세푸스가 그 이름을 사용했기 때문이다.

유감스럽게도, 요세푸스는 아메노피스를 허구적인 왕의 이름으로 이해하기 때문에 제18왕조에 대한 그의 지식은 불완전하다. 요세푸스는 마네토가 묘사한 힉소스가 떠난 사건을 몇 세기 뒤에 일어난 이스라엘 사람들의 출애굽과 혼동한다. 요세푸스가 마네토의 자료가 말하고 있는 내용에 대해 무지했음에도 그가 그 자료에서 인용한 내용들은 힉소스의 축출과 이스라엘의 출애굽 사이에 오랜 기간이 떨어져 있다는 마네토의 관점을 재구성하고 보존하기에 충분하다. 아멘호테프 2세가 실제로 출애굽 때의 파라오였다면, 바로 그 앞에 있던 압제자 파라오는 투트모세 3세였을 것이다. 앞서 언급했듯이 출애굽기 2:23은 모세가 미디안에서 40년 동안 체류하기 전에 도망쳤던 대상인 파라오가 오래 통치했다고 명시한다. 이는 투트모세 3세와 일치한다. 일반적으로 출애굽 때의 파라오로 람세스 2세를 적시하는 기원전 13세기 출애굽 지지자들은 이 대목에서 또 다른 문제에 직면한다. 람세스 2세 이전의 두 파라오의 통치 기간은 단지 1년과 11년에 불과했다(람세스 1세와 세티 1세).

텔 엘 다브이로부터의 증거

1990년 오스트리아의 만프레트 비탁의 발굴 팀이 나일강 삼각주, 텔 엘 다브아에서 발굴을 시작했다. 이곳은 거의 확실히 훗날 출애굽기에 언급되는 람세스(라암셋) 성읍에 통합된 고대 아바리스의 유적지다.[19] 비탁의 층서 분석(stratigraphic analysis)은 아멘호테프 2세의 통

---

[19]　나는 물류를 다룬 단락에서 람세스의 신원에 대해 좀 더 자세히 설명한다.

치 기간 중 또는 그 이후 제18왕조 중반에 그곳이 명백히 유기되었음을 드러낸다.[20] 그의 통치 기간 중의 유기는 증거와 일치한다. 유기 국면에서 발굴된 동물 매몰지들에는 아마르나 시대 또는 람세스 시대의 토기가 전혀 없으며, 식별할 수 있는 최신 토기는 [일부 견해에서] 출애굽 당시 파라오로 추정되는 아멘호테프 2세의 통치 기간에 만들어진 것이다.[21] 만약 이 적시가 정확하다면 아바리스의 유기는 출애굽의 잠재적인 증거 역할을 하고, 유기 지층 아래의 지층에서 나온 유물은 성경이 이스라엘 사람들이 이집트에 있었다고 말하는 시기의 이스라엘 사람들이 사용한 것일 수 있다. 아바리스 지층 d/1(F/I 구역)에서 지층 c(H/I-VI 구역)까지의 많은 부분은 그곳이 불가사의하게 버려질 때까지 그곳에 셈족 인구가 존재했음을 보여준다. 람세스 2세가 이집트를 통치했던 제19왕조(늦은 연대 이론의 시기)에는 아바리스에 셈족 인구가 있었다는 증거가 없다.

기원전 19세기에 아바리스에 이스라엘 사람들이 존재했을 수 있다는 증거에는 디소베케므하트(Di-Sobekemḥat)—레트제누(Retjenu)의 통치자라는 칭호를 지닌 것으로 입증된 최초의 아시아인—를 요셉의 둘째 아들 에브라임으로 볼 수도 있다는 점이 포함된다.[22] 디소베케므하트는 사치스러운 많은 부장품과 함께 아바리스의

---

20   Douglas Petrovich, "Toward Pinpointing the Timing of the Egyptian Abandonment of Avaris during the Middle of the 18th Dynasty," *Journal of Ancient Egyptian Interconnections* 5, no. 2 (2013): 9-28을 보라.

21   Douglas Petrovich, "Amenhotep II and the Historicity of the Exodus-Pharaoh," *MSJ* 17 (Spring 2006): 81-110.

22   Douglas Petrovich, *New Evidence of Israelites in Egypt from Joseph to the Exodus* (Carta:

F/I 구역(지층 d/1)의 한 정교한 무덤(F/I-m/18-Gr. 3)에 매장되었다.[23] 그의 이름은 "소베케므하트에 의해 임명된 자"를 의미한다. 소베케 므하트, 즉 고관은 세소스트리스 2세(풍요의 파라오)와 세소스트리스 3세(기근의 파라오)의 통치 기간에 복무했던 요셉이라고 볼 수 있을 것 이다.

오스트리아 발굴 팀의 텔 엘 다브아 발굴은 출애굽이 기원전 15세기에 일어났다는 견해의 신뢰성에 이바지하는 두 가지 결과를 낳았다. 첫 번째는 그 유적지에서 광대한 궁전 구역이 발견되었다는 점이다. 이로써 멤피스가 제18왕조의 궁전이 있던 유일한 도시가 아 니었음이 입증되었다. 만약 멤피스가 궁전이 있는 유일한 도시였다 면, 그것은 파라오가 하룻밤 사이에 모세와 아론을 인접한 고센에 있 는 그들의 집에서 궁으로 불러들인 출애굽 이야기를 믿을 수 없게 만 들 것이다 (출 12:31).

두 번째 결과는 방사성 탄소 연대 측정법에서의 변칙(anomaly)과 관련이 있다. 비탁은 이집트에서의 탄소 14 연대 측정법에서 기원전 15세기부터 상쇄(offset) 현상이 발생한다는 것을 입증했다. 기원전 14세기부터 현대까지 탄소 14 측정법에 의한 연대 추정치는 다른 방 법을 사용한 연대 추정치와 50년 안팎의 차이로 일치한다. 그러나 탄

Jerusalem). 레트제누라는 지명은 이 관리가 레반트 지역 출신이었음을 의미한다. Manfred Bietak, *Avaris: The Capital of the Hyksos: Recent Excavations at Tell el-Dabʿa* (London: British Museum Press, 1996), 26.

23   Robert Schiestl, *Tell el-Dabʾa XVIII: Die Palastnekropole von Tell el-Dabaʾ, Die Gräber des Areals F/I der Straten d/2 und d/1* (Vienna: Österreichischen Akademia der Wissenschaften, 2009), 363–86.

소 14 측정법을 사용한 추정치는 기원전 15세기부터 다른 방법을 사용한 추정치와 달라진다. 상쇄는 일반적으로 과거로 거슬러 올라갈수록 증가한다. 이 점이 중요한 이유는 성경의 출애굽 연대가 기원전 1446년이기 때문이다. 제안된 상쇄는 탄소 14 연대 측정법에 기초해서 성경의 출애굽과 정복 연대에 반대하는 주장들을 무력화시킨다. 유감스럽게도, 학자들 대다수는 비엔나 대학교의 VERA 방사선 연구소와 협력하여 수행된 비탁의 엄밀한 탄소 14 연구를 무시했다. 여리고에 관한 논의에서 다루겠지만, 탄소 14 연대 측정법에는 고도로 주의해야 할 점이 있으며 그 영향은 심오하다.

세라비트 엘 카딤과 와디 나스브로부터의 증거

이른 출애굽에 대한 비문 증거는 시나이반도 남서부에 위치한 세라비트 엘 카딤(Serabit el-Khadim)과 와디 나스브(Wadi Nasb)에서 나온다. 우리는 세라비트 엘 카딤에서 발굴된 비문 두 개(시나이 375a와 시나이 361)와 와디 나스브에서 발굴된 비문(시나이 376) 한 개를 검토할 것이다.

1905년 플린더스 페트리(Flinders Petrie)는 신왕국 시대(제18-20왕조) 때 많이 이용된 광산 지역인 세라비트 엘 카딤에서 발굴된 여러 비문을 복구해 기록했다. 페트리의 가장 중요한 발견물인 시나이 375a는 히브리어 정방형 문자(block script)의 전신인 원시 시나이 문자(원시 자음 문자라고도 알려졌다)를 보여준다.[24] 시나이 375a에서 서로

---

24 W. M. Flinders Petrie, *Researches in Sinai* (New York: Dutton, 1906).

상당히 다른 원시 자음 히브리어 문자와 중기 이집트 상형문자가 나란히 나타난다. 텍스트의 일부는 세로로 읽히고, 일부는 가로로 읽힌다. 2016년에 더글러스 페트로비치(Douglas Petrovich)가 이 비문을 다

명암이 고도로 대비된 시나이 375a

음과 같이 번역했다.

> 세로 문자: "광물의 감독자, 아히시미흐"(The overseer of minerals, Ahisamach)
>
> 가로 문자: "높여진 사람은 잊느라 피곤하다"(The one having been elevated is weary to forget)[25]

---

25   Petrovich, *World's Oldest Alphabet*, 175.

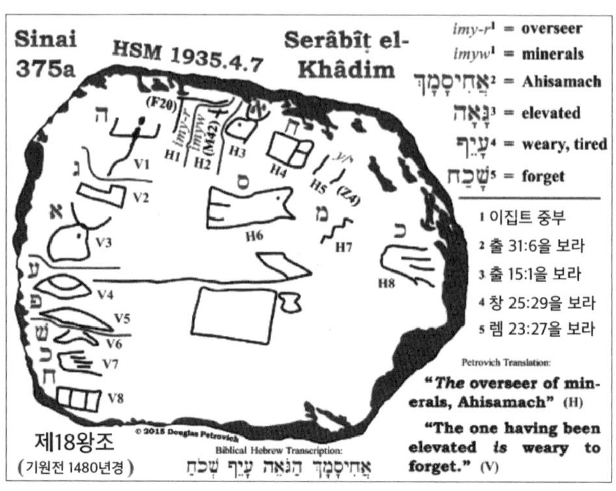

더글러스 페트로비치의 시나이 375a 번역

시나이 375a의 연대는 성경이 이스라엘 사람들이 이집트로부터의 기적적인 구원을 경험했다고 암시하는 때보다 불과 몇십 년 전인 기원전 1480년경으로 추정된다. 기원전 1446년에 그들이 떠난 직후, 모세는 성막에 관한 하나님의 지시를 기록했다.

내가…브살렐을 지명하여 부르고…정교한 일을 연구하여 금과 은과 놋으로 만들게 하며…여러 가지 기술로 나무를 새겨 만들게 하리라. 내가 또 단 지파 아히사막[Ahisamach]의 아들 오홀리압을 세워…내가 지혜를 주어 그들이 내가 네게 명령한 것을 다 만들게 할지니 곧 회막과 증거궤와 …(출 31:2-7; 참조. 38:21-23).

셈족 이름인 아히사마흐(Ahisamach, 개역개정에서는 "아히사막"으로 번역되었음)는 출애굽기(2회)와 시나이 375a에만 나타난다. 오홀리압은 아마도 출애굽 사건이 일어나기 전에 몇 년 동안 그의 아버지 아히사마흐 밑에서 견습공으로 일했을 것이다. 그는 출애굽 전에 노예 생활을 할 때 익힌 기술을 사용하여 성막을 지었다. 페트로비치가 옳다면, 시나이 375a는 기원전 15세기 전반에 한 이스라엘 사람이 이집트에 존재했고, 그의 아들이나 가까운 친척이 출애굽에 참여했다는 증거가 된다.

시나이 361은 세라비트 엘 카딤에서 발굴된 두 번째 중요한 비문을 대표한다. 1932년 조사 여행에서 로맹 부탱(Romain Butin)에 의해 발견된 이 비문은 큰 상부 단편과 작은 하부 단편으로 구성되어 있다. 베두인 노동자들이 원래 장소에서 큰 단편을 발견했다. 페트로비치는 시나이 361의 연대를 기원전 15세기 중반으로 추정하며, 그 원시 시나이 텍스트를 다음과 같이 번역한다.

우리의 속박된 노예 생활은 계속되었다. 그러다 모세가 놀라움을 일으켰다. 그 해는 그 여자 때문에 놀라움의 해다.[26]

누가 이 비문을 기록했든 그 사람은 기원전 15세기 중반까지 오랫동안 노예 생활을 했다. 이는 이스라엘 사람들을 가리킬 수 있다. 두 번째 문장은 이스라엘의 구원자인 모세를 언급함으로써 모든 의심을 제거한다. 현재까지 이것은 동시대의 성경 밖의 기록에서 역사적 모

---

26   Petrovich, *World's Oldest Alphabet*, 160.

세에 관해 언급한 유일한 내용이다. 만약 페트로비치의 해석이 타당하다면, 그 놀라움은 출애굽과 관련된 기적을 가리킨다는 주장이 나올 수 있다.

플린더스 페트리는 1905년에 시나이 375a 외에 시나이 376 비문도 발견했다. 그 발견은 와디 나스브(Wadi Nasb)에서 이루어졌다. 1961년 게오르크 게르스터(Georg Gerster)가 이 비문을 재발견하고 발표했다.[27] 서체가 지닌 고대의 요소들은 그 비문이 제13왕조(기원전 18세기)의 것임을 암시한다. 텍스트는 단지 3년 동안만 통치했던 제13왕조 파라오인 세켐레 쿠타위 카바우(Sekhemre Khutawy Khabaw)를 언급한다(기원전 1775년경). 페트로비치는 이 비문을 다음과 같이 번역한다.

아스낫(Asenath)의 포도원의 집과 그것의 가장 깊은 방이 새겨졌다. 그것들이 생명을 지니게 되었다.[28]

아스낫은 누구인가? 그녀가 이집트 체류 시대의 이스라엘 사람과 연결될 수 있는가? 창세기 41:45과 46:20은 아스낫이 온(헬리오폴리스)의 제사장 보디베라의 딸로서 요셉의 아내라고 언급한다. 그녀는

---

27 Gerster가 비문을 기록했고, Albright가 그것을 다음과 같이 번역했다. "오 아버지 엘이시여, (내) 동료가 그의 옆에서 휴(식)하게 하소서." Georg Gerster, *Sinai: Land der Offenbarung* (Frankfurt: Büchergilde Gutenberg, 1961), 62; William F. Albright, *The Proto-Sinaitic Inscriptions and Their Decipherment*, HTS 22 (Cambridge: Harvard Univ. Press, 1969), 28–29, fig. 11.

28 Petrovich, *World's Oldest Alphabet*, 65.

파라오가 요셉에게 준 선물로서 요셉에게 에브라임과 므낫세를 낳아주었다. 만약 창세기에 등장하는 아스낫이 시나이 376 비문에 기록된 아스낫이라면, 이른 연대 출애굽 견해가 그들이 이집트에 있었다고 주장하는 시기에 그곳에서 이스라엘 사람들의 수가 증가하는 것에 대한 또 다른 예가 추가될 수 있다.

아마르나 서판으로부터의 증거

1887년, 이집트의 텔 엘 아마르나(Tell el-Amarna)에서 점토판 382개가 우연히 발견되었는데, 그것들 대다수는 아카드 설형문자로 기록되었고 그 연대는 기원전 1370년경으로 추정된다. 이 서판들은 파라오 아멘호테프 3세와 아케나텐(아멘호테프 4세)의 패권 아래에 있던 가나안 도시 국가 통치자들이 그들에게 보내는 탄원서를 포함하고 있었다. 세겜(EA 244, EA 246), 예루살렘(EA 286, EA 287), 므깃도(EA 243과 EA 244) 같은 도시들은 약탈하는 하비루(Habiru)의 침략에 의한 황폐에 대해 호소했다. 에일라트 마자르(Eilat Mazar)는 2009-2010년 오펠(Ophel) 발굴에서 압디 헤바(Abdi-Heba)가 파라오 아케나텐에게 보낸 탄원서의 기록 보관소 사본일 수 있는 설형문자 단편을 복구했다.[29] 압디 헤바는 기원전 14세기에 예루살렘을 통치했다. 이른 연대 때 예루살렘에는 실제로 사람이 거주하고 있었다.

여호수아서와 사사기를 종합해 보면, 가나안으로의 초반 쇄도

---

29   Eilat Mazar et al., "A Cuneiform Tablet from the Ophel in Jerusalem," *IEJ* 60 (2010): 4-21.

에 이어 다음 세대들에서 가나안 도시 국가들이 좀 더 느리고 좀 더
체계적으로 대체된다. 성경이 암시하는 바와 같이, 이 도시들은 기원
전 14세기에 포위당했다. 아마르나 용어 하비루(ḫābiru)는 언어학적
으로 성경의 히브리인들을 가리킨다(참고. 창 39:14).[30] 성경 용어 히브
리인이 야곱의 자손들보다 좀 더 많은 것을 가리켰던 것처럼, 하비루
도 좀 더 넓은 의미를 내포하고는 있지만 말이다.

　　하비루라는 명칭은 일반적으로 후기 청동기 시대의 유목민 약
탈자들을 묘사한다. 야웨 유일신교를 받아들인 하비루가 성경의 히
브리인으로 알려지게 되었다. 출애굽기 12:38에 따르면, 출애굽에
"다른 많은 민족"(NIV) 또는 "혼합된 군중"(KJV)이 참여했다. 이집
트 관리들 가운데 일부는 심지어 "여호와의 말씀을 두려워했다"(출
9:20). 약 41년 후, 위대한 언약식 때 "그들 가운데 사는 외국인들과
본토인이 모두 거기 있었다"(수 8:33, 개역개정을 사용하지 아니함).

솔레브 상형문자로부터의 증거

아멘호테프 3세는 기원전 14세기 초에 이집트를 통치했다. 상부
누비아에 있던 그의 솔레브 신전에서 발견된 상형문자는 "야후
(Yhw)[의 사람들]의 샤수(Shasu) 땅"을 언급한다. 샤수는 레반트 유목
민을 가리키는 일반적인 용어다. 야후는 이스라엘의 하나님 야웨를
가리키는 것으로 널리 이해된다. 성경은 기원전 14세기 팔레스타인

30　Nadav Na'aman, "Habiru and Hebrews: The Transfer of a Social Term to the
　　Literary Sphere," *JNES* 45 (October 1986): 271–88.

지역에서 야웨를 숭배하던 유목민 또는 반(半)유목민을 히브리인 또는 이스라엘인이라고 부른다. 샤수라는 용어는 하비루 같은 다양한 유목민 집단을 포함할 가능성이 크다. 아멘호테프 3세의 서기관들은 그들이 야웨를 숭배했다는 점을 지적함으로써 자기들이 언급하는 특정한 샤수를 구별했다. 이 비문이 언급하는 집단은 이른 연대 출애굽 견해가 그들이 가나안에 들어갔다고 암시하는 시기로부터 불과 한 세대 후 가나안에 거주한 이스라엘 사람들이었던 것으로 보인다.[31] 늦은 연대 견해는 솔레브 상형문자와 일치하지 않는다.

베를린 받침대로부터의 증거

기원전 15세기에 이집트를 탈출한 직후 이스라엘이 가나안에 있었다는 또 다른 중요한 증거는 베를린 소재 이집트 박물관에 있다. 조각상 받침대 부조(Statue Pedestal Relief) 21687에 이름 고리 세 개가 나타난다. 그것들은 왼쪽에서 오른쪽으로 아슈켈론(아스글론), 가나안, 이스라엘로 읽힌다. 유감스럽게도 화강암 판이 깨져서 부조의 오른쪽 가장자리에 있던 이스라엘 이름 고리의 마지막 3분의 1이 없어졌다.[32] 2001년에 만프레트 괴르크(Manfred Görg)는 그 테두리 장식들을 출간하고 손상된 지명을 이스라엘로 판독했다.[33] 볼프강 츠비

---

31   Charles Aling and Clyde Billington, "The Name Yahweh in Egyptian Hieroglyphic Texts," *Artifax* 24, no. 4 (Autumn 2009): 15–18.

32   David E. Graves, *Famous Discoveries That Support the Reliability of the Bible, vol. 2 of Biblical Archaeology*, 2nd ed. (Toronto: Electronic Christian Media, 2018), 153–55.

33   Görg, "Israel in Hieroglyphen," 21–27.

켈(Wolfgang Zwickel)과 피터 반 데르 빈(Pieter van der Veen)은 괴르크의 식별을 확증하는 반면, 제임스 호프마이어(James Hoffmeier)는 그것을 받아들이지 않는다.[34] 철자법으로 판단할 때 그것의 제작 연대는 제18왕조로 추정되지만, 제19왕조의 서기관이 원본에서 21687을 모사했을 가능성이 있다. 그 이름들과 그것들 서로 간의 근접성이 중요한데, 이는 이스라엘을 언급하는 메르넵타 석비에도 비슷한 배열이 있기 때문이다. 만약 괴르크의 해석이 정밀 조사를 견뎌낸다면, 베를린 받침대는 기원전 14세기일 수 있는 제18왕조 때 가나안에 이스라엘이 존재했음에 대한 강력한 증거를 제공한다. 이 점 역시 이른 연대를 확증한다.

메르넵타 석비로부터의 증거

메르넵타 석비는 출애굽 이후 이스라엘이 가나안 땅에 있었음을 기록하는 또 다른 비문이다. 이 석비는 이스라엘 석비(Israel Stela)로도 알려져 있다. 플린더스 페트리가 1896년에 테베의 서부에서 이 비문을 발견했다.[35] 총 28행으로 이뤄진 비문의 마지막 세 행에서 람세스 2세의 아들 메르넵타가 그의 가나안 원정과 기원전 13세기 후반에

---

34   Wolfgang Zwickel and Pieter van der Veen, "The Earliest Reference to Israel and Its Possible Archaeological and Historical Background," *VT* 67 (2017): 129–40; James K. Hoffmeier, "What Is the Biblical Date for the Exodus? A Response to Bryant Wood," *JETS* 50 (2007): 225–47. Hoffmeier는 그 받침대에 기록된 상형문자를 해석하는 여섯 가지 방식을 제시한다. 그 중 어느 것도 알려진 지명을 나타내지 않는다. 이를 만족시키는 유일한 번역은 "이스라엘"이다.

35   W. M. Flinders Petrie, *Six Temples at Thebes*, 1896 (London: Quaritch, 1897), 13.

확립된 국가로서 이스라엘의 존재를 기록한다. 그 석비는 모든 왕실의 선전처럼 과장법을 사용한다. "이스라엘은 황폐해졌고, 그의 자손은 더 이상 없다. 쿠루(Khurru, 시리아)는 이집트 때문에 과부가 되었다."[36] 이 석비의 연대가 기원전 13세기 말로 추정된다는 사실이 중요하다. 출애굽 사건이 기원전 13세기 중반에 발생했다면, 그 후 40년의 광야 생활과 초기 6년의 정복 기간을 거쳐 기원전 13세기 말에 이스라엘이 국가로 발전하고 인정받기 위한 시간이 충분하지 않기 때문이다.

여리고로부터의 증거

모든 레반트 고고학자는 여리고에 있는 도시 IV가 여호수아 6장의 기사와 밀접하게 일치하는 대규모 파괴를 당했다는 데 동의한다. 육중한 진흙 벽돌로 된 상부구조가 바깥쪽으로 붕괴했고, 돌로 된 내부 성벽이 무너졌다. 그리고 성벽 붕괴 후 큰 화재가 도시를 다 태워버렸다. 이 모든 내용은 여호수아 6:24과 일치한다. 여리고의 주요 발굴자 중 한 명인 캐슬린 케니언(Kathleen Kenyon)은 성벽이 화재 이전에 부너졌음을 인정했다.[37]

밀이 가득 든 저장 항아리가 발견되었는데, 이는 여리고의 함락

---

36   "The Israel Stela," trans. Edward F. Wente Jr., in *The Literature of Ancient Egypt: An Anthology of Stories, Instructions, Stelae, Autobiographies, and Poetry*, ed. William Kelly Simpson, 3rd ed. (New Haven: Yale Univ. Press, 2003), 360.

37   Kathleen M. Kenyon, *The Architecture and Stratigraphy of the Tell, Part 1: Text*, ed. Thomas A. Holland, vol. 3 of *Excavations at Jericho* (Oxford: Oxford Univ. Press, 1981), 110.

이 이른 봄에 일어났음을 암시한다(수 5:10과 6장을 비교하라). 가득 찬 항아리가 증명하듯이, 여리고는 견고하게 요새화되었음에도 포위 공격을 오랫동안 견딘 것이 아니었다(수 6:15-20). 그 후 여리고에는 철기 시대 1B기까지 주요 정착지가 없었다. 이는 여호수아 6:26 및 열왕기상 16:34과 일치한다.

이런 사실들에 대해서는 강력한 합의가 형성되어 있다. 그러나 파괴 연대와 관련해서는 고고학자들 사이의 의견 차이가 크다. 4개 팀이 고대 여리고 유적지인 텔 에스술탄(Tell es-Sultân)을 발굴했다. 이들 중 파괴 연대와 가장 밀접한 관계가 있는 2개 팀은 가르스탕 탐사 팀(1930-1936)과 케니언 탐사 팀(1952-1958)이다. 가르스탕(Garstang)은 파괴 연대를 성경의 가나안 정복 연대와 조화를 이루는 기원전 15세기 말로 추정했다.[38] 그는 토기 연대측정(ceramic dating)과 제18왕조의 여러 스카라베(scarabs, 부적으로 인기가 있던 풍뎅이 모형) 인장 유물을 바탕으로 결론을 내렸다. 그러나 케니언은 파괴 연대를 기원전 16세기 중반으로 추정했다.[39]

그녀는 가르스탕의 토기 연대가 잘못되었으며, 그의 스카라베 인장들은 기념품으로서 그것들이 기록하는 파라오들의 통치 시대로부터 수백 년 후에 만들어졌다고 주장했다. 그녀는 더 나아가 자신의 성벽 연대에 대한 논거를 구축했다. 그녀의 연구로 인해 학자들 대다

---

[38]   John Garstang and J. B. E. Garstang, *The Story of Jericho*, 2nd ed. (London: Marshall, Morgan & Scott, 1948), 133-53, 167.

[39]   Kathleen M. Kenyon, *Digging Up Jericho: The Results of the Jericho Excavations, 1952-1956* (London: Praeger & Benn, 1957), 261-62.

수는 이른 정복 연대를 버렸다. 그러나 기원전 15세기 파괴를 일축한 케니언이 옳았는가? 그녀의 세 가지 주장을 살펴보자.

첫째, 케니언은 남부 레반트 지역, 특히 **해안 도로**(Via Maris)를 따라 위치한 후기 청동기 시대 1기 유적지의 전형적인 토기인 수입된 키프로스산 이색(二色) 토기를 발굴하지 않았다. 케니언은 H 구역에서 후기 청동기 시대 1기 키프로스 이색 토기를 기록하지 않았지만, 가르스탕은 그것을 풍부하게 발견했다. 케니언은 후기 청동기 시대 1기의 현지 토기를 무시하고 대신 침묵으로부터의 논증을 사실로 상정했다. 후기 청동기 시대 토기로 철학박사 학위를 취득한 브라이언트 우드(Bryant Wood)는 케니언의 토기 분석에 오류가 있음을 보여주었다.[40]

둘째, 케니언은 여리고에서 발견된 제18왕조 스카라베 인장 네 개가 가짜라며 그것들을 일축했다. 그녀는 그것들이 기원전 15세보다 한참 뒤에 기념하기 위해 만들어졌다고 생각했다. 그녀는 그것들의 진정성을 거부하는 근거를 제시하지 않았다. 그러나 확실히 여리고에서 발견된 진품 제18왕조 스카라베 인장들은 그녀의 연대측정 체계에 문제가 될 것이다. 여리고 무덤에서 발견된 스카라베 인장이 순서는 제13왕조에서 시작하지만, 문제의 스카라베 인장들은 그 후의 제18왕조 파라오들에게 속한다. 이를 연대순으로 살펴보면 하트셉수트, 투트모세 3세(인장도 있다), 아멘호테프 3세(스카라베 인장 두

---

40 Bryant G. Wood, "Did the Israelites Conquer Jericho?" *BAR* 16, no. 2 (March/April 1990): 44–58.

개)에게 속한다. 하트셉수트가 포함됨으로써 이 연대상 순서는 이른 출애굽 연대 시기에 여리고가 점유되었음을 지지한다. 왜 그런가? 후세 사람들이 처음 세 파라오, 특히 투트모세 3세를 기리고 싶었을 수도 있었겠지만, 하트셉수트는 문제가 있었던 그녀의 통치 이후 환영받지 못하는 인물이 되었기 때문이다. 누구도 그녀의 스카라베 인장 복제품을 원하지 않았을 것이다.

셋째, 케니언은 여리고의 외부 요새 성벽은 중기 청동기 시대의 성벽이고 성경의 연대는 후기 청동기 시대 1기 말이기 때문에 성경 이야기와 관련될 수 없다고 주장했다. 나는 성벽 연대에 대해서는 케니언의 의견에 동의한다. 그러나 논쟁이 되는 문제는 성벽이 건축된 연대가 아니라 무너진 연대다. 케니언의 주장은 면밀한 검토 앞에서 설득력을 잃는다.

탄소 14 데이터도 여리고 파괴 연대측정에서 중요한 역할을 한다. 1995년에 브륀스(Bruins)와 플리흐트(Plicht)는 여리고에서 발견된 곡물 표본들에 대한 탄소 14 테스트 결과 68%의 신뢰 수준에서 극히 이른 연대(기원전 1601-1566년과 기원전 1561-1524년)가 산출되었다고 보고했다.[41] 이 표본들은 그 도시가 이른 봄에 무너졌음을 증명했던 같은 항아리에서 나온 것이었다. 방사성 탄소 연대측정 결과는 케니언이 파괴 연도로 추정한 기원전 1580년과 느슨하게 일치했으며, 많은 학자가 이 결과가 도시 IV의 파괴 연대측정에 결정적이라고 생

---

41 Hendrik J. Bruins and Johannes van der Plicht, "Tell Es-Sultan (Jericho): Radiocarbon Results of Short-Lived Cereal and Multiyear Charcoal Samples from the End of the Middle Bronze Age," *Radiocarbon* 37, no. 2 (1995): 218.

각한다. 그러나 다프나 벤 토르(Daphna Ben-Tor)의 최근의 면밀한 논증으로 뒷받침되는 비탁의 연구 결과는 이 주장의 힘을 무력화시킨다.[42] 여리고의 탄소 14 연대는 1세기가 훨씬 넘게 너무 이르다. 당대에 가장 존경받는 고고학자 가운데 한 명인 비탁은 탄소 14에 의해 측정된 제18왕조의 연대는 170년 늦춰질 필요가 있다고 확언한다.[43] 제18왕조 이전 연대의 경우, 일률적으로 120년을 늦춰야 한다. 더 나아가, 탄소 14 연대는 항상 위아래로 50년의 차이가 있을 수 있다. 그러므로 적절히 조정된 브륀스와 플리흐트의 탄소 14 연대는 이른 출애굽 연대와 같은 시기를 가리킨다. 나는 기원전 14세기까지는 탄소 14 테스트를 자신 있게 연대측정 기준으로 사용한다. 그러나 안전한 연대측정은 토기 분석, 동전(이후의 시기)이나 스카라베 인장 같은 무늬가 있는 물질, (연륜 연대학 및 기타 측정 기준을 통해 적절히 조정된) 탄소 14 테스트라는 세 가지 측정 방법에서 비롯된다. 우리는 탄소 14 연대측정에만 의존할 수 없다. 깨끗한 유기물 표본이 밀봉된 장소에서 나오는 경우에도 여전히 누군가가 그 테스트를 조정해야 하므로 인간의 실수나 편견의 가능성이 남아 있다.

여리고의 토기, 스카라베 인장들, 성벽, 곡물 모두에 대한 분석

---

[42] Daphna Ben-Tor, "Evidence for Middle Bronze Age Chronology and Synchronisms in the Levant: A Response to Höflmayer et al. 2016," *BASOR* 379 (2018): 43-54.

[43] Manfred Bietak and Felix Höflmayer, "Introduction: High and Low Chronology," in *The Synchronisation of Civilisations in the Eastern Mediterranean in the Second Millennium B.C. III: Proceedings of the SCIEM 2000-2nd EuroConference, Vienna, 28th of May-1st of June, 2003*, ed. Manfred Bietak and Ernst Czerny, Contributions to the Chronology of the Eastern Mediterranean 9 (Vienna: Österreichischen Akademie der Wissenschaften, 2007), 20.

은 케니언이 추정한 여리고의 파괴 연도에 대한 신뢰를 약화시키며, 여리고의 파괴에 대한 성경의 연대를 일축할 타당한 이유를 우리에게 남기지 않는다.

아이로부터의 증거

예루살렘에서 북쪽으로 16킬로미터 떨어진 엣텔(et-Tell)에 창세기 12-13장에 등장하는 아브라함의 아이(Ai) 유적이 있다는 데 광범위하게 합의가 이뤄져 있다. 그러나 여호수아 7-8장에 등장하는 아이(Ai)의 정체에 대해서는 열띤 논쟁이 계속되고 있다.[44]

한 견해에 따르면 엣텔은 아브라함 내러티브와 여호수아 내러티브 모두에 등장하는 아이를 나타낸다. 그러나 1964년에서 1972년까지 엣텔에서 수행된 캘러웨이(Callaway)의 발굴은 기원전 15세기 이후 그곳에 인간 집단이 거주한 증거를 제공하지 못했다.[45] 그 장소는 아브라함이 그곳에 도착하기 오래전에 이미 폐허가 되어 있었다. 그것은 여호수아 이후 오래 뒤인 철기 시대 1기까지 폐허로 남아 있었다. 이러한 증거의 부재를 보완하기 위해 몇몇 학자는 여호수아서에 등장하는 아이(Ai)는 단지 목축지나 전진기지 또는 사실상 이스라엘 사람들에게 저항하기 위해 형성된 임시 도시였다고 가정하는데,[46]

---

44 Richard S. Hess, "The Jericho and Ai of the Book of Joshua," in Hess, Klingbeil, and Ray, *Critical Issues in Early Israelite History*, 33.

45 Joseph A. Callaway, "Ai (Place)," *ABD* 1:125-30.

46 Steven M. Ortiz, "The Conquest of Ai: Text and Archaeology," in *ESV Archaeology Study Bible* (Wheaton, IL: Crossway, 2018), 295.

이 주장은 입증되거나 반박될 수 없다.

다른 견해는 아브라함 이후 수백 년 후에 아이라는 이름이 키르벳 엘 마카티르(Khirbet el-Maqatir)라는 인근 장소로 옮겨졌다고 본다. 브라이언트 우드는 1995년부터 2000년까지 그리고 2009년에서 2013년까지 키르벳 엘 마카티르를 발굴했으며, 나는 2014년부터 2017년까지 거기서 발굴 작업을 감독했다.[47] 적어도 1800년대로 거슬러 올라가는 그 지역의 전승은 키르벳 엘 마카티르를 아이와 동일시했다.[48] 우드와 나는 여호수아 7-8장과 키르벳 엘 마카티르를 연결하는 여덟 가지 증거를 제시했다.[49] 그중 세 가지는 고고학적으로 입증될 수 있다.

첫째, 키르벳 엘 마카티르에는 이스라엘의 가나안 정복 때 사람이 거주하고 있었다. 그곳에서는 후기 청동기 시대 1기의 토기가 풍부하게 발견되었으며, 그 토기들의 대다수는 먼저 가마에서 구워진 뒤 큰 화재로 다시 구워졌기 때문에 콘크리트처럼 단단하다. 이곳이 이른 연대 시기에 점유되었다는 다른 증거에는 기반암 바로 위 봉인

---

47   키르벳 엘 마카티르 발굴은 성경연구협회(ABR)를 위해 수행되었다.

48   Edward Robinson and Eli Smith, *Biblical Researches in Palestine and the Adjacent Regions: A Journal of Travels in the Years 1838* and 1852, 3rd ed. (London, 1867), 1:448; Bryant G. Wood, "From Ramesses to Shiloh: Archaeological Discoveries Bearing on the Exodus-Judges Period," in *Giving the Sense: Understanding and Using Old Testament Historical Texts*, ed. David M. Howard Jr. and Michael A. Grisanti (Grand Rapids: Kregel, 2003), 266.

49   Bryant G. Wood, "The Search for Joshua's Ai," in Hess, Klingbeil, and Ray, *Critical Issues in Early Israelite History*, 237-38; Scott Stripling and Mark Hassler, "The 'Problem' of Ai: Solved After Nearly Forty Years of Excavation in the West Bank of Israel," *Bible and Spade* 31, no. 2 (Spring 2018): 40-44.

된 장소에서 나온 제18왕조 스카라베 인장, 근처에서 나온 잘린 숫양 머리, 후기 청동기 시대 1기 항아리에 매장된 유아가 포함된다. 신생아의 매장은 그 요새에 여자들이 있었음을 확인한다(수 8:25).

둘째, 유적지에는 북쪽 문을 갖춘 요새 체계가 있었다. 여호수아 7:5과 8:29은 아이 성문을 언급하며, 8:11과 8:19은 성문이 북쪽에 있었다고 기록한다. 발굴 결과 유적지 북쪽에서 성문 소켓 돌(socket stone) 6개와 온전한 성문 방(gate chamber) 하나가 드러났다. 성문 복합체의 존재는 외벽의 존재를 나타낸다. 주변 요새 벽의 두께는 약 4미터다.

셋째, 키르벳 엘 마카티르는 큰 화재가 있었던 징후들을 보여주었다. 여호수아 8:19과 8:28은 이스라엘 사람들이 아이성을 불태웠음을 보여준다. 키르벳 엘 마카티르의 청동기 시대 지층에는 그 유적지 곳곳에 재가 담긴 주머니들이 있다. 이것들과 앞서 언급된 다시 불에 구워진 후기 청동기 시대 IB층 토기 및 성문 근처에 있는, 불에 타 부서지기 쉽게 된 기반암은 그 장소가 여호수아 8장에 언급된 것처럼 큰 화재를 겪었다는 증거를 제공한다.

하솔로부터의 증거

여호수아 11:10은 하솔이 "그 모든 나라의 머리"라고 묘사하는데, 순전히 크기로 판단하자면 그 말은 확실히 사실이었다. 하솔은 청동기 시대의 주요 고속도로에 자리 잡고 있었고, 갈릴리 바다 북쪽 지역을 통제했다. 이스라엘 사람들은 여리고와 아이를 불태웠던 것처럼 하솔을 불태웠다. 이가엘 야딘(Yigael Yadin, 1955-1958년과 1968-

1969년)과 암논 벤토르(Amnon Ben-Tor, 1990년-현재)의 하솔 발굴에서는 정복 당시 파괴된 지층에 대한 증거가 드러났다.[50] 하솔에는 중요한 파괴 층 두 개가 존재한다. 좀 더 오래된 층인 도시 상부의 지층 XV(도시 하부의 지층 2)는 후기 청동기 시대 1기의 것인데, 나는 그것이 여호수아의 기원전 15세기 정복에 상응한다고 믿는다. 좀 더 최근의 층인 도시 상부의 지층 XIII(도시 하부의 지층 1A)은 후기 청동기 시대 2B기의 것이다. 브라이언트 우드가 옳다면 좀 더 최근의 파괴는 기원전 13세기에 드보라와 바락이 파괴했다고 암시하는 성경 기록에 상응한다(삿 4:24).[51]

또 다른 가능성이 존재한다. 메르넵타 석비는 기원전 13세기 말에 있었던 메르넵타의 가나안 원정을 묘사한다. 몇몇 팔레스타인 유적지의 파괴 지층들은 바로 이 시기에 속하는데, 사사기는 당시에 이스라엘이 약하며 분열되었다고 묘사한다. 올브라이트는 텔 베이트 미르심(Tell Beit Mirsim), 베이틴(Beitin), 라기스(Lachish)의 파괴를 여호수아와 이스라엘 사람들의 소행으로 돌렸다.[52] 나는 메르넵타가 그가 주장하는 대로 가나안에서 대파괴를 일으킨 인물일 수 있다고 제안한다. 사사기가 이 원정을 언급하지 않는다는 사실은 적실성이 없다.

---

50 Yigael Yadin, *Hazor: The Rediscovery of a Great Citadel of the Bible* (New York: Random House, 1975); Amnon Ben-Tor, "The Fall of Canaanite Hazor: The 'Who' and 'When' Questions," in *Mediterranean Peoples in Transition: Thirteenth to Early Tenth Centuries BCE; In Honor of Professor Trude Dothan*, ed. Seymour Gitin, Amihai Mazar, and Ephraim Stern (Jerusalem: Israel Exploration Society, 1998), 456-67.

51 Bryant G. Wood, "The Rise and Fall of the 13th-Century Exodus- Conquest Theory," *JETS* 48 (2005): 476-77.

52 Wood, "Rise and Fall," 475-76.

그 원정이 일어났다는 비문 증거가 있고 아마도 고고학적 증거도 있기 때문이다. 최근 게셀(Gezer)에서의 발굴(SWBTS Stratum 12B = HUC Stratum XV)은 기원전 13세기 말에 일어난 그곳의 파괴가 이집트인들의 소행으로 돌려져야 한다는 결론을 내렸다.[53] 이는 거의 확실히 메르넵타의 침공에 대한 증거다.

늦은 연대 지지자들은 하솔의 지층 XIII/1A를 여호수아에 의한 정복과 대화재의 증거로 본다. 이 접근법은 드보라와 바락(또는 메르넵타)이 하솔을 파괴했다고 암시하는 성경 기록을 고고학에서 증거를 찾을 수 없는 상태로 남겨둔다. 이른 연대 지지자들에게는 그런 문제가 없다. 그들은 지층 XV/2의 파괴는 기원전 15세기에 여호수아에 의해 이뤄진 것으로 보고 지층 XIII/1A의 파괴는 기원전 13세기에 드보라와 바락(또는 메르넵타)에 의해 이뤄진 것으로 본다. 비록 하솔의 기원전 13세기의 파괴가 드보라와 바락(또는 메르넵타)에 의한 것이 아니었다고 하더라도 여호수아에 의해 파괴된 증거로서 지층 XV/2(기원전 15세기)보다 지층 XIII/1A(기원전 13세기)가 선호될 이유는 없다. 기원전 13세기 말 하솔의 제의 지역에 대한 우상 파괴적 훼손이 이스라엘 사람들의 손에 의한 것일 수 있지만, 성경 텍스트는 그것을 요구하거나 기록하지 않는다.

---

53   2019년 1월 26일, 게셀의 새로운 발굴 책임자인 Steven Ortiz와의 개인적인 이메일 서신.

에발산으로부터의 증거

아이에서 승리한 후(수 8장), 이스라엘 사람들은 세겜 또는 그 근처에서 하나님과 언약식을 거행했다. 한쪽에는 그리심산이 있었고 다른 쪽에는 에발산이 있었다. 여호수아는 에발산에 제단을 하나 쌓았다(30절). 아담 제르탈(Adam Zertal)은 1978년부터 1992년까지 므낫세 지파의 영토를 조사했다. 그는 1980년에 엘 부르낫(el-Burnat)에 있는 에발산 동쪽 두 번째 층에서 커다란 직사각형 제단을 발견했다. 그는 이것의 연대를 정확히 후기 청동기 시대 2기 말로 추정했다. 1982년과 1987년 사이에 발굴 작업이 이어졌다. 제단은 희생 제단에 대한 성경의 묘사와 유사했다. 이 발견의 결과 제르탈은 성경 내러티브들의 역사성을 믿게 되었다. 제르탈은 제단과 그것의 발자국 모양 울타리의 일부를 발굴했다. 유감스럽게도 그는 제단에 대한 최종 출판을 마무리하기 전에 사망했다. 그러나 「텔아비브」(*Tel Aviv*) 저널은 그의 예비 보고서에 한 권 전체를 할애했다.[54] 예비 보고서는 몇 가지 흥미로운 관찰 내용을 밝힌다. 이 제단은 표면적으로 늦은 연대를 지지하는 것처럼 보인다. 그러나 기원전 13세기의 제단 아래에 좀 더 이른 시기의 제단이 놓여 있다. 학자들은 대체로 이 사실을 간과해 왔다.

지름이 2미터에 달하는 좀 더 이른 시기의 원형 제단(설치물 94)은 여호수아의 제단일 가능성이 크다. 제르탈은 그 원형 제단이 직사각형 제단보다 불과 한 세대 전에 축조되었다고 생각한다. 나는

---

54   Adam Zertal, "An Early Iron Age Cultic Site on Mt. Ebal: Excavation Seasons 1982-1987," *TA* 14 (1987): 105-65.

그것이 1세기 넘게 더 오래되었다고 생각하며, 제르탈의 지층 II가 세분화되어야 하고, 구덩이 250, 표면 61, 설치물 94에서 기반암 바로 위에 있는 물질은 후기 청동기 시대 1B기(기원전 15세기 말)의 것이라고 믿는다. 나는 이 장소와 시설이 다른 세기에 속한다고 제안한다. 나는 이것을 지층 IIB라고 부른다. 제르탈은 원형 제단을 다음과 같이 묘사한다.

> 설치물 94는 표면 61의 필수적인 부분으로, 이 표면의 동쪽 부분에서 발굴되었다. 그것은 지름이 2미터이며 중간 크기의 돌들로 만들어졌고, 일부는 그을린 상태로 표면 위로 20-25센티미터 돌출되어 있다. 남쪽 면은 층 IB층의 벽 13(Pl. 6:2)에 의해 덮여 있어, 사실상 사용할 수 없게 되었다. 이 설치물은 돌들로 덮인 채 발견되었고, 그 아래에는 10센티미터 두께의 깨끗한 재층이 있었는데, 이 재층에는 많은 동물 뼈가 포함되어 있었으며 일부는 불에 탄 상태였다. **이 설치물은 상부 건조물의 정중앙에 자리를 잡고 있다.**[55]

좀 더 오래된 제단의 정확한 연대를 어떻게 확정할 수 있으며, 그것은 왜 직사각형 제단 안에 ("정중앙에") 둘러싸여 숭배되었는가? 2018년 6월 20일 개인적인 대화에서 제르탈의 에발산 발굴 결과의 최종 출간을 준비하고 있는 하이파 대학교 고고학 교수 샤이 바르(Shai Bar)는 1980년대의 탄소 14 표본들이 신뢰할 수 없는 맥락에서

---

[55]   Zertal, "Early Iron Age Cultic Site," 110, 강조는 덧붙인 것임.

나왔으며, 따라서 이 연대 추정치는 가치가 없다고 내게 말했다. 그는 또한 제르탈이 찾아낸 기원전 15세기의 투트모세 3세의 스카라베 인장이—람세스 2세에 속하고 지층 IB에서 나온 두 번째 스카라베 인장과 함께—사라졌기 때문에 그것들을 재검사할 수 없다고 말했다. 조각 전문가인 바루크 브란들(Baruch Brandl)은 투트모세 3세의 스카라베 인장이 기념품이며 기원전 13세기의 물품이라고 판단했다.[56] 이는 전혀 새로운 주장이 아니다. 에발산, 실로, 여리고 같은 유적지에서 나온 제18왕조 스카라베 인장들의 발견으로 지배적인 늦은 연대 이론이 도전을 받기 때문에 종종 그것들이 기념품으로 판단된다. 이제 이론이 해석을 주도한다. 어떤 제18왕조 스카라베들이 그것들이 묘사하는 파라오의 시대에 유래한 것인지 그렇지 않은 것인지를 결정하는 기준은—그런 기준이 있다고 하더라도—주관적이다. 여호수아 8장은 제단의 반복적인 사용을 암시하지 않으므로 토기로 연대를 측정할 필요가 없다. 그렇기는 하지만, 제르탈은 쌍원추형 단지(biconical jug), 얕은 대접, 용골형 대접(carinated bowl)을 기록했는데 이는 후기 청동기 시대 1-2기 전환기에 가장 잘 들어맞는다.[57]

나는 제단을 재검토하고 그것을 적절하게 복원하리고 권고한다. 그리고 울타리의 또 다른 부분을 발굴하면 지층 구조가 명확해지고 각 지층으로부터 오류가 없는 탄소 14 연대측정 결과가 나올 가능성이 있을 것이다. 중요한 정보가 식별되지 않고 누락되지 않도록

---

56 Baruch Brandl, "Two Scarabs and a Trapezoidal Seal from Mount Ebal," TA 14 (1987): 166-72.

57 Zertal, "Early Iron Age Cultic Site," 137.

모든 물질을 물에 씻어 걸러야 한다.[58] 유감스럽게도 에발산은 현대 나블루스(Nablus) 근처의 정치적으로 민감한 지역에 있다. 적어도 현재로서는 추가로 발굴하는 것은 요원해 보인다.

그렇다면 이 모든 요소는 우리에게 어떤 결론을 제시하는가? 제르탈은 최종 출간 전에 사망했고, 탄소 14 표본들은 신뢰할 수 없으며, 스카라베 인장들은 분실되었고, 바르의 최종 보고서는 몇 년 더 지나야 나올 것이다. 앞서 언급된 바와 같이, 철기 시대 1기 토기와 뼈들이 포함된 지층 아래 소량의 후기 청동기 시대 1B기 토기가 있었다. 나는 이 토기, 구덩이 250에서 나온 청동기 시대 후기의 부석(浮石) 잔, 원형 제단 내부에서 나온 소량의 동물 뼈, 투트모세 3세의 스카라베 인장 모두 원형 제단의 연대가 기원전 15세기임을 가리킨다고 믿는다. 직사각형 제단의 연대가 기원전 13세기로 거슬러 올라간다는 제르탈의 의견에 모두 동의한다. 원형 제단은 기원전 15세기 말에 속하는 것으로 보이며, 여호수아가 쌓은 제단일 가능성이 크다. 원형 제단의 돌 100%가 여호수아 8:31의 요구에 따라 가공되지 않았다. 에발산의 증거는 이른 연대와 잘 들어맞는다.

---

[58] 2017-2019년, 내가 실로에서 지휘했던 성경연구협회(ABR)발굴의 첫 세 시즌 동안 내 발굴 팀은 스카라베 인장 10개를 발견했는데, 그중 8개는 물에 씻어 거르는 과정에서 발견되었다. 물질이 물에 씻기지 않은 채 걸러졌을 때 작업자들은 흙으로 뒤덮인 스카라베 인장들을 발견할 수 없었다. 그것들은 일단 세척되자 쉽게 알아볼 수 있었다. Zertal의 쓰레기 더미에 스카라베 인장들이 추가로 포함되어 있을 가능성이 크다.

다른 고대 자료들로부터의 증거

다른 고대 자료들에서 나온 고고학적 증거는 성경의 묘사가 사실일 가능성(verisimilitude)이 매우 큼을 보여준다. 기원전 15세기의 물질문화는 우리가 구약성경을 읽음으로써 예상하는 바에 잘 들어맞는다. 몇 가지 예가 이 점을 잘 보여준다. 한 가지 예를 들자면 신명기의 언약 구조는 같은 시기 히타이트의 종주국 조약의 구조와 유사하다. 이런 조약들은 일반적으로 오경에서 발견되는 내용 같은 일관된 다섯 개 요점 모델을 따랐다.[59]

더 나아가, 기원전 제2천년기의 서판들에 노예의 값이 기록되어 있다. 요셉의 형제들은 그를 20세겔에 종으로 팔았다(창 37:28). 함무라비 법전과 마리 서판 및 기타 문서에 의하면 기원전 제2천년기 초에 노예의 값은 평균 22세겔이었다.[60] 아마도 인플레이션 때문에 시간이 지남에 따라 노예의 값이 올랐을 것이다. 우르 제3왕조(기원전 2112-2004년경)에서는 그 값이 10세겔에 불과했지만, 기원전 18세기 이후에는 30세겔로 상승했고, 기원전 제1천년기에는 50-60세겔까지 올랐다.[61] 페르시아 제국 시대 동안에는 노예의 가격이 90-120세

---

59 Kenneth A. Kitchen, "The Patriarchal Age: Myth or History?" *BAR* 21, no. 2 (March/April 1995): 48-57, 89-95.

60 "The Code of Hammurabi," trans. Theophile J. Meek, in ANET, 170, 175-76, §§116, 214, 252; Georges Boyer, *Textes Juridiques*, ARM 8 (Paris: Imprimerie Nationale, 1958), 23, 각주 10:1-4; Adam Falkenstein, *Einleitung und systematische Darstellung*, vol. 1 of *Die neusumerische Gerichtsurkunden*, Bayerische Akademie der Wissenschaften, Philosophisch-historische Klasse, Abhandlungen, Neue Folge 39 (Munich: Beck, 1956), 88, 각주 5.

61 Falkenstein, *Einleitung und systematische Darstellung*, 88-90; Isaac Mendelsohn,

겔에 이르렀다.[62] 기원전 제2천년기에 노예 가격이 점점 올랐다는 점이 기원전 15세기에 출애굽 사건이 일어났음을 증명하지는 않지만, 그것이 사실이었을 가능성이 크다는 것을 암시한다.

랜달 프라이스(Randall Price)는 출애굽 이야기가 사실일 가능성이 크다는 데 대한 몇 가지 추가적인 예―분만용 의자(참조. 출 1:16, 개역개정은 "자리"로 번역했다), 이집트어 차용어(출 2:10에 기록된 모세의 이름은 아마 제18왕조의 이름일 것이다), 어법("젖과 꿀이 흐르는 땅"[신 31:20]은 시누헤 이야기[Tale of Sinuhe] 및 투트모세 3세의 연대기와 일치한다), 제19왕조의 용어가 아닌 제18왕조의 용어와 일치하는 "파라오"라는 용어의 획일적인 사용, 이집트에서 학대받는 셈족 노예에 관한 이야기, 이집트에서 마술의 중요성(참조. 출 7:9-10)―를 제시한다.[63] 그러한 구체적인 내용은 동시대의 목격자들에게서 나온다. 후대 저자들은 그런 세부 사항들에 대한 지식이 부족할 것이다.

후기 청동기 시대 1B기의 가나안에서 파괴 증거가 부족하다는 점조차 이스라엘의 정복 시기에 들어맞는다. 모세는 이스라엘 사람

Slavery in the Ancient Near East: A Comparative Study in Babylonia, Assyria, Syria, and Palestine from the Middle of the Third Millennium to the End of the First Millennium (Oxford: Oxford Univ. Press, 1949), 117, 155, 각주 164.

62 C. H. W. Johns, *Money Loans, Legal Decisions, Deeds of Sale, Slave Sales,* vol. 3 of *Assyrian Deeds and Documents: Recording the Transfer of Property, Including the So-Called Private Contracts, Legal Decisions and Proclamations Preserved in the Kouyunjik Collections of the British Museum; Chiefly of the 7th Century B.C.* (Cambridge: Bell, 1901), 542-46.

63 Randall Price with H. Wayne House, *Zondervan Handbook of Biblical Archaeology: A Book by Book Guide to Archaeological Discoveries Related to the Bible* (Grand Rapids: Zondervan, 2017), 84.

들에게 다음과 같이 지시했다. "네 하나님 여호와께서 네 조상 아브라함과 이삭과 야곱을 향하여 '네게 주리라' 맹세하신 땅으로 너를 들어가게 하시고 **네가 건축하지 아니한** 크고 아름다운 **성읍**을 얻게 하시며, 네가 채우지 아니한 아름다운 물건이 가득한 집을 얻게 하시며, 네가 파지 아니한 **우물**을 차지하게 하시며, 네가 심지 아니한 **포도원과 감람나무**를 차지하게 하사…"(신 6:10-11). 이 지시가 왜 여호수아가 요새 세 개(여리고, 아이, 하솔)만 불태운 것을 기록하는지를 설명해 줄지도 모른다. 이스라엘 사람들에게는 가나안 도시들을 파괴할 동기가 부족했다. 결국 가나안의 기반 시설은 그들이 물려받게 될 세대의 부(富)를 나타냈다.

출애굽의 물리적 규모

성경을 포함한 고대 문서는 편집 과정을 거쳤다. 모세가 오경을 기록했지만, 그가 자기의 죽음에 관해 기록하지는 않았을 것이다. 편집상의 입데이트로 인해 실명이 필요한 몇 가지 시대착오가 발생했다. 마찬가지로, 히브리어 같은 고대 언어에서 단어들의 의미가 지니는 역동적인 특성이 때때로 표면적인 모순을 야기한다. 나는 다음 단락들에서 출애굽의 규모와 관련된 이런 긴장들을 탐구한다.

출애굽기 1:11에서의 시대착오적인 "람세스"

시대착오란 어떤 일이 발생하는 시대적 맥락에 속하지 않는 것을 말한다. 라파엘로가 "아테네 학당"(The school of Athens)이라는 프레스코화에서 책을 들고 있는 플라톤과 소크라테스를 그렸을 때, 그는 기원전 4세기에는 책이 존재하지 않았다는 사실을 몰랐다. 그의 시대착오는 의도하지 않은 것이었다. 그러나 때때로 시대착오는 지명이 변한 뒤 후대의 독자들이 사건이 어디에서 일어났는지 이해하는 데 도움을 주기 위해 의도될 수도 있었다. 이른 연대와 모순되는 것처럼 보이는 유일한 성경 구절이 명백한 시대착오를 포함하고 있으므로 이 점은 현재의 논의에 중요하다. 출애굽기 1:11은 노예가 된 이스라엘 사람들이 국고성 람세스(개역개정에서는 "라암셋"으로 번역했음)를 건축했다고 말하지만, 그 이름의 도시는 제18왕조(기원전 1550-1292년)의 고고학 기록에 등장하지 않는다.

어떻게 제18왕조 때 제19왕조의 이름인 람세스 성을 건축할 수 있었겠는가? 고대 아바리스(현대의 텔 엘 다브아)에는 대규모의 아시아족(셈족) 인구가 있었는데 그들은 기원전 15세기 중반에 그 장소를 떠났다. 람세스 2세는 기원전 13세기 중엽에 아바리스의 북동쪽 구역(현대의 칸티르[Qantir])을 재건하고 그곳을 자신의 이름을 따서 개명했다. 훗날 서기관들이 자기 시대의 독자들이 유명한 그 국고성의 위치를 알 수 있도록 그 장소의 이름을 업데이트했다.

그런 시대착오들은 현대 세계와 고대 세계에서 흔히 일어난다. 나는 텍사스주 휴스턴시에서 살고 있다. 1926년까지 그 도시, 적어도 그 도시의 일부의 이름은 해리스버그(Harrisburg)였다. 현대 작가는 사람들이 텍사스주가 아니라 펜실베이니아주에 있는 도시로 인식하지 않도록 내가 거주하고 있는 도시를 결코 해리스버그라고 부르지 않을 것이다. 마찬가지로 창세기 14:14은 족장 시대에 단(Dan)이라는 도시를 언급한다. 그러나 그 도시의 이름은 사사기 시대에야 라이스(Laish)에서 단으로 바뀌었다(삿 18:29). 이런 유형의 의도적인 시대착오가 출애굽기 1:11의 외관상의 불일치를 설명한다. 늦은 연대 지지자들이 람세스라고 불리는 도시가 의도적인 시대착오일 수 있다는 점을 받아들이는 데 아무런 문제가 없어야 한다. 그 도시가 출애굽 사건이 일어나기 오래전인 야곱과 요셉의 시대에 명명되기 때문이다(창 47:11).

인구 밀도와 엘레프의 의미

출애굽 사건이 언제 발생했든 이스라엘의 인구 규모는 많은 학자를 당황하게 한다. 40년 광야 생활의 시작과 끝에 인구조사가 시행되었다(민 1:45-46; 26:51). 두 인구조사 모두 전사의 수가 60만 명이 넘는다고 기록했는데, 전사들은 아마 20세에서 40세에 이르는 남성들이었을 것이다. 히브리어 단어 **엘레프**(’elep, 복수는 ’ălāpîm)의 번역 오류가 있는 것처럼 보인다. 이 단어는 확실히 훗날 성경의 역사에서 "1,000"이라는 의미를 지녔지만 그 단어가 후기 청동기 시대에 같은 의미를 지녔다면, 수백만 명이 이집트에서 가나안으로 이주했을 것이다. 신명기 7:7은 "여호와께서 너희를 기뻐하시고 너희를 택하심은 너희가 다른 민족보다 수효가 많기 때문이 아니니라. 너희는 오히려 모든 민족 중에 가장 적으니라"라고 말한다. 이 말은 이스라엘이 가나안에 거주하고 있던 민족들보다 인구가 적었음을 의미한다. 그리고 후기 청동기 시대에 가나안 원주민 전체 인구가 30만 명을 넘었다고 주장하는 고고학자는 없다. 아마르나 서판이 이를 입증한다. 그렇다면 우리는 이 명백한 모순을 어떻게 해결할 수 있을까? 해결 방법은 **엘레프/알라핌**(*'elep*/*'ălāpîm*)의 의미 범위에 놓여 있다. 히브리어 어휘의 수는 현대 어휘의 수에 비해 매우 적었고, 따라서 단어들에 종종 많은 의미가 있었다. 후기 청동기 시대 때 **엘레프**는 "소대"(platoon) 또는 "전투 단위"(fighting unit)를 의미했을 가능성이 크다. 만약 이 부대들에 각각 남자들 10명이 있었다면 이스라엘 군대에는 남성이 6천 명 정도 있었을 것이고, 전체 인구는 약 4만 명에 달했을 것이다.

이스라엘 사람들이 마주친 왕국과 도시들의 규모를 고려하면, 이는 상황에 잘 들어맞는다. 우리가 여리고에 대해서만 생각해 봐도 이 문제를 이해할 수 있다. 성벽으로 둘러싸인 약 4,000제곱미터(약 1,200평) 면적의 여리고 안에 4천 명이 넘는 사람이 있을 수 없었을 것이고, 그중 전통적인 전투 연령에 해당하는 남성은 약 1,000명뿐이었을 것이다. 이스라엘 군대에 약 6,000명이 있었다면, 이스라엘의 수적 우위는 600:1이 아니라 6:1이었을 것이다. 전자의 시나리오에서는 기적이 필요하지 않았다. 그러나 군인 수 6:1과 그들의 도시가 견고하게 요새화된 점을 고려하면 여리고 사람들이 이스라엘의 포위 공격을 견딜 가망이 있었다. 우리가 여호수아의 군대나 이스라엘의 전체 인구의 정확한 규모를 확신할 수는 없지만, 더 적은 숫자가 하나님께 더 큰 영광을 돌리고 신명기 7:7과 더 잘 일치한다.

신학적 함의

내가 제시한 증거는 출애굽이 실제로 일어났으며 성경이 그 일이 일어났다고 말하는 때, 즉 기원전 15세기 중반에 일어났음을 암시한다. 이 현실은 유대-기독교 신학 및 관련 분야에 심오한 영향을 준다. 후기 청동기 시대 중반에 일어난 이 중요한 사건의 역사성은 다른 중요한 성경 사건들도 잠정적으로 정확하다고 기대할 가치가 있음을 암시한다. 신학자들이 텍스트를 비판적으로 읽어야지 회의적으로 읽어서는 안 된다. 전체 성경 자료는 고고학자들의 삽이 남부 레반트의 물질문화에서 밝혀낸 내용과 부합할 가능성을 드러낸다. 이 사실은 성경의 문제들에 대해 가르치거나 글을 쓰는 사람들에게 이론적 구성물을 뛰어넘어 견실하고 권위 있는 메시지를 전달할 수 있게 해줄 것이다. 궁극적으로 성경이 사실이라면, 성경의 하나님은 모든 인류에 대한 도덕적 권리를 갖고 계신다. 어떤 것도 더 광범위한 영향을 미칠 수 없다.

스콧 스트리플링에 대한 답변

(기원전 13세기 출애굽 관점)

제임스 K. 호프마이어

스콧 스트리플링은 전통적인 주장을 사용하여 출애굽이 기원전 15세기에 발생했다는 견해를 잘 대변한다. 내 답변은 출애굽이 기원전 1447/6년에 발생했다는 견해를 뒷받침하기 위해 제시된 대다수 증거에 의문의 여지가 있기 때문에 그 견해의 연대기적 근거를 반박하는 데 초점을 맞춘다. 연대기적 기반이 무너지면 모든 것이 붕괴한다.

숫자와 연대기적 문제들

첫째, 나는 "성서학자 대다수는 성경 내부의 연대기가 출애굽이 기원전 15세기에 일어났음을 가리킨다는 데 동의한다"라는 스트리플링의 주장을 거부한다. 그런 포괄적인 주장은 성서학자들에 대해 체계적으로 조사하고 그 주제에 관한 모든 기록 자료를 연구하지 않고서는 무의미하다. 성경의 연대기를 열왕기상 6:1(솔로몬 즉위 3년[기원전 967년]부터 출애굽까지 480년)과 사사기 11:26(이스라엘 정착민들이 요단강 동쪽에 도착한 지 300년)[64]으로 제한하면, 기원전 15세기에 출애굽 사건이 일어났음이 분명해 보인다. 그러나 이스라엘 사람들이 이집트에서 나오자마자 요단강 동쪽의 한 부분을 장악했다는 입다의 주장의 맥락을 고려할 때(삿 11:13-16), 300년이라는 점유 기간(26절)은 그 땅에 대한 이스라엘의 권리 주장을 강화하기 위한 과장된 수치일 수 있다.

다른 성경 데이터도 고려되어야 한다. 솔로몬의 통치부터 거꾸로 계산해서 사사기에 나오는 숫자와 사무엘, 사울, 다윗에 관한 사무엘상·하에 나오는 숫자들을 합산하면 최소 633-650년의 범위가 나온다.[65] 이는 출애굽이 기원전 1600년 이전에 일어났음을 나타낸다. 열왕기상 6:1의 480년이란 숫자에 우선순위를 두려면, 사사기에 나오는 연대들을 무시해야 한다. 단순한 읽기는 사사 직무 수행 기간이 합산될 수 있음을 시사하지만 말이다. 이것은 연대들의 문맥이나 고대인들이 연대를 어떻게 이해했는지를 고려하지 않고 연대를 단순히 합산할 때의 위험을 보여준다. 사사들이 겹칠 수도 있고 문학적 요소들이 작용할 수도 있는데, 이 두 가지 모두 연대기에 영향을 줄 수 있다.

스트리플링은 또한 모세의 수명 120년을 40년이라는 기간 세 번으로 구성된 것으로 받아들인다. 왜 동일한 계산법이 480년에

40년이라는 기간 열두 번으로 적용되지 않는지 궁금하다. 그는 [모세의 수명 120년의] 40년 구간들을 연대기적 표시—이집트, 미디안, 광야에서 40년씩—로 사용한다. 그런 해석이 일부 성경 텍스트에 대해 믿을 수 없는 읽기를 강요하고 이집트 연대기의 수정을 요구함에도 불구하고 말이다. 출애굽기 2:11-12은 모세가 "장성한 후에"(*wayyigdal*) 그가 히브리인들의 상황을 보러 나갔다가 이집트 관리를 때려죽이고 미디안으로 도망했다고 전한다. 스트리플링은 신약성경에 호소하는데, 거기서 스데반은 모세의 생애를 세 번의 40년 기간으로 나눈다(행 7:23, 30, 36). 이는 당시 모세의 생애에 대한 랍비들의 해석을 반영한다.[66]

이 해석에 반하는 요소들

1. 고대 레반트에서 기대 수명은 약 40세였다.[67] 에드윈 야마우치(Edwin Yamauchi)의 계산에 따르면 유대 왕들의 평균 수명도 40세였다.[68] 인류학자들의 인간 유해 분석은 문헌 데이터와 일치한다. 미리암 세코 알바레즈(Myriam Seco Álvarez)는 테베에서 발굴된 기원전 2100-2000년경에 해당하는 매장지 예순한 곳에 대한 분석을 보고한다. 대다수 성인의 수명은 20-40세였으며, 한 여성의 수명만 40-

---

66 I. Howard Marshall, *Acts*, TNTC (Grand Rapids: Eerdmans, 1980), 140.

67 Philip J. King and Lawrence E. Stager, *Life in Biblical Israel* (Louisville: Westminster John Knox, 2001), 8.

68 Edwin M. Yamauchi, "Age and the Aged," in *Dictionary of Daily Life in Biblical and Post-Biblical Antiquity*, ed. Edwin M. Yamauchi and Marvin R. Wilson, 4 vols. (Peabody, MA: Hendrickson, 2014-2016), 1:27.

60세였다.[69] 시편 90편은 70세와 80세를 장수로 언급한다. A. A. 앤더슨(A. A. Anderson)은 70세는 인간 생명의 정상적인 한계로서 소수의 개인만 일흔 번째 생일을 맞이할 것이고 예외적인 경우에만 80세에 이를 수 있다고 말한다.[70] 스트리플링의 관점에 따르면 모세는 남성이 죽음에 가까워지고 있을 나이에 결혼했고, 당시의 평균적인 개인보다 약 세 배나 더 오래 살았다.

2. 짧은 기대 수명으로 인해 결혼할 때의 나이는 일반적으로 10대 초중반이었다. 이집트에서 "소녀들은 열두 살에서 열네 살 사이에 결혼했고" 소년들은 "열네 살에서 스무 살 사이에" 결혼했다.[71] 『안크세숀키의 교훈』(Instruction of Ankhseshonqy)은 남성들에게 "네가 아직 젊을 때 아들을 볼 수 있도록 스무 살일 때 아내를 취하라"라고 조언한다.[72] 토라에 따르면, 남성들은 스무 살부터 군대에 징집될 수 있으며(민 1:3), 군인은 이미 결혼했으리라고 기대된다(신 20:7). 그렇다면 정상적인 상황에서 남성은 스무 살까지는 결혼하여 아이를 낳았을 것이고, 따라서 마흔 살쯤에는 이미 할아버지가 되었을 것이다. 40년은 한 사람이 탄생할 때부터 그 사람의 손주가 탄생하기까지의

---

69   Myriam Seco Álvarez, "Preliminary Study of XIth Dynasty Necropolis Located Northeast of the Temple of Millions of Years of Thutmose III," *Twelfth International Congress of Egyptologists, 3rd-8th November 2019, Cairo, Egypt: Book of Abstracts* (Cairo: MoA, 2019), 4.

70   A. A. Anderson, *The Book of Psalms* (London: Marshal, Morgan & Scott, 1972), 2:653.

71   Yamauchi, "Age and the Aged," 3:230.

72   "The Instruction of Ankhseshonqy," in Miriam Lichtheim, *Ancient Egyptian Literature* (Berkeley: Univ. of Californian Press, 1980), 3:168.

대략적인 시간을 나타내는 것일까? 이런 계산에 의하면 모세는 미디안으로 도망한 마흔 살 때 이미 할아버지가 되어 있었어야 한다.

스트리플링의 재구성에 의하면, 모세는 미디안에 도착하여 십보라와 결혼한 지 40년 후인 여든 살에 이집트로 돌아왔다.[73] 출애굽기 4:20은 "모세가 그의 아내와 아들들을 나귀에 태우고 애굽으로 돌아가는데"라고 전한다. 십보라와 (당시 나이가 서른여덟 살과 서른여섯 살이었을 것으로 추정되는) 게르솜과 엘리에셀이 함께 나귀를 타고 간다는 것은 상상하기 어렵다! 모세의 **아들들**이 나귀를 타고 있다는 사실은 그들이 어렸음을 증명한다. 하우트만(Houtman)은 명백한 사실을 다음과 같이 말한다. "모세가 돌아올 당시 그의 자녀(들)가 여전히 어렸다는 인상을 받는다."[74] (이집트의) 베니 하산(Beni Hasan) 묘지에서 나온 여행하는 아시아인들 장면은 유아 두 명은 나귀를 타고 있는 반면, 사춘기 전의 소년을 포함한 다른 모든 여행자는 걸어가는 모습을 보여준다.[75] 확실히 미디안에서의 40년 체류는 그 내러티브의 세부 사항에 맞지 않는다.

그런 다음 스트리플링은 이 문자적으로 40년이라는 기간을 한 단계 더 끌고 간다. 그는 "앞서 언급했듯이 출애굽 2:23은 모세가 40년 동안 미디안에 체류하기 전에 도망쳤던 대상인 파라오가 오래 통치했다고 명시한다. 이는 투트모세 3세와 일치한다"라고 말한다.

---

73   출 7:7은 모세가 바로와 대결했을 때의 나이가 80세였다고 밝힌다.

74   Cornelis Houtman, *Exodus*, HCOT (Kampen: Kok, 1993), 1:427.

75   Percy E. Newberry, *Beni Hasan* I (London: Egypt Exploration Fund, 1893), xxx–xxxi.

그는 따라서 람세스 2세가 출애굽 당시의 파라오가 될 수 없다고 주장한다. 그의 선왕(先王)인 세티 1세는 15년만 통치했기 때문이다. 출애굽기 2:23은 40년이라고 서술하지 **않고** 스트리플링이 주장하는 것처럼 "그 긴 기간 동안"(문자적으로는 "그 많은 날들에", 개역개정에서는 "여러 해 후에")이라고 명시한다.

이집트 역사와 연대기의 관점에서 볼 때, 모세의 생애에 대한 이런 재구성에는 심각한 결함이 있다. 투트모세 3세의 54년 통치(기원전 1479-1425년) 중 처음 20/21년 동안, 하트셉수트(그의 [계모이자] 고모)가 사실상의 통치자였다. 투트모세 3세가 즉위했을 때 그는 "매우 어린 아이였거나 심지어 '젖먹이'"였기 때문이다.[76] 따라서, 하트셉수트가 모세의 적대자였을 수 있다. 모세는 그녀의 처음 13/14년 동안 도망쳤다가, 40년 후 투트모세가 재위 54년 후 사망했을 때 돌아왔다.[77]

출애굽이 기원전 1446년에 일어났다면, 40년 전은 기원전 1487년 무렵이고 당시의 파라오는 이집트 역사에서 거의 흔적을 남기지 않은 투트모세 2세(저연대기[Low chronology]에 따르면 그의 재위 기간은 기원전 1492-1479년이다)였다. 벳시 브라이언(Betsy Bryan)은 다음과 같이 말한다. "투트모세 2세의 기념물이 희소하고 이집트 북부에

---

76 David O'Connor, "Thutmose III: An Enigmatic Pharaoh," in *Thutmose III: A New Biography*, ed. Eric H. Cline and David O'Connor (Ann Arbor: Univ. of Michigan Press, 2006), 21.

77 모세가 투트모세 3세의 독자적인 통치 기간(기원전 약 1458-1425년) 초반에 도망쳤다면, 그 기간은 33년에 불과하다.

는 그의 기념물이 없다는 점에 의해 그의 통치 기간이 짧았음이 강조 된다."[78] 삼각주에서 어떤 중요한 건축 프로젝트도 실행하지 않은 투트모세 2세가 어떻게 압제한 파라오가 될 수 있겠는가?

더욱이 스트리플링은 투트모세 3세가 기원전 1504-1450년에 통치했고 아멘호테프 2세가 기원전 1452-1425년에 통치했다는 고연대기(High chronology)를 고수한다. 1980년대에서 1990년대 동안에 절대적 연대기에 관한 일련의 학술회의들이 열렸는데, 이를 통해 이집트학 학자들 대다수는 신왕국에 대해 더 낮은 연대를 선호하게 되었다.[79] 따라서, 투트모세 3세의 통치 기간은 기원전 1479-1425년이며 아멘호테프 2세의 통치 기간은 기원전 1427-1400년이다. 이 연대에 의하면 스트리플링의 연대 추정 시나리오가 무너진다. 기원전 1446년은 하트셉수트/투트모세 3세의 통치 기간에 해당하고 이전 통치자 투트모세 2세(모세가 그로부터 도망친 것으로 추정되는 파라오)는 40년이 아니라 13년간 통치했기 때문이다.

---

78 Betsy M. Bryan, "The 18th Dynasty before the Amarna Period," in *The Oxford History of Ancient Egypt*, ed. Ian Shaw (Oxford: Oxford Univ. Press, 2000), 226. Bryan이 이 글을 쓴 이후, 시나이반도 북부의 텔 헤부아에서 투트모세 2세의 신전에서 나온 비문이 새겨진 석회암 덩어리들이 발견되었다(Mohamed Abd el-Maksoud and Dominique Valbelle, "Tell Hébuoua II," *RdÉ* 62 [2011]: 13-15).

79 Paul Aström, ed., *High Middle or Low: Acts of an International Colloquium on Absolute Chronology Held at the University of Gothenburg, 20th-22nd August 1987*, 3 vols. (Gothenburg: Paul Aströms, 1987-1998); Manfred Bietak, ed., *The Synchronisation of Civilisations in the Eastern Mediterranean in the Second Millennium B.C. I: Proceedings of an International Symposium at Schloss Haindorf, 15th-17th of November 1996, and at the Austrian Academy, Vienna, 11th-12th of May 1998*, Contributions to the Chronology of the Eastern Mediterranean 1 (Wien: Österreichischen Akademie der Wissenschaften, 2000).

게다가 기원전 1446년은 투트모세 3세의 재위 31년 무렵에 해당한다. 투트모세 3세 재위 29-31년에 그와 그의 군대는 시리아 해안을 장악하러 북쪽으로 진군했으며 이를 바탕으로 재위 33년에 내륙의 가데스를 공격했다.[80] 이 기록들에는 이집트가 출애굽기에 묘사된 것처럼 국내에서 큰 군사적 패배를 경험했음을 암시하는 내용이 없다. 기원전 1446년 출애굽의 트라우마를 겪은 투트모세 3세가 1년 후 북부 시리아에서 그의 가장 위대한 군사적 승리 중 하나를 거둘 수 있었다는 것은 상상도 할 수 없는 일이다!

이른 출애굽 연대의 기초가 되는 480이라는 숫자를 우리가 어떻게 이해해야 하는가? 한 가지 방법은 이 숫자를 12 x 40, 즉 열두 세대로 계산하는 것이다. 나는 40년이 사람이 출생할 때부터 그의 손주가 태어날 때까지의 기간을 나타낸다고 주장했다. 따라서 480년이라는 구약성경의 기록에서 열두 세대가 의도되지 않았을 수 있다. 대안적으로 나는 480년은 아시리아학 학자들이 말하는 **디스탄츠안가베**(*Distanzangabe*)라고 제안했다. 줄리안 리드(Julian Reade)는 **디스탄츠안가베**를 "먼 과거와 관련된 근사치"라고 설명한다.[81] 아시리아 통치자들은 신전 건립 또는 신전 보수와 어떤 중요한 과거 사건 사이에 720년의 간격이 있다고 말하는 식으로 큰 숫자를 인용한다. 그런 사례 중 하나가 투쿨티 니누르타(Tukulti-Ninurta)의 통치에서 발견된다.

80　Donald B. Redford, *The Wars in Syria and Palestine of Thutmose III*, CHANE 16 (Leiden: Brill, 2003), 217-28.

81　이에 대한 자세한 논의는 Hoffmeier, "What Is the Biblical Date for the Exodus?" 237-38을 보라.

그는 일루슘마(Ilushumma)가 아수르에 이슈타르 신전을 건축한 후 720년 뒤 자기가 그것을 재건했다고 선언했다. 리드는 720년을 문자적으로 받아들여져야 한다는 것을 의심하며, 그것이 "먼 과거에 관한 근사치"를 나타낼 가능성이 있고 720은 "12 X 60"(60은 수메르어에서 특별한 숫자다)에서 유래한 것이라고 제안한다.[82]

마찬가지로 람세스 2세의 400년 석비는 람세스에 의한 바알/세트 신전 봉헌과 제의 회복을 기념한 것으로 보인다.[83] 나는 내 이전 제안을 고수한다. "열왕기상 6:1의 480년이 이스라엘판 **디스탄츠안가베**일 수 있을까? 그렇다면 그것의 목적은 본질적으로 역사적 사실에 관한 데이터를 제공하는 것이 아니라 이스라엘의 성전 건축과 야웨가 이스라엘의 하나님이 되게 한 사건 사이에 연결고리를 만드는 것이었다."[84]

연대기와 관련된 마지막 사항

스트리플링은 역대상 6:33-37에 나오는 헤만의 족보가 기원전 1446년 출애굽 연대를 지지한다고 믿는다. 헤만은 다윗과 동시대 사람이었기 때문에 고라(출애굽 때 이집트를 떠남)까지 거슬러 올라가는

---

82   S. N. Kramer, *The Sumerians: Their History, Culture, and Character* (Chicago: Univ. of Chicago Press, 1963), 91-92.

83   Pierre Montet, "La stèle de l'an 400 retrouvée," *Kêmi* 4 (1933): 191-215; Labib Habachi, "The Four Hundred Year Stela Originally Standing in Khatâ'na-Qantir or Avaris-Piramesse," in *Actes du XXIXe Congrès international des Orientalistes, Égyptologie*, ed. Georges Posener (Paris: Asiathèque, 1975), 1:41-44.

84   Hoffmeier, "What Is the Biblical Date for the Exodus?" 239.

열아홉 세대는 25 x 19 = 475에 해당할 것이다. 그리고 이것이 솔로몬의 재위 3년째인 기원전 967년에 더해지면, 기원전 1442년에 이른다. 이는 기원전 1446년에 가깝다. 그러나 고라는 출애굽 때 성인이었기 때문에(참조. 민 16장), 열여덟 세대만 계산되어야 한다. 내가 앞서 주장한 바와 같이, 남성은 스무 살 전후에 아버지가 되기 시작한다. 그러면 18 x 20 = 360이 되며, [거기에 967을 더하면] 출애굽 시기가 기원전 1327년경으로 추정된다. 더 나아가 한 세대를 평균 18년으로 보고 열여덟 세대의 기간을 계산하면 출애굽 시기는 기원전 1291년으로 추정된다. 계산에 17년 평균이 사용되면 출애굽 연대는 기원전 1273년이 된다(람세스 2세의 통치 기간은 기원전 1279-1213년이었다). 분명히 누구든 숫자를 가지고 요령을 부려 자신의 견해에 적합한 연대를 얻을 수 있다.

이집트학과 관련된 두 가지 사항

첫째, 스트리플링은 이른 연대를 뒷받침하기 위해 이스라엘이라는 이름을 포함하는 것으로 알려진 베를린 박물관의 의심스럽고 파손된 상형문자 텍스트를 인용한다. 그 텍스트의 연대는 논란의 여지가 있으며, 아멘호테프 3세 시대(기원전 1390-1353년)에서 람세스 2세 시대(기원전 1279-1213년)까지 다양하다. 그는 당연히 더 이른 연대를 선호한다. 나는 이스라엘이 일찍 존재했음에 대한 어떤 새로운 증거라도 환영하며, 그 증거가 명확하고 설득력이 있다면 출애굽과 이스라엘의 가나안 도착 연대에 대한 내 추정을 기꺼이 수정할 것이다. 그러나 이 경우에는 해석과 언어학적 일치 그리고 연대 추정 모두 확실치 않다. 이 비문에서 중요한 단어는 단지 일부만 보존되어 있으며, 제안된 해석은 메르넵타 석비에서 발견된 "이스라엘"이라는 글자와 일치하지 않는다. "이스라엘"로 읽으려면 이집트어로 셈어 단어를 읽기 위한 표준 규칙을 바꿔야 한다. 그리고 이 지리학적 용어를 "일샬리르"(Ilshalir), "일샤릴"(Ilsharil), "이르샬리르"(Irshalir), "이르샤릴"(Irsharil), "이르샬릴"(Irshalil) 등으로 다양하게 읽을 수 있지만 "이스라엘"로 읽을 수는 없다.[85]

나는 몇 년 전 케네스 키친과 함께 울턴에 있는 그의 집에서 그 비문의 이미지를 연구할 수 있었는데, 그는 이스라엘은 믿을 만한 읽기가 아니라는 데 동의했다. 만프레트 괴르크가 2012년에 사망하기 전에 나는 그가 이 텍스트에서 "이스라엘"이라고 읽은 것에 관해 그와 대화를 나눌 수 있었다.[86] 그는 "이스라엘"로 읽는 것은 매우 잠정적인 제안임을 인정했다. 존경받는 이집트학 학자인 로버트 리트너(Robert Ritner)도 이 해석을 지지하지 않는다.[87] 베를린 받침대(Berlin Pedestal)를 "이스라엘"로 읽는 것은 전혀 확실치 않다. 그것의 연대는

---

85   Hoffmeier, "What Is the Biblical Date for the Exodus?" 240-42.

86   Görg, "Israel in Hieroglyphen," 21-27.

87   Robert Ritner, "The Supposed Earliest Hieroglyphic Mention of Israel (Berlin AM 21687): A Refutation," in *Semitic, Biblical, and Jewish Studies in Honor of Richard C. Steiner*, ed. Aaron J. Koller, Mordechai Z. Cohen, and Adina Moshavi (New York: Yeshiva Univ. Press, 2020). 이 논문은 인쇄 중이다. 논문의 출판에 앞서 그것의 조판본을 내게 보내준 Ritner 교수에게 감사한다.

여전히 논쟁의 여지가 있으며, 그것이 출애굽 연대를 결정하는 데 사용되어서는 안 된다.

둘째, 스트리플링은 기원전 1208년경에 만들어진 것으로 추정되는 메르넵타 석비에 이스라엘이 등장하는 것은 제안된 기원전 13세기의 출애굽과는 너무 가까우며, 광야에서의 40년과 정복/정착을 거쳐 "기원전 13세기 말에 이스라엘이 국가로 발전하고 인정받기 위한 시간이 충분하지 않다"라고 주장한다. 이것은 근거 없는 주장이다. 출애굽이 람세스 2세의 67년 통치 기간 중 초기 수십 년, 즉 기원전 1270-1250년 사이에 발생했다면 광야 생활 40년을 고려할 경우(비록 반올림한 수치일지라도) 가나안 입성은 기원전 1230년에서 1210년 사이에 이뤄졌을 것이다. 이집트의 속국에서 제한된 군사행동이 있었더라도 파라오의 주의를 끌었을 것이고, 메르넵타의 원정 시기 결정에도 고려 요인이 되었을 것이다. 스트리플링의 계산에 의하면 이스라엘 사람들은 2세기 동안 가나안에 있으면서 게셀, 라기스, 하솔 같은 도시를 공격했지만 메르넵타 시대까지는 이집트로부터 어떤 반응도 나오지 않았다. 이스라엘 사람들이 기원전 13세기 후반에 가나안에 도착하지 않았다면 그것은 믿기 어려운 일이다.

스콧 스트리플링에 대한 답변

(기원전 13세기에 힉소스/레위인이 주도한 출애굽 관점)

피터 파인만

스트리플링은 역사적 출애굽이 기원전 15세기에 일어났다는 입장을 취한다. 그는 자신의 입장이 대다수 성서학자, 특히 역사적 출애굽을 거부하는 학자들의 관점뿐만 아니라 이 책의 다른 기고자들의 관점과 다르다는 것을 알고 있다. 스트리플링은 그의 기고문에서 출애굽이 기원전 15세기에 발생했다는 주장을 고고학적으로 및 성경적으로 입증하느라 몹시 애를 쓴다.

"신학적 함의"라는 하위 제목이 붙은 마지막 단락에 표현된 그의 의도에는 문제가 있다. 그는 고고학이 역사적 출애굽이 사실임을 밝혔다는 점이 다른 성경 이야기들도 역사적인 것으로 여겨져야 함을 암시한다고 주장한다. 즉 성경 이야기들이 "잠정적으로 정확하다고 기대할 가치가 있음을 암시한다"라고 주장한다. 달리 말하자면 성경은 사실이라는 것이다. 이 진리는 단순히 사람들이 이집트를 떠나는 역사적 행위에만 국한하는 것이 아니라 신학적 의미에서도 사실이다. 그의 마무리 짓는 문장들은 이 기고문의 본질을 드러낸다. 그는 "궁극적으로 성경이 사실이라면, 성경의 하나님은 모든 인류에 대한 도덕적 권리를 갖고 계신다. 어떤 것도 더 광범위한 영향을 미칠 수 없다"라고 주장한다.

바로 그것이 문제다. 텍스트 및 고고학과 관련된 또 다른 역사적 난제인 『일리아스』(*Iliad*)에서 이야기된 트로이 전쟁을 생각해 보라. 고고학자들이 미케네인과 트로이인 사이에 일어난 전쟁이 실제로 기원전 12세기에 일어났음을 증명했다고 가정해 보자. 그것은 무리한 주장이 아니다. 이제 고전학자들이 그러한 대결의 역사성을 받아들이는 것은 상당히 합리적이다. 그것이 제우스에 관해 무언가를 증명하는가? 만일 누가 트로이 전쟁의 역사성을 받아들인다면, 그 사람은 미케네인들의 신들의 존재를 받아들이고 그들의 도덕적 주장에 의해 인도되어야 하는가?

미국의 독립 전쟁이 역사에서 실제로 일어났다면, 그것은 미국이 언덕 위에 있는 도시이며 하나님의 새 이스라엘이라는 뜻인가?

러시아 혁명이 역사에서 실제로 일어났다면, 그것은 소비에트 연방이 정말로 미래의 물결이었다는 뜻인가?

마찬가지로, 기원전 1446년에 역사적 출애굽이 일어났다는 사실이 "성경의 하나님은 모든 인류에 대한 도덕적 권리를 갖고 계심"을 의미한다는 스트리플링의 주장은 옳지 않다.

이 책에 수록된 내 기고문에서 나도 역사적 출애굽이 있었다고 주장한다. 그러나 내가 그 역사성에 기초하여 종교적, 신학적 결론을 내리지는 않는다. 나는 람세스 2세가 출애굽 직전에 벌어진 가데스 전투에서 자기 아버지 아문 레(Amun-Re)에게 정말로 기도했다는 것을 기꺼이 받아들이지만, 아문 레 신의 존재나 신이 모든 인류에 대해 권리를 갖고 있음을 받아들이거나 그것들에 대해 언급하지 않는다. 마찬가지로 나는 모세가 그 역사적인 출애굽 이전과 도중에 이스라엘의 하나님께 기도했다는 것을 기꺼이 받아들이지만, 그것이 그러한 신이 존재하거나 이스라엘을 선택했거나 역사에 개입했다는 의미는 아니다. 그러므로 설령 스트리플링과 내가 출애굽의 연대에 관해 동의하더라도, 출애굽의 역사성의 의미에 대한 우리의 이해는 상당히 다르다.

이런 차이들은 증명 자체에까지 이어진다. 고고학자들이 『일리아스』의 역사성뿐만 아니라 아킬레우스, 헥토르, 아가멤논 같은 개인의 존재도 확인할 수 있었다고 가정해 보라. 그것이 그들의 대화, 동기, 행동에 관해 무엇을 증명하겠는가? 별로 없다. 한 사람이 밸리포지, 사라토가, 요크타운을 발굴하고 영국과 미국 사이에 실제로 전쟁이 있었음을 증명했다고 가정해 보라. 그것이 전쟁에 참여한 인물들이 실제로 무슨 말을 했고 어떤 행동을 했는지와 그들의 동기에 관해 무엇을 증명하겠는가? 특정 사건에 관해 특정 일에 특정인들에게 보낸, 정확하게 날짜가 쓰인 방대한 서신과 문서가 있더라도 여전히 논쟁의 여지가 많다. 독립선언서는 정확히 무엇을 의미하는가? 이제 그 모든 텍스트를 제거하고 고고학에만 근거하여 미국 독립 전쟁의 역사를 쓰려고 노력해 보라.

당신은 우리가 출애굽에 관해 [『일리아스』나 독립선언서와] 동등한 텍스트인 성경 텍스트를 가지고 있다고 답변할 수 있을 것이다. 스트리플링은 이 문제를 알고 있다. 그는 "오경은 확실히 고대에 기원을 두고 있다"라고 말한다. 그는 성경의 출애굽 이야기가 훨씬 더 오래되었다고 제안하기 위해 기원전 8세기의 몇 가지 예를 인용한다. 그렇게 할지라도 기원전 15세기와 이스라엘 역사의 기초가 되는 사건에 관한 최초의 이스라엘 문서 사이에는 여전히 수 세기의 간격이 존재한다. 이와 대조적으로, 나는 다른 짧은 글들과 이름들 가운데 특히 "바다의 노래"(Song of the Sea)는 기원전 13세기에 발생했던 출애굽 사건의 일부로서 생겨났다는 견해에 동의한다. 이스라엘은 글과 노래가 있었던 세상의 한가운데서 자기들이 생겨난 뒤 수 세기 동안 침묵하고 있지 않았다.

성경의 증거를 살펴보자면, 스트리플링은 열왕기상 6:1을 매우 강조하여 역사적 출애굽이 기원전 1446년에 발생했다고 계산한다. 이 책의 다른 기고자들은 스트리플링의 기고문에 답변하기 전에 이미 그들 자신의 원 기고문에서 이 가정에 관해 의문을 제기했다. 그들은 분명히 이 구절이 인용될 것을 예상하고 선제공격을 시작했다. 그러므로 내가 여기서 그들이 이미 말한 것을 반복할 필요는 없다.

나는 렌즈버그의 기고문에서 제기된 두 가지 사항에 대해 자세히 설명하려고 한다. 그는 기원전 6세기에 바빌로니아 왕 나보니두스(Nabonidus)가 나람 신(Naram-Sin)이라는 아카드인이 3,200년 전에 통치했다고 주장했다는 점에 주목한다. 고고학적으로 기원전 6세기에 작성된 것이 확실한 이 테스트는 "40년 × 8 × 열 번의 기간"이라는 공식에 기초하여 연대를 가정한다. 40이라는 숫자는 성경의 독자들에게 친숙하며, 렌즈버그가 인용하지 않은 메사 비문(Mesha Stela)에도 등장한다. 이 대목에서의 요점은 이 숫자들과 다른 텍스트에 나오는 비슷한 숫자들이 바빌로니아인이나 모압인 또는 이집트인에게 무엇을 의미했는지 이해하려고 할 것이 아니라, 대신에 숫자들이 문자적인 메시지가 아닌 다른 메시지를 전달한다는 점을 인식하는 것이다. 정확한 메시지가 무엇이었든 간에 그것은 문자적인 메시지가 아니었다. 그것은 모압에서 문자적인 메시지가 아니었고, 바빌로니아에서 문자적인 메시지가 아니었으며, 이집트에서 문자적인 메시지가 아니었다. 그리고 그것은 이스라엘에서 문자적인 메시지가 아니었다. 열왕기상 6:1이 문자 그대로의 숫자로 받아들여져서는 안 된다는 인식은 스트리플링의 접근법의 토대를 무력화한다. 그는 성경 텍스트를 부적절하게 해석해서 자신의 출애굽 연대를 결정하며, 그것을 증명하기 위해 고고학을 참조한다.

그 연대 결정에는 추가적인 문제들이 있다. 이스라엘이 어떻게 그렇게 오랜 기간에 걸쳐 그토록 상세하고 정밀한 연대 계산을 정확하게 유지했는가? 방대한 관료제를 갖춘 이집트와 메소포타미아 국가들이 메시지를 전달하는 어림수를 사용했고 작은 국가인 모압도 그렇게 했다면, 이스라엘도 그랬을 가능성이 있다. 더 나아가 성경 텍스트들은 광범위한 연대기적 틀을 가지고 있다. 이 연대가 좀 더 넓은 범위 내에서 어떻게 들어맞는가? 우리는 그것의 배치가 좀 더 큰 메시지의 일부라고 생각할 수도 있다. 어떤 성경 저자가 예루살렘 성전이 우주적인 지리적 중심일 뿐만 아니라 그것의 창조도 우주적 연대기의 중심에 있다고 선언하려고 했는가? 스트리플링은 어떤 문맥이나 설명도 제공하지 않고 성경에서 한 구절을 뽑아낸다.

스트리플링이 사사기 11:26을 사용한 것에도 동일한 고려 사항이 적용된다. 나는 입다가 역사적 인물이라는 그의 말에 동의한다. 나는 또한 기원전 1100년이 입다가 활동한 시기에 대한 합리적인 연대라는 견해에도 동의한다. 하지만 나는 그 이야기가 같은 시기에 만들어졌다는 함의에는 동의하지 않는다. 나는 호메로스가 『일리아스』에 등장하는 어떤 인물의 말에도 접근할 수 없었던 것처럼, 이 구절의 저자가 역사적 인물 입다가 실제로 한 말에 접근할 수 있었다는 데 동의하지 않는다. 그 저자의 판단에도 의문이 제기될 수 있다.

우리가 완전히 해독할 수는 없지만 이 구절에 인용된 300년도 메시지를 전달하는 상징적인 숫자였을 가능성이 있다. 나는 시간에 관한 별도의 출판물에서 40이라는 숫자에 초점을 맞췄다.[88] 나는 거기서 별도의 설명은 하지 않은 채 3에 기초한 숫자들(30, 300)의 사용을 간단히 언급했다. 렌즈버그는 이 책에 수록된 자기의 기고문에서 한 세대가 평균 30년이었을 수 있다고 제안한다. 일반적으로 학자들은 25년을 생물학적 세대로 여기고, 40년을 아마도 상징적인 기간으로 여긴다. 렌즈버그의 견해는 아마도 서로 다른 저자들이 하나는 3을 기반으로 하고 다른 하나는 4를 기반으로 하는 서로 다른 수 체계를 사용했을 가능성을 제기한다. 나는—실제로 그랬는지는 모르지만—이 기고문들을 읽으면서 그것이 탐구해 볼 가치가 있는 아이디어라고 생각했다. 여기서 요점은 스트리플링이 단순히 액면 그대로의 숫자를 문자적 사실로 받아들인다는 것이다. 누 고기기 양이니 염소를 매매할 때의 경제 관련 문서에는 그 해석이 타당할 수도 있겠지만, 고대 근동의 공식적인 내러티브에서는 그런 이해가 정확하지 않은 것처럼 보인다. 그리고 나는 사상자 수라는 문제에 대해서는 언

---

88 Peter Feinman, "The Hyksos and the Exodus: Two 400-Year Stories," in *What Difference Does Time Make? ed. Richard Beal and JoAnn Scurlock* (Oxford: Archaeopress, 2019), 136-51.

급조차 하지 않았다!

역사적 출애굽의 연대가 기원전 15세기라는 견해에는 "이스라엘은 어디에 있었는가?"라는 또 다른 역사적인 문제가 있다. 람세스 2세와 기원전 13세기 출애굽 이전에 이스라엘은 어디에 있었는가? 스트리플링은 이 문제를 알고 있다. 그는 더글러스 페트로비치가 "그 중 세 개는 출애굽과 출애굽에 관련된 인물들 및 사건들을 기록했다고 알려졌다"라고 한 말을 포함하여 초기 알파벳 비문들에 관한 그의 연구를 인용함으로써 그 공백을 메우려고 한다. "알려지다"는 사용될 수 있는 단언 중 가장 강력한 것이 아니다. 스트리플링이 "페트로비치가 옳다면…"이라고 쓴 데서 이런 불확실성이 한층 더 강조된다. 스트리플링은 페트로비치의 해석이 널리 받아들여지지 않고 있음을 안다. 나는 이미 출애굽이 기원전 15세기에 일어났음을 수용하고 그 공백을 메워야 하는 도전과 씨름하고 있는 사람들에게만 그 해석이 받아들여진다고 생각한다.

기원전 1446년부터 기원전 1207년경—메르넵타 석비에 이스라엘이 문서 기록의 형태로 등장하는 시기—까지의 기간 동안 이집트의 문서가 존재하지 않았던 것은 아니다. 그런데 왜 다양한 가나안 원정에도 불구하고 이 기간에 어떤 파라오도 그들의 가나안 원정 목록에서 이스라엘을 언급하지 않았는가? 대신에 이스라엘은 바로 우리가 그들이 이름으로 언급될 것으로 예상하는 때, 즉 람세스 2세 시대에 이스라엘이 만들어진 후에 언급된다.

하비루/히브루의 연관성에 관해 말하자면, 그것이 성서학에서 가장 큰 오도 중 하나라고 해도 무방할 것이다. 스트리플링은 하비루가 "후기 청동기 시대의 유목민 약탈자들"이었다고 소개한다. 그들이 때때로 전사 또는 용병으로 일했던 떠돌이들이었다고 묘사하는 것이 좀 더 낫다. 성경의 히브리인들과 고고학적 하비루 사이에는 어떤 고고학적 연관성도 없다. 람세스 2세 이전의 역사에서 이스라엘을 찾아야 할 필요성 때문에 둘 사이에 연관성이 있다고 주장된다.

스트리플링이 샤수(Shasu)와 그들의 신 야후를 언급한 것은 옳다. 이 흥미로운 사람들과 신은 이스라엘이 등장한 역사적 맥락을 재구성하려는 시도에 필요한 부분이다. 그러나 그것을 과대 해석해서는 안 된다. "야후는 이스라엘의 하나님 야웨를 가리키는 것으로 널리 이해된다"라는 스트리플링의 언급은 다소 기만적이다. 확실히 야후는 야웨를 가리키는 것으로 널리 이해된다. 그렇다면 제기되어야 할 질문은 다음과 같다. 첫째, 엘(El)의 이름을 따서 명명된 민족인 이스라엘이 어떻게 그 단어와 연결되었는가? 둘째, 샤수의 신 야후가 어떻게 이스라엘을 이집트에서 인도해 낸 신으로 정의되었는가? 스트리플링은 "성경은 기원전 14세기 팔레스타인 지역에서 야웨를 숭배하던 유목민 또는 반(半)유목민을 히브리인 또는 이스라엘인이라고 부른다"라고 말하지만, 이 주장을 입증하는 구절을 제공하지 않는다. 나는 미디안 또는 겐족 가설 쪽으로 기울어진다. 이 시나리오에서 모세는 이집트에 대항하는 유목민들과 동맹을 맺는다. 그런 다음 그는 샤수의 신을 역사에서 출애굽이 되는 사건에서 행동하시는 이스라엘의 신으로 재정의한다. 혹자가 내 견해를 받아들이는지와 관계없이, 이스라엘이 어떻게 샤수와 신의 이름을 공유했는지를 설명하기 위해서는 스트리플링의 설명보다 좀 더 많은 내용이 필요하다.

이러한 숙고들은 내 마지막 요점으로 이어진다. 기원전 1446년에 있었던 역사적 출애굽은 어느 시점에 실제 인간이 그들의 알려진 세계에서 가장 강력한 인간인 파라오에 맞서 행동하기로 결심했을 것을 요구한다. 스트리플링의 기고문에는 그런 고려가 없다. 성경 텍스트가 인간의 동기에 대한 설명을 제공한다는 암묵적인 가정은 명시되고 정당화되어야 한다. "모세라는 인물은 어디에 있는가?"라는 문제는 다른 기고자들에게서도 제기된다. 나는 이 문제를 내 최종 논평에서 자세히 다룰 것이다.

스콧 스트리플링에 대한 답변

(기원전 12세기 출애굽 관점)

게리 A. 렌즈버그

나는 학자로서 활동하는 동안 다른 학자들의 견해를 비판하지 않고서 사실만을 진술하고 나 자신의 해석을 제공하기를 선호해왔다. 그러나 현재의 경우, 이 책의 편집자들이 기고자들 다섯 명 사이의 대화를 요청했다. 따라서 나는 부득이하게 내 통상적인 관행에서 벗어나 몇 가지 비판을 제공해야 한다.

나는 스콧 스트리플링이 출애굽이 기원전 15세기에 일어났음을 증명하려고 시도하는 것부터 시작한다. 이 시도에는 여러 측면에서 큰 문제가 있다.

1. 첫째로 그리고 가장 중요한 요소로서, 그는 열왕기 6:1에 기록된 480년이라는 숫자를 문자적으로 받아들이기를 원한다. 그러나 그런 무분별한 수용은 성경의 내러티브 스타일과 고대 근동의 병행 문서들에 관해 우리가 알고 있는 모든 내용에 반한다. 나는 이 점을 내 기고문에서 명확하게 설명하는데, 이곳에 (각주 없이) 그 정보를 반복한다.

어림수, 특히 40의 배수와 과장된 숫자를 사용하는 것은 서사시 전통의 특징이다. 그런 예로는 하나님이 아브람에게 그의 자손이 이방 땅에서 400년 동안 객이 될 것이라고 말씀하심(창 15:13), 40년 간의 방황(신 29:5), 모세가 80세에 파라오 앞에 처음 나타남(출 7:7), 모세가 120세에 죽음(신 34:7), 사사기에서 40과 80이 다양하게 등장함(삿 3:11, 30; 5:31), 다윗과 솔로몬의 40년 통치(삼하 5:4; 왕상 11:42) 등이 있다.

이와 동일한 방식으로 40의 배수를 이용하여 과장된 숫자를 사용하는 것은 이집트와 아카드 문헌에서도 입증된다. 전자의 경우, 비록 기념되는 특정 기념일에 관해 우리가 확신할 수는 없지만, 타니스(Tanis)에서 발견된 기원전 1300년경의 것으로 추정되는 400년 석비를 주목하라. 후자의 경우, 바빌로니아 왕 나보니두스(Nabonidus, 재위 기원전 556-539년)가 아카드 왕 나람 신(재위 기원전 2254년경-2218년경)이 3,200년 전에 통치했다고 주장한 것에 주목하라. 우리는 두 통치자 사이의 간격이 실제로는 약 1,700년임을 알고 있다.

이 모든 점은 단순히 열왕기상 6:1에서 언급된 480년이라는 기간에 기초해서 역사를 재구성해서는 안 된다고 알려준다. 시간이 지나면서, 그리고 이스라엘 왕국과 유다 왕국 시대 동안 왕실 관료들에 의해 정확한 기록이 유지되었기 때문에 정경 열왕기에서 제공된 연도들(적어도 왕상 12장 이후)―이것들은 이스라엘 왕들의 연대기(왕상 14:19)와 유다 왕들의 연대기(왕상 14:29)에서 유래한다―이 가장 신뢰할 만하다. 그러나 초기 성경 전통에서 사용된 어림수와 과장된 수에는 이와 동일한 정확성이 적용되지 않는다.

스트리플링이 열왕기상 6:1에 기록된 480년이라는 숫자를 받아들이

기를 원한다면, 그는 또한 발견 학습상으로나 방법론적으로 나보니두스가 선언한 3,200년이라는 숫자도 기꺼이 받아들여야 한다. 우리는 그런 해석이 불가능하다는 것을 알지만 말이다(자세한 내용은 내 기고문을 보라). 좀 더 광범위하게는 아니더라도 이 특정한 문제에 대해 역사학자는 성경 텍스트와 역사를 기술하는 고대 근동의 텍스트에 동일한 방식으로 접근해야 한다. 나는 이 두 구절에서 어림수와 부풀려진 숫자들이 사용되었음을 인식함으로써 그렇게 한다.

2. 스트리플링은 역대기에 등장하는 족보에 의존한다. 예를 들어, 그는 역대상 6:33-37에 등장하는 헤만과 고라 사이에 걸친 열여덟 세대를 언급함으로써, 다윗과 솔로몬(헤만과 동시대 인물)과 모세(고라와 동시대 인물) 사이에 비슷한 거리를 상정한다. 그러나 왜 이 족보를 우대하고 다윗 자신의 족보는 무시하는가? 내가 관찰한 바에 따르면, 다윗은 아론의 처남으로서 출애굽 및 광야 세대의 일원인(출 6:23) 그의 조상 나손으로부터 다섯 세대만 떨어져 있다(룻 4:20-22). 내가 추가로 관찰한 바에 따르면―특히 데이비드 헤니지(David Henige)가 수행한 세계적인 연구에 비추어 볼 때―비교 증거는 우리에게 족보의 연장이 족보의 압축보다 훨씬 더 일반적이라고 알려준다. 우리에게는 다윗의 족보가 정확하며 헤만의 족보는 인위적으로 길어졌다고 가정할 충분한 이유가 있다. 내가 입증하는 바와 같이, 사무엘과 사독의 경우 확실히 족보가 길어졌다. 역대기 저자는 이들을 위해 레위 지파의 족보를 만들어 낼 필요가 있었다. 우리는 헤만에 대해서도 그렇게 했다고 가정할 것이다.

3. 이는 사소한 점이지만, 스트리플링은 에스겔 40:1에 언급된

날을 "로쉬 하샤나(새해)"라고 부르며, 이 구절이 후대의 유대교 명절을 가리키는 것처럼 암시한다. 하지만 그렇지 않다. 토라가 7월 1일을 축제일로 지정하고 있지만(레위기 23:24-25; 민수기 29:1), 그 의미는 명시되지 않았음을 주목하라. 실제로 이날이 "로쉬 하샤나"라는 이름을 갖게 된 것은 기원후 200년경의 미슈나(m. R.H. 1:1)에 이르러서다. 이 점이 좀 더 중요한데, 에스겔 40:1은 새해의 열 번째 날을 언급하는데, 이는 (7월이 아닌) 1월 10일을 가리킨다.[89]

4. 후기 랍비 텍스트인 『세데르 올람』(*Seder Olam*)을 사용하여 성경 시대의 연대기를 재구성하는 것은 위험한 일이며, 그렇게 하면 우리가 매우 위험한 길로 빠지게 된다. 가장 눈에 띄는 점은 이 랍비 자료에서 페르시아 시대 전체를 52년(!)으로 압축한 것인데,[90] 이 시대는 실제로는 거의 200년이다(기원전 538-330년).

5. 제12왕조 때 세소스트리스 2세와 세소스트리스 3세를 섬겼던 고관이었던 소베케므하트와 요셉을 연결하는 증거는 없다. 같은 시기에 레트제누(가나안)의 통치자였던 디소베케므하트와 에브라임을 연결하는 근거도 없다. 시나이 376에서 아스낫이라는 이름을 읽어내는 것과 이를 성경의 아스낫과 연결하는 것도 마찬가지다.

6. 더욱이 혹자가 앞서 언급된 인물의 신원을 받아들이더라도, 스트리플링은 자체 모순에 빠진다. 어떻게 요셉이 제12왕조 파라오

---

89 Jacob Milgrom and Daniel I. Block, *Ezekiel's Hope: A Commentary on Ezekiel 38-48* (Eugene, OR: Cascade, 2012), 60-63에 수록된 광범위한 논의를 보라.

90 H. L. Strack and Günter Stemberger, *Introduction to the Talmud and Midrash*, 2nd ed. (Minneapolis: Fortress, 1996), 326.

들의 고관이면서 아스낫이 1세기 후 제13왕조 텍스트에서 언급될
수 있는가?

7. 솔레브 비문에서 "야후의 샤수의 땅"이라는 용어로 지칭된 사
람들이 가나안 땅에 있었다고 가정할 이유는 없다. 내가 주장한 바와
같이, 그들은 시나이반도와 현대의 남부 이스라엘과 현대의 남부 요
르단에 걸쳐 있는 광대한 남방지역(Southland)의 거주자들이었을 가
능성이 좀 더 크다. 솔레브 비문과 아마라 비문(Amara Inscription) 모두
에서 "야후의 샤수의 땅"과 "세일의 샤수의 땅"이 함께 언급되는 점
에 주목하라. 이는 남방지역의 일반적인 영역을 암시한다.[91]

좀 더 자세한 설명은 이 책에 수록된 내 기고문을 보라.

8. 스트리플링은 에발산 제단에는 여러 쪽을 할애하면서도 다
소 놀랍게도 그 주제에 대한 표준 연구인 랠프 K. 호킨스(Ralph K.
Hawkins)의 저서 『에발산의 철기 1기 구조물』(*The Iron Age I Structure on
Mt. Ebal*)을 인용하지 않는다.[92] 호킨스는 특히 토기 분석에 기초하여
이 유적지의 토대가 기원전 1250년경에 놓였다는 제안 등 데이터에
대한 제르탈의 해석을 강력하게 지지한다. 스트리플링은 자신의 이
른 연대 체계를 수용하기 위해 우리로 하여금 그 유적지가 그보다 몇
세기 전에 토대가 놓였다고 믿게 만들려고 하지만, 그의 주장은 특별

---

91 자세한 내용은 Gary A. Rendsburg, "Israelite Origins," in *"An Excellent Fortress for
His Armies, a Refuge for the People": Egyptological, Archaeological, and Biblical Studies
in Honor of James K. Hoffmeier*, ed. Richard E. Averbeck and K. Lawson Younger
(University Park, PA: Eisenbrauns, 2020), 327–39, 특히 328을 보라.

92 Ralph K. Hawkins, *The Iron Age I Structure on Mt. Ebal: Excavation and
Interpretation*, BBRSup 6 (Winona Lake, IN: Eisenbrauns, 2012).

한 변론을 필요로 한다. 그의 유일한 증거는 그 유적지에서 발견된 투트모세 3세(재위 기원전 1479-1425년)의 이름이 새겨진 이집트 스카라베 인장이다. 그러나 기원전 15세기를 가리키는 다른 증거(특히 토기!)가 없는 상황에서, 우리는 (호킨스 등과 마찬가지로) 이 스카라베 인장이 2세기 후에도 누군가가 소유하고 있던 일종의 장신구 또는 가보였거나, 그 보호적 특성 때문에 기원전 13세기에 제작되었다고 결론을 내릴 것이다.[93] 투트모세 3세의 이름이 새겨진 스카라베 인장이 이 파라오가 살았던 시기로부터 16세기나 후인 기원후 2세기의 미라에서 발견된 것 등 이런 현상의 유사 사례가 잘 알려져 있다.[94]

9. 스트리플링의 기고문에서 가장 인상적인 진술은 "이제 이론이 해석을 주도한다"(에발산 제단에 대한 논의의 맥락에서)라는 문장이다. 그는 다른 학자의 주장을 반박하기 위해 이 말을 사용하지만, 사실 이 말은 기원전 15세기라는 출애굽 연대를 주장하려는 그 자신의 시도에 훨씬 더 잘 적용될 수 있다.

10. **알라핌**(*'ălāpîm*)에 대해서는, E. W. 데이비스(E. W. Davies), 제이콥 밀그롬(Jacob Milgrom), 마크 맥킨타이어(Mark McEntire), 콜린 험프리스(Colin Humphreys)와 내가 1995-2001년 동안에 「베투스 테스타멘툼」(*Vetus Testamentum*)에 발표한 그 주제에 관한 일련의 논문을 보

---

93 나는 이메일 교환(2020년 4월)을 통해 이러한 문제들에 관해 좀 더 자세히 논의했던 데 대해 Ralph Hawkins(Averett University)에게 감사한다.

94 Hawkins, *The Iron Age I Structure on Mt. Ebal*, 66-67(스카라베 인장의 세부 사항은 68-71에서 논의됨). 주요 저작물은 Baruch Brandl, "Two Scarabs and a Trapezoidal Seal from Mount Ebal," *TA* 13-14 (1986-1987): 166-72, plate 20을 보라.

라.[95] 대체로 앞서 말한 학자들(특히 험프리스 참조) 사이에 대체로 이뤄진 합의가 민수기 1장과 26장에 나오는 인구조사 수치에서 **엘레프**(*'elep*)가 문자적으로 "1,000"이 아니라 "소대" 또는 "전투 단위"를 암시한다는 스트리플링의 분석을 지지할지라도, 그가 이 학자들을 빠뜨린 것은 이상하다.

11. 그가 "궁극적으로 성경이 사실이라면, 성경의 하나님은 모든 인류에 대한 도덕적 권리를 갖고 계신다"(기고문의 끝에서 두 번째 문장)라면서 자신의 개인적 신념을 학문적 저술에 삽입하는 것은 매우 특이한 일이다. 나는 무슬림, 힌두교도, 불교도 및 기타 사람들이 하나의 신성한 텍스트에 이렇게 대담하게 특전을 부여하여 그것을 모든 인류에게 적용하는 데 동의하지 않으리라고 생각한다.

요약하자면, 출애굽 연대를 기원전 15세기로 추정하려는 스트리플링의 시도에는 추천할 만한 요소가 아무것도 없다. 저자는 학술 문헌에 대한 최신 지식을 갖추지 못했고, 성서 히브리어와 문학 양식의 기본적인 작동 원리를 이해하지 못하는 것 같다. 그는 비판적 시각 없이 데이터를 자신이 원하는 대로 취사선택한다. 가장 중요한 점은 이 접근 방법이 특별한 변론에 의존한다는 것이다.

---

[95] 내 기고문은 Gary A. Rendsburg, "An Additional Note to Two Recent Articles on the Number of People in the Exodus from Egypt and the Large Numbers in Numbers i and xxvi," *VT* 51 (2001): 392-96이며, 방금 언급된 다른 저자들의 논문이 인용되어 있다.

스콧 스트리플링에 대한 답변
(문화적 기억으로서의 출애굽 관점)

로널드 헨델

이 대화에 초대받아 기쁘지만, 나는 외부자임을 고백한다. 세속적인 연구 대학교(버클리 대학교)의 학자이자 유대인(개혁파)으로서 나는 이중으로 복음주의 학계의 밖에 있다. 내 발언은 이러한 관점의 차이를 어느 정도 감안하여 받아들여져야 한다. 나는 성경의 무오성에 대한 헌신으로 시작하지 않고, 그것이 나를 어디로 인도하든 복잡한 문제와 증거에 대해 열심히 생각하는 것에 대한 헌신으로 시작한다. 나는 이것을 학문의 자유라고 부르지만, 일부 복음주의 비평가들은 이것을 (해를 끼치는 것에 대한) 학문적 면허라고 부른다. 어쨌든 비판은—비판할 점이 많다—학문적 탐구에 대한 내 접근법에 뿌리를 두고 있다.

스콧 스트리플링의 기고문은 성경의 무오성에 대한 방법론적 헌신으로 시작한다. 그는 성경은 "역사적으로 신뢰할 수 있는 설명으로 읽혀야 한다"라고 말한다. 그런 다음 그는 "비록 성경적 증거가 분명해 보일지라도, 그것은 또한 고고학적 증거에 비추어 고찰되어야 한다"라고 덧붙인다. 나는 왜 그래야 하는지 잘 모르겠다. 성경이 역사적으로 신뢰할 수 있다면, 고고학적 증거의 세부 사항을 검토할 경우 그림이 복잡해지거나 흐려질 수도 있다. 나는 성경에 오류가 없다면 왜 이 단계가 필요한지 모르겠다. 아마도 그가 성경의 무오성을 믿지 않는 사람들을 위해 성경의 신뢰성을 옹호하고 싶은 것처럼 보이지만, 그렇다면 그가 성경의 무오성에 대한 헌신으로 시작해서는 안 된다. 어쨌든 스트리플링이 지적한 것처럼, 고고학적 증거에 관한 거짓되거나 기만적인 주장을 가려내는 문제도 있다. 그는 "유사 고고학은 문제를 복잡하게 만들고 일반 대중을 혼란에 빠뜨린다"라고 말한다. 적어도 스트리플링이 사용하는 예 중 일부는 그가 말하는 "유사 고고학"에 해당한다고 말하는 것이 가장 적절할 것이다. 그의 다른 예들은 모호하거나 출애굽의 연대 및 역사성의 문제와 관련성이 없다.

나는 그의 기고문 중 "이른 출애굽 연대에 대한 성경 외부의 증거"라는 제목의 단락에 등장하는 몇 가지 사례를 다루고, 토기나 방사성 탄소 연대 측정법에 기초한 연대와 관련된 사례는 제쳐둘 것이다. 내게는 그에 대한 전문 지식이 없기 때문이다. 내 결론은 이런 사례 중 어느 것도 출애굽 연대가 기원전 15세기였음을 뒷받침하지 않는다는 것이다.

요세푸스와 마네토

요세푸스가 기원전 3세기의 이집트 제사장이었던 마네토의 글에서 발췌한 인용문에 아메노피스 왕과 그의 이름을 따서 아메노피스라고 명명된 왕의 고문(advisor)이 등장하는데, 그 고문은 현명한 예언자였다. 이 예언자가 왕에게 이집트의 나병환자들을 노예로 삼으라고 조언했지만, 결국 그 나병환자들이 반란을 일으켜 13년 동안 통치했다. 지배 계층인 된 나병환자들은 이집트의 법을 모두 뒤집어엎고 신들에 대한 숭배를 폐지했다. 아메노피스 왕은 마침내 군대를 모아 나병환자들과 그들의 동맹인 힉소스인들을 물리치고 그들을 이집트에서 시리아로 몰아냈다. 이집트학 학자들은 일반적으로 이 이야기가 자신의 이름을 아케나텐으로 바꾸고 다른 이집트 신들에 대한 숭배를 폐지한 아멘호테프 4세의 충격적인 통치에 대한 기억을 반영한다는 데 동의한다. 마네토의 이야기에서 이 아메노피스의 충격적인 통치는 서부 셈족 혈통이었던 힉소스 왕조에 대한 이전의 충격적인 기억과 뒤섞여 있다. 이집트학 학자 도널드 레드포드(Donald Redford)가 주장한 바와 같이, "아케나텐의 태양신 숭배자들이 "나병환자들"의 기초가 되는 역사적 실체이며, 이는 나병환자들의 법률의 우상 파괴적 성격과 13년이라는 점령 기간이 아마르나[아케나텐이 세운 수도]의 점령 기간과 일치한다는 점에서 확인된다."[96] 마네토는 나병환자들의 지도자를 모세와 동일시하므로 출애굽 이야기와 어느 정도 섞이는 부분이 있다. 그러나 아메노피스의 역할은 아멘호테프 4세(그 이야기에서 그의 "좋은" 아버지인 아메노피스 3세와 대조됨)의 이단에 대한 문화적 기억에 뿌리를 두고 있다. 요약하자면, 마네토의 이야기에

---

96   Donald B. Redford, *Egypt, Canaan, and Israel in Ancient Times* (Princeton: Princeton Univ. Press, 1992), 415; Jan Assmann, *Moses the Egyptian: The Memory of Egypt in Western Monotheism* (Cambridge: Harvard Univ. Press, 1997), 29-34. 이 해석은 1904년에 Eduard Meyer에 의해 최초로 제안되었다.

대한 표준적인 해석은 아멘호테프 2세가 출애굽 때의 파라오였다는 스트리플링의 견해를 뒷받침하지 않는다.

텔 엘 다브아

스트리플링은 "비탁의 층서 분석은 아멘호테프 2세의 통치 기간 중 또는 그 이후 제18왕조 중반에 그곳이 명백히 유기되었음을 드러낸다"라고 말한다. 하지만 이는 사실이 아니다. 비탁은 텔 엘 다브아의 유기가 힉소스 왕조를 물리치고 제18왕조를 세운 아흐모세의 정복 때문에 기원전 1530년 무렵에 일어났다고 말한다.[97] 이때는 스트리플링이 주장하는 출애굽 연대보다 거의 1세기 전이었다. 따라서 이 사례는 그의 이른 연대 견해와 관련이 없다.

세라비트 엘 카딤과 와디 나스브

스트리플링은 자신의 주장을 증명하기 위해 원시 시나이 비문 세 개에 대한 더글러스 페트로비치의 판독을 인용한다. 이 초기 알파벳 텍스트 세 개에서 페트로비치는 인명 "모세", "아히사마흐"(개역개정에

97　Manfred Bietak, "From Where Came the Hyksos and Where Did They Go?" in *The Second Intermediate Period (Thirteenth-Seventeenth Dynasties): Current Research, Future Prospects*, ed. Marcel Marée, OLA 192 (Leuven: Peeters, 2010), 139-81.

서는 "아히사막"으로 번역되었음), "아스낫"을 읽어낸다. 스트리플링은 이 텍스트들에 "동시대의 성경 밖의 기록에서 역사적 모세에 관해 언급한 유일한 내용"과 "출애굽과 출애굽에 관련된 사람들 및 사건 들"에 대한 중요한 증거가 있다는 결론을 내린다. 그러나 그는 "페트 로비치가 옳다면"이라는 단서를 덧붙인다. 문제는 페트로비치의 해 석이 옳지 않다는 것이다. 비문 전문가(이자 복음주의 학자)인 크리스 토퍼 롤스턴(Christopher Rollston)이 성경에 등장하는 이 이름들에 대 해 말한 바와 같이, "그 비문에 그 이름들은 등장하지 않는다." 또 다 른 복음주의 학자이자 비문 전문가인 앨런 밀러드(Alan Millard)는 페 트로비치의 주장이 "무책임하다"고 말한다.[98]

스트리플링은 자신의 주장을 증명하기 위해 페트로비치의 시나이 375a 도면을 재현한다. 다음은 서부 셈어 연구 프로젝트 (West Semitic Research Project)의 사진을 바탕으로 고든 해밀턴(Gordon Hamilton)이 만든 좀 더 신뢰할 만한 그림이다.[99]

페트로비치가 이 비문에 존재한다고 주장하는 문자 중 일부가 실제로는 그곳에 없다("아히사마흐"에 해당하는 단어의 첫 번째, 세 번째, 다 섯 번째 글자들). 더욱이 페트로비치는 다른 행에 있는 문자들을 연결

---

98 Christopher A. Rollston, "The Proto-Sinaitic Inscriptions 2.0: Canaanite Language and Canaanite Script, Not Hebrew," www.rollstonepigraphy.com/?p=779; Alan R. Millard, "A Response to Douglas Petrovich's 'Hebrew as the Language behind the World's First Alphabet?'" *The Ancient Near East Today 5* (2017), www.asor.org/anetoday/2017/04/response-petrovich.

99 Gordon J. Hamilton, *The Origins of the West Semitic Alphabet in Egyptian Scripts*, CBQMS 40 (Washington, DC: Catholic Biblical Association, 2006), 374, fig. A.43.

고든 해밀턴의 시나이 375a 도면

하여 성경에 등장하는 인물의 이름을 찾아낸다. (또 다른 복음주의 학자인) 데이비드 포크(David Falk)는 페트로비치의 책에 대한 최근 리뷰에서 그 문제를 다음과 같이 요약한다. "그 번역들은 부적절한 방법론, 의심스러운 비문, 고대 언어에 대한 빈약한 이해에 기초하고 있다."[100] 안타깝게도, 이는 스트리플링이 경고한 유사 고고학의 한 사례다.

---

[100] David A. Falk, review of Petrovich, *The World's Oldest Alphabet: Hebrew as the Language of the Proto-Consonantal Script*, in *RBL* 10 (2018), www.bookreviews.org/pdf/12623_14068.pdf.

아마르나 서판과 솔레브 상형문자

이 텍스트들은 중요하지만 출애굽의 역사성이나 연대와는 관련이 없다. 아마르나 문서에 언급된 하비루는 시골 지역의 반란자들(정확하게 말하자면 "유목민 약탈자들"은 아니지만 그에 가깝다)이다. 그중 일부가 훗날 히브리인들이 되었을 가능성이 있지만, 이 과정이 출애굽에 대해 직접적인 설명을 제공하지는 않는다. 이와 유사하게, 솔레브 비문은 야후의 샤수를 언급한다. 야후는 아마도 지명일 것이다.[101] 이 지명이 이스라엘의 신 야웨의 이전 역사와 관련이 있을 수 있지만, 그 함의는 불분명하다. (그것이 미디안의 야웨 숭배에 대한 성경의 기억과 관련이 있는가? 그럴지도 모른다.) 그러나 "이 비문이 언급하는 집단은 이른 연대 출애굽 견해가 그들이 가나안에 들어갔다고 암시하는 시기로부터 불과 한 세대 후 가나안에 거주한 이스라엘 사람들"이라는 스트리플링의 주장은 부정확하다. 이들은 이스라엘 사람들이 아니라 샤수 유목민들이며, 그들은 이스라엘에 거주하는 것이 아니라 에돔 지역에 거주한다.

---

101   [원서의] 편집자 주: 이 비문에서 고유명사 Yhw를 사용하는 것의 중요성은 여전히 논쟁의 여지가 있다. 이 단어에 대한 Hendel의 언급은 **아마도** 이를 반영할 것이다.

베를린 받침대

만프레트 괴르크와 그의 동료들 가운데 일부는 베를린 받침대 부조에 쓰인 이름 중 하나가 "이스라엘"이라고 주장한다. 다른 두 이름이 "가나안"과 "아슈켈론"(아스글론)이기 때문에 그럴 가능성이 있다. 그러나 다른 이집트학 학자들은 이렇게 해독될 가능성이 작다고 주장한다. 제임스 호프마이어는 치찰음이 잘못되었고—그것은 š("스")가 아니라 š("쉬")다—다른 글자 중 일부도 "이스라엘"에 해당할 가능성이 작다고 지적한다. 그는 이 지명에 대해 여러 선택지가 있지만 "어떤 것도 이스라엘은 아니다"라고 말한다.[102] 스트리플링은 "만약 괴르크의 해석이 정밀 조사를 견뎌낸다면"이라는 단서를 통해 이 텍스트의 적실성을 제한한다. 하지만 그 해석이 정밀 조사를 견뎌낼 것으로 보이지 않는다. 이것 역시 허약한 토대다.

나의 간략한 검토가 보여주듯이, 스트리플링은 몇 가지 흥미로운 예를 수집했지만 그중 어느 것도 그의 주장을 입증하는 데 도움이 되지 않는다. 그가 이러한 예들을 사용한 것은 면밀한 조사를 견디지 못한다. 내가 보기에 이런 출애굽 견해는 오로지 성경의 무오성에 대한 개인의 확신에 기초하는 것 같다. 스트리플링의 예들이 보여주듯이, 고고학적 증거에서 확증하는 증거를 찾으려는 시도는 무익하다. 거트루드 스타인(Gertrude Stein)이 이전에 (지금은 좀 더 활기가 넘치는 그녀의 어린 시절 고향인 오클랜드에 관해) 썼던 바와 같이, "거기에는 그곳이 없다".

---

102 Hoffmeier, "What Is the Biblical Date for the Exodus?" 241-42.

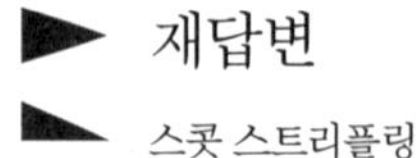

재답변

스콧 스트리플링

나는 동료들의 답변에 감사하며, 그들의 논평에서 유용한 제안을 많이 발견했다. 여러 저자가 유사한 문제들을 제기했기 때문에 나는 그 문제들에 대한 내 입장을 명확히 하려고 노력할 것이다. 나는 또한 그들의 지적에서 보이는 몇 가지 오류를 교정할 것이다.

해명

기고자 중 세 명은 내가 성경을 진지한 역사적 문서로 여기고 내 신앙과 연구를 분리하지 않는다는 점에 대해 우려를 표명했다. 나는 내 전제들에 대해 솔직하게 썼지만, 이 전제들이 내가 문학적·고고학적 데이터를 냉정하게 평가할 능력을 손상한다는 암시는 이 책 뒷부분에서 헨델의 기고문에 대한 호프마이어의 답변이 보여주듯이 옳지 않다. 호프마이어의 답변은 학문적 논쟁에 참여하는 복음주의자들에 대한 헨델의 오랜 편견을 보여준다.

열왕기상 6:1에 대한 나의 문자적 해석은 호프마이어, 파인만, 렌즈버그를 괴롭힌다. 이들은 모두 480년이 비유적으로 받아들여져야 한다고 믿는다. 호프마이어는 480년이 "아시리아학 학자들이 **디스탄츠안가베**라고 부르는 것", 즉 이전 기간의 근사치일 수 있다고 제안한다. 그러나 열왕기상 저자는 역사적인 사건을 신중하게 기록했다. 솔로몬 성전 건축은 출애굽 후 480년째 해에 시작되었다. 그는 심지어 몇 월에 시작되었는지도 제공했다. 달리 말하자면 출애굽 후 479년이 지나갔고, 480년째(서수) 해가 시작되었다. **디스탄츠안가베**에 대한 논의는 전혀 필요치 않다. 문제의 연수는 480년(기수)이 아니라 479년이다. 나는 열왕기상 6:1에 언급된 480번째 해를 과장하지 않는다. 그것이 산출하는 출애굽 연도(기원전 1446년)가 다른 성경 구절들 및 고고학적 증거들과 일치하기 때문이다. 렌즈버그는 고대 근동에서 어림수라고 추정되는 그런 숫자들이 어떻게 기능했는지를 강조한다. 열왕기상의 저자가 그 숫자가 은유적으로 이해되기를 의도했다면, 479년(과 몇 개월)이 경과했다고 명확하게 기록함으로써 자신의 목적을 훼손하는 대신 480년이라고 기록했을 것이다.

파인만은 "이스라엘이 어떻게 그렇게 오랜 기간에 걸쳐 그토록 상세하고 정밀한 연대 계산을 정확하게 유지했는가?"라고 묻는다. 이 질문은 답할 가치가 있다. 출애굽이라는 기준점 사용과 희년/안식년 주기 사용이라는 두 가지 방법이 있었다. 출애굽은 히브리 민족에게 새로운 시대의 시작을 나타냈다.

출애굽기 12:2에서 야웨가 모세에게 "이달을 너희에게 달의 시작 곧 해의 첫 달이 되게 하라"라고 말씀하셨다. 불과 한 달 뒤에 일어난 일은 이집트로부터의 출발로 인해 이스라엘에서 새로운 달력이 시작되었음을 보여준다. 출애굽기 16:1은 이스라엘 백성이 "애굽에서 **나온**[leṣēʾtām] 후 둘째 달 십오일"에 신 광야에 이르렀다고 말한다. 이런 구절들은 이스라엘이 출애굽을 시작점으로 하는 달력을 사용하여 사건들에 대한 시간의 경과를 표시했음을 보여준다. 오경의 저자는 사건이 일어난 때와 관련하여 몇째 해 몇째 월 몇째 날이라고 언급함으로써 "그들이 애굽에서 나온 후"(출 16:1; 19:1; 민 1:1; 9:1; 33:38)라는, 달력의 기준 날짜를 반복적으로 암시한다. 이 표현은 출애굽기 40:17, 민수기 10:11, 신명기 1:3에 함축되어 있다. 더욱이 이 달력 공식이 열왕기상 6:1에 나타나는데, 여기서 그 공식은 출애굽 이후 479년이 지났음을 보여주는 문학적 암시로서 기능한다. 솔로몬 성전의 건축이 시작된 해는 그 달력의 480번째 해였다.

연도를 세는 두 번째 방법은 이스라엘의 제사장들이 관리한 희년과 안식년 주기 체계다. 비록 일반 백성들은 밭을 경작하지 말라는 규정 등을 대체로 무시했지만 말이다(레 25:1-7). 『세데르 올람』(11장)과 바빌로니아 탈무드('Arak. 12a-b)는 에스겔의 희년이 출애굽 이후 열일곱 번째였다고 말한다. 이는 에스겔 40:1과 조화를 이루는데, 이 구절은 그때가 로쉬 하샤나였으면서 그달의 열 번째 날이었음을 알려준다. 그러나 희년에만 로쉬 하샤나가 티쉬리월 10일에 지켜졌다(레 25:9-10). 다른 모든 해에는 로쉬 하샤나가 티쉬리월 1일이었다. 랍비 문헌의 구절들은 에스겔이 기원전 574년에 환상을 본 때가 희년 주기가 시작되던 해였다고 올바로 진술한다. 이는 기원전 1406년에 희년 주기가 시작되었을 것임을 확증한다.[103] 파인만과 다

---

103   Rodger C. Young, "The Talmud's Two Jubilees and Their Relevance to the Date of

른 비평가들은 열왕기상 6:1의 명백한 의미를 무력화하려고 하고 에스겔이 기원전 574년 티쉬리월 10일에 희년이 시작된 것을 보았다는 것을 부인하려고하지만, 이 놀라운 "우연의 일치"를 설명하지 못했다.

이 책에 기고한 동료 중 세 명은 베를린 받침대에 대한 내 해석을 불쾌하게 생각한다. 헨델은 이집트학 학자들 모두가 베를린 받침대에서 "이스라엘"을 읽어내는 것을 수용하지는 않는다는 증거로 호프마이어를 인용한다. 내 기고문에 대한 호프마이어의 답변에서 그는 "'이스라엘'로 읽으려면 이집트어로 셈어 단어를 읽기 위한 표준 규칙을 바꿔야 한다. 그리고 이 지리학적 용어를 '일샬리르'(Ilshalir), '일샤릴'(Ilsharil), '이르샬리르'(Irshalir), '이르샤릴'(Irsharil), '이르샬릴'(Irshalil) 등으로 다양하게 읽을 수 있지만 '이스라엘'로 읽을 수는 없다"라고 주장한다. 호프마이어와 헨델 둘 다 내가 제기한 도전을 다루지 않는다. 가능한 이러한 읽기 중 어느 것도 알려진 지명을 가리키지 않는 반면, 부분적으로만 남아 있는 이름 고리(name ring)를 이스라엘에 대한 언급으로 이해하는 것은 지명 표시라는 기대를 만족시킨다. 디욱이 베를린 받침대 이름 고리의 철자법은 그 받침대가 제18왕조 때 만들어졌음을 시사하며, 아마도 아멘호테프 2세의 통치 기간 중에 만들어졌을 가능성이 가장 크다.[104]

---

the Exodus," *WTJ* 68 (2006): 77-82.

104 Zwickel and Van der Veen, "The Earliest Reference to Israel": 131-32; Manfred Görg, "Weitere Beobachtungen und Aspekte zur Genese des Namens 'Israel,'" *BN* 154 (2012): 57-68.

내 마지막 해명은 솔레브 상형문자에서 언급된 "야후의 샤수의 땅"을 다룬다. 헨델은 야후가 "아마도 지명"일 것이라고 믿지만, 그 믿음을 뒷받침할 증거를 제시하지 않는다. 내가 설명했듯이 아마도 아멘호테프 3세 시대의 것으로 추정되는 이 비문은 이집트의 밖에 이스라엘의 하나님 야후(Yhw)를 숭배한 사람들이 살고 있었음을 보여주는 강력한 근거일 수도 있다. 헨델은 그 땅을 에돔으로 보지만, 이 책의 기고자 중 한 명인 게리 A. 렌즈버그가 내 기고문에 대한 답변에서 정확하게 썼듯이 샤수는 "시나이반도와 현대의 남부 이스라엘과 현대의 남부 요르단에 걸쳐 있는 광대한 남방지역의 거주자들"이었다. 현대의 남부 이스라엘 전체가 고대 이스라엘의 경계 안에 있으므로, 논리적으로 아멘호테프 3세의 통치 기간 중 이스라엘에 샤수가 있었다. 아멘호테프 3세의 서기관들에 따르면, 이 샤수는 야후를 숭배했다. 이는 기원전 13세기(또는 더 늦은 시기)에 출애굽 사건이 있었다고 주장하는 사람들에게 문제가 된다.

교정

호프마이어는 내가 역대상 6:33-37에 나오는 세대들을 잘못 계산했다고 잘못 믿는다. 그는 "고라는 출애굽 때 성인이었기 때문에(참조. 민 16장), 열여덟 세대만 계산되어야 한다"라고 말한다. 이 족보에 남성 열아홉 명이 언급되어 있는데 나는 열여덟 세대만 계산했다. 그런 다음 나는 솔로몬에 도달하고 열왕기상 6:1과 시대를 일치시키기 위해 열아홉 번째 세대를 추가했다. 그러므로 그것은 내 오해가 아니라 호프마이어의 오해다.

내 기고문에 대한 헨델의 답변에서 두 부분은 수정될 필요가 있다. 첫째, 그는 마네토의 텍스트에 등장하는 아메노피스가 아멘호테프 4세(아케나텐)임을 입증하기 위해 엄청난 노력을 기울인다. 나는 요세푸스의 텍스트에서, 마네토가 아멘호테프 2세—내 관점에서 볼 때 출애굽 때의 파라오였을 가능성이 있다—를 언급한다고 주장한다. 내 주요 요점은 헨델은 아멘호테프라는 이름을 람세스 시대에 두려고 할지도 모르지만, 그 이름이 오직 제18왕조에서만 나타난다는 점이다. 따라서 헨델은 사실 나의 주장을 강화한다. 둘째, 헨델은 텔 엘 다브아에서 발굴된 고고학적 증거를 다루면서 내가 그 유적지가 유기된 연대를 잘못 추정했다고 주장한다. 반대로, 헨델은 아흐모세 1세 때의 부분적인 유기와 내가 상당히 구체적으로 묘사하는 훗날의 셈족에 의한 유기를 통합하거나 혼동한다. 내가 주장하는 바와 같이, 비탁은 기원전 15세기에 아바리스(당시에는 페루네페르[Perunefer]로 알려졌다)가 유기된 연대를 아멘호테프 2세 때로 추정한다.[105] 그는 때때로 아멘호테프 2세의 통지 동안(during)이란 표현을 선호한다.[106] 그는 다른 때에는 그 유기가 아멘호테프 2세의 통치 후(after)에 발생한 것

---

105 Petrovich, "Toward Pinpointing the Timing of the Egyptian Abandonment": 9-28

106 Manfred Bietak, "Tell el-Dab'a in the Nile Valley," in *Beyond Babylon: Art, Trade, and Diplomacy in the Second Millennium B.C.*, ed. Joan A. Aruz, Kim Benzel, and Jean M. Evans (New Haven: Yale Univ. Press, 2008), 110-12.

으로 본다.[107]

마지막으로, 렌즈버그는 내가 룻기 4:18-22과 역대상 2:5-15에 나오는 짧은 족보 대신에 역대상 6:33-37에 나오는 긴 족보를 사용했다며 나를 질책한다. 그는 그 짧은 족보에 의존해서 출애굽의 연대를 기원전 12세기로 추정한다. 그는 "우리에게는 다윗의 족보가 정확하며 헤만의 족보는 인위적으로 길어졌다고 가정할 충분한 이유가 있다"라고 말한다. 그는 이 의견을 헤니지의 연구에 기반을 둔다. 헤니지의 연구는 족보의 연장이 족보의 압축보다 일반적임을 보여준다. 그러나 헤니지는 아프리카의 구전 전통을 연구했다. 여기서 문제가 되는 족보들은 기록된 족보이며 성경의 족보와 상당한 차이가 있는 아프리카계 족보가 아니다. 따라서 렌즈버그는 자신의 근거를 과대평가하고 있다.

결론

나는 독자들이 기고문들과 답변들 및 재답변들에 나오는 주장들을 숙고해보기를 권한다. 렌즈버그가 내게 발사한 인신공격성 미사일들을 제외하고 공동 기고자들은 자신들의 주장을 공정하게 펼쳤다.

---

107 Manfred Bietak, "The Aftermath of the Hyksos in Avaris," in *Culture Contacts and the Making of Cultures: Papers in Homage to Itamar Even-Zohar*, ed. Rakefet Sela-Sheffy and Gideon Toury (Tel Aviv: Tel Aviv Univ. Unit of Culture Research, 2011), 25.

결국, 나는 증거의 무게가 기원전 15세기의 출애굽을 강력하게 뒷받
침한다고 믿는다.

2

기원전 13세기(늦은 연대) 출애굽 관점[1]

제임스 K. 호프마이어

[1] 나는 수년에 걸쳐 히브리인들의 체류, 출애굽, 광야 생활 내러티브에 관해 광범위하게 저술해 왔다. 본 기고문은 주로 다음의 저작들을 포함하여 이전에 썼던 저작들에서 발췌하고 축약한 것이다. James K. Hoffmeier, *Israel in Egypt: The Evidence for the Authenticity of the Exodus Tradition* (Oxford: Oxford Univ. Press, 1997); idem, *Ancient Israel in Sinai: The Evidence for the Authenticity of the Wilderness Tradition* (Oxford: Oxford Univ. Press, 2005); idem, "What Is the Biblical Date for the Exodus? A Response to Bryant Wood," *JETS* 50 (2007): 225–47; idem, "Out of Egypt: The Archaeological Context for the Exodus," *BAR* 33, no. 1 (January/February 2007): 30–41, 71; idem, "These Things Happened—Why a Historical Exodus Is Essential for Theology," in *Do Historical Matters Matter to Faith? A Critical Appraisal of Modern and Postmodern Approaches to Scripture*, ed. James K. Hoffmeier and Dennis R. Magary (Wheaton, IL: Crossway, 2012), 99–134; idem, "Egyptologists and the Israelite Exodus from Egypt," in *Israel's Exodus in Transdisciplinary Perspective: Text, Archaeology, Culture, and Geoscience*, ed. Thomas E. Levy, Thomas Schneider, and William H. C. Propp, Quantitative Methods in the Humanities and Social Sciences (New York: Springer, 2015), 197–208; idem, "Egyptian Religious Influences on the Early Hebrews," in *"Did I Not Bring Israel out of Egypt?" Biblical, Archaeological, and Egyptological Perspectives on the Exodus Narratives*, ed. James K. Hoffmeier, Alan R. Millard, and Gary A. Rendsburg, BBRSup 13 (Winona Lake, IN: Eisenbrauns, 2016), 3–35; James K. Hoffmeier and Stephen O. Moshier, "Which Way out of Egypt? Physical Geography Related to the Exodus Itinerary," in Levy, Schneider, and Propp, *Israel's Exodus in Transdisciplinary Perspective*, 101–8.

역사성과 성경

"내가 이스라엘을 애굽 땅에서 올라오게 하지 아니하였느냐?" 하나님이 아모스서에서 이 수사적인 질문을 제기하시는데(암 9:7), 아모스는 기원전 8세기에 활동한 유대의 예언자다. 분명하고 명확한 대답은 '"그렇습니다"이다. 그 예언자의 청중은 이것을 의심하지 않았다. 히브리 성경의 다른 저자들 사이에서도 이에 대한 유보는 없었다. "나는 너를 애굽 땅, 종 되었던 집에서 인도하여 낸 네 하나님 여호와[YHWH]²니라"(출 20:2)라는 유명한 말씀을 생각해 보라. 이 단언은 십계명을 소개한다. 이는 언약서의 첫 부분으로, 토라에 따르면 히브리인들이 모세의 지도하에 이집트에서 도망친 후 하나님이 시내산에서 그들과 언약 관계 안으로 들어오신다. 그런 도입 공식, 즉 역사적 서문은 기원전 제2천년기 중후반의 고대 근동 조약 텍스트에

---

2   이 기고문 전체에서, 주님(LORD)은 NIV나 다른 영어 번역본의 관행을 따라 신성 사문자 YHWH를 의미한다(본 번역서에서는 출판사의 편집 방침에 따라 이를 "야웨"로 옮긴다—역자주).

서 규칙적으로 사용된다.[3] 이는 그것이 왜 한 국가가 대군주의 조약이나 언약에 복종해야 하는지에 대한 역사적 근거를 제공하기 때문이다. 출애굽기 20:2까지 이어지는 사건들은 이스라엘에 대한 야웨의 언약 요구들을 정당화한다. 고대 조약은 당사자 간의 역사적 거래에 따라 시작되었기 때문에, 델버트 힐러스(Delbert Hillers)는 그런 서문이 "상당히 정확해야 했다"라고 주장했다.[4]

이 기고문에서는 이집트 체류 전통과 출애굽 전통 뒤에 실제 사건들이 놓여 있다는 입장을 취한다. 이 사건들은 한 민족으로서의 고대 이스라엘을 규정했으며, 이스라엘의 역사는 영원히 출애굽에 의해 특징지어질 것이다. 결국 이 경험을 통해 야웨가 이스라엘의 민족신이 되셨다. 기원전 8세기 북왕국 이스라엘의 예언자였던 호세아는 출애굽기 20:2을 반향하면서 이스라엘과 출애굽의 하나님 야웨 사이의 배타적인 관계를 주장한다. "애굽 땅에 있을 때부터 나는 네 하나님 여호와라. 나 밖에 네가 다른 신을 알지 말 것이라. 나 외에는 구원자가 없느니라"(호 13:4). 출애굽을 회상하고 출애굽 모티프와 주제를 사용하는 것이 히브리 성경 전체에 걸쳐 매우 일정하게 나타나다 보니 그레이엄 데이비스(Graham Davies)는 "출애굽 이야기가 구약

3　통시적으로 배열된 모든 조약 텍스트와 법전에 대한 논평은 Kenneth A. Kitchen and P. J. N. Lawrence, *Treaty, Law and Covenant in the Ancient Near East*, 3 vols. (Wiesbaden: Harrassowitz, 2012), 특히 3:259-63을 보라. 이런 조약 텍스트들의 역사적 서언이 기원전 제1천년기의 아시리아와 아람의 조약 텍스트에는 등장하지 않는다(3:264-66).

4　Delbert Hillers, *Covenant: The History of a Biblical Idea* (Baltimore: Johns Hopkins Univ. Press, 1969), 31.

성경의 모든 부분에서 언급된다고 얘기하면 과장이겠지만, 예외는 매우 적다"라고 말한다.[5] 마찬가지로 야이르 호프만(Yair Hoffman)은 "출애굽은 구약성경에서 가장 자주 언급되는 사건이다. 출애굽기 1-15장에 기록된 이야기 자체를 제외하고도 그것은 이야기, 율법, 시, 시편, 역사서 및 예언서에서 약 120번 언급된다"라고 단언한다.[6]

구약성경에서 이집트 전통에 대한 증거가 편재한 것을 고려할 때, 우리는 존 브라이트(John Bright)가 1981년에 "이스라엘의 조상들이 이집트에서 노예가 되었다가 어떤 놀라운 방법으로 탈출했다는 데는 참으로 의심의 여지가 없다. 오늘날 거의 아무도 그것에 의문을 제기하지 않을 것이다"[7]라고 말한 긍정적인 평가를 이해할 수 있다. 그러나 1980년대가 끝나기 전에 이 낙관적인 평가에 대해 널리 의문이 제기되었다. 1970년대 중반에 창세기 내러티브에서 시작된 역사 최소주의(historical minimalism)의 부활은 1980년대와 1990년대에 출애굽기부터 여호수아서로 빠르게 옮겨갔으며, 이는 "최소주의자 대 최대주의자" 논쟁으로 알려지게 되었다.[8] 최소주의자는 성경에 이스라엘의 기원과 관련된 역사적 데이터가 거의 또는 전혀 없으며, 대체로 이스라엘 사람들이 이집트에 거주했던 적이 없는 가나안 토착민

---

5 Graham Davies, "Was There an Exodus?" in *In Search of Pre-Exilic Israel: Proceedings of the Oxford Old Testament Seminar*, ed. John Day (London: T&T Clark, 2004), 26.

6 Yair Hoffman, "A North Israelite Typological Myth and a Judaean Historical Tradition: The Exodus in Hosea and Amos," *VT* 39 (1989): 170.

7 John Bright, *A History of Israel*, 3rd ed. (Philadelphia: Westminster, 1981), 120.

8 이러한 전개에 대한 검토는 다음 문헌들을 보라. Hoffmeier, *Israel in Egypt*, 1장; William G. Dever, *What Did the Biblical Writers Know and When Did They Know It?* (Grand Rapids: Eerdmans, 2001), 1-2장.

이었다는 결론을 내린다. 그들은 출애굽을 부인하는 사람들이다. 반면에 최대주의자는 이집트에서의 장기 체류 후 이스라엘의 시작과 뒤이어 가나안 땅에 들어가는 것에 관한 주장들을 진지하게 받아들인다.

현재 학계에서는 세 가지 기본적인 접근법이 채택되고 있다. 그 접근법들은 모두 내가 출애굽 부정론자 진영(exodus-rejectionist camp)이라고 부르는 것에 속한다. 이스라엘의 민족 창건 이야기인 출애굽을 나중에 민족 창건 신화로 부풀려진 작고 사소한 사건으로 변화시키는 사람들이 있다. 어떤 사람들은 히브리인의 출애굽 모티프가 요세푸스의 『아피온 반박문』(Against Apion)에 나오는 힉소스 추방 이야기에서 차용되었다고 생각한다.[9] 많은 구약 자료비평 학자가 문학적 날조(literary fabrication)라는 개념을 받아들인다. J. 맥스웰 밀러(J. Maxwell Miller)와 존 헤이스(John Hayes)는 토라에 등장하는 기원 전통들은 "인위적이고 신학적으로 영향을 받은 문학적 구성물"이라고 주장한다.[10] 그들은 결과적으로 성경 내러티브는 실제 역사를 재구성하

---

9   플라비우스 요세푸스는 히브리인의 출애굽과 가나안 입성을 이집트로부터의 힉소스 추방과 연결한다. 그의 목표는 유대인들이 그리스인들 이전에 번성했던 고대의 민족들 가운데 하나임을 보여주는 것이다. (H. St. J. Thackeray, *Josephus: The Life; Against Apion*, LCL 186 [Cambridge: Harvard Univ. Press, 1966], I §39-40과 §§73-94, 227-50을 보라). Donald B. Redford는 "'이스라엘'이 이집트로부터의 대탈출을 경험하지 않았다"라는 견해를 옹호했다. "누군가에 의해 이집트로부터의 대탈출이 있었다는 것은 입증될 수 있는 사실이다. 하지만 누구에 의해서였는지가 문제다"라고 하면서도 말이다("The Great Going Forth: The Expulsion of West Semitic Speakers from Egypt," in Levy, Schneider, and Propp, *Israel's Exodus in Transdisciplinary Perspective*, 437, 강조는 원저자의 것임).

10   Maxwell Miller and John H. Hayes, *A History of Ancient Israel and Judah*

기에는 이념적으로나 신학적으로 너무 경도되었다고 본다.

포스트모던 해석학은 어떤 텍스트에 대해서도 권위와 의미를 부정하기 때문에 성경 내러티브가 이스라엘의 과거에 대한 기억이 담겨 있지 않은 문학적 창작물이라고 본다. 이스라엘 핑켈슈타인(Israel Finkelstein)과 닐 실버만(Neil Silberman)은 이스라엘의 기원에 대한 "영웅 이야기"가 "인간의 상상력의 찬란한 산물"이라고 주장한다.[11]

출애굽 내러티브를 "문화적 기억"이라는 렌즈를 통해 보는 것이 성경 연구의 최신 경향이다. 로널드 헨델이 이 책에서 그 접근법을 옹호하므로, 독자들은 그 접근법에 관해서는 그의 기고문을 참고할 수 있다. 그러나 성경 연구에서 이 해석학의 선구자인 얀 아스만(Jan Assmann)의 말을 인용한다면 그것으로 이 접근법을 설명하기에 충분하다.[12] 그는 이집트에서 떠난 것이 "바로 그 이야기, 이야기 중의 이야기, 거의 틀림없이 가장 위대한 이야기, 어쨌든 인간 역사에서—아마도 문자적으로 경험되지는 않았겠지만—지금까지 이야기된 것 중 가장 중대한 이야기"라는 의견을 피력했다.[13]

(Philadelphia: Westminster, 1986), 78. [원서] 편집자 주: 현재 이 책의 2판이 나와 있는데, 이는 2006년에 출판되었다.

11   Israel Finkelstein and Neil Asher Silberman, *The Bible Unearthed* (New York: Free Press, 2001), 1.

12   Jan Assmann, *Moses the Egyptian: The Memory of Egypt in Western Monotheism* (Cambridge: Harvard Univ. Press, 1997).

13   Jan Assmann, "Exodus and Memory," in Levy, Schneider, and Propp, *Israel's Exodus in Transdisciplinary Perspective*, 3.

히브리 성경/구약성경에 대한 내 접근법

앞서 언급된 내용들은 우리로 하여금 "왜 성경에 대해 이렇게 회의적인 태도를 보이는가?"라는 질문을 하게 만든다. 그 이유는 단순하다. 일반적으로 성경을 신뢰할 수 있는 역사 자료로 믿지 않는데, 이 불신은 계몽주의 시대 이후 줄곧 존재해 오다 현재의 포스트모던 환경에서 새롭게 부각되었다. 성경이 유대인과 그리스도인들에 의해 여전히 신성한 것으로 여겨지고 있지 않다면, 성경은 아마도 그처럼 거만하고 멸시하는 방식으로 취급되지 않을 것이다. 일부의 경우 이는 종교에 적대적인 편협한 신념 때문이다. 이러한 의심의 해석학 때문에 성경은 다른 역사적 자료와 같은 방식으로 다뤄지지 않는다.

역사의 모든 단계에서 히브리 저자들은 출애굽에 대한 많은 인용과 암시에 근거하여 출애굽의 진정성을 확신했다. 예레미야는 바빌로니아에서의 포로 생활 이후 하나님과 이스라엘 사이에 새 언약이 맺어질 테지만 "이 언약은 내가 그들의 조상들의 손을 잡고 애굽 땅에서 인도하여 내던 날에 맺은 것과 같지 아니할 것"(렘 31:32)이라고 가르쳤다.

내가 이 기고문에서 여기서 취한 접근법은 히브리 성경을 "고대 자료를 비평적으로 다루되 그것을 경멸하지 말고 다루라"라는 고(故) 윌리엄 할로(William Hallo)의 의견을 따라서 고대 자료를 다룰 때처럼 다루는 것이다.[14] 이것은 내가 고대 텍스트―히브리어, 이집트

---

14   William W. Hallo, "The Limits of Skepticism," *JAOS* 110 (1990): 189.

어, 바빌로니아어, 아시리아어—를 해석하는 방식이다. 그리고 나는 할로가 성경 텍스트의 맥락을 고려하여 읽으라고 한 권고를 받아들인다. 이 읽기는 히브리어 내러티브의 배경—문화, 역사, 언어, 지리, 환경, 종교, 이데올로기—을 비춰주는, 상응하는 고대 근동 텍스트를 참조하여 텍스트를 읽는 것이다.

더 나아가, 나는 사무엘상에 기록된 내러티브에 관한 모셰 가르시엘(Moshe Garsiel)의 의견에 동의한다. 그는 그 내러티브에 관해 "성경의 역사 기술은 신학적 관점과 얽혀 있고 수사학적·문학적 구조와 문학적 장치가 풍부한 역사를 포함하고 있다"라고 이해하는데, 그런 이해는 출애굽기에 수록된 내러티브에도 적용될 수 있다.[15] 성경에 나타나는 이스라엘의 종교와 신학은 역사에 기초를 두고 있고 역사와 얽혀 있다. 이 점이 이스라엘의 종교를 이웃 나라들의 종교와 구별하는 요소다. 저명한 종교 역사학자인 미르체아 엘리아데(Mircea Eliade)는 고대 근동의 종교들의 특징이었던 순환적이고 우주적인 패턴과 달리, "순환적인 시간 개념은 뒤로 밀려나고, 야웨는 더 이상 (다른 종교의 신들처럼) **우주적 시간** 속에 자신을 나타내시지 않고 **역사적 시간** 속에 나타내신다"라고 주장했다.[16] 고대인들은 자연적인 현상과 초자연적인 현상을 구분하지 않았다. 오히려 역사적 사건들은 종

---

15   Moshe Garsiel, "The Valley of Elah Battle and the Duel of David with Goliath: Between History and Artisitc Theological Historiography," in *Homeland and Exile: Biblical and Ancient Near Eastern Studies in Honour of Bustenay Oded*, ed. Gershon Galil, Mark Geller, and Alan R. Millard, VTSup 130 (Leiden: Brill, 2009), 393.

16   Mircea Eliade, *The Sacred and the Profane* (New York: Harcourt Brace Jovanovich, 1959), 110, 강조는 원저자의 것임.

교적 렌즈를 통해 해석되었다. 이스라엘 사람들도 다르지 않았다. 실증주의 역사학자는 구약성경을 해석할 때 이 종교적 세계관을 염두에 두어야 한다. 이스라엘 사람들은 그들의 기원 이야기에서 하나님의 손길을 보았다. 그러나 출애굽 내러티브의 역사성을 받아들인다고 해서 반드시 재앙을 보내거나 바다를 가른 행동을 통한 신의 개입을 믿어야 하는 것은 아니다.

출애굽과 역사

출애굽에 대한 직접적인 고고학적 증거가 없는 상황에서 역사학자는 배경 자료, 특히 이야기의 배경이 되는 이집트의 자료에 의존해야 한다. 아스만조차도 "고고학적 증거와 금석학의 증거 및 기타 증거가 그것[출애굽]의 역사적 배경에 관해 우리에게 말해 줄 수 있"다는 점을 인정해야 했다.[17] 나는 성경 이야기의 드라마가 펼쳐지는 무대가 지리적 배경과 연대기적 요소들에 맞는 진정한 무대 장치와 소품을 포함하고 있다면 그 내러티브의 개연성이 높아진다고 주장한다. 우리가 "증거"에 관해 역사적으로 확실하다고 말할 수는 없지만, 출애굽 불가지론자나 부인자도 성경의 증언이 틀렸다고 증명할 수 없다.

17　　Assmann, "Exodus and Memory," 3.

I. 기원전 제2천년기 동안 레반트 셈어를 사용하는 사람들이 이집트 북부에 살았는가?

이집트 역사에서는 정치적·경제적·문화적 부침이 계속되었다. 고왕국(기원전 2700년-2200년경)·중왕국(기원전 2000년-1760년경)·신왕국(기원전 1525년-1070년경)은 오래 지속된 강력한 왕조들이었는데, 그 영향력이 남쪽으로는 누비아까지 미쳤고 북쪽으로는 가나안을 거쳐 시리아까지 미쳤다. 그러나 제1중간기(기원전 2200-2000년)와 제2중간기(기원전 1760-1550년) 동안에 중앙 권력이 약해졌으며, 약해진 이집트에서 여러 소왕국이 번성하여 셈어를 사용하는 유목민들(이집트 텍스트에서 '3mw[Aamu]로 알려짐)이 이집트에 유입될 수 있었다. 기원전 제2천년기 동안 레반트 민족들이 이집트에 있었다는 증거가 힉소스가 통치했던 북동 삼각주의 텔 엘 다브아(아바리스)에서 발견되었다.[18] 만프레트 비탁은 이 사람들이 "이집트화된" 가나안인들이었다고 설명한다.[19] 아바리스에서 레반트의 토기·무기·매장 유형이 발견된 것 외에도 비슷한 유적이 와디 투밀라트(Wadi Tumilat)에 있는 유적지—텔 엘 마스쿠타(Tell el-Maskhuta), 텔 엘 라타바(Tell el-Rataba), 텔 쿠아(Tell Kua')—뿐만 아니라 텔 엘 야후디야(Tell el-Yahudiya), 인샤스(Inshas), 텔 파라샤(Tell Farasha), 텔 엘 케비르(Tell el-Kebir) 등 다른 북

---

18   Manfred Bietak, *Avaris: The Capital of the Hyksos: Recent Excavations at Tell el-Dab'a* (London: British Museum Press, 1996); idem, "The Many Ethnicities of Avaris: Evidence from the Northern Borderland of Egypt," in *From Microcosm to Macrocosm: Individual Households and Cities in Ancient Egypt and Nubia*, ed. Julia Budka and Johannes Auenmüller (Leiden: Sidestone, 2018), 73-92.

19   Bietak, *Avaris: The Capital of the Hyksos*, 48.

동 삼각주 지역에서도 발견되었다. 이 지역들 가운데 와디 투밀라트에 있는 세 유적지는 현재 발굴 중이다.[20] 이러한 발견들은 제14-제17왕조 시대에 삼각주 지역이 시리아-가나안 민족인 외국인들에게 지배되었음을 보여준다. 셈어를 사용하는 이런 민족들 가운데 레반트 지역에서 가뭄이 장기간 지속되는 동안 이집트로 이주한 히브리 부족이 포함되어 있었으리라고 생각하는 것은 믿기 어려운 추측이 아니다. 이집트인들은 히브리인들을 셈어를 사용하는 다른 외국인들과 같은 범주로 분류하여 그들을 **아아무**(ꜣmw[Aamu]), 즉 "아시아인들"이라고 불렀을 것이다.

II. 외국인들이 이집트에서 노예가 되었다는 증거가 있는가?

[히브리인들이] 아바리스에서 통치한 힉소스(?) 왕의 승인을 받아(참조. 창 47:1-12) 여러 세대 동안 이집트에 체류하면서 비옥한 삼각주에서 양 떼와 소 떼와 가축들을 돌본 후 상황이 바뀌었다. "요셉을 알지 못하는 새 왕이 일어나 애굽을 다스리더니"(출 1:8)라는 구절은 히브리인들에 대한 압제의 시작을 나타낸다. 왜 이런 변화가 일어났을까? 기원전 1560년에서 기원전 1540년 사이에 남쪽의 테베 왕들이 힉소스의 요지들을 공격하기 시작했다. 공격은 세케넨레 타오 2세(Seqenenre Tao II)와 카모세(Kamose) 왕들로 시작해 아흐모세의 아바리스 원정에서 정점에 달했다. 그의 군대는 힉소스 군대를 가나안의 샤

---

20 Anna-Latifa Mourad, *Rise of the Hyksos: Egypt and the Levant from the Middle Kingdom to the Early Second Intermediate Period* (Oxford: Archaeopress, 2015).

루헨(Sharuhen)까지 추격했다.[21] 이 추방으로 제18왕조와 신왕국이 시작되었다. 아흐모세는 근동 지역 원정을 위한 이집트의 군사 기지 역할을 할 대규모 진흙 벽돌 요새를 포함하여 아바리스에서 야심 찬 건축 프로그램을 시작했다.[22] 삼각주에서 한 세기 이상 존재하지 않다가 재등장한 이집트인 통치자들이 삼각주 안에 살고 있던 히브리인들이 자기들이 미워하는 힉소스인들과 연합하게 될 것을 우려하여 히브리인들에게 적대감을 표출했다고 설명될 수 있을 것이다. 아바리스에서 다른 주요 건축 프로젝트들이 이어졌는데, 그 시기는 아마도 저장 시설을 갖춘 거대한 왕궁 복합체가 모두 진흙 벽돌로 건축되었던 투트모세 3세(기원전 1479년-1425년)의 통치 기간 중이었을 것이다.[23]

히브리인들이 왕실 건축 프로젝트를 위해 벽돌을 만드는 강제 노동에 종사했다는 사실은 확실히 이집트에서의 이스라엘 사람들의 노역 중 가장 기억에 남는 일이었다(출 1:8-14; 2:23-24; 3:7; 5:1-23). 기원전 15세기 서아시아와 수단으로의 군사 원정 때부터 전쟁 포로들이 국가의 노예로서 이집트로 끌려왔고, 전사들 개개인은 포로로 잡힌 자들을 자기의 개인 노예로 보유할 수 있도록 허용됨으로써 보상을 받았다. 레크미레의 무덤(기원전 1450-1400년경)에 그려져 있는 유

---

21   Labib Habachi, *The Second Stela of Kamose and His Struggle against the Hyksos Ruler and His Capital* (Glückstadt: Augustin, 1972); "The Tomb Biography of Ahmose of Nekheb," trans. James K. Hoffmeier(*COS* 2.1:5-7)를 보라.

22   Bietak, *Avaris: The Capital of the Hyksos*, 67-73.

23   Manfred Bietak, "A Thutmosid Palace Precinct at Peru-Nefer (Tell el-Dab'a)," in *Ancient Egyptian and Ancient Near Eastern Palaces I*, ed. Manfred Bietak and Silvia Prell, Contributions to the Archaeology of Egypt, Nubia and the Levant 5 (Vienna: Univ. of Vienna, 2018), 231-57.

명한 장면은 레반트와 아프리카 출신의 전쟁 포로들이 카르나크의 아크 메누 신전(Akh-menu Temple)을 건설하기 위해 벽돌을 만들고 운반하는 모습을 보여준다. 그림 위에 쓰인 글은 왕이 그의 원정 중에 취한 "약탈품"(*ḥꜢq*) 가운데 벽돌 만드는 사람들이 포함되어 있음을 명확히 보여준다.[24]

다른 이집트 기록들은 레반트 민족들이 채굴 원정과 이집트 국가를 위한 부역 노역에 참여했다고 언급한다.[25] 파피루스 레이덴(Papyrus Leiden) 348은 람세스 2세가 아바리스에 인접한 그의 새로운 수도인 피람세스(Pi-Ramesses)를 건설할 때 하비루(*ꜥpr*)[26]라고 불리는 외국인들이 새로운 도시에 "거대한 탑문"을 건설하기 위해 돌덩이를 끌고 있었다고 전한다.[27] 기원전 1200년경의 파피루스 아나스타시 V에는 람세스 2세의 재위 33년(기원전 1246년경)과 관련이 있을 수 있

---

24 Norman de Garis Davies, *The Tomb of Rekhmire at Thebes* (New York: Metropolitan Museum of Art, 1943), 47과 plates 56-57.

25 이 텍스트들 가운데 일부에 대한 검토는 Hoffmeier, *Israel in Egypt*, 59-61, 112-16을 보라.

26 *ꜥpr/ḥāpiru/ḥābiru*(하비루)라는 용어는 **히브리인**이라는 단어에 해당한다. 그것은 언어상으로 동등한 표현이다. 그러나 이 용어는 고대 근동에서 민족적인 용어로 사용되었다기보다는 사회학적 용어로 널리 사용되었다. *ꜥpr/ḥāpiru/ḥābiru*라는 용례 중 일부는 이스라엘인들을 지칭할 수도 있지만, 어떤 용례가 확실히 이스라엘인들을 가리키는지 결정할 수 없다. Niels Peter Lemche는 초기 이스라엘인들이 하비루—가나안의 한 지역에서 고지대로 옮겨간 뿌리뽑힌 이주민들—였다고 믿는다(*Early Israel: Anthropological and Historical Studies on the Israelite Society before the Monarchy* [Leiden: Brill, 1985], 421-29). 피람세스의 이 석조 건축 프로젝트에 등장하는 하비루가 성경에 나오는 히브리인들일 수도 있지만, 확실히 알 수 있는 방법은 없다.

27 Alan H. Gardiner, *Late Egyptian Miscellanies*, Bibliotheca Aegyptiaca 7 (Brussels: Édition de la Fondation Égyptologique, 1937), 134.2.

는 편지가 포함되어 있다. 이 편지는 카켐웨르(Kakemwer)라는 장교가 피람세스에서 도망친 "노동자들" 또는 "노예들"(*bȝkw*) 두 명을 추격 했다고 보고한다. 그들은 와디 투밀라트(이곳의 지리에 관해서는 이 기고 문의 뒤에서 좀 더 언급된다)를 통해 시나이반도 쪽으로 도망치고 있었 다. 제임스 앨런(James Allen)은 "도망자들이 '노동자들'이라고만 묘사 되지만, 탈출 경로로 미루어 볼 때 그들이 이집트인이 아니라 가나안 땅으로 도망치려고 하는 아시아인이었던 것 같다"라고 제안한다.[28] 이 도망자들이 피람세스 지역에서 일하고 있던 외국인 강제 노동자 집단의 일원이었는데 자유를 찾아 자기 고향으로 돌아가기를 원했 던 것으로 보인다.

출애굽기 1장은 히브리인들이 건설 작업 외에도 "농사의 여러 가지 일"(출 1:14)을 하도록 강요받았다고 주장한다. 여기에서도 신 왕국의 무덤 그림들에는 포도원에서 일하고, 포도를 수확하고, 포도 주를 만들기 위해 포도를 밟고, 밭 갈기 같은 다른 들일을 하는 외국 인 남성들이 묘사되어 있다.[29] 파피루스 볼로냐 1086에는 메르넵타 통치 기간(기원전 1213-1203년)으로 추정되는 시기의 편지가 포함되 어 있는데, 이 편지에서 서기관 바케나몬(Bakenamon)은 시리아인(*hȝ*

---

28   "A Report of Escaped Laborers," trans. James P. Allen (*COS* 3.4:16). Allen의 해설 외에도, 텍스트에 대한 그의 번역도 제공된다.

29   이 장면들과 다양한 직업에서 전쟁 포로들이 일하는 다른 장면들에 대한 검토 는 "Mitanni Enslaved: Prisoners of War, Pride, and Productivity in a New Imperial Regime," in *Creativity and Innovation in the Reign of Hatshepsut*, ed. Jóse M. Galán, Betsy M. Bryan, and Peter F. Dorman, SAOC 69 (Chicago: Oriental Institute of the Univ. of Chicago, 2014), 361-80을 보라.

rw)이라고 밝혀진 밭일 노동자 또는 경작자(*iḥwty*)의 행방을 조사한다.[30] 그는 다른 노예들(*ḥmw*)과 함께 화물선에 실려 온 뒤에 멤피스에 있는 토트 신전에 부속된 밭에 배정되었다.[31]

신왕국 시대의 텍스트들과 삽화들은 일반적으로 전쟁 포로들인 외국인들이 국가를 위해 고된 노동을 하도록 강요받았음을 보여준다. 신왕국 시대에 북동부 삼각주에서 다양한 왕실 건축 프로젝트가 진행되는 동안 히브리인들이 비슷한 대우를 받았을 수 있다고 믿는 것은 불합리하지 않다.

III. 토라 안에 이집트 체류를 뒷받침하는 이집트적 요소에 관한 증거가 있는가?

토라는 히브리인들이 이집트에서 400년(창 15:13) 또는 430년(출 12:40)을 보냈다고 보고하는 반면 70인역에서 출애굽기 12:40은 체류 기간을 215년으로 단축하는 대안적인 읽기를 제공한다.[32] 따라서 200년에서 400년 사이의 범위가 가능하다. 히브리인들은 셈어를 사용하는 다른 민족들처럼 이집트의 동부 삼각주(고센 땅. 창 47:27; 출 8:22; 9:26)에 살았다.[33] 이집트의 삼각주에 살았던 셈족의 세대들은

---

30 이 텍스트는 Kenneth A. Kitchen, *Ramesside Inscriptions: Historical and Biographical*, 8 vols. (Oxford: Blackwell, 1976–1990), 4:78–80에 수록되어 있다.

31 텍스트 전문의 번역은 Edward Wente, *Letters from Ancient Egypt* (Atlanta: Scholars, 1990), 124–26을 보라.

32 이 텍스트상의 문제에 대한 검토는 Cornelis Houtman, *Exodus*, HCOT (Kampen: Kok, 1993), 1:175–76을 보라.

33 Bietak, "The Many Ethnicities of Avaris," 73–92.

고도의 문화적 적응 및 동화를 경험했을 것이다. 사회학자들은 한 문화에 속한 민족이 소수 집단으로 살 때 차츰 두 개 이상에 걸친 문화인 새로운 혼합문화가 출현한다는 것을 인정한다. 힉소스인들은 이집트화되었지만(그들의 비문은 상형문자로 기록되었으며, 왕들은 이집트 왕의 이름을 채택했고 장식 테두리[cartouche]에 그들의 셈어 이름과 이집트 이름을 기록하였으며, 관리들은 이집트의 칭호를 지녔다), 이집트에서 여러 세대가 지난 후에도 자기들의 레반트 문화의 여러 측면을 유지했다. 그럼에도 이집트인들은 그들을 *ꜣmw*와 *sttyw/styw*[34]라고 불렀는데, 이 용어들은 모두 "아시아인들" 또는 셈어를 사용하는 사람들을 의미한다. 히브리인들 역시 당연히 이집트에 동화되었다. 히브리인들은 이집트에 있던 다른 외국인 공동체들처럼 의심할 나위 없이 이집트의 문화와 언어와 종교의 요소들을 채택했다. 텔 엘 다브아에 있는 고고학 유물이 보여주듯이 말이다.

우리는 다음과 같은 질문을 할 수 있다. 토라가 히브리인들 가운데서 그런 이집트화가 일어났다는 증거를 보존하고 있는가? 출애굽 세대의 히브리인, 특히 레위인 가운데 이집트식 이름을 지닌 사람들이 많았다는 점이 오랫동안 인정되고 있다.[35] 이런 이름에는 모세와 아론(이 이름들은 언어학적으로 어렵지만 말이다), 므라리, 미리암, 비느하스, 부디엘, 앗실, 아히라, 훌, 호리, 하르네벨이 포함된다.[36] 앗실(Assir)은 오시리스(Osiris)의 이름을 보존하는 반면, 아히라(Ahira)는

---

34   카모세 석비에서 이 두 용어가 모두 사용된다. 각주 24를 보라.

35   Theophile J. Meek, *Hebrew Origins* (New York: Harper & Brothers, 1936), 31-32.

36   Hoffmeier, "Egyptian Religious Influences on the Early Hebrews," 18-27.

신의 이름을 포함하고 있는 이름으로서 태양신 레(Re)의 이름을 포함한다. 훌(Hur), 호리(Hori). 하르네벨(Harnepher)이라는 이름은 하늘의 신 호루스(Horus)의 이름(예, *hr*)을 사용한다. 호루스는 북동 삼각주 지역에서 가장 영향력이 있는 신 중 하나인데, 이는 그 지역에 있는 다수의 지리적 특징에서 그의 이름이 나타나는 데서 증명된다.[37] 이곳 역시 성경이 히브리인들을 위치시키는 바로 그 지역이다. 이곳은 또한 성경에서 히브리인들이 정착한 바로 그 지역이다. 우연의 일치로 이런 상호 연결성이 나타나기는 매우 어렵다.

오경에 나타나는 이집트 종교의 영향에 대한 추가 증거는 다양한 제의용 도구에서 볼 수 있다. 학자들은 오랫동안 이스라엘의 이동식 광야 성소인 성막의 디자인이 이집트의 유사한 물품들과 관련이 있다고 생각해 왔다. 후고 그레스만(Hugo Gressmann)은 100년도 더 전에 야웨의 성막과 룩소르 신전, 라메세움 신전, 아부 심벨 신전의 벽들에 묘사된 람세스 2세의 장막 야영지 사이에 놀라운 유사점들이 있음을 발견했다. 좀 더 최근의 학자들도 이 점을 인정한다.[38] 그리고

---

37 출애굽기에 등장하는 인명들에 대한 최근의 논의는 Hoffmeier, "Deities of the Eastern Frontier," in *Scribe of Justice: Egyptological Studies in Honour of Shafik Allam*, ed. Zahi A. Hawass, Khaled Abdalla Daoud, and Ramadan B. Hussein, Supplément aux Annales du Service des antiquités de l'Egypte 42 (Cairo: Conseil Suprême des Antiquités de l'Egypte, 2011), 197-99을 보라.

38 Hugo Gressmann, *Mose und Seine Zeit* (Göttingen: Vandenhoeck & Ruprecht, 1913), 240-42. 최근의 연구로는 다음 문헌들을 보라. Michael M. Homan, *To Your Tents, O Israel! The Terminology, Function, Form, and Symbolism of Tents in the Hebrew Bible and the Ancient Near East*, CHANE 12 (Leiden: Brill, 2002); Kenneth A. Kitchen, "The Tabernacle-A Bronze Age Artifact," *ErIsr* 24 (1993): 119-29.

성막과 여러 성막 기구의 제작에 사용된 다음과 같은 재료들에 대한 설명에도 이집트의 기술 용어가 사용된다.[39]

1. 성막과 다른 기구들에서 사용된 아카시아 나무(개역개정에서는 조각목으로 번역되어 있음)에 대한 히브리어 단어 **쉬타**(*šittâ*)와 그 복수형 **쉬팀**(*šittîm*)(출 25:10, 13, 23; 26:15, 26, 32, 37)은 아카시아에 대한 이집트어 단어 *šndt*에서 유래했다.

2. 천막 기둥, 언약궤, 진설병을 놓을 상처럼 나무로 만든 기구 중 다수는 금박을 입혔다. 이는 이집트에서 숙달된 기술이다. 이 과정을 가리키는 히브리어 용어 **파흐**(*paḥ*)의 배후에 이집트어 단어 *pḫ(ꜣ)*가 놓여 있다. 이 용어는 출애굽기 39:3과 민수기 16:38에서만 등장한다.

3. 성막과 제사장의 의복에 사용된 리넨은 **쉐쉬**(*šēš*, 출 26:1, 31, 36; 27:9, 16, 18; 39:27-29)인데, 이 단어는 리넨을 가리키는 이집트어 단어 *šs*에서 유래했다. 아비 후르비츠(Avi Hurvitz)는 **쉐쉬**가 연대상으로 후기 성경 텍스트에서는 나타나지 않으며 리넨을 가리키는

---

39 이 단락에서 논의되는 히브리어 용어들의 이집트어 어원은 다음 문헌들에서 인정되었다. Thomas O. Lambdin, "Egyptian Loan Words in the Old Testament," *JAOS* 73 (1952): 146-55; Yoshiyuki Muchiki, *Egyptian Proper Names and Loanwords in NorthWest Semitic*: SBLDS 173 (Atlanta: Society of Biblical Literature, 1999); Hoffmeier, *Israel in Egypt*, 209-18; idem, "Egyptian Religious Influences on the Early Hebrews," 31-34.

일반적인 히브리어 단어로는 **부츠**(*bûṣ*)가 사용된다는 점을 지적하면서 쉐쉬의 사용에 대해 "이른 기원"을 제안한다.[40]

4. 줄기가 일곱 개 있는 등잔대인 메노라에는 기름을 담는 "잔들"(*gəbiʿîm*, 출 25:33-34)이 있다. **그비임**(*gəbiʿîm*)은 이집트어 단어 *qbḥw*를 차용한 것이라고 생각된다.[41] 캐럴 마이어스(Carol Meyers)는 다양한 근동의 예술적 모티프와 금세공 기술에 비추어 메노라를 검토한 후, 이집트가 어느 정도 영향을 끼쳤다는 결론을 내렸다.[42] 그녀는 또한 메노라와 성막의 기원이 시나이반도에 뿌리를 두고 있다고 주장하며 다음과 같이 결론을 내렸다. "이전의 장(章)들에서 제시된 고고학 데이터가 우리로 하여금 달리 가정하도록 허용할 수 없기 때문에, 이 연구에서는 광야 시대의 전통에서 성막이 실제로 존재했다고 가정되었다."[43]

5. 마흐타(*maḥtâ*)라는 용어는 제사장들이 사용한 일종의 향로(레 10:1; 민 16:6, 17-18), 쟁반, 즉 불받이(출 25:38; 민 4:9. 개역개정에서는 불똥 그릇으로 번역됨)를 가리킨다. 이집트어 *ḥt*는 불을 뜻

40　Avi Hurvitz, "The Usage of *šēš* and *bûṣ* in the Bible and Its Implication for the Date of P," *HTR* 60 (1967): 117-21.

41　*HALOT* 173.

42　Carol L. Meyers, *The Tabernacle Menorah: A Synthetic Study of a Symbol from the Biblical Cult*, American Schools of Oriental Research Dissertation Series 2 (Missoula, MT: Scholars, 1976), 65-69, 107-11.

43　Meyers, *Tabernacle Menorah*, 182.

하는 단어로서 번제와 관련하여 사용되며, 이 제사 도구를 가리키
는 히브리어 단어의 어원일 수 있다.

6. 제사장의 예복에 사용된 여러 품목이 이집트에서 유래했다. 장식
   허리띠에 대한 히브리어 단어 **아브네트**(*’aḇnēṭ*, 출 28:4, 39-40;
   29:9; 레 8:7, 13; 16:4)는 "싸다"(wrap)를 의미하는데, 신왕국 텍스
   트에서 최초로 발견된 이집트어 단어 *bnd*에서 유래한다.

7. **프에르**(*pə’ēr*)는 제사장의 예복과 관련되고 아마도 관(turban) 위에
   맸을 가능성이 있는 또 다른 장식띠다. 이것은 머리띠를 포함하여
   다양한 종류의 끈을 가리키는 이집트어 *pry/pyr*에서 차용한 단어다.

8. 제사장의 예복의 머리 넣는 구멍은 **타흐라**(*taḥrā’*)라고 불린다. 이
   는 전차 판자의 옆면에 있는 둥근 구멍을 뜻하는 단어인 *thr*에서 파
   생된 것으로 보인다. 제사장의 예복에서 그러한 둥근 머리 구멍을
   염두에 두었을 수 있다. 텍스트는 한층 더 나아가 "그 주위에 갑옷
   깃 같이 깃을 짜서 찢어지지 않게 하"(출 28:32)라고 명확하게 말한
   다. 이런 식으로 목둘레를 꿰매는 바느질 작업이 기원전 14세기 데
   이르 엘 메디나 출신의 건축가인 카(Kha)의 무덤에서 발견된 것 같
   은 이집트의 리넨 의류에서 발견되었다.[44]

---

44   사진은 www.deirelmedina.com/lenka/TurinKha.html을 보라.

9. 제사장들은 하체가 노출되는 것을 방지하기 위해 은밀한 부위를 가리도록(출 28:42) 고안된 리넨(*šēš*/*bad*, 참조. 출 39:28) 속바지(*miknāsayim*)를 입어야 했다(참조. 출 20:26).[45] 투탕카문(Tutankhamun)의 무덤과 카의 무덤에서 리넨 속바지들이 발견되었다. 이 옷은 제사장의 은밀한 부위를 가리기 위한 것이었기 때문에 이집트어 어근 *kns*이 이 옷 배후에 있는 단어일 수 있다. 그것은 성기 또는 음부를 가리키므로 언어학적으로 및 의미론적으로 속바지(*miknāsayim*)와 어울린다.

10. 제사장은 보석 열두 개로 장식된 흉패(*ḥōšen*)를 착용해야 했다(출 28:1-30; 39:1-21). **피트다**(*piṭdâ*, 아금속 적철석. 개역개정에서는 "황옥"으로 번역되었음), **노페크**(*nōpek*, 터키석. 개역개정에서는 "석류석"으로 번역되었음), **레쉠**(*lešem*, 줄무늬 마노. 개역개정에서는 "호박"으로 번역되었음), **아흘라마**(*ʾaḥlāmâ*, 붉은 벽옥. 개역개정에서는 "자수정"으로 번역되었음)는 이집트어 단어들로서 신왕국 시대의 텍스트에서 알려져 있다.[46] 터키석은 특히 흥미롭다. 시나이반도에 있는 세라비드 엘 키딤(Scrabit el-Khadim)이 고대 근동에서 이 귀중한 보석의 유일한 출처이기 때문이다. 기원전 12세기에 시나이반도에서의 채굴 작업이 끝나면서 터키석은 이

---

[45] 이 참조 구절은 제사장의 하체가 드러나지 않도록 그가 층계를 통해 제단에 오르는 것을 금지한다(출 20:26 "네 하체가 그 위에서 드러날까 함이니라").

[46] James A. Harrell, James K. Hoffmeier, and Kenton E. Williams, "Hebrew Gemstones in the Old Testament: A Lexical, Geological, and Archaeological Analysis," *BBR* 27 (2017): 1-52.

집트와 레반트 지역의 보석에서 사라진다. 그러므로 그것이 제사장의 흉패에 존재한다는 사실은 중요한 의미가 있다. 철기 시대 2기와 그 이후 성경 저자들은 터키석을 이용할 수 없어서 출애굽기 28장과 39장에 기록된 흉패 묘사에 터키석을 포함시킬 수 없었다.[47]

여기서 제시된 데이터는 이집트에 살았던 히브리인들과 연결될 수 있는 이집트의 인명과 성막과 제사장 예복에 관련된 용어에 집중된다. 베냐민 누난(Benjamin Noonan)은 출애굽과 광야 전통에서 사용된 이집트 용어를 분석하여 인정된 이집트 용어 26개(인명과 지명을 제외한다. 지명들은 뒤에서 다뤄질 것이다)가 381회 사용되었다고 기록했다(어휘 항목 중 1.172%).[48] 비교하자면, 그는 확실히 페르시아(고대 이란) 시대에 쓰인 책들인 에스라서, 느헤미야서, 에스더서에서 페르시아어의 차용어를 조사했다. 놀랍게도 26개 용어가 82회 사용되었는데 이는 구별 가능한 어휘 항목의 1.455%에 해당한다.[49] 누난은 다음과

---

47 **노페크**(*nōpek*)는 흉패와 관련하여 두 번 언급되는(출 28:18; 39:11) 외에는 두 번만 등장한다. 그것은 겔 28:13에서 두로 군주의 왕실 보좌 덮개에 있는 보석으로 나타난다. 여기서 그것은 출 28장에서 발견되는 다른 여덟 가지 보석과 함께 나타난다. 출 28장이 겔 28장 목록의 출처였음이 분명하다. 그것은 겔 27:16에서 아람(또는 에돔)이 거래한 다른 사치품과 함께 다시 발견된다. Harrell, Hoffmeier, and Williams, "Hebrew Gemstones in the Old Testament," 6-7을 보라.

48 Benjamin J. Noonan, "Egyptian Loanwords as Evidence for the Authenticity of the Exodus and Wilderness Traditions," in Hoffmeier, Millard, and Rendsburg, *Did I Not Bring Israel out of Egypt?* 52-53.

49 Noonan, "Egyptian Loanwords," 56.

같이 올바로 주장한다. "우리가 에스더서와 에스라-느헤미야서에 대한 고대 이란 언어의 영향과 그것이 이 책들의 연대와 저작에 대해 갖는 함의를 인정한다면, 마찬가지로 출애굽과 광야 전통에 대한 이집트 언어의 영향과 그것이 그것들의 연대와 저작에 대해 지니는 함의도 인정해야 한다."[50]

IV. 지형 데이터와 지리적 데이터가 이집트의 데이터와 일치하는가?

모세가 바구니에 담겨 나일강에 띄워진 이야기는 종종 유프라테스 강에 놓였다가 여신 이슈타르의 정원사에게 구조된 사르곤 대왕의 모티프와 연관된다. 이슈타르가 그 소년을 길렀고 그는 결국 아카드(메소포타미아)의 왕이 되었다.[51] 많은 구약학자가 성경 저자들이 이 전설을 그들의 영웅 모세에게 전용했다고 믿는다. 그러나 압도적으로 많은 이집트적인 요소가 출애굽기 2:3이라는 한 구절에 압축되어 나타난다는 점은 적절하게 설명되지 않았다. 모세의 어머니는 "더 숨길 수 없게 되매 그를 위하여 **갈대 상자**(papyrus basket)를 가져다가 역청과 나무 진을 칠하고 아기를 거기 담아 **나일강 가 갈대** 사이에" 두었다. 강조된 단어들은 이집트 어원을 갖고 있다.

- 갈대(papyrus) = **고메**(*gōme'*). 파피루스를 뜻하는 이집트어 단어 *gmy*에 해당한다.

---

50   Noonan, "Egyptian Loanwords," 56.
51   이 이야기에 관한 문헌에 대한 검토는 Hoffmeier, *Israel in Egypt*, 136-38을 보라.

- 바구니 = **테바**(*tēḇâ*). 이집트어 용어 *ḏbȝt*를 나타내며 "상자"나 "관"—직사각형 용기—을 의미한다.

- 나무 진 = **자페트**(*zāpet*). 아마도 "기름" 또는 "송진"을 의미하는 이집트어 또는 아프리카-아시아어족의 단어 *śpt*와 관련이 있을 수 있다.

- 갈대(reed) = **수프**(*sûp*). 이집트어 *twfy*에 대한 히브리어 표기다. 이 갈대 또는 골풀은 나일강, 운하, 작은 만, 습지대/호수를 따라 자란다. 이스라엘 사람들이 이집트의 변경 지방에서 건넜다고 전해지는 바다는 "갈대 바다"인 **얌 수프**(*yam sûp*)다(출 13:18; 15:4, 22; 23:31; 신 11:4; 수 2:10; 4:23).[52]

- 나일강 = **하예오르**(*hayǝ'ôr*). 나일강에 대한 이집트 용어다. 그것은 강에 대한 일반적인 히브리어 단어(*nāhār*)가 아니다. 이 단어는 출애굽기 2:5에서 두 번 나타난다. NIV에서는 한 번은 "나일강"(Nile)으로 번역되고, 다른 한 번은 **사파**(*śāpâ*, 바로 아래에서 설명된다)와 결합하여 "강둑"(riverbank)으로 번역된다(저자의 설명에는 오류가 있다. 저자의 혼동으로 인한 실수로 보인다. 2:5에서는 **사파**[*śāpâ*]가 아니라 **야드**[*yad*]와 결합되어 있다. 사파와 결합된 경우는 3절에 해당한다—역자주).

- 강둑/기슭(개역개정에서는 "(강) 가"로 번역되었음) = **사파** (*śāpâ*). 강둑/기슭을 뜻하는 일반적인 이집트어 단어(*śpt*)이지만, 이 단어는 우가리트어, 히브리어, 아카드어에서 셈어 동족

어를 가지고 있다. 이는 그 단어가 차용어라기보다는 이집트
어에 깊이 뿌리박힌 셈어 계열 단어들의 일부임을 의미한다.[53]

출애굽기 2:5에서 공주가 바구니에 담겨 있는 아기를 발견했을 때
파라오("바로", 이집트어 *Pr-ʾȝ*)[54]라는 단어뿐만 아니라 나일강(2회), 바
구니, 갈대 등 2:5에서 사용된 용어들 가운데 일부가 반복된다. 이처
럼 2-5절에서 기원전 제2천년기 동안 이집트에서 사용되었음이 입
증된 이집트어 단어들이 나타나는 것은 확실히 이집트의 지리적, 환
경적 실재(realia)를 반영한다.

V. 지명들은 이집트에 부합하는가? 그리고 어느 시대에 부합하는가?

19세기 말부터 20세기가 한창 진행되었을 때까지 초기 이집트학 학
자들은 출애굽 내러티브에 언급된 장소들의 위치를 알아내는 데 관
심이 있었다.[55] 이집트학 학자들은 지명을 실재로 존재하는 곳으로

---

53 *spt*는 일찍이 고왕국(기원전 2500년경) 때부터 이집트어에서 입증된다. 물가나 물
기슭으로 알려진 히브리어 단어가 4개 더 있다. 그중 하나인 *yȃd*는 출 2:5에서 사
용되지만, 나일강과 강둑/기슭을 뜻하는 이집트 단어들을 결합한 저자의 선택
은 의미심장하다. 사용될 수도 있었던 강둑/기슭을 뜻하는 다른 이집트어 단어들
은 *iḫmt, m̠ȝ', mryt, ḫf33*t다(David Shennum, *English-Egyptian Index of Faulkner's
Concise Dictionary of Middle Egyptian* [Malibu, CA: Undena, 1977], 10을 보라). 저
자는 히브리인 청중이 알고 있었을 일반적인 이집트어 용어를 사용하기로 선택했
다.
54 군주에 대한 이집트어의 이 칭호는 기원전 15세기의 어느 시점에 사용되기 시작했
다.
55 초기 이집트학에 대한 성경의 관심에 대한 검토는 Hoffmeier, "Egyptologists and
the Israelite Exodus from Egypt," 197-208을 보라.

다루는 경향이 있는 반면, 최근에 일부 최소주의 성서학자들은 체류-출애굽 내러티브의 역사적 기반을 훼손하는 방법의 일환으로서 신화 지리학에 찬성하는 주장을 펼쳐왔다.[56] 그런 해석에 대해 도널드 레드포드는 다음과 같이 반박한다. "텍스트가 신화(적어도 신화를 신들의 세계에서 일어나는, 시간을 초월한 사건으로 규정할 경우)처럼 보이지 않기 때문에 이것은 이상한 수단이다. 그 성경 저자는 확실히 자기가 연대를 산정할 수 있는 역사를 기록하고 있다고 생각한다."[57] 그러나 레드포드는 지리적 용어가 기원전 7세기에 나왔다고 주장한다. 그의 영향으로 인해 많은 구약성경 전문가와 고고학자들이 그의 견해를 따랐다.

지명들에 대해 이렇게 이해할 수도 있지만, 그것이 지명들의 연대를 추정하는 유일한 방법은 아니다. 이렇게 늦은 시기로 제안된 연대는 출애굽 내러티브 저작의 이론적 연대와 우연히 일치할 뿐이다. 이 지명들은 실제로 기원전 제2천년기의 이집트 텍스트에서도 입증된다.[58]

---

56 Batto와 Ahlström은 현재의 내러티브 뒤에 포로기 또는 포로기 이후 시기에 역사화된 기원 신화가 놓여 있다고 주장한다. Bernard Batto, "The Reed Sea: *Requiescat in Pace,*" *JBL* 102 (1983): 27-35을 보라. 다음 문헌들도 보라. Idem, *Slaying the Dragon: Mythmaking in the Biblical Tradition* (Louisville: Westminster John Knox, 1992); Gösta W. Ahlström, *Who Were the Israelites?* (Winona Lake, IN: Eisenbrauns, 1986), 45-55.

57 Donald B. Redford, *Egypt, Canaan, and Israel in Ancient Times* (Princeton: Princeton Univ. Press, 1992), 409.

58 달리 명시되지 않는 한, 다음 단락에 나오는 데이터는 다음 문헌들에서 제시된 증거에 기초한다. Hoffmeier, *Israel in Egypt,* 116-22, 176-98; Hoffmeier, *Ancient Israel in Sinai,* 47-109.

1. 이스라엘 사람들이 비돔과 람세스에서 일했을 수 있는가?

출애굽기 1:11은 히브리인들이 벽돌 만들기와 건축 프로젝트에 종
사했던 두 곳을 언급하며 "그들에게 바로를 위하여 국고성 비돔
과 라암셋을 건축하게 하니라"라고 말한다. 비돔은 "아툼(이집트어
ỉtm)의 집 또는 영역"을 뜻하는 *p(r)-itm*의 히브리어 표기다. 아툼은
태양신 레(Re)의 이름이며, 그것의 원래 숭배 중심지는 카이로의 북
쪽 교외에 있는 마타리야(Matariya)에 위치한 온(On)이다. 이집트 이
름 온('*ōn*)은 요셉의 아내 아스낫의 고향으로 나오며, 그녀의 아버지
보디베라는 제사장이었다(창 41:45, 50). "이곳이 70인역에서는 헬리
오폴리스"(Heliopolis, 태양의 도시)로 번역되어 있다. 이 아툼 숭배 중심
지를 비돔과 연결하려고 하는 사람들이 있는데, 그럴 수도 있겠지만
*p(r)-itm*은 텍스트들에서 결코 헬리오폴리스나 성읍 또는 신전에 대
해 사용되지 않는다.

　　비돔은 또한 삼각주에서 시나이반도 중북부까지 이어지는 경로
인 와디 투밀라트에 있는 텔 엘 라타바와 동일시된다. 이러한 동일시
는 파피루스 아나스타시 VI에서 비돔이 테쿠(Tjeku, 히브리어 sukkôt)
지역에 있는 것으로 나타나는 데 근거한다.[59] 슬라보미르 르제프카
(Slawomir Rzepka)가 이끄는, 텔 엘 라타바에서 진행 중인 발굴들[60]을

59　　"A Report of Bedouin," trans. James P. Allen (*COS* 3.5:16–17).

60　　Slawomir Rzepka et al., "Tell el-Retaba 2007–2008," AeL 19 (2009): 241–45;
　　　Slawomir Rzepka et al., "New Kingdom and the Third Intermediate Period in Tell
　　　el-Retaba: Results of the Polish-Slovak Archaeological Mission, Seasons 2009–
　　　2010," *AeL* 21 (2011): 139–84.

통해 이전 세대의 발굴자들이 내린 결론—비돔이 람세스 2세가 건설하고 람세스 3세가 확장한 대규모 요새가 있는 이 변방 지역의 주요 군사 시설이었다는 것—이 증명되었다.

람세스라는 도시는 히브리인들의 건축 활동과 관련이 있을 뿐만 아니라, 출애굽이 시작된 장소이기도 했다. 출애굽 내러티브와 민수기 33장의 여행 일정 모두 이 점에 동의한다(출 12:37; 민 33:3, 5). 람세스는 오랫동안 람세스 2세(기원전 1279-1213년)의 삼각주 수도와 연관이 있었다. 1세기 전 앨런 가디너 경(Sir Alan Gardiner)은 그 당시에 알려진, 피람세스를 언급한 텍스트들을 철저히 조사했다.[61] 그는 다음과 같이 결론을 내렸다. "성경의 내러티브가 엄밀한 역사이든 그렇지 않든, 이집트 유적에서 밝혀진 것들 외에 삼각주 지역에 다른 람세스 도시가 존재했다고 가정할 이유는 전혀 없다. 달리 말하자면, 성경의 라암셋(람세스)은 피람세스라는 거주 도시와 동일하다."[62] 이러한 동일시는 학자들에게 대체로 받아들여졌다.

거의 1세기에 걸친 조사를 통해 그 고대 도시의 위치가 확실하게 파악되었다. 텔 엘 라타바, 펠루시움(Pelusium), 타니스(Tanis) 같은 대안들이 피람세스가 아님이 입증된 후, 그것의 위치는 옛 힉소스 왕조의 수도 아바리스(텔 엘 다브아)에서 북쪽으로 몇 킬로미터 떨어진 칸티르(Qantir, Sharkiya Provence)로 정해졌다.[63] 1980년 이후 에

---

61   Alan H. Gardiner, "The Delta Residence of the Ramessides," *JEA* 5 (1918): 127-38, 179-200, 242-71.

62   Gardiner, "The Delta Residence," 266.

63   이 동일시는 1950년대부터 Labib Habachi에 의해 주창되었다. *Tell el-Dab'a I: Tell*

드가 푸쉬(Edgar Pusch)가, 그리고 지금은 헤닝 프란츠마이어(Henning Franzmeier)가 칸티르에서 발굴 작업과 그 지역에 대한 자기 측정 조사(magnetometer surveys)를 수행했다. 이 작업으로 왕실 전차가 주둔했던 대규모 마구간 단지를 포함하는 거대한 도시가 드러났다.[64] 에릭 업힐(Eric Uphill)은 이 인상적인 도시를 "아마도 사람의 손에 의해 건설된 가장 광대하고 가장 값비싼 왕실 거주지"[65]일 것이라고 묘사했다. 북적거리던 이 삼각주 수도는 피람세스가 세워졌던 근처의 나일강 지류가 나일강의 수량이 줄어 바싹 마르기 시작하면서 기원전 12세기 말경에 버려졌다.[66] 람세스 왕조의 마지막 왕들은 아마도 기원전 1130년경 멤피스로 옮겨갔을 것이다.[67] 그때로부터 얼마 지나지 않아, 기원전 1070년경 칸티르 북쪽으로 24킬로미터 떨어진 타니스를 수도로 하는 새로운 왕조가 시작되었다. 타니스의 거대한 신전 지역은 피람세스에서 옮겨온 비문이 새겨진 돌덩이들과 기둥들로 건설되었고, 옛 수도의 조각상, 오벨리스크, 석비가 그 경내를 장식했다.

---

el-Dab'a and Qantir: The Site and Its Connection with Avaris an Piramesse (Wien: Österreichischen Akademie der Wissenschaften, 2001), 23-127을 보라.

64 Edgar Pusch와 그의 발굴 팀은 수많은 예비 보고서와 연구 외에 *Die Grabaungen des Pelizaeus-Museums Hildesheim in Qantir-Piramesse* I-X(Mainz: Philipp von Zabern, 2009-2017)이라는 책 10권을 출간했다.

65 Eric Uphill, *The Temples of Per Ramesses* (Warminster: Aris & Phillips, 1984), 1.

66 Karl Butzer, *Early Hydraulic Civilization in Egypt: A Study in Cultural Ecology* (Chicago: Univ. of Chicago Press, 1976), 56; Rushdi Said, *The River Nile: Geology, Hydrology and Utilization* (New York: Pergamon, 1993), 150.

67 Kenneth A. Kitchen, *On the Reliability of the Old Testament* (Grand Rapids: Eerdmans, 2003), 255.

출애굽기 1:11은 이러한 건축 프로젝트들을 명시적으로 "국고성"(*'ārê miskənôt*)이라고 밝힌다. 이집트의 행정 중심지, 궁전, 신전, 요새마다 아치형 지붕이 있는, 길고 좁은 직사각형 모양의 인접한 진흙 벽돌 구조물들로 이루어진 벽으로 둘러싸인 저장 구역이 있었다. 아마도 히브리인들은 비돔과 피람세스에서 그런 건설 작업에 참여했을 것이다. 요약하자면, 고고학적 증거는 두 도시 모두 중요한 건설 작업을 경험했고 기원전 13세기와 12세기에 번영했음을 결정적으로 보여준다.

이 대도시의 역사가 제한적이라는 점에서 토라에서 람세스에 대해 언급하는 것은 연대 측정 목적상 매우 중요하다. 세티 1세(기원전 1294-1279년)가 칸티르에 작은 거주지를 건설했는데 그의 아들 람세스 2세가 그것을 거대 도시로 변모시켰고, 그 도시는 람세스 2세 사망 이후 100년도 채 안 되어 버려졌다.

2. 출애굽의 경로

출애굽기 내러티브들은 민수기 33장의 목록과 더불어 피람세스에서 출발하여 유명한 갈대 바다/홍해를 건너고 시내산을 거쳐 모압 땅에 이르는 이스라엘 백성의 여행 일정을 제공한다. 여기서 우리는 그들의 여행 중 이집트 부분만 살펴볼 것이다.

"이스라엘 자손이 라암셋을 떠나서 숙곳에 이르니"(출 12:37)

피람세스를 출발하여 이집트에서 나와 시나이를 거쳐 가나안으로 가는 경로는 두 개가 있었다. 북쪽 경로는 시나이의 북쪽 해안을 따라가며 이집트 텍스트에서는 호루스의 길(Way[s] of Horus)로 알려져 있다. 출애굽기 13:17은 그것을 "블레셋 사람의 땅의 길"이라고 부르며, 이스라엘 백성에게 그 길을 피하라고 말한다. 이집트에서 나가는 다른 방법은 와디 투밀라트를 경유하는 것인데, 이곳은 이집트 텍스트에서 테쿠라고 불리며 히브리어 숙곳에 해당한다. "투밀라트"에서 "툼"(tum)이라는 요소는 앞서 언급된 아툼(Atum)의 이름을 보존한다. 테쿠/숙곳이라는 이름은 텔 엘 라타바에서 동쪽으로 약 14킬로미터 떨어진 텔 엘 마스쿠타(Tell el-Maskhuta)라는 마을의 이름에 남아 있다. 이는 파피루스 아나스타시 V에 등장하는, 도망하는 노예 두 명이 택한 경로다. 그들은 피람세스에서 와디 투밀라트로 도망쳤다.[68] 카켐웨르라는 "장교"(*hry pdt*)가 이 노예들을 추격했다. 그의 지위는 장군(general) 바로 밑이었는데,[69] 이는 이것이 상당한 병력을 동원한 중요한 작전이었음을 시사한다. 이는 최소한 도망친 노예들을 체포하는 것이 중요했다는 것을 보여준다. 흥미롭게도 카켐웨르는 피람세스에서 출발하여 다음날 "테쿠(숙곳)에 있는 요새"에 도착했는데, 이는 분명히 히브리인들이 택한 경로와 같은 경로였다.[70]

---

68   "A Report of Escaped Laborers," (*COS* 3.4:16).

69   Alan R. Schulman, *Military Rank, Title and Organization in the Egyptian New Kingdom*, Münchner Ägyptologische Studien 6 (Berlin: Hessling, 1964), 53-54.

70   "A Report of Escaped Laborers," (*COS* 3.4:16).

"그들이 숙곳을 떠나서 광야 끝 에담에 장막을 치니"(출 13:20)

테쿠 요새 지역을 지나 동쪽으로 이동한 히브리인들은 이집트 경계에 이르렀고, 이제 막 에담(*ʾētām*)이라는 곳에서 시나이로 들어가려 하고 있다. 와디 투밀라트에서 서쪽으로 약 26킬로미터 떨어진 비돔과 마찬가지로, 에담도 현재 그곳의 정확한 위치가 확인되지는 않았지만 아툼의 이름을 보존한다. 그것이 이집트의 이름이라는 점에는 논쟁의 여지가 없다.

"이스라엘 자손에게 명령하여 돌이켜 바다와 믹돌 사이의 비하히롯 앞 곧 바알스본 맞은편 바닷가에 장막을 치게 하라"(출 14:2)

슈브(*šwb*)라는 단어를 통해 이스라엘 백성이 이집트에서 나와 동쪽으로 진행하던 방향을 틀어 좀 더 북쪽 경로로 나아갔음을 암시한다. 이 일련의 지명은 바다 횡단과 관련이 있는 "바다" 주변에 있다. 이 "바다"는 다른 곳에서 **얌 수프**(*yam sûp*), 즉 갈대 바다라고 불린다 (참조. 출 13:18; 15:4, 22; 23:31; 신 11:4; 수 2:10; 4:23). **수프**(*sûp*)는 출애굽기 2:3에서와 마찬가지로 갈대 또는 골풀을 의미하며, 언어학적으로 같은 의미를 공유하는 이집트어 단어 *twfy*와 관련이 있다. 영어 성경 대다수는 70인역 텍스트를 반영하여 얌 수프(*yam sûp*)를 "홍해"(Red Sea)로 번역한다. 이집트의 북동쪽 국경에는 *p3twfy*라고 불리는 습지 지역이 있었는데, 이는 주로 람세스 시대의 텍스트를 통해 알려졌다. 비탁은 1975년에 이집트 텍스트와 삼각주 지역의 지리를 분석한 결과를 바탕으로 *p3twfy*를 발라 호수(Ballah Lakes, 지금은 존재하지 않음) 및

성경의 **얌 수프**(*yam sûp*)와 연결시켰다.[71]

발라 호수 저지대에 대한 최근의 지질학적 조사에 따르면 그 호수는 신왕국 시대(및 그 이전)에 번성했다. 호수의 남쪽 부분은 와디 투밀라트의 바로 북쪽에 위치하고, 북쪽 구역은 지중해를 향해 약 20킬로미터 뻗어 있으며, 트야루(Tjaru)에 있는 국경 마을과 요새들 바로 남쪽에 위치한다.[72] 아메네모페의 지명록(Onomasticon of Amenemope, 기원전 1150년경)은 트야루가 이집트의 최북단 지명이며, 그 남쪽은 *pȝtwfy*라고 기록한다.[73] 이제 트야루의 이중 요새 시스템의 위치가 텔 헤부아(Tell Hebua) I층과 II층에서 발견되었으므로,[74] 발라

---

71 Manfred Bietak, *Tell el-Dabʻa II: Der Fundort im Rahmen einer archäologisch geographischen Untersuchung über das ägyptische Ostdelta* (Vienna: Österreichischen Akademie der Wissenschaften Wien, 1975), 137과 plates 10, 23. 그의 가장 최근 연구인 idem, "On the Historicity of the Exodus: What Egyptology Today Can Contribute to Assessing the Biblical Account of the Sojourn in Egypt," in Levy, Schneider, and Propp, *Israel's Exodus in Transdisciplinary Perspective*, 27-28, 특히 28의 지도, 그림 2.3을 보라.

72 Stephen O. Moshier and Bahaa Gayed, "Geological Investigation of the Ballah Depression, Northern Suez Canal Zone, Egypt," in *Tell el-Borg II*, ed. James K. Hoffmeier (University Park, PA: Eisenbrauns, 2019), 5-20.

73 Alan H. Gardiner, *Ancient Egyptian Onomastica II* (London: Oxford Univ. Press, 1947), 201-2. James K. Hoffmeier and Stephen O. Moshier, "New Paleo-Environmental Evidence from North Sinai to Complement Manfred Bietak's Map of the Eastern Delta and Some Historical Implications," in *Timelines: Studies in Honour of Manfred Bietak*, ed. Ernst Czerny et al., OLA 149 (Leuven: Peeters, 2006), 2:169-70도 보라.

74 다음 문헌들을 보라. Mohamed Abd el-Maksoud, *Tell Heboua (1981-1991): Enquête archéologique sur la Deuxième Période Intermédiaire et le Nouvel Empire à l'extrémité orientale du Delta* (Paris: Éditions Recherche sur les Civilisations, 1998); Mohamed Abd el-Maksoud and Dominique Valbelle, "Tell Héboua-Tjarou l'apport de l'épigraphie," RdÉ 56 (2005): 1-44. 헤부아 II층에 관해서는 Mohamed

저지대가 이집트 텍스트에 나오는 *p3twfy*와 성경의 얌 수프에 해당한
다는 비탁의 이론이 확립되었다.

얌수프/*p3twfy*의 위치가 확정됨에 따라, 출애굽기 14:2에 등장하
는 지명들이 이 내러티브에 나오는 바다의 위치를 정확히 가리키는
데 도움을 주기 위해 기록되었다고 가정할 경우 그 구절에 나오는 다
른 지명들도 조사할 수 있게 되었다. 실제로, 벤자민 스콜닉(Benjamin
Scolnic)은 이 지명 그룹을 "일련의 정확한 참조점들"이라고 불렀다.[75]

"믹돌"은 신왕국 시대에 셈어에서 이집트어로 들어온 차용어다

이것은 여러 군사 건축 용어에 해당하는 경우다. 이 단어는 "탑" 또는
"'망루'"를 의미하며 "요새"로 번역될 수 있다.[76] 람세스 시대의 문서
들에는 이집트 동부 국경에 위치한 "믹돌 + 현재 왕의 이름"으로 이
뤄진 이름으로 불리는 요새가 언급되어 있다. 세티 1세, 람세스 2세,
람세스 3세(기원전 1183-1153년)의 이름이 모두 텍스트상으로 이 요
새와 연관되어 있다. 최근 시나이반도 북서부에서 이루어진 고고학
작업을 통해 이 전략적 요새에 대해 그럴듯한 위치를 추정할 수 있게
되었다. 트야루에서 가자(Gaza)까지 이어지는 요새들을 보여주는 세

Abd el-Maksoud and Dominique Valbelle, "Tell Héboua II: Rapport Préliminaire
sur le décor et l'épigraphie des elements architectoniques découverts au cours des
campagnes 2008-2009 dans la zone centrale du Khétem de Tjarou," *RdÉ* 62 (2011):
1-39을 보라.

75 Benjamin Scolnic, "A New Working Hypothesis for the Identification of Migdol," in
The Future of Biblical Archaeology, ed. James K. Hoffmeier and Alan R. Millard (Grand
Rapids: Eerdmans, 2004), 98.

76 *HALOT* 543-44.

티 1세의 카르나크 부조에는 헤부아 I층과 II층에 해당하는 트야루(물로 분리된 두 요새)도 묘사되어 있으며, 그 뒤에 "사자의 거처"(Tell el-Borg)가 이어진다.[77] 다음 순서는 세티 1세의 믹돌인데, 그것은 출애굽기 14:2의 믹돌과 동일시되어 왔다. 텔 엘 보르그(Tell el-Borg)에서 남동쪽으로 4킬로미터 떨어진 곳에 엘리에제르 오렌(Eliezer Oren)이 발견한 고고학 유적지가 있는데, 그것은 조사 번호 T-211로 표시된다. 표면에서 수집된 토기 파편들은 그 유적지가 신왕국 시대의 것임을 보여준다.[78] 그것은 나일강의 두 지류가 흘러 들어가는 고대 석호의 남쪽 끝에 있다. 오늘날 그 유적지는 농업개발로 인해 덮여 있다(파괴되었을 수도 있다!). 하지만 1960년대의 코로나 위성 이미지와 1950년대의 항공사진들은 우묵한 지형으로 둘러싸여 있고 해자처럼 보이는, 큰 지형의 형태를 뚜렷하게 보여준다.[79] 헤부아와 보르그에 이어 세 번째 요새였다는 점으로 미루어 볼 때 그것이 람세스 믹돌일 가능성이 있다.

---

77 James K. Hoffmeier and Stephen O. Moshier, *Excavations in North Sinai: Tell el-Borg I* (Winona Lake, IN: Eisenbrauns), 34-61.

78 1972년부터 1982년까지 수행된 이 조사는 아직 출판되지 않았다. 내가 T-211에 대해 가지고 있는 정보는 Oren 교수가 직접 제공한 것이다. 나는 이 점에 대해 감사한다.

79 James K. Hoffmeier, "The Search for Migdol of the New Kingdom and Exodus 14:2: An Update," *BurH* 44 (2008): 3-12; idem, "A Possible Location in Northwest Sinai for the Sea and Land Battles between the Sea Peoples and Ramesses III," *BASOR* 380 (2018): 1-25.

"비하히롯"은 셈족 이름뿐만 아니라 이집트 이름으로도 해석되었다

비하히롯(Pi Hahiroth)에 관해 말하자면 그것이 어떤 이집트어 단어를 나타내는지에 대해 합의된 바가 없으며, 그곳은 이집트 국경의 알려진 어떤 지명과도 일치하지 않는다. 셈어의 의미로는 "운하의 어귀"로 번역될 수 있다.[80] 실제로 지질학자들은 시나이반도 북부에서 운하의 흔적을 발견했다. 그것은 T-211(믹돌)의 바로 남쪽을 지나며, 코로나 위성 이미지에서 볼 수 있다.[81] 이 두 가지 특징의 병치는 흥미롭지만, 운하의 연대는 고고학적으로 확립되지 않았다. 파피루스 아나스타시 III이 "호루스 호수에는 소금이 있고, 그 운하에는 나트론(natron)이 있다. 그곳의 배들이 출발하고 정박한다.…"[82]라고 말하지만 말이다. 호루스 호수는 남쪽 끝에 믹돌이라고 추정된 장소가 있는 그 석호와 동일시되었다.[83] 제임스 앨런이 "운하"로 번역하는 이집트어 단어는 *p3ḥw-ir*인데, 그는 이것을 파낸 수로를 가리키는 셈어 **하루**(*harru*) 및 바빌로니아/카시트 시대(기원전 1600-1200년경)에 "운하"를 의미하는 말로 사용되었던 **헤루투**(*herūtu*)와 연관시킨다.[84] 고대

---

80   *HALOT* 925; Hoffmeier, *Israel in Egypt*, 164-75.

81   Amihai Sneh, Tuvia Weissbrod, and Itamar Perath, "Evidence for an Ancient Egyptian Frontier Canal," *American Scientist* 63 (1975): 542-48.

82   "Praise of Pi-Ramessu," trans. James P. Allen (*COS* 3.4:15).

83   Bietak, *Tell el-Dab'a II*, 2:137과 plates 10, 23; Bietak, "On the Historicity of the Exodus," 28, fig. 2.3.

84   "Praise of Pi-Ramessu"(*COS* 3.15)와 각주 4를 보라. 다음 문헌들도 보라. James E. Hoch, *Semitic Words in Egyptian Texts of the New Kingdom and Third Intermediate Period* (Princeton: Princeton Univ. Press, 1994), §322; Hoffmeier, Ancient Israel in Sinai, 105-8.

운하의 흔적이 동쪽 석호와 지리적으로 가까우며, 운하—파피루스 아나스타시 III의 *p3ḥw-ir*와 출애굽기 14:2의 비하히롯의 의미—가 T-211(믹돌)에 있는 요새의 위치와 관련이 있음을 고려할 때, 그 지명과 지리적 특징이 서로 잘 들어맞는다.

"바알스본"은 시리아-가나안의 폭풍 신의 이름이다

이 이름은 문자적으로 '북쪽의 바알'을 의미한다. 이 외국 신이 이집트에서 숭배되었다. 힉소스 시대의 아바리스에서 그의 형상이 새겨진 원통 인장이 발견되었다.[85] 후기 람세스 시대의 파피루스 살리에르 IV(Papyrus Sallier IV)에 바알스본(Baal Zephon)의 신전이 멤피스에 있는 다른 신들의 신전 사이에 기재되어 있다.[86] 얌 수프, 믹돌, 비하히롯의 의미는 그 지명들의 성격을 연상시킨다. 바알스본의 경우는 그렇지 않다. 그것은 어떤 종류의 장소였는가? 마을이나 호수나 요새 또는 다른 어떤 장소였는가? 파피루스 아나스타시 III은 호수의 북동쪽 국경을 묘사하며, 특히 호루스 호수와 *p3twfy*(갈대 바다)뿐만 아니라 "바알의 물들"이라고 불리는 물이 많은 또 다른 지형을 언급한다. 그러나 그 물들과 두 호수 사이의 근접성은 분명치 않다.[87] 출애굽기 14:2에 등장하는 바알스본의 성격과 위치는 여전히 불확실하지만, 바알은 기원전 제2천년기 동안 줄곧 이집트에서 숭배받았다. 호루스 호수와 *p3twfy* 근처 북동쪽 국경 어딘가에 바알스본에 해

---

85   Bietak, *Avaris: The Capital of the Hyksos*, 25-29, fig. 25.

86   Gardiner, *Late Egyptian Miscellanies*, 89.6-7.

87   Gardiner, *Late Egyptian Miscellanies*, 22.8.

당할 수 있는, 바알의 이름을 딴 수역이 있었던 것 같다.

§§ I-IV에 대한 몇 가지 결론

이것의 중요성은 무엇인가? 나는 만약 성경 텍스트가 기원전 7세기에서 기원전 5세기 사이에 기록되었다면 여기에서 검토된 세부 사항들—보석의 유형, 제사장 의복, 지리적·환경적·지명적 특수성—중 다수는 하브리인 저자(들)에게 알려지지 않았거나 아마도 알려질 수 없었을 것이라고 생각한다. 그리고 그것들이 어떻게 해서 알려졌다고 하더라도 사소해 보이는 이집트의 이런 세부 사항들은 바빌로니아-페르시아 시대의 유대인 청중에게는 무의미했을 것이다. 이 모든 점은 우리가 텍스트의 기록 시기와 출애굽 자체의 연대를 추정하려고 할 때 적실성이 있다.

출애굽의 연대

이전 단락들은 출애굽기 1-14장 내러티브의 다양한 세부 사항에 집중했는데, 이는 내게 우리가 초기 이스라엘 사람들의 종교적·사회적 발전의 기초가 되었던 그들의 진정한 경험을 다루고 있음을 시사한다. 언약의 존립 근거, 특정한 율법, 다양한 종교 관행과 의식, 예언자들의 메시지, 시편에 담긴 특정한 찬양들은 역사적인 출애굽이 없었다면 무의미하다. 이것이 바로 내 기고문의 많은 부분이 이러한 진정성을 입증하는 세부 사항들에 초점을 맞추는 이유다.

나는 (이스라엘 백성의) 이집트 체류와 탈출에 대한 성경의 데이터와 이를 뒷받침하는 고고학적 증거가 설득력이 있으며, 이 사건들이 없었더라면 이스라엘의 나머지 역사를 이해할 수 없다고 주장해 왔다. 출애굽 연대가 흥미롭기는 하지만, 그것은 부차적인 문제다. 나는 학자의 길을 걷기 시작한 초기에는 출애굽이 기원전 15세기에 일어났다는 견해에 공감했다(그러나 독단적이지는 않았다. 스콧 스트리플링의 기고문을 보라). 지난 20년 동안 나는 출애굽 시기가 기원전 13세기였다는 견해로 입장을 바꿨다.[88] 내가 입장을 바꾼 주된 이유는 질문을 다르게 구성하여 우리가 어떻게 출애굽기만을 사용하여 출애굽 사건의 연대를 추정할 수 있는지를 질문하기 시작했기 때문이다.

출애굽기가 1-14장에 관련된 파라오(들)의 이름(들)을 수록했더라면 그 사건들의 연대가 간단하게 확정되었을 것이다. 어떤 사람들은 출애굽기에 파라오의 이름이 나타나지 않는다는 점이 그 내러티브들이 역사적이지 않았음을 증명한다고 믿는다. 나는 왕의 이름이 기록되지 않은 데 대해 좀 더 나은 설명이 있다고 믿는다. 출애굽기 1-4장과 5-14장의 내러티브들은 아마도 수 세기에 달하는, 일정 기간에 걸친 사건들과 파라오들을 압축한다. 출애굽기 5:2에서 왕은 모세의 요청에 대해 "여호와가 누구이기에 내가 그의 목소리를 듣고 이스라엘을 보내겠느냐? 나는 여호와를 알지 못하니 이스라엘을 보내지 아니하리라"라고 대답하며 엄청난 실수를 저질렀다. 그 내러티브는 처음부터 끝까지 야웨(YHWH)가 출애굽의 하나님이심을 보여

---

88   Hoffmeier, "What Is the Biblical Date for the Exodus?" 225-47.

준다. 중요한 문제는 파라오(들)의 신원이 아니며, 왕의 이름을 생략한 것이 그 점을 밝히는 데 도움이 된다. 이와 대조적으로 출애굽기는 히브리 산파였던 십브라와 부아의 이름을 밝힌다(출 1:15). 이들은 파라오와 비교할 때 지위가 낮은 여성들이다. 왜 출애굽기 1장에서 그녀들의 이름은 밝히면서 파라오는 익명으로 처리했는가? 그녀들은 하나님을 두려워했다(출 1:17, 21). 완고한 왕은 그러지 않았다. 확실히 저자는 자신의 신학적 목적에 따라 전자의 이름은 밝히고 후자는 익명으로 처리함으로써 등장인물을 높이거나 낮춘다.

이전 단락에서 내가 지명을 자세히 다룬 또 다른 이유 두 가지가 더 있다. 첫째, 이 지명들 가운데 일부는 위치가 파악되었거나 식별될 수 있었음이 분명하다(위에서 설명된 내용을 보라). 다른 지명들은 우리가 현재 그것들의 위치를 알 수 없더라도 아마도 이집트 자료에 나오는 지명과 일치하거나 이집트 용어에 기초한 것일 수 있다(바알스본, 에담). 둘째, 앞에서 검토된 모든 지명은 기원전 1300년에서 1150년 사이의 것으로 추정되는 이집트 문헌에서 입증된다. 출애굽 사건에서 람세스(개역개정에서는 "라암셋"으로 번역되었음)가 네 번 언급된다는 점은 그 내러티브의 연대를 결정하는 데 매우 중요하다. 이 도시는 이 텍스트들이 다루는 시기와 동일한 기간에만 번성했고,[89] 민수기 33:5 이후에는 성경에서 다시 언급되지 않기 때문이다.

---

[89] "피람세스의 신들"이라는 칭호는 다음 천년기까지 계속되는데, 이는 소멸된 도시의 숭배 중 일부가 다른 곳에서도 존중되었음을 나타낸다. 이집트학 학자 Edward F. Wente가 이론화한 것처럼("Rameses," *ABD* 5:617-18), 히브리인들이 기원전 7-6세기에 이러한 작고 모호한 숭배로부터 "람세스"라는 이름을 도출했다고 믿는

후대의 시편 저자는 출애굽의 기적들에 대해 노래하면서 그 기적들이 "소안[/타니스] 들"에서 일어난 것으로 묘사했다(시 78:12, 43). 그이유는 명백해 보인다. 람세스의 대도시는 사라졌고, 근처에 기원전 1070년부터 로마 시대까지 동부 삼각주 지역에서 가장 큰 도시가 서있었다. 시편 저자는 오래전에 사라진 람세스보다는 현재의 삼각주 수도—기원전 제1천년기 이스라엘 백성에게 알려진 도시—의 이름을 사용하기를 선호했다.

마지막 연대기적 자료는 메르넵타의 유명한 석비에 등장하는, 이스라엘에 대한 언급이다. 람세스 2세의 아들이자 후계자는 늦어도 그의 재위 5년(기원전 1208년경) 이전에 가나안 군사 원정을 시작했는데, 이는 메르넵타가 표적으로 삼을 만큼 충분히 많은 수의 이스라엘 사람들이 남부 레반트에 있었음을 의미한다.[90] 피람세스의 건설이 세티 1세 때 시작되어 람세스 2세에 의해 완공되었다는 점(약 기원전 1294년과 1260년)과 메르넵타의 아시아 원정이 기원전 1208년경에 있었다는 점을 고려할 때, 기원전 1270-1240년이 출애굽의 타당한 시기로 보인다.

것(일부 성서학자들은 이 견해를 열렬히 받아들인다)은 상당히 무리가 있다.

90 번역은 다음 문헌들을 보라. "The (Israel) Stela of Merneptah," trans. James K. Hoffmeier (*COS* 2.6:40-41); "The Poetical Stela of Merneptah (Israel Stela)," in Miriam Lichtheim, *Ancient Egyptian Literature* (Berkeley: Univ. of California Press, 1976), 2:73-77.

출애굽의 규모와 관련된 문제들

집단의 규모는 출애굽에 관한 당혹스러운 문제 중 하나다. 출애굽기 12:37은 "장정 육십 만"(*šēš mē'ôṯ 'elep*) 명이 있었다고 보고한다. 이 수치는 민수기 1장에서 실시된 지파 기반의 군사 인구조사에서 파악된, 전쟁에 나갈 수 있는 20세 이상 남성의 수에서 유래한 것으로 보인다. 남성 60만 명 외에 여성과 아동을 합하면 총인구는 쉽게 300만 명에서 400만 명에 달했을 수 있다. 하지만 이 숫자는 논리적으로 불가능하다. 신왕국 때 이집트의 전체 인구는 300만 명에 불과한 것으로 추정되는 반면,[91] 피람세스의 인구는 지리물리학적 탐사 데이터를 포함한 규모 조사(10제곱킬로미터)를 바탕으로 30만 명으로 추정되었다.[92] 그리고 람세스 시대 동안 이집트 군대의 병력 규모는 25,000명에서 40,000명 사이였던 것으로 생각된다.[93] 그러므로 히브리 장정의 수가 60만 명이었다면 그 수는 전체 이집트 군대 병력의 수를 15:1에서 24:1의 비율로 압도했을 것이다. 그랬을 경우 이스라엘 사람들은 작업을 중단하고 그들의 감독들을 쉽게 제압할 수 있었을 것이다!

---

91   Butzer, *Early Hydraulic Civilization in Egypt*, 76-77.

92   Edgar Pusch, Helmut Becker, and Jörg W. E. Fassbinder, *Einblicke in die Struktur der Ramses-Stadt durch magnetische Prospektion und Grabung*, Grabungen des Pelizaeus-Museums Hildesheim in Qantir—Pi-Ramesse 9 (Hildesheim: Roemer- und Pelizaeus-Museum, 2017).

93   Hoffmeier, *Ancient Israel in Sinai*, 154-55; Anthony J. Spalinger, *War in Ancient Egypt* (Oxford: Blackwell, 2005), 203-4.

그리고 300만 명에서 400만 명에 달하는 이스라엘 백성이 한꺼번에 가나안에 도착했다면 그들은 단기간에 그 땅 전체를 정복했을 것이다. 그러나 여호수아서 13:1-7과 사사기 1장은 다른 그림을 제공한다. 기원전 1500년경에 끝난 중기 청동기 시대의 번영기에는 가나안을 구성했던 도시 국가들 주변에 14만 명이 흩어져 살았던 것으로 생각된다.[94] 후기 청동기 시대(기원전 1500년-1200년경)에는 이집트 제국이 이 지역, 특히 지중해 연안 지역과 이집트 수비대의 거점인 므깃도와 벧산을 통과하는 주요 교통로를 지배하면서 인구가 감소했다.[95]

소수의 가나안 인구는 수백만 명에 이르는 이스라엘 백성의 거대한 힘에 압도되었을 것이고, 남부 레반트의 인구는 25배 증가했을 것이다. 기원전 2000년에서 1200년 사이의 어느 때에도 그런 인구 폭발이 일어났다는 고고학적 증거는 없다. 모든 점을 고려할 때 필연적으로 이스라엘 백성의 수가 훨씬 적었다고 생각되어야 한다. 그렇다면 장정 수가 "60만 명"이라는 언급은 어떻게 된 것인가?

히브리 성경에서 숫자는 숫자를 나타내는 기호를 사용하지 않는다. 그러므로 이것을 누군가가 숫자 영(0)을 너무 많이 첨가하여 일어난 필사 오류로 치부할 수 없다. 대신 숫자는 알파벳으로 기록

---

94 기원전 제3천년기부터 제1천년기까지의 가나안 인구통계 자료에 대한 검토는 Hoffmeier, *Ancient Israel in Sinai*, 155-56을 보라.

95 Shlomo Bunimovitz, "On the Edge of Empires—Late Bronze Age (1500-1200 BCE)," in *The Archaeology of Society in the Holy Land*, ed. Thomas E. Levy (London: Leicester Univ. Press, 1995), 326-27.

되어 있는데, 이 대목에서 결정적인 단어는 **엘레프**(*'elep*)다. **엘레프**는 일반적으로 "천"(thousand)으로 번역되지만, "씨족/일족"(clan)으로 번역될 수도 있다. 기드온은 "나의 집(*'elep*)은 므낫세 중에 극히 약하"다고 한탄했다(삿 6:15). **엘레프**의 세 번째 의미는 "전투 단위"다. 다윗은 블레셋과의 전쟁에 나가 있는 그의 형제들에게 음식을 가져다주었고 "그들의 천부장(commander of their unit[*'elep*])에게" 줄 치즈 몇 덩이도 가져갔다(삼상 17:18). 민수기 1장의 군사적 맥락과 이집트에서 나올 때의 군대식 행군(참조. 출 12:51; 13:18; 14:8) 및 600 **엘레프**가 "전사들"을 의미할 수 있는 **기보림**(*gibbôrîm*)으로 구성된다(남성을 의미하는 표준적인 단어인 **아나쉼**[*'ănāšîm*]이 사용되지 않음)는 사실을 고려할 때,[96] "전투 단위"가 **엘레프**에 대한 합리적인 해석이다. 전투 단위당 남성의 정확한 수는 알려지지 않았지만, 이 표현(*šēš mē'ôṭ 'elep*)을 "600개 단위"로 번역할 수 있을 것이다.[97] 인구조사의 정확한 총계는 민수기 1:46에 나오며(그리고 2:32에서 반복된다) "육십만 삼천오백오십 명"이다. 그러므로 앞서 언급된 추론을 사용할 때 이에 대한 한 가지 가능한 해석은 600개 부대 총 3,550명이다. 만약 우리가 (여성들과 어린이들을 고려하여) 이 수치를 3-4배 곱하면 좀 더 관리하기 쉽고 그럴듯한 인구 규모를 추정할 수 있다.

---

96   *HALOT* 172.

97   이런 문제들에 대한 광범위한 논의는 Hoffmeier, *Ancient Israel in Sinai*, 155-59을 보라.

신학과 역사

나는 이 기고문에서 성경 자체가 출애굽을 이스라엘의 종교 생활의 여러 측면(유월절, 무교절, 초막절, 장자 대속)을 형성한 심오한 신학적 중요성을 지닌 실제 사건으로 본다고 주장했다. 이스라엘 사람들은 그들이 이집트에서 지낼 때 나그네로서 억압받는 것이 어떤 것인지 알았기 때문에 그들 가운데 있는 이주자들을 학대해서는 안 되었다(출 22:21; 23:9; 레 19:33-34; 신 10:19).

이제 우리는 자신들의 시대에 신학적 요점을 확립하기 위해 출애굽과 광야 생활 전통을 회상하는, 기원전 8세기의 이스라엘 예언자들을 살펴볼 것이다. 유다 출신의 미가는 다음과 같이 고대 이야기에 호소한다.

> "내가 너를 애굽 땅에서 인도해 내어
>> 종노릇 하는 집에서 속량하였고
> 모세와 아론과 미리암을
>> 네 앞에 보냈느니라.
> 내 백성아, 너는 모압 왕 발락이 꾀한 것과
>> 브올의 아들 발람이 그에게 대답한 것을 기억하며
> 싯딤에서부터 길갈까지의 일을 기억하라.
>> 그리하면 나 여호와가 공의롭게 행한 일을 알리라"(미 6:4-5).

게르하르트 마이어(Gerhard Maier)는 이 구절에서 미가가 "이집트로부터의 탈출, 모세, 아론, 미리암, 발락, 발람, 싯딤, 길갈을 매우 간략하게 요약하는데—우연히도 오경에서 발견되는 연대순으로—이스라엘이 역사의 각 단계에서 마주친 하나님의 행위들을 말하면서, 이 역사의 어떤 요소도 설명할 필요가 없었다"라고 설명한다.[98] 이 예언자들은 이스라엘과 하나님 사이의 관계가 수 세기 전의 역사적 사건과 연결되어 있다고 분명하게 믿었다. 실제로 제리 황(Jerry Hwang)은 호세아서에서 출애굽과 광야 생활을 다룬 구절들이 "호세아가 이집트로부터의 야웨의 구원이라는 고대 전통을 잘 알고 있"음과 "'네가 애굽 땅에 있을 때부터 나는 네 하나님 여호와니라'라는 선언은 기원전 8세기에 널리 알려졌고 역사적 사실로 받아들여졌"음을 보여준다고 주장했다.[99] 기원전 8세기 청중들이 이 내러티브를 완전히 받아들이지 않았다면 예언자들은 당연히 그것에 주의를 환기시키지 않았을 것이다. 마지막으로, 황이 설득력 있게 주장한 바와 같이 "호세아가 그의 청중들이 결코 알지 못했던 것을 모른다고 비난하고, 결코 일어난 적이 없는 과거를 잊었다고 그들을 공격하는 것은 비논리적일 것이다."[100] 그러므로 나는 출애굽 사건이 실제로 일어났으며 출애굽기 안에 있는 증거가 기원전 13세기를 가리킨다고 주장한다. 하지

---

98 Gerhard Maier, "Truth and Reality in the Historical Understanding of the Old Testament," in *Israel's Past in Present Research: Essays on Ancient Israelite Historiography*, ed. V. Philips Long, Sources for Biblical and Theological Study 7 (Winona Lake, IN: Eisenbrauns, 1999), 204.

99 Jerry Hwang, "'I Am Yahweh Your God from the Land of Egypt': Hosea's Use of the Exodus Traditions," in Hoffmeier, Millard, and Rendsburg, *Did I Not Bring Israel out of Egypt?* 252.

100 Hwang, "I Am Yahweh Your God," 252.

만 설득력 있는 성경 외부의 증거가 드러날 경우 나는 기꺼이 견해를
바꿀 것이다.

제임스 K. 호프마이어에 대한 답변
(기원전 15세기 출애굽 관점)

스콧 스트리플링

호프마이어 교수는 출애굽의 역사성에 대한 강력한 논거를 제시한다. 고대 이집트와 오경 내러티브 사이의 관계를 가치 있게 생각하는 사람들은 본문과 각주 모두에서 자신들의 연구를 발전시킬 수 있는 많은 내용을 발견할 것이다. 신앙 공동체는 확실히 호프마이어가 성경 텍스트를 존경하며 다루는 태도를 높이 평가할 것이고, 학계는 세부 사항에 대한 그의 학문적 관심을 가치 있게 생각할 것이다. 두 집단 모두 출애굽 이야기와 조화를 이루는, 신왕국 시대의 문화적 환경을 확립하는 잘 쓰인 풍부한 정보를 접하게 될 것이다. 놀랍게도 호프마이어는 기원전 13세기 출애굽에 대한 논거에는 덜 집중하고, 그의 기고문 거의 전체를 바로 이 문제에 할애한다. 나는 호프마이어의 각 단락에 대해 순서대로 답변할 것이다.

역사성과 성경

호프마이어는 아모스 9:7과 출애굽기 20:2을 간략하게 설명한 후 "체류 전통과 출애굽 전통 뒤에 실제 사건들이 놓여 있다"라는 자신의 견해를 밝힌다. 그는 비슷한 입장을 취하는 그레이엄 데이비스, 야이르 호프만, 존 브라이트와 좀 더 자유주의적인 틀을 주창하는 J. 맥스웰 밀러, 존 헤이스, 이스라엘 핑켈슈타인, 닐 실버만, 얀 아스만 같은 학자들을 인용한다. 호프마이어는 이들을 나란히 언급한 뒤 자신의 접근법으로 이동한다.

히브리 성경/구약성경에 대한 접근법

첫째, 호프마이어는 계몽주의 시대 이후 "의심의 해석학"이 있었고, 그 결과 "성경은 다른 역사적 자료와 같은 방식으로 다뤄지지 않는다"라는 점을 독자에게 분명히 밝힌다. 이것은 슬프지만 실제 현실이다. 나는 호프마이어와 마찬가지로 우리가 성경 같은 고대 자료를 "비평적으로 다루되 그것을 경멸하지 말고" 다뤄야 하며 종종 독자가 고대 저자의 의도를 이해하는 데 도움이 되는 배경을 밝힐 수 있는 다른 고대 텍스트에 비추어 다뤄야 한다는 윌리엄 할로의 의견에 동의한다. 이스라엘이 한 일을 어떻게 그리고 왜 했는지 이해하려면 반드시 고대 근동 문화의 신화를 알아야 한다.

출애굽과 역사

호프마이어는 역사 기술을 다루며 출애굽을 확증하는 직접적인 고고학적 증거가 없다는 점을 고려할 때 독자들이 주의해야 한다고 올바로 상기시킨다. 그는 제1중간기와 제2중간기에 중앙 권력이 약해져 "셈어를 사용하는 유목민들이 이집트에 유입될 수 있었다"라고 정확히 지적한다. 이집트의 삼각주(성경에 등장하는 고셴)에 위치한 많은 장소, 특히 텔 엘 다브아(아바리스)와 텔 엘 마스쿠타에 상당한 셈족 인구가 있었다는 증거는 도움이 된다. 왜냐하면 호프마이어가 나중에 이곳들을 출애굽 여정에서 언급된 중요한 장소들과 연결하기 때문이다. 그는 독자들에게 히브리인들이 제14-제17왕조 시대에 그 지역을 지배했던 셈족 인구의 일부였을 수 있다고 알려준다. 나는 그의 조심성을 인정하지만, 내게는 히브리인들이 삼각주에 거주했다는 것이 거의 확실해 보인다. 내가 내 기고문에서 언급한 바와 같이, 텔 엘 다브아 지역에 대한 층서 분석은 그곳에 살고 있던 셈족이 기원전 15세기 중반(제18왕조)에 그 장소를 버렸음을 드러낸다. 이러한 유기는 이른 출애굽 연대의 시기에(호프마이어가 선호하는 기원전 13세기가 아니라 기원전 1446년경) 일어난 출애굽의 증거일 수 있다.

제18왕조의 형성으로 이어진 사건들을 설명한 후, 호프마이어는 외국인들에 의한 강제 노동의 세 가지 예를 제시한다. 첫 번째 예인 레크미레의 무덤은 이른 연대 출애굽의 시기 직전에 "전쟁 포로들이…벽돌을 만들고 운반하는 모습을 보여준다." 다른 예들은 제19왕조에서 나온다. 그는 파피루스 레이덴 348에 람세스 2세 시대에 이집트의 노예였던 **하비루**(*pr*)가 기록되어 있다는 점을 지적하고 나서 각주에서 이 노예들이 히브리인들이었을 가능성을 탐구한다. **하비루**라는 용어는 언어학적으로 히브리인들을 가리키며, 그들 중 일부는 이집트인들에게 붙잡혀 다시 부역에 동원되었을 수 있다. 우리는 아멘호테프 2세가 재위 9년째에 그의 두 번째 아시아 원정 때(내 견해로는 출애굽 직후) 남부 팔레스타인에서 노예들을 모았다는 것을 알고 있다.[101] 내 기고문에서 논의된 바와 같이, 아마르나 문서는 하비루가 후기 청동기 시대 2A기(기원전 1400-1300년경) 초에 가나안 도시 국가를 포위한 것을 묘사한다. 이 시기는 이른 출애굽 연대의 관점에서 볼 때 이스라엘 사람들이 가나안에서 패권을 확립하기 위해 애쓰는 시기와 같다. 이 단락에서 호프마이어는 외국인을 노예로 삼는 이집트의 관행을 성공적으로 입증한다.

다음으로 호프마이어는 토라 내부의 증거를 사회학적 관점에서 살펴본다. 소수 민족의 언어에 대해 예상되는 바와 같이 히브리 언어는 차츰 이집트 언어와 혼합되었다. 이 점은 미리암, 비느하스, 앗실 같은 인명에서 알아볼 수 있다. 그는 일부 이름들은 신의 이름을 포함하고 있다고 지적한다. 아히라에는 태양신 레의 이름이 포함되어 있고, 훌은 확실히 하늘의 신 호루스의 한 형태다. 호프마이어는 성막과 그 기구에 대한 이집트 언어의 영향을 입증하기 위해 후고 그레스만, 캐럴 마이어스, 베냐민 누난 같은 학자들을 정확하게

---

101 "The Memphis and Karnak Stelae of Amenhotep II," trans. James K. Hoffmeier (*COS* 2.3:21-22).

인용한다. 심지어 아카시아 나무와 터키석 같은 재료도 히브리인들과 이집트를 연결한다. 호프마이어는 출애굽기 2:3에 등장하는 다수의 동족어를 포함하여 히브리어에 대한 이집트어의 광범위한 영향을 입증한다. 이 단락에서 그는 자신의 주장이 사실일 가능성이 있음(verisimilitude)을 효과적으로 보여준다.

호프마이어는 출애굽 내러티브에 등장하는 지리적 용어들이 그 내러티브가 기원전 7세기에 쓰였음을 가리킨다는 도널드 레드포드의 관점을 제시하지만, 그는 이집트의 지명들이 "실제로 기원전 제2천년기의 이집트 텍스트에서도 입증"된다는 것을 독자들이 확실히 알게 한다. 다음으로 호프마이어는 비돔과 람세스의 위치에 관한 연구 결과의 요약을 제시하고, 이어서 출애굽 경로에 대해 1,500단어에 달하는 논의를 제시한다. 이것은 흥미로운 연구이지만, 출애굽 연대를 결정하는 그의 임무를 다루지는 않는다. 그는 출애굽이 기원전 13세기에 일어났다는 자신의 관점을 지지하는 증거에 사용하는 단어 수의 두 배가 넘는 단어를 출애굽 경로에 사용한다.

출애굽 연대

확실히 출애굽이 실제로 일어났음을 확증하는 것이 호프마이어의 최우선 과제다. 그에게는 그 일이 언제 일어났는지는 부차적인 문제다. 출애굽 연대가 그 사건이 일어났다는 사실을 확증하는 것보다 덜 중요하다는 호프마이어의 의견에는 나도 동의하지만, 나는 그가 출애굽

이 기원전 13세기에 일어났다는 주장을 뒷받침하기 위해 세 가지 증거만 제시하고 그중 두 개는 간략하게 제시했다는 사실에 놀랐다.

첫째, 호프마이어는 출애굽기만을 사용하여 출애굽 연대를 결정해야 한다고 주장한다. 그는 20년 전, 아마도 2000년쯤에 이 접근법을 채택했다. 그 이전에 그는 "출애굽이 기원전 15세기에 일어났다는 견해에 공감했다(그러나 독단적이지는 않았다)." 호프마이어 자신의 설명은 성경 전체가 증거로 허용될 때 이른 연대가 생존할 가능성이 높아진다는 것을 암시한다. 그는 자신의 해석학적 접근법을 변경한 이유를 설명하지 않는다. 나는 조사 결과들을 다른 성경책들과 비교하고 대조하기 전에 따로 출애굽을 연구할 가치가 있다고 본다. 하지만 따로 떼어서 보는 연구는 해석 과정의 한 단계일 뿐이어야 한다.

둘째, 호프마이어는 비돔과 람세스 국고성들이 기원전 13세기에 가장 적합하다고 주장한다. 호프마이어는 "출애굽 사건에서 람세스가 네 번 언급된다는 점은 그 내러티브의 연대를 결정하는 데 매우 중요하다. 이 도시는 이 텍스트들이 다루는 시기와 동일한 기간에만 번성"했기 때문이라고 썼다. 나는 내 기고문에서 출애굽기에서 람세스에 대해 언급한 것은 후대 독자들을 기원전 15세기 중반에 출애굽이 시작된 장소인 고대 아바리스였던 정확한 장소로 안내하기 위한 의도적인 시대착오라고 주장한다. 2세기 후 람세스 2세는 아바리스의 북부 지역(현대의 칸티르)을 재건하고 자신의 이름을 따서 명명했다.

예수 사역의 연대기에 관심이 있는 신약학자는 각 복음서를 따로 연구할 것이고 그래도 무방할 테지만 그것이 마지막 단계는 아닐

것이다. 그런 다음 그 학자는 요한의 연대기를 다른 복음서 저자들이 제시한 연대기와 일치시키려고 노력할 것이다. 마찬가지로 가나안 정복을 연구하는 구약학자가 여호수아서를 떼어서 연구한다면 7년 후에 이스라엘이 가나안 대부분을 정복했다는 인상을 받을 수도 있다. 그러나 사사기는 훨씬 더 미묘하고 장기적인 정복 과정을 제시한다. 두 책을 함께 연구해야 비로소 전체 그림이 드러날 것이다. 성경이 성경을 조명한다.

나는 영문학 석사학위를 취득했고 수년 동안 미국 문학을 가르쳤다. 내 학생들이 나다니엘 호손(Nathaniel Hawthorne)의 세계관을 이해하기를 원한다면, 나는 처음에는 그들에게 호손의 가장 위대한 소설인 『주홍 글씨』(*The Scarlet Letter*)만 분석하도록 요청할 수 있을 것이다. 그러나 학생들이 호손의 다른 소설들과 단편소설들을 읽지 않는다면 그들의 이해는 불완전할 것이다. 출애굽기에 수록된 데이터가 열왕기상 6:1, 사사기 11:26, 역대상 6:33-37, 에스겔 40:1, 사도행전 7:29-30에 비추어 읽히면 늦은 연대 출애굽 견해는 매력이 줄어든다. 유력한 성경 외부의 데이터와 고고학 데이터는―이 구절들처럼―출애굽이 기원전 15세기 중반, 즉 제18왕조 때 일어났음을 가리킨다.

호프마이어는 그의 세 번째 주장의 근거를 메르넵타 석비에 둔다. 이 유명한 부조는 메르넵타에게 패한 나라들 가운데 이스라엘을 언급한다. 이 석비는 기원전 약 1210년의 것이며, 호프마이어의 "출애굽의 타당한 시기"는 기원전 1270-1240년이다. 출애굽이 기원전 1270년에 일어났을 경우, 이스라엘이 메르넵타의 패배 국가 목록에 포함될 만큼 충분히 강력해졌을 개연성이 있기는 하지만, 그랬을 가능성이 크지는 않다. 출애굽이 기원전 1240년에 일어났다면, 이스라엘은 가나안에 도착하지도 못했을 것이다. 성경이 출애굽과 정복 사이에 40년간의 광야 체류를 기록하기 때문이다. 출애굽이 기원전 1250년에 일어났을 경우, 이스라엘은 막 가나안에 도착하여 여리고 성벽 주위를 행진하고 있었을 것이다. 그러니 메르넵타 석비는 이른 출애굽 연대에 더 잘 들어맞는다. [이른 출애굽 견해에 의할 경우] 메르넵타 시대쯤에는 이스라엘이 이미 잘 확립된 민족이었기 때문이다.

이 점이 중요한데, 괴르크가 메르넵타 석비보다 연대상 더 이른 시기의 것으로 추정하는 베를린 받침대에 부분적으로 지워진 지명이 있는데, 이 지명은 메르넵타 석비에서 일련의 패배한 적들 가운데 "이스라엘"이 나타나는 곳과 동일한 순서에 나오며 이 지명에 대해 학계에서 "이스라엘" 외에는 만족스러운 해석이 제시되지 않았다.[102] 호프마이어가 출애굽의 연대를 기원전 13세기로 보는 세 가지 이유는 나를 설득하지 못한다. 추가 증거가 있다면, 나는 기꺼이 그것을 살펴볼 것이다.

---

[102] Manfred Görg, "Israel in Hieroglyphen," *BN* 106 (2001): 21–27.

출애굽의 규모와 관련된 문제들

호프마이어는 수백만 명이 아닌 수천 명이 이집트에서 나왔다고 강력하게 주장한다. 그는 히브리어 단어 **엘레프**(*'elep*)의 의미 범위에 "씨족"(삿 6:15)과 "전투 단위"(삼상 17:18)가 포함된다는 것을 입증한다. **엘레프**를 "1,000"으로 번역하면 몇 가지 문제가 생긴다. 호프마이어에 따르면, [이스라엘] 군대가 약 60만 명의 전사로 구성되었다면 그 민족 전체의 수는 약 300만 명에서 400만 명에 이르렀을 것이다. 내 추정으로는 그 수는 훨씬 더 컸을 것이다. 호프마이어는 이집트의 전체 인구는 약 300만 명이었고 이집트 군대는 2만 5천 명에서 4만 명 사이였다고 지적한다. 이스라엘이 가나안에 도착했을 때 가나안의 전체 인구는 약 5만 명이었다. 이스라엘 백성의 수가 수백만 명이었다면, 이집트로부터 기적적으로 구원될 필요도 없었고 가나안 정복 때 신의 도움을 받을 필요도 없었을 것이다. 그들은 이집트를 압도하고 가나안의 도시 국가들을 쳐부쉈을 것이다.

결론

호프마이어는 역사적 출애굽이 있었다는 것을 합리적인 의심의 여지 없이 증명하는 데 성공했다. 그는 분수령 같은 이 사건이 기원전 13세기에 일어났다고 보지만, "설득력 있는 성경 외부의 증거가 밝혀질 경우"에 대해 열린 마음을 유지한다. 나는 호프마이어의 탁월한

연구와 그의 설득되려는 의지에 박수를 보내지만, 그의 기고문이 실
제 출애굽 연대를 거의 다루지 않는다는 점이 아쉽다.

제임스 K. 호프마이어에 대한 답변
(기원전 13세기에 힉소스/레위인이 주도한 출애굽 관점)

피터 파인만

호프마이어의 기고문은 내 기고문을 보완한다. 우리는 둘 다 람세스 2세 시대에 일어난 역사적 출애굽을 믿는다. 사실상 그는 무대를 정의하고 나는 이야기를 쓴다. 출애굽이라는 공연이 있다면, 호프마이어는 무대 장치, 소품, 의상, 어휘, 대화에 대한 사실 확인을 담당하게 될 것이다. 그는 "나는 성경 이야기의 드라마가 펼쳐지는 무대가 지리적 배경과 연대기적 요소들에 맞는 진정한 무대 장치와 소품을 포함하고 있다면 그 내러티브의 개연성이 높아진다고 주장한다"라고 말한다.

그러므로 출애굽 사건이 발생했음을 "역사적으로 확실하게" 증명하지 못할 수도 있지만, 마찬가지로 확실하지 않거나 잘못된 배경 정보 때문에 출애굽이 일어나지 않았음이 증명될 수 없다.

그 공연에 내가 공헌하는 부분은 연기(action), 즉 실제 이야기가 될 것이다. 내가 호프마이어가 출애굽에 대한 나의 역사적 재구성에 동의한다고 말하려는 것은 아니다. 내가 그의 기고문에 대한 이 답변을 쓰고 있는 동안 나는 아직 내 기고문에 대한 그의 답변을 읽을 기회가 없었다. 그럼에도 나는 두 기고문이 협력한다고 생각한다.

호프마이어는 기원전 8세기에 아모스가 제기한 출애굽에 관한 질문으로 시작한다. 나는 기원전 8세기 때 유다가 출애굽 사건이 있었음을 믿었다는 호프마이어와 아모스의 의견에 동의하지만, 그 주장을 사용해서 그때보다 5세기 전에 출애굽이 일어났다는 것을 증명하지는 않을 것이다. 나는 출애굽에 대한 많은 언급이 출애굽이 일어났다는 널리 퍼진 믿음을 반영한다는 그의 의견에 동의하지만, 믿음은 증명이 아니다. 하지만 아모스가 아무것도 없는 데서 이야기를 지어내고 있었던 것이라면 왜 그의 청중이 그의 말을 진지하게 받아들였겠는가?

다음 단락들에서 호프마이어는 성서학에서의 다양한 해석을 살펴본다. 그는 성경을 연구하지만 신뢰하지 않는(아마도 부분적으로는 사람들이 성경의 이름으로 저지른 행동 때문에) 사람들의 성경에 대한 반감을 언급한다. 그가 만일 성경이 (『일리아스』처럼) 단순히 세속적인 책이라면 "성경은 아마도 그처럼 거만하고 멸시하는 방식으로 취급되지 않을 것이다"라고 한 말은 옳다. 그 결과 성경에 등장하는 사건에 대한 입증 기준은 합리적인 의심의 여지가 없는 수준이 아니다. 성경에 기록된 사건이 사실이라고 여겨지기 위해서는 대체할 수 있는 설명이 전혀 없어야 한다. 위의 말들은 내 말들이지만, 나는 그 말들이 오늘날 종종 성서학 연구가 시행되는 방식에 대한 호프마이어의 좌절감을 반영한다고 생각한다.

이 점은 명확히 짚고 넘어갈 필요가 있는데, 호프마이어는 출애굽에 대한 설명으로 기원전 16세기의 힉소스 축출을 언급한다(그 자신의 스승인 이집트학 학자 도널드 레드포드의 설명과 동일한 설명이다). 힉소스는 (이 기고문들에서 언급되지 않은 테라[Thera] 화산처럼) 역사적 출애굽을 추구하는 사람들에게 거부할 수 없는 유혹이 되어 왔다. 사람들이 힉소스를 고려하는 것은 옳지만 그 고려를 기원전 16세기로 제한하는 것은 잘못이다. 나의 역사적 재구성은 힉소스가 좀 더 이전에 패배했음을 인정하지만, 그들이 기원전 13세기까지 계속 이집트에 존재했다는 점에 초점을 맞춘다.

호프마이어는 이집트에서 노예가 된 외국인들에 관해 논의하는 단락에서 이집트인 통치자들이 "삼각주 안에 살고 있던 히브리인들이 자기들[이집트의 통치자들]이 미워하는 힉소스인들과 연합하게 될 것을 우려"한 것에 관해 언급한다. 이 대목에서 우리 두 사람은 의견을 달리한다. 나는 히브리인들은 나일강 건너편에서 온 전사들이었으며, 따라서 힉소스인들과 동일시되어야 한다고 주장한다. 이 히브리인들/힉소스인들 중 일부가 훗날 사람들을 이집트 밖으로 인도하였고 레위인들이 되었다. 히브리인들과 힉소스인들을 동일시하려면 출애굽 이야기의 노예 제도와 벽돌 제조 측면에 대한 보충 설명이 필요한데, 나의 역사 재구성에서는 이 요소들을 다루지 않는다. 나는 힉소스인들이 이집트 밖으로 인도한 사람들 가운데 일부가 힉소스인이 아닌 노예들이었다는 사실에 의문을 제기하지 않는다.

유감스럽게도 이 책에 대한 기고문의 분량 범위 내에서는 관련된 모든 문제를 다루지 못한다. 이스라엘의 왕과 왕비인 "파라오" 솔로몬과 이집트의 파라오의 딸의 건축 프로젝트들을 위한 강제 노동은 또 다른 탈출을 정당화하는 상황이 발생했음을 암시하는 것처럼 보였다. 그 깨달음은 한 세대 후에 [통일] 왕국에서 떨어져 나와 북쪽 이스라엘 왕국을 세우는 데 기여했다. 많은 성서학자가 여로보암의 금송아지들과 출애굽의 금송아지의 유사점들에 대해 언급했다. 출애굽 이야기는 이 시기에 그 사건에 대한 문화적 기억의 일부로서 다시 이야기되었다. 이는 로널드 헨델이 이 책에 기고한 글과 관련이 있는 관점이다. 우리 미국인은 현대의 문제를 다루기 위해 계속 추수감사절, 독립 전쟁, 남북전쟁, 링컨 이야기를 다시 말한다. 마찬가지로 기원전 10세기 때 솔로몬 치하의 강제 노동 기간은 출애굽 이야기를 되풀이하기에 이상적인 시기였을 것이다.

호프마이어는 또한 히브리/하비루 문제에 주목한다. 그는 스털링(Sterling)과 마찬가지로 '*pr/ḫāpiru/ḫābiru*(하비루)라는 단어와 **히브리**(*Hebrew*)라는 단어가 언어학적으로 일치한다고 생각한다. 그러나 그는 계속해서 전자가 고대 근동에서 민족적 용어가 아닌 사회학적 용어였다고 설명한다. 그는 하비루 가운데 이스라엘 사람들이 있었는지 "결정할 수 없"음을 인정한다. 유감스럽게도 그가 이 점을 각주에서 논하고 있어서, 그의 기고문을 읽는 독자들이 그것을 놓칠 수 있다.

다음 몇 페이지는 이집트 생활의 실재(realia)에 할애된다. 호프마이어는 지명, 인명, 어휘, 기술 용어 및 물리적 항목들을 살펴본다. 이 단락들은 그의 기고문의 약 절반을 차지하며, 출애굽이 발생한 무대를 기록하겠다는 그의 명시된 의도와 직접 관련된다.

이 단락의 일부는 출애굽의 경로를 다룬다. 여기서 그는 삼각주와 시나이반도 북부에서 자신이 직접 수행한 고고학 발굴 작업에 의존한다. 그는 이집트 텍스트에 등장하는 호루스의 길과 성경에 수록된 "블레셋 사람의 땅의 길"(출 13:17)에서 성경의 이름과 이집트의 이름을 연결하려고 한다. 나는 성경 텍스트의 기록과 관련하여 다른 견해를 반영하는 한 가지 고려 사항을 추가하고 싶다. 호프마이어는 여기서 그 문제를 직접 다루지 않는다. 특정한 주제에 관한 몇 가지 견해를 다루는 시리즈 중 창세기 1-11장에 관한 책에 대한 그의 이전 기고문을 바탕으로 그는 전통적인 문서가설을 거부한다. 나도 그 가설에 동의하지 않는다. 그러나 나는 출애굽기 13:17-22에서 자세히 설명된 경로는 모세가 자신의 시대에 그 경로에 관해 쓴 것이 아니라고 생각한다. 오히려 그것은 후대의 누군가가 출애굽의 경로에 대해 궁금해하고 자신의 시대에 자신의 지식을 이용한 것이었다. 누군가가 모세가 어떤 일을 어떻게 했는지 알아내려고 노력했고, 실제로 연구를 수행했다. 지금 사람들은 이집트에서 가나안으로 어떻게 여행하는가? 시나이반도를 가로지르는 기본 도로와 그 요새들이 변하지 않았기 때문에 결과는 동일하다. 그러나 그는 "블레셋 사람의 땅의 길"이란 이름이 존재했을 때 기록하고 있었음에 반하여, 모세의 시대에는 그 이름이 존재하지 않았다.

호프마이어가 다룬 문제들 가운데 일부는 스트리플링의 기고문이 다룬 문제들과 유사하다. 이 두 기고자가 복음주의 그리스도인이기 때문에, 이러한 유사성은 놀랍지 않다. 호프마이어는 이름이 밝혀지지 않은 이집트 왕이 "모세의 요청에 대해 '여호와가 누구이기에 내가 그의 목소리를 듣고 이스라엘을 보내겠느냐? 나는 **여호와를 알지 못하니** 이스라엘을 보내지 아니하리라'라고 대답하며 엄청난 실수를 저질렀다"라고 말한다. 그런데 출애굽의 역사적 파라오가 이 말을 한 것인가, 아니면 출애굽 이야기를 들려준 이야기꾼이 이 말을 등장인물이 말한 것처럼 묘사한 것인가? 호프마이어는 저자가 누구였는지와 그가 언제 살았는지를 미결정 상태로 남겨둔다. 모세가 저자라고 생각한다면, 모세가 파라오가 말한 내용을 직접 들어서 알고 있다고 믿는 셈이다. 그 내러티브가 여러 세기 후에 기록되었다면, 그 말은 "이스라엘의 호메로스"에 해당하는 이야기꾼이 지어낸 창작물이다. 호프마이어는 익명의 "저자"를 사용하여 독자가 스스로 결론을 내릴 수 있게 함으로써 그 질문을 교묘하게 처리한다. 나는 역사적인 미리암이 승리의 노래를 불렀고 그것이 기억되었다는 것을 받아들일 수 있다. 대화에 관해서는 나는 그것이 기록된 당시, 즉 이스라엘에 왕과 예언자가 모두 있었을 때 그것이 의미했던 바를 살펴볼 것이다.

메르넵타 석비에 대한 호프마이어의 해석은 스트리플링의 입장보다는 내 입장과 좀 더 일치한다. 스트리플링은 "출애굽 사건이 기원전 13세기 중반에 발생했다면, 그 후 40년의 광야 생활과 초기 6년의 정복 기간을 거쳐 기원전 13세기 말에 이스라엘이[메르넵타 석비가 요구하는 대로] 국가로 발전하고 인정받기 위한 시간이 충분하지 않"다고 주장한다. 성경적-연대기적 문자주의라고 알려진 것에 대한 스트리플링의 과도한 의존은 제쳐두고, 메르넵타 석비는 호프마이어와 내가 제안하는 기간과 잘 양립할 수 있다. 호프마이어는 기원전 1270에서 1240년 사이를 제안했지만, 나는 람세스 2세의 통치 제7년을 제안한다. 어떤 연대든 이집트 출발, 광야에서의 방황, 가나안 도착에 필요한 충분한 시간을 제공한다.

호프마이어와 스트리플링은 **엘레프**(*'elep*)의 의미에 대해 비슷한 결론에 이른다. 그것은 "1,000"이 아니라 소대 같은 전투 단위를 가리킨다. 나도 이에 동의한다. 그러나 나는 솔로몬의 세금과 강제 노동 이전에 조직화된 열두 지파 구조가 존재했다는 점에는 동의하지 않는다. 나는 **엘레프**가 출애굽 용어가 아니라 드보라가 활약한 시기인 철기 시대 1기(기원전 1200-1000년) 용어라고 덧붙이고 싶다. 왕정과 왕의 직접적인 통제를 받는 상설 군대가 존재하기 전에 사사 시대에 지파별로 군대를 소집한 때가 있었다. 그것은 또한 이스라엘이 출애굽에 참여한 사람들을 넘어 참여하지 않았던 사람들까지 포함하여 확장된 시기를 반영한다. 새로 편입된 이 사람들도 그들이 속하게 된 사람들의 창립 사건과 연결되기를 원했고 그렇게 될 필요가 있었다. 출애굽 이야기에 모든 지파의 이름을 포함시키는 것은 문화적 기억을 유지하는 방법의 일환이었으며(헨델의 기고문에 대한 내 답변을 보라), 그런 관행은 드보라 시대에 발전되었다(렌즈버그의 기고문에 대한 내 답변을 보라).

출애굽 이야기가 바빌로니아-페르시아 시대에 나왔다고 알려졌다는 호프마이어의 지적은 메르넵타 석비에도 적용된다. 그가 이렇게 말하지는 않지만 말이다. 그는 기원전 7-5세기의 사람들이 어떻게 출애굽 이야기에서 증명된 바와 같은 이집트의 세부 사항들을 알았을지를 질문한다. 그것은 "바빌로니아-페르시아 시대의 유대인 청중에게는 무의미했을 것이다." 동일한 지적이 메르넵타 석비에도 적용된다. 이집트 청중은 이미 이스라엘이란 이름을 알고 있었다. 메르넵타가 그의 이집트 청중이 당혹스러워 머리를 긁적이며 "그들은 누구지?"라고 질문하게 할 낯선 용어를 소개하는 것은 아니었다. 그들은 람세스 2세 때의 출애굽으로부터 그 이름을 기억했다. 이집트에도 출애굽에 대한 문화적 기억이 있었는데, 헨델은 이 요소를 고려하지 않는 것 같다(헨델의 기고문에 대한 내 답변을 보라).

스트리플링의 기고문에서처럼, 호프마이어의 기고문에도 인간적인 요소가 없다. 나는 이것이 두 기고자 모두 성경 텍스트와 그 텍스트의 대화에 의존하여 그 이야기를 제시하기 때문이라고 추측한다. 호프마이어는 소품들을 통해 그 내러티브가 일어났던 무대를 밝히는 것을 중시한다. 그러나 그는 그렇게 하고 나서 멈춘다. 그의 기고문은 내러티브 자체를 다루지 않는다. 그는 단순히 역사적 출애굽의 배경을 제공할 뿐 그 배경에 생명을 불어넣지 않는다. 나는 호프마이어가 묘사한 무대의 타당성을 비판하는 것이 아니라, 이야기의 부재를 지적한다. 그것의 함의는 어떤 역사적 대안도 제시되지 않기 때문에 우리가 성경에 기록된 이야기에 오류가 없음을 받아들여야 한다는 것이다. 나는 왜 실존했던 인물들이 그들의 알려진 세계에서 가장 강력했던 사람에게 도전하는 데 목숨을 걸었는지 알고 싶다.

호프마이어는 출애굽은 역사적 사건으로서 일어났으며 고대 이스라엘은 그 일이 일어났었다고 믿었다는 주장으로 그의 기고문을 마무리한다. 나도 동의한다. 그는 "설득력 있는 성경 외부의 증기가 밝혀질 경우" 출애굽이 기원전 13세기에 일어나지 않았다는 주장에 기꺼이 설득될 용의가 있다고 말하며 끝맺는다. 나는 내 기고문에서 새로운 증거를 제시하는 것이 아니라 기존 증거에 대한 새로운 해석을 제시한다. 나는 그것이 호프마이어가 묘사하는 무대에서 펼쳐졌던 이야기를 제공한다고 생각한다.

제임스 K. 호프마이어에 대한 답변
(기원전 12세기 출애굽 관점)

게리 A. 렌즈버그

이 책의 주된 기고자 5명 중 제임스 호프마이어는 동부 삼각주와 북부 시나이반도 해안의 역사적 지리 분야에서 타의 추종을 불허하는 대가다. 따라서 그는 자신의 기고문의 많은 부분을 성경 이야기에서 언급된 지명들인 비돔, 람세스(라암셋), 숙곳, 믹돌, 비하히롯, 갈대 바다(홍해)와 관련된 문제들에 할애한다. 나는 이 모든 문제에 대해 호프마이어를 존중하고 그의 결론을 받아들인다. 그의 결론들은 잘 논증되고 만프레트 비탁, 에드가 푸쉬, 헤닝 프란츠마이어 등이 제출한 고고학 보고서와 일치한다.

그다음 단락에서 제시된 바와 같이, 나는 또한 호프마이어가 파피루스 아나스타시 VI, 파피루스 레이덴 348, 파피루스 아나스타시 V 같은 이집트 자료를 신중하게 사용하는 데 동의한다. 이 문서들은 언급된 순서대로 [이스라엘 사람들의] 이집트 도착, 강제 노동, 이집트 탈출이라는 성경의 기본 내러티브와 매우 유사한 내용을 제공한다.

그의 기고문의 상당 부분은 성경 특히 성막 이야기에 나오는 이집트어 단어에 할애되며, 보석과 의복 항목에 특별한 주의를 기울인다. 나라면 이 항목들 가운데 한두 가지에 대해서 좀 더 엄밀한 언어학적 논의를 펼쳤겠지만, 그 제시 방법은 대체로 건전하다. 하지만 성서 히브리어 안에 이런 이집트어 단어들이 존재한다고 해서 그것이 이스라엘 사람들이 이집트에 일정 기간 거주했음을 보장하지는 않는다. 나는 내 기고문에서 밝힌 바와 같이 그들이 이집트에 거주했다고 믿는다. 하지만 이집트가 시나이반도, 현대의 남부 이스라엘, 현대의 남부 요르단, 가나안에 끼친 일반적인 문화적 영향을 고려할 때 이론적으로는 남방지역의 어떤 샤수 집단이라도 고급 물품을 가리키는 용어들을 고대 이집트어에서 차용했을 수 있다.

셈족은 시나이반도 서부의 터키석 광산에서 일했고, 이집트인들은 남부 이스라엘(팀나)과 남부 요르단(키르벳 엔 나하스)에 있는 구리 광산과 제련소에서 일했다. 따라서 우리는 이 지역에 있던 셈족이 논의 중인 시기 전체에 걸쳐(그리고 아마도 오래전과 오랜 후에) 이집트인들과 상호 작용했다고 가정할 것이다. 그런 상호작용을 나타내는 문학적 장식으로서 르우엘의 딸들이 모세를 **이쉬 미츠리**(*'iš miṣri*), 즉 "한 애굽 사람"이라고 부르는 것을 주목하라(출 2:19).

다소 이상하게도, 호프마이어의 기고문은 그것의 제목에 관련된 주제에 적은 부분만을 할애한다. 나는 이 대목에서 출애굽이 기원전 13세기에 일어났다는 그의 의견을 지적하고 있다. 그런데 그는 이에 대해 거의 언급하지 않는다. 아마도 그는 기원전 13세기가 출애굽 사건이 실제로 일어났다고 생각하는 사람들이 제안한 표준적인 연대이기 때문에 그 점을 논의할 필요가 없다고 느꼈을 것이다. 게다가 공정하게 말하자면, 호프마이어는 "출애굽 연대가 흥미롭기는 하지만, 그것은 부차적인 문제다"라고 덧붙인다. 하지만 독자들은 출애굽이 기원전 13세기에 일어났다는 견해에 대한 어느 정도의 근거를 기대했을 것이다.

따라서 몇 가지 질문이 제기된다. 출애굽 자체에 관해서가 아니라 그전까지의 과정에 대해 호프마이어는 "따라서 [이스라엘 사람들이 이집트에 체류한 기간은] 200년에서 400년 사이의 범위가 가능하다"라고 썼다. 나는 내 기고문에서 이 문제를 다루지 않았다. 하지만 내가 거기서 사용한 것과 동일한 방법론을 적용하면 그 기간과는 판이하게 재구성된다. 모세와 아론은 레위의 증손자들이다. 출애굽기 6:16-20에 제시된 레위-고핫-아므람-모세의 족보에 주목하라. 성경 전통에 따르면 레위와 고핫이 가나안에서 이집트로 이주했고 (창 46:11 등) 모세와 아론이 이집트를 떠난 세대의 노년층을 대표하기 때문에(출 12:50 등), 이집트에서의 전체 체류 기간은 약 50년에 불과했을 수 있다. 나아가 아브람(아브라함)의 후손이 외국 땅에서 이방인으로 지내다 4대째에 가나안 땅으로 돌아올 것이라고 말하는 창세기 15:13-16에 기록된 전통을 보라. 이는 출애굽기 6:16-20에 제시된 족보와 일치하는 선언이다. 이 모든 점은 이스라엘 백성의 이집트 체류 기간이 호프마이어가 이 책에서 주장하는 바를 포함하여 일반적으로 가정되는 것보다 훨씬 짧다고 말한다.

호프마이어의 좀 더 자세한 진술은 다음과 같다. "토라는 히브리인들이 이집트에서 400년(창 15:13) 또는 430년(출 12:40)을 보냈다고 보고하는 반면 70인역에서 출애굽기 12:40은 체류 기간을 215년으로 단축하는 대안적인 읽기를 제공한다. 따라서 200년에서 400년 사이의 범위가 가능하다." 이 진술은 출애굽 연대를 기원전 15세기로 추정하려는 스트리플링의 시도와 똑같은 어려움을 겪는다(내 답변을 보라). 두 사람 모두 성경(호프마이어의 경우 히브리 성경 또는 그리스어 성경)에 제시된 연수를 문자적으로 받아들이는 데 의존한다. 그러나 내가 스트리플링의 기고문에 대한 답변에서 보여주었듯이, 그리고 내 기고문에서 강력하게 주장했듯이(나는 그랬기를 바란다) 초기 히브리 산문 저자들이 사용한 연수는 현실성이 (거의) 없으며 연대기 재구성에 사용될 수 없다. 이와 대조적으로 성경에서 전달되는 족보 정보(역대기의 변조된 자료 제외)에는 내적 일관성이 있다.

나는 출애굽 연대에 같은 방법론을 사용해서 내 좋은 친구이자 학식 있는 동료에게 그가 어떻게 기원전 13세기 출애굽 연대에 도달하는지를 질문할 것이다. 내가 내 기고문에서 주장한 바와 같이, 다윗의 족보(이것은 우리에게 있는 유일한 족보다[103])는 출애굽이 기원전 12세기에 일어났음을 암시한다. 출애굽 연대가 기원전 13세기라는 어떤 실제 증거가 있는가? 호프마이어는 거의 모든 사람과 마찬가지로 그 견해를 뒷받침하기 위해 메르넵타 석비를 사용한다. "마지막 여대기적 자료는 메르넵타의 유명한 석비에 등장하는, 이스라엘에 대한 언급이다. 람세스 2세의 아들이자 후계자는 늦어도 그의 재위 5년(기원전 1208년경) 이전에 가나안으로 군사 원정을 시작했는데, 이는 메르넵타가 표적으로 삼을 만큼 충분히 많은 수의 이스라엘 사

---

103 역대기의 변조된 족보는 제외됨. 이에 대해서는 내 기고문과 스트리플링에 대한 내 비평을 보라.

람들이 남부 레반트에 있었다는 것을 의미한다." 하지만 내가 내 기고문에서 주장한 바를 반복하자면 메르넵타 석비가 참으로 그 이스라엘 사람들—(분류사/한정사에 따르면) 기원전 1208년경에 땅이 없는 민족—이 이 시기의 가나안 거주자들이었음을 의미한다고 암시하는가? 너무 많은 질문이 남아 있으며, 답변은 충분히 제공되지 않는다.

호프마이어는 다음과 같은 공개적인(그리고 정직한) 진술로 자신의 기고문을 끝맺는다. "그러므로 나는 출애굽 사건이 실제로 일어났으며 출애굽기 안에 있는 증거가 기원전 13세기를 가리킨다고 주장한다. 하지만 설득력 있는 성경 외부의 증거가 드러날 경우 나는 기꺼이 견해를 바꿀 것이다." 내가 제공한 증거가 반드시 성경 외부의 증거인 것은 아니지만 그것은 메르넵타 석비, 성경의 증거, 12세기 가나안의 고고학 자료에 대한 합리적인 해석을 조정한다. 내가 내 친구이자 동료에게 내 입장이 옳다는 것을 설득할 수 있을까?

제임스 K. 호프마이어에 대한 답변

(문화적 기억으로서의 출애굽 관점)

로널드 헨델

제임스 호프마이어는 스콧 스트리플링보다 더 복잡하고 미묘한 접근법을 채택한다. 그는 출애굽이 기원전 13세기에 일어났다는 견해를 옹호하는데, 이로써 그는 현대 성서학의 주류에 속한다. 그 또한 스트리플링처럼 성경이 "신뢰할 수 있는 역사 자료"라고 생각한다. 그러나 그는 성경이 완전히 신뢰할 수 있는 것 같지 않다고 덧붙인다. 그는 "그러나 출애굽 내러티브의 역사성을 받아들인다고 해서 반드시 재앙을 보내거나 바다를 가른 행동을 통한 신의 개입을 믿어야 하는 것은 아니다"라고 말한다. 내가 호프마이어의 입장을 정확하게 이해했다면, 그는 성경의 무오성에 대한 유연한 관점을 취한다. 역사적 배경은 정확하지만 저자들은 사건의 표현에 있어서 어느 정도의 재량을 발휘했다. 그가 말하듯이 "역사적 사건들은 종교적 렌즈를 통해 해석되었다."

이 견해에서 출애굽은 기본적으로 역사적이지만 종교적으로 좀 더 의미 있게 만들기 위해 그것의 사건들은 수정되고 해석되었다. 호프마이어는 성경이 "신학적 관점과 얽혀 있고 수사학적·문학적 구조와 문학적 장치가 풍부한 역사"를 포함하고 있다는 모셰 가르시엘의 의견에 동의한다. 이것은 성경의 역사와 무오성 개념에 대한 정교한 접근법이다. 이것은 일부 기적들의 비역사성을 허용한다. 그런 기적들은 사건 자체가 아니라 사건에 대한 저자의 해석의 산물일 수 있다. 이는 저자가 사건을 자신의 고대 세계관에 맞추는 것을 포함하는 접근법이다. 이것은 장 칼뱅의 접근법(특히 그의 창세기 주석에서의 접근법)과 유사하지만, 나는 그것이 일부 보수 복음주의자들의 분노를 일으킨다고 생각한다.

내가 호프마이어의 의견에 동의하지 않는 두 가지 영역이 있다. 이 영역들은 무오성의 표준 교리에 가까운 그의 입장 중 일부와 관련이 있다. 첫째는 사실일 가능성이 있음이 역사적 정확성을 의미한다는 그의 견해다. 둘째는 출애굽기의 성경 텍스트가 틀림없이 기원전 13세기 때의 해당 사건 직후에, 아마도 모세에 의해 기록되었으리라는 그의 견해다(비록 그가 그렇게 말하지는 않지만 말이다). 그는 출애굽기 텍스트가 출애굽 사건이 발생하고 나서 수백 년 후에, 즉 나를 포함하여 성서학자들 대다수가 출애굽기 텍스트의 연대로 추정하는 때에 기록되었을 수 없다고 주장한다. 이것들은 복잡한 문제들이기 때문에 나는 이 대목에서 그것들을 간략하게만 다룬다.

사실일 가능성과 역사

호프마이어는 "나는 성경 이야기의 드라마가 펼쳐지는 무대가 지리적 배경과 연대기적 요소들에 맞는 진정한 무대 장치와 소품을 포함하고 있다면 그 내러티브의 개연성이 높아진다고 주장한다"라고 말한다. 그럴 수도 있지만, 이러한 세부 사항이 출애굽의 지리 및 역사적 배경의 세부 사항들에 "맞는다"라는 표현에는 다양한 의미가 있을 수 있다. 호프마이어의 극작 언어(dramaturgical language)가 보여주듯이, 등장인물과 사건의 일부 또는 전부가 허구일지라도 무대 위의 무대 장치와 소품은 "진짜"일 수 있다. 예를 들어, 셰익스피어나 "바람과 함께 사라지다"(*Gone with the Wind*)처럼 과거 사건을 다룬 연극이나 영화를 본 사람이라면 누구나 이 점을 지지할 수 있다.

신학자 한스 프라이(Hans Frei)가 강조했듯이, 성경 내러티브에서의 사실일 가능성이 역사와 동일한 것은 아니다. 성경 내러티브는 사건의 제시에 있어서 현대 소설처럼 "역사 같은" 경향이 있지만, 그렇다고 해서 인물과 사건이 역사적이라는 의미는 아니다. 프라이가 말하는 바와 같이, 우리가 사실주의와 사실을 혼동해서는 안 된다.[104] 물론 역사와 비슷하거나 사실적인 내러티브가 역사적으로 정확**할 수도 있지만**, 스타일이나 무대 장치 또는 소품이 그렇게 만드는 것은 아니다. 호프마이어가 말하듯이, 그의 박식한 조사는 "진정한 무대 장치와 소품"에 관한 것이며 성경 내러티브가 어느 정도로 역사와 비슷한지를 보여준다. 그러나 **사건들이** 실제로 역사적으로 일어났음을 입증하는 것은 더 복잡하고 어려운 작업이다. 호프마이어는 저자들의 "종교적 렌즈"의 해석적 영향을 인정하면서 이것을 받아들

---

104 Hans W. Frei, *The Eclipse of Biblical Narrative: A Study in Eighteenth and Nineteenth Century Hermeneutics* (New Haven: Yale Univ. Press, 1974), 1-16.

이는 것으로 보인다.

호프마이어는 무대 장치들과 소품들에 대해 추가 주장을 한다. 그는 "만약 성경 텍스트가 기원전 7세기에서 기원전 5세기 사이에 기록되었다면" 자기가 논의하는 세부 사항들 가운데 다수는 "히브리인 저자(들)에게 알려지지 않았거나 아마도 알려질 수 없었을 것이다"라고 말한다. 나는 출애굽 산문 내러티브의 저작 연대를 기원전 9세기에서 6세기경으로 추정하고 있기 때문에, 내가 이러한 세부 사항들에 관한 그의 입장에 동의하지 않는 이유를 설명하려고 한다. 이것은 출애굽 자체의 연대보다는 출애굽기의 저작 연대와 좀 더 관련이 있다.

호프마이어는 텍스트에 나와 있는 세부 사항들 가운데 다수가 기원전 13세기나 12세기 이후에는 잊혔을 것이라고 말한다. 나는 아마도 이집트 제국 시대에 시작된 이집트 노예 제도나 이집트에 있었던 가나안 사람들에 대한 기억이 존재한다는 데 동의한다. 그래서 나는 그의 기고문 중 단락 III-V에 제시된 사례들로 나의 논평을 제한할 것이다. 이 단락들에서 그가 다루는 세부 사항들 가운데 일부는 실제 초기 기억들일 수 있지만, 다른 일부는 그렇지 않다. 기원전 제1천년기에 이 세부 사항들 가운데 다수를 이용할 수 있었기 때문에 그의 입장은 훼손된다.

인명들과 지명들

출애굽기에는 비느하스, 홉니, 므라리 등 원래 이집트 이름인 여러 인명이 등장한다. 이 이름들은 그 이야기가 사실일 가능성을 암시한다. 그러나 인명에 들어 있는 이집트적인 요소는 왕정 시대 전체에 걸쳐 알려져 있다. 기원전 8-6세기의 히브리어 비문에 새겨진 인명들에서 이시스(Isis), 베스(Bes), 호루스 등 이집트 신들의 이름이 나타난다. 사람들은 이 시대에 이집트 식 이름을 알았으며, 오경에 등장하는 이집트식 이름 또는 이집트식 이름과 유사한 이름들 가운데 일부는 그때 만들어졌을 수도 있다. 다른 이름들은 좀 더 이른 시기에 나온 것일 수 있다. 그것들을 구별하기가 어렵다. 이런 이름들의 연대가 이 기간 가운데 어느 때에든 속할 수 있기 때문에 출애굽 연대에 관한 주장은 그런 이름들에 의존할 수 없다. 그 이름들은 이른 연대나 늦은 연대를 증명하거나 배제하지 않는다.

람세스(라암셋)라는 지명이 좋은 예다(출 1:11). 호프마이어가 말하듯이, 출애굽기 1:11에 나오는 람세스라는 도시는 람세스 2세의 통치 초기(기원전 12/9년경)에 그에 의해 건설되었다가 람세스 시대 말(기원전 1069년)에 버려진 위대한 도시 피람세스에 대한 기억이다. 그러나 이집트학 학자들이 보여주었듯이, 이 도시에 대한 기억은 기원전 제1천년기의 대부분 동안 지속되었다. 피람세스 도시를 찬양하는 람세스 문학 전통은 기원전 8세기까지 계속되었다.[105] 그리고 호

---

105 Bernd U. Schipper, "Raamses, Pithom, and the Exodus: A Critical Evaluation of Ex

프마이어가 지적하듯이, 피람세스의 아문 신은 테베에서 프톨레마이오스 시대까지 숭배되었다. 람세스 도시에 대한 성경의 언급은 이 도시에 대한 기억이 오래된 것과 관련이 있다. 하지만 그것이 텍스트가 기원전 제2천년기에만 기록되었을 수 있다는 의미는 아니다. 이 위대한 도시에 대한 기억이 수 세기 동안 남아 있었다. 그것은 이집트 제국 시대부터 이스라엘 사람들의 기억에 남아 있었을 수도 있고, 기원전 제1천년기 동안—아마도 기원전 7세기 후반에 일어났던 것처럼—이집트가 이스라엘에 대해 주도권을 행사하던 시기에 이집트의 영향으로 다시 살아났을 수도 있다.[106] 어쨌든 위대한 도시 람세스에 대한 기억은 지속되었다.

차용어, 리넨, 보석

히브리어에는 먹물, 리넨, 배(boat), 원숭이에 해당하는 단어처럼 이집트에서 차용한 단어가 많다. 이는 이집트에서 나온 사람들이 이 단어들을 이집트에서 이스라엘로 가져왔다는 의미도 아니고, 이 단어들이 모두 일찍이 히브리어로 들어왔다는 의미도 아니다. 호프마이어가 보여주듯이 리넨에 해당하는 히브리어 단어는 두 개다(*šēš*와 *bûs*). 둘 다 이집트어에서 유래했지만, 하나는 고전 성서 히브리어에

1:11," *VT* 65 (2015): 269-72.
106 이것은 Schipper의 논문의 주제다.

서 사용되고 다른 하나는 후기 성서 히브리어에서 사용된다. 그 단어들 가운데 하나는 확실히 기원전 13세기보다 훨씬 늦게 히브리어에 들어왔다. 다른 차용어들도 나중에 히브리어에 들어왔을 수 있다. 그러나 많은 차용어가 일찍 들어왔다고 하더라도, 이것은 출애굽의 연대 및 역사성 또는 출애굽기의 저작에 관해 아무것도 알려주지 않는다. 그것은 단지 이집트 제국 시대에 이집트 관리들과 군인들이 가나안에 살았고, 그들을 통해 이집트어 단어들이 현지 언어로 들어왔음을 보여줄 뿐이다. 이집트어는 이 시대 동안 위신 있는 언어였으며, 이집트어를 모방하는 것은 강력한 문화적 요소였다.

호프마이어는 제사장의 흉패에 달린 보석에 대한 단어들, 특히 이집트 차용어인 터키석(*nōpek*, 개역개정에서는 "석류석")에 대해 강력한 주장을 펼친다. 터키석은 시나이반도에서 이집트가 채굴한 명품 품목이었다. 호프마이어는 "그것이 제사장의 흉패에 존재한다는 사실은 중요한 의미가 있다. 철기 시대 2기와 그 이후 성경 저자들은 터키석을 이용할 수 없어서 출애굽기 28장과 39장에 기록된 흉패 묘사에 터키석을 포함시킬 수 없었다"라고 말한다. 하지만 그렇지 않다. 터키석은 시나이반도의 광산에서의 채굴이 중단된 후에도 기원진 제1천년기에 알려져 있었다. 호프마이어가 지적하듯이, 그 단어는 에스겔 27:16에 등장한다. 여기서 그것은 두로 군주의 무역망에 포함된 상품이다. 호프마이어는 에스겔이 이 아이디어를 출애굽기에 나오는 제사장의 흉패에 의존하고 있다고 주장한다. 그러나 터키석은 철기 시대 2기와 그 이후에도 명품 상품이었다. 가장 좋은 증거는 최근에 갈라(Calah)에서 발굴된 기원전 8세기의 아시리아 여왕들의 무덤이다. 여왕들의 왕관, 팔찌, 기타 장신구에는 터키석이 상감 세공되어 있었다.[107] 터키석은 또한 기원전 7세기와 그 이후 이집트의 **바**(*ba*) 조각상의 날개들에도 상감 세공되어 있었다. 따라서 에스겔은 아마도 두로의 무역품에 포함된 터키석에 관해 정확히 알았을 것이다. 성경 저자들은 이 시대에 터키석—그리고 그 밖의 많은 것—에 대해 알고 있었다. 이 단어—그리고 그것이 가리키는 보석—는 오랫동안 알려져 있었고, 따라서 출애굽이나 성경 텍스트의 연대에 대한 증거로 사용될 수 없다.

이 예들은 이집트(그리고 터키석이나 먹물 같이 이집트 이름을 가진 물건들)의 영향력과 명성이 이스라엘의 초기와 후기 모두에 영향을 주었음을 보여준다. 출애굽기에 나타나는 이집트적인 특성들은 그 이야기가 사실일 가능성을 더해준다. 그러나 그중 어느 것도 출애굽의 역사성과 직접적인 관련은 없다. 호프마이어가 말하듯이, 그것들은 과거의 위대한 사건에 관한 종교 드라마의 소품이자 무대 장치다. 그것들은 출애굽기가 쓰인 연대와도 직접적인 관련이 없다. 그러나 내가 다른 곳에서 보여주려고 노력했듯이, 히브리어의 언어사처럼 도움이 되는 언어의 다른 증거들이 있다.[108]

---

107   Muzahim Mahmoud Hussein, *Nimrud: The Queens' Tombs*, Oriental Institute Miscellaneous Publications (Chicago: Oriental Institute of the Univ. of Chicago, 2016). 이 돌들 가운데 일부는 모조 터키석일 수 있지만, 이 시대에 보석으로서 터키석에 대한 의미는 동일하다.

108   Ronald Hendel and Jan Joosten, *How Old Is the Hebrew Bible? A Linguistic, Textual, and Historical Study*, ABRL (New Haven: Yale Univ. Press, 2018).

▶ 재답변
▶ 제임스 K. 호프마이어

연대기와 역사성: 람세스(라암셋)/피람세스라는 초점

출애굽이 기원전 13세기에 일어난 사건임을 보여주는 결정적인 요소는 지명 피람세스(출 1:11의 "라암셋")다. 이 이름은 스트리플링이 이전 도시 아바리스에 대한 후대의 본문 주석이라고 믿는 기원전 13세기의 삼각주 수도에 해당한다. 우리는 이전 버전에 기록된 내용에 관해 추측하기보다는 있는 그대로의 텍스트를 가지고 작업함으로써만 역사를 재구성할 수 있다. 따라서 출애굽기 1:11에서 람세스가 언급되는 점은 주요한 연대기 표지로서 그것에 마땅한 중요성이 부여되어야 한다.

그러나 피람세스는 역사성에 영향을 주기 때문에 연대기보다 훨씬 많은 관심을 받는다. 따라서 나는 「베투스 테스타멘툼」(*Vetus Testamentum*)에 실린 베른트 쉬퍼(Bernd Schipper)의 최근 논문을 다루려고 하는데, 헨델도 그 논문을 받아들인다.[109] 쉬퍼는 피람세스의 비

---

109 나는 그의 데이터 해석에 전혀 동의하지 않으며 그가 언어학적 증거를 잘못 해석

문이 새겨진 많은 돌덩이가 타니스를 건설하기 위해 옮겨졌고, 피람
세스를 중심으로 한 숭배들이 새롭게 각광받으면서 그 이름이 후대
에도 살아남게 되었다고 주장한다. 그러므로 헨델은 피람세스라는
지명의 고대성에 도전하고, 그 지명이 사용된 것이 그 텍스트가 기원
전 13-12세기에 쓰였음을 나타내는 것이 아니라 기원전 제1천년기
에 쓰였음을 암시한다고 제안한다.

헨델과 쉬퍼의 견해에 의문을 제기할 많은 이유가 있다. 최고
의 람세스 학자인 케네스 키친에 따르면, 피람세스는 기원전 1140-
1130년 사이에 버려졌다.[110] 성경은 결코 "람세스"(창 47:11; 출 1:11;
12:37; 민 33:3, 5)를 사용하여 "타니스/소안(히브리어 *ṣō'an*)을 의미하지
않는다. 그러나 타니스는 기원전 제1천년기에 분명한 이유로 피람세
스 대신 등장한다(예컨대 시 78:12, 43). 이스라엘의 왕정 시대에 피람
세스는 존재하지 않았지만, 북쪽으로 약 20킬로미터 떨어진 곳에 그
것을 대체한 아바리스가 자리잡고 있었다. 토라의 저자들이 기원전
제1천년기 중반에 저술했다면, 토라에 타니스가 사용되었을 가능성
이 크다. 비탁은 최근에 후기의 숭배들이 기원전 4세기에 시작되었
기 때문에 성경 저자들에게 영향을 미치기에는 너무 늦었다고 주장

했다고 믿지만, 그 논문의 출판을 추천했다. 그러나 나는 내 저서 *Israel in Egypt* 2판
(현재 준비 중)에서 Schipper의 해석에 도전할 계획이다.

110 람세스 6세(기원전 1143-1136년)는 그 이름이 피람세스에 있는 기념물에 나
타나는 마지막 파라오다. 참조. Kenneth A. Kitchen, "Egyptians and Hebrews,
from Ra'amses to Jericho," in *The Origin of Early Israel—Biblical, Historical and
Archaeological Perspectives*, ed. Shmuel Aḥituv and Eliezer D. Oren, Beer-Sheva
Studies by the Department of Bible and Ancient Near East 12 (Beersheva: Ben-
Gurion Univ. of the Negev Press, 1998), 81.

했다. 그는 다음과 같이 결론을 내린다. "출애굽기에 기록된 여정의 시작(13:17-18; 14:2)은 람세스 시대의 지형적 조건을 반영한다."[111] 나는 그의 의견에 동의하며, 키친도 동의한다.[112]

메르넵타 석비에 대한 재고찰

스트리플링은 이스라엘이 메르넵타 석비에 "포함될 만큼 충분히 강력"하지 않았을 것이기 때문에 기원전 13세기 출애굽은 배제된다고 주장한다. 그가 아멘호테프 3세 때(기원전 1390-1353년) 또는 그보다 좀 더 이른 연대로 추정되는 베를린 받침대에 "이스라엘"이 등장한다고 믿기 때문에(이에 대한 그의 견해의 문제에 관해서는 그의 기고문에 대한 내 답변을 보라),[113] 이는 흥미로운 주장이다. 그런 연대 추정은 기원전 1406년경 가나안에 들어간 이스라엘 백성이 이 비문에 포함될 만큼 충분한 시간을 허용하지 않는다. 따라서 만약 한 실체(entity)가 이집트 텍스트에 언급될 가치가 있을 정도로 힘을 얻는 데 일정 기간이 필요하다면, 그 주장은 양날의 검이다!

---

111 Manfred Bietak, "On the Historicity of the Exodus: What Egyptology Today Can Contribute to Assessing the Biblical Account of the Sojourn in Egypt," in Levy, Schneider, and Propp, *Israel's Exodus in Transdisciplinary Perspective*, 30.

112 Kitchen, "Egyptians and Hebrews," 80-84.

113 Robert Ritner, "The Supposed Earliest Hieroglyphic Mention of Israel (Berlin AM 21687): A Refutation," in *Semitic, Biblical, and Jewish Studies in Honor of Richard C. Steiner*, ed. Aaron J. Koller, Mordechai Z. Cohen, and Adina Moshavi (New York: Yeshiva Univ. Press, 2020), 37.

족보와 체류 기간

렌즈버그는 체류 기간에 대해 성경에 나오는 숫자들을 일축한다. 왜냐하면 그것이 그 숫자들을 문자적으로 다루는 것을 수반하며, 그가 판단하기로는 그 숫자들이 "현실성이 (거의) 없"기 때문이다. 나 역시 히브리 성경과 고대 근동 텍스트에 나오는 큰 숫자들이 연대기만을 위한 것이 아니라 **디스탄츠안가베**(*Distanzangabe*) 같은 다양한 이유로 사용될 수 있음을 인정한다(스트리플링의 기고문에 대한 내 답변을 보라).[114] 그럼에도 평온의 시대에 이어 속박의 시대가 오는 전통이 단 두 세대로 축소될 수 있다고 생각할 수는 없을 것 같다.

렌즈버그의 주장의 핵심은 족보를 문자 그대로 받아들이는 데 놓여 있다. 그는 출애굽기 6장에 기록된 모세의 족보가 창세기 15:13과 일치한다고 주장하는데, 여기서 아브라함은 그의 자손이 400년 동안 객(*gēr*)과 종('*ebed*)이 될 것이지만, 4대 만에 돌아올 것이라는 말씀을 듣는다(창 15:16). 레위와 고핫이 이집트로 갔기 때문에, 출애굽 전에 이집트에서 태어나는 세대는 두 세대뿐이다. 그러나 창세기 15:16의 "4대"는 이집트에서 적어도 (두 세대가 아니라) 네 세대가 태어났음을 시사한다. 그러나 400년과 네 세대(*dôr*)가 병행하여 나타나기 때문에, 그것들이 "동일시될" 가능성이 크다.[115] **도르**(*dôr*)는 20년-25년(문자적 세대)이나 40년(상징적 세대)보다 더 긴 시간 구간을

---

[114] 나는 Hoffmeier, "What Is the Biblical Date for the Exodus?" 237-38에서 [왕상 6:1에 기록된] 480년에 대해 이런 해석을 제안했다.

[115] Gordon Wenham, *Genesis 1-15*, WBC (Waco, TX: Word, 1987), 332.

가리킬 수 있다.[116] 따라서 400년과 네 번째 **도르**, 즉 시간의 주기는 동일한 시간 구간을 나타낸다.

렌즈버그는 룻기 4:18-22에 나오는 다윗의 족보도 출애굽이 기원전 12세기에 일어났음을 지지한다고 주장한다. 이 결론에 따르면 이 목록은 문자적으로 철저하게 다뤄져야 하고, 역대상에 기록된 헤만의 족보 같은 더 긴 족보 목록은 "변조된"(확장된) 것으로 일축되어야 한다. 그러나 고대 세계에서 항상 그런 것은 아니다. 이집트의 족보와 왕 목록은 때때로 개인(예컨대 하트셉수트), 왕조의 일부, 심지어 왕조 전체를 생략한다. 아비도스 왕 목록은 아마르나 시대 통치자들과 힉소스 왕조들을 모두 제거했다. 나는 이집트 왕의 목록을 장식하기 위해 비역사적인 인물이 추가된 사례를 단 하나도 알지 못한다.[117]

렌즈버그는 사사기에서 다루는 기간이 대폭 축소될 수 있어서 출애굽이 기원전 12세기에 일어났다는 자신의 견해와 조화를 이룰 수 있다고 믿는다. 사사기의 문학적 구조는 아시리아의 요약 텍스트와 비교된다. 그 텍스트에서는 원정이나 사건들이 반드시 연대순으로 배열된 것이 아니라 지리적·이념적으로 배열되었다.[118] 사사기는

---

116 다음 문헌들을 보라. Nahum Sarna, Genesis: *The JPS Torah Commentary* (Philadelphia: Jewish Publication Society, 1989), 116; Kitchen, *On the Reliability of the Old Testament*, 256; James K. Hoffmeier, "Egyptian Religious Influences on the Early Hebrews," in Hoffmeier, Millard, and Rendsburg, "Did I Not Bring Israel out of Egypt?" 4.

117 "King Lists," trans. James K. Hoffmeier (*COS* 1.37:68-73).

118 K. Lawson Younger, "Judges 1 in Its Near Eastern Literary Context," in *Faith, Tradition, and History: Old Testament Historiography in Its Near Eastern Context,* ed. James K. Hoffmeier, Alan R. Millard, and David W. Baker (Winona Lake, IN:

유사한 체계를 사용한다. 이는 사사기에 묘사된 사건들의 순서가 연대순으로 배열되지 않았음을 의미한다. 따라서 연대기적 재구성에서 그것들의 가치는 허약하다.

나는 게리 A. 렌즈버그를 매우 존경한다. 하지만 나는 그의 족보 이해에 문제가 있다고 생각한다. 결정적으로, 나는 메르넵타 석비에 들어 있는 "이스라엘"이라는 글자와 그것이 기원전 13세기 말 이전에 이스라엘 또는 원시 이스라엘이 가나안에서 시작되었음에 대해 암시하는 바를 간단하게 무시할 수 없다.

터키석과 보석들에 관해

대제사장의 흉패에 관한 묘사에서 언급된 터키석(히브리어 *nōpek*)이라는 보석(출 28:18; 39:11)은 의문의 여지 없이 이집트어 용어 *mfk3t*에서 유래했다.[119] 시나이반도에서 이집트의 채광 작업은 2,000년 이상 지속되었으며, 피람세스가 버려졌을 때(기원전 1140-1130년경) 종료되었다.[120] 그 이후 터키석은 이집트와 레반트에서 희귀하거나 존재하지

Eisenbrauns, 1994), 207-27.

119 Yoshiyuki Muchiki, *Egyptian Proper Names and Loanwords in North-West Semitic*, SBLDS 173 (Atlanta: Society of Biblical Literature, 1999), 251.

120 람세스 6세는 세라비트 엘 카딤(Serabit el-Khadim) 터키석 광산 지역에 이름이 나타나는 마지막 파라오다. A. H. Gardiner, T. Eric Peet, and Jaroslav Černý, *The Inscriptions of Sinai*, 2 vols. (London: Egypt Exploration Society, 1952-1955), 2:38-39을 보라.

않았다. 이것이 "철기 시대 2기와 그 이후 성경 저자들은 터키석을 이용할 수 없었다"라는 내 주장의 배경이다. 따라서 헨델의 비평은 어느 정도 타당하다. 나는 히브리 성경에 나오는 보석에 대한 학제 간 공동 연구에서 했던 것처럼, 좀 더 세심하고 미묘한 방식으로 설명했어야 했다. 그 연구에서 내 동료들과 나는 터키석은 후기 청동기 시대 때 레반트와 메소포타미아에서 **희귀했고** "기원전 12세기 이후 이집트와 근동의 고고학 기록에 **사실상 존재하지 않는다**"[121]라는 결론을 내렸다. 사실 터키석은 이집트에서 후기 보석류의 몇몇 사례에 등장하지만, 이런 경우 그것은 이전의 장신구나 유산으로 물려받은 물품에서 재사용되었을 수 있다. 헨델이 언급한 님루드(Nimrud)에 위치한 아시리아 여왕들의 무덤에 있던 터키석의 출처는 알려지지 않았지만, 그것은 아마도 이란에서 왔을 것이다.[122] 『시카고 아시리아 사전』(Chicago Assyrian Dictionary)을 포함하여 바빌로니아어와 아시리아어 사전들을 조사한 결과 터키석에 해당하는 것으로 알려진 단어가 없음이 밝혀졌다.[123]

철기 시대 2-3기의 레반트 지역에서 나온 고고학 발견물에 터

---

121   James A. Harrell, James K. Hoffmeier, and Kenton E. Williams, "Hebrew Gemstones in the Old Testament: A Lexical, Geological, and Archaeological Analysis," *BBR* 27 (2017), 17-18, 31-32. 위 본문의 인용 문구는 44쪽에 나온다.

122   Edward Gübelin, "A Visit to the Ancient Turquoise Mines in Iran," *Gems and Gemology* 12, no. 1 (1966): 3-13; Mohsen Manutchehr-Danai, "On the Turquoise Deposits of Nishabur (N. E. Iran)," *Gems and Gemology* 15, no. 10 (1977): 315-19; Peter Bancroft, *Gem and Crystal Treasures* (Fallbrook: Western Enterprises and Mineralogical Record, 1984), 285-88.

123   이 조사에 도움을 준 내 동료 K. Lawson Younger에게 감사한다.

키석이 없다는 것이 현실이며, 램딘(Lambdin)이 제공한 언어학적 증거는 **노페크**(*nōpek*)가 기원전 제1천년기 이전에 히브리어에 들어왔다는 것을 보여준다.[124] 그래서 나는 출애굽기에서 **노페크**라는 단어를 사용한 것이 터키석을 손쉽게 구할 수 있었던 때와 공간(시나이반도)를 가리킨다는 내 이전의 결론을 고수한다.

철학적 문제들과 맺음말

나는 "출애굽 사건이 발생했음을 '역사적으로 확실하게' **증명**하지 못할 수도 있"다는 파인만 박사의 의견에 동의한다. 역사학자들은 고대 역사에 관해서는 "증명하다"라는 단어를 사용하지 않으며, 성경 역사에 대해서는 이 단어를 훨씬 덜 사용한다. "역사학자는 **실제로** 무슨 일이 일어났는지 알 수는 없지만 그 학자에게는 시도할 의무가 있다"[125]라는 말이 있다.

　"비판적인" 성서학자들은 근대/포스트모던 회의론으로 인해 일반적으로 오경에 관해서는 역사의 증거로서의 가능성과 개연성에 관해 이야기하기를 꺼린다. 이 학자들은 종종 보수적인 학자들이 결함이 있는 철학적 또는 신학적 가정 때문에 오류를 범한다고 믿는

124　Thomas O. Lambdin, "Egyptian Loan Words in the Old Testament," *JAOS* 73 (1952): 152.

125　David Hackett Fischer, *Historians' Fallacies* (New York: Harper, 1970), 43, 강조는 원저자의 것임.

다. 이는 매우 불공평해 보인다. 모든 사람이 텍스트, 특히 성경을 자신의 정치적·신학적·세계관적·경험적 렌즈를 통해 해석하기 때문이다. 자기가 텍스트에 공정하게 접근한다고 가정하는 사람은 누구나 베이컨의 오류(Baconian fallacy)—"역사학자는 선입견 있는 질문, 가설, 개념, 전제, 이론 패러다임, 가정, 편견, 추정 또는 모든 종류의 일반적인 가정의 도움 없이 작업할 수 있다는 개념"—에 빠진다.[126] 헨델은 (내가 주장을 펼칠 때 결코 내 신학에 호소하지 않는데도) 내 학문과 결론이 내 신학으로 오염되었다고 생각함으로써 우리의 대화와 지식의 발전에 피해를 주고 있다. 우리는 자신이 어떤 가정을 지니고 있든 실제 데이터와 그것이 "증거"에 대해 갖는 함의에 노력을 집중할 필요가 있다.

미국 최고의 변호사들 가운데 한 명인 마크 래니어(Mark Lanier)는 법정 소송 사건이 입증책임을 충족해야 한다는 점을 인정한다. 그러나 그런 평결은 대개 우세한 증거 또는 "좀 더 비중이 큰" 증거에 따라 내려지는데, 증거에는 정황 증거가 포함된다.[127] 역사 연구에서도 마찬가지다. 고대 텍스트와 다른 고고학 데이터를 다룰 때, 텍스트나 한 조각의 두해 안에 들어 있는 모든 세부 사항을 주의 깊게 검토하여 진정성(authenticity)을 판단하고, 데이터가 쌓이면 그것들을 저울에 올려놓고 어느 쪽으로 기울어지는지 살펴봐야 한다. 나는 성경과 성경 밖의 우세한 증거가 저울을 역사적 출애굽 쪽으로 기

---

126 Fischer, *Historians' Fallacies*, 4.
127 Lanier는 텍사스주 휴스턴에 위치한 인상적인 래니어 신학 도서관의 설립자이자 소유주이며, 그 자신이 성서학자다.

울어지게 한다고 믿는다. 나는 내 기고문에서 드라마가 상연되는 무
대라는 이미지를 사용함으로써 이것을 성취하려고 노력한다. 역사
적으로 진정한 무대가 그 드라마가 상연되었다는 것을 증명하지는
않지만, 소품들이 모두 틀렸고 시대착오적이라면 그 이야기는 확실
히 성서학자들에게 무시될 것이다.

3

기원전 13세기에 힉소스/레위인이 주도한 출애굽 관점

피터 파인만

람세스 2세 통치 제7년의 마지막 날 밤 제7시에 히브리인/힉소스 레위인인 모세가 람세스 2세의 뜻을 거역하고 이집트에서 사람들을 데리고 나왔다. 그는 훗날 그들을 이스라엘 백성으로 통합하였으며, 히브리 성경의 기초가 된 이야기를 들려주었다. 이 문장들은 람세스 2세의 통치 기간에 역사적 출애굽이 일어났다는 내 주장을 표현한다. 이 책에 대한 내 기고문은 성경의 출애굽 이야기를 다루지 않을 것이다. 대신 이집트의 기록, 고고학적·텍스트상·역사적 증거에 초점을 맞출 것이다. 일부 경우에는 성경 이야기가 그러한 증거로부터 어떻게 유래했으며 그러한 증거와 일치하는지를 보여줄 것이다. 출애굽이 일어났다는 이 주장은, 출애굽이 일어났음을 부인하거나, 설령 이집트에서 떠난 사건이 있었다고 하더라도 그것이 미미해서 눈에 띄지 않았을 것이라는 성서학계의 주장과 상당한 차이가 있다.

"문학은 정치학이고 정치학은 문학이다"라는 개념은 방법론적 지도 원리 중 하나다.[1] 개념적으로, 실제 있었던 그대로의 역사라

---

[1] 이 개념은 David S. Vanderhooft and Abraham Winitzer, eds., *Literature as Politics, Politics as Literature: Essays on the Ancient Near East in Honor of Peter Machinist*(Winona Lake, IN: Eisenbrauns, 2013)의 제목에 반영되어 있다.

는 개념은 고대 이집트와 이스라엘의 내러티브 서술과 무관하다. 사업 계약서나 매매 계약서 외에는, 글들이 생물학적·문자적으로 사실이 되도록 의도되지 않았다. 현대의 관점에서 보면 이런 글들은 본질상 정치적이며, 왕이나 정치 지도자들의 필요를 충족하기 위한 것이었다. 텍스트가 작성되었을 때 그 텍스트가 의미한 바를 인식하는 것이 우리가 직면한 도전 과제다. 이는 출애굽에 대한 결정적인 증거가 존재한다고 해도 우리가 그것을 인식하지 못할 수도 있음을 의미한다. 문제는 파라오의 뜻을 거역하고 이집트를 떠난 것을 우리가 어떻게 표현할 것인가가 아니라, 공개적으로 거역당한 파라오가 그것을 어떻게 표현할 것인가다. 당신은 출애굽 이후 람세스가—기록 목적상—뭐라고 말하리라고 예상하는가?

이 기고문에서 우리는 레위인, 힉소스인, 제안된 역사 재구성이라는 세 가지 문제에 초점을 맞출 것이다. 좀 더 구체적으로 말하자면, 우리는 "레위인들은 누구였는가?"라는 질문을 하고 현재 학계에서 이해하고 있는 레위인의 정체와 역사를 검토할 것이다. 이 대목에서의 목표는 이집트 세계 내에서 그들의 위치가 확인될 수 있는지 결정하는 것이다. 그다음에 우리는 "힉소스인들은 누구였는가?"를 묻고, 현재 학계에서 이해하고 있는 힉소스의 정체와 역사를 검토할 것이다. 이 단락의 목표는 힉소스인들이 어떤 식으로든 출애굽과 관련이 있는지 결정하는 것이다. 그런 다음 우리는 주로 이집트의 고고학 자료에 기초하여 출애굽에 대한 역사적 재구성을 제안할 것이다. 이 단락의 목표는 힉소스 레위인들(반드시 모든 힉소스인인 것은 아니다)에게 람세스 2세의 뜻을 거역하고 이집트를 떠날 동기, 수단, 기회가 있었는지 결정하는 것이다. 나는 이 재구성이 개인의 종교적 신념과 관계없이 고고학 기록과 그 자체의 가치에 의해 판단될 때 가능하고, 그럴듯하며, 합리적이라고 여겨지기를 바란다.

레위인들은 누구였는가?

레위인들의 정체는 출애굽의 역사적 재구성에 매우 중요하다. 가장 분명한 것은, 모세가 성경 이야기에서 레위인이라는 것이다. 그러므로 우리가 레위인이 주도한 출애굽이 역사적으로 일어났다고 제안하려면 이집트의 맥락에서 레위인들이 누구였는지를 명확히 밝힐 필요가 있다. 전통적으로 레위인에 관한 성경 연구는 이 문제에 초점을 맞추지 않았다. 그들에 관한 주요 관심 분야는 다음과 같았다.

1. 히브리 성경 저술에서 그들의 역할
2. 그들과 아론 계열 및 사독 계열 제사장직 사이의 관계
3. 이스라엘 왕국의 창설과 분열에 있어서 그들의 정치적 관여
4. 그들과 모세, 무시 부족(Mushite) 제사장, 느보, 야웨 전통 사이의 연관성
5. 그들의 폭력적인 성향

이 기고문에서 나는 이집트에 있던 레위인들이 출애굽의 지도자가 되는(레위인이 아닌 사람들도 이끄는 것을 포함한다) 출발점을 제공하는

요소는 마지막 항목, 즉 폭력적인 성향이라고 제안한다. 그렇게 하기 위해 나는 레위인의 폭력에 관한 학문 연구에서 시작하여 레위인과 이집트 사이의 연관성을 제안하고, 마지막으로 레위인-힉소스의 관련성에 대한 내 해석을 제시한다.

우선, 레위인의 정체성의 폭력적인 측면을 설명하기 위해 일반적으로 인용되는 구절들은 다음과 같다.[2]

- **창세기 34:25**: 제삼일에 아직 그들이 아파할 때에 야곱의 두 아들 디나의 오라버니 시므온과 레위가 각기 칼을 가지고 가서 몰래 그 성읍을 기습하여 그 모든 남자를 죽이고.

- **창세기 49:5-7**: 시므온과 레위는 형제요 그들의 칼은 폭력의 도구로다. 내 혼아, 그들의 모의에 상관하지 말지어다. 내 영광아, 그들의 집회에 참여하지 말지어다. 그들이 그들의 분노대로 사람을 죽이고 그들의 혈기대로 소의 발목 힘줄을 끊었음이로다. 그 노여움이 혹독하니 저주를 받을 것이요 분기가 맹렬하니 저주를 받을 것이라. 내가 그들을 야곱 중에서 나누며 이스라엘 중에서 흩으리로다.

- **출애굽기 32:27-28**: 모세가 그들에게 이르되 "이스라엘의 하나님 여호와께서 이렇게 말씀하시기를 '너희는 각각 허리에 칼을 차고 진

2　영어 원서에서 이 기고문의 모든 인용은 NIV에서 인용되었다(본 번역서에서는 개역개정에서 인용됨).

이 문에서 저 문까지 왕래하며 각 사람이 그 형제를, 각 사람이 자기의 친구를, 각 사람이 자기의 이웃을 죽이라' 하셨느니라." 레위 자손이 모세의 말대로 행하매 이날에 백성 중에 삼천 명 가량이 죽임을 당하니라.

• **신명기 33:8-11**: 레위에 대하여는 일렀으되 "주의 둠밈과 우림이 주의 경건한 자에게 있도다. 주께서 그를 맛사에서 시험하시고 므리바 물가에서 그와 다투셨도다. 그는 그의 부모에게 대하여 이르기를 '내가 그들을 보지 못했다' 하며 그의 형제들을 인정하지 아니하며 그의 자녀를 알지 아니한 것은 주의 말씀을 준행하고 주의 언약을 지킴으로 말미암음이로다. 주의 법도를 야곱에게, 주의 율법을 이스라엘에게 가르치며 주 앞에 분향하고 온전한 번제를 주의 제단 위에 드리리로다. 여호와여, 그의 재산을 풍족하게 하시고 그의 손의 일을 받으소서. 그를 대적하여 일어나는 자와 미워하는 자의 허리를 꺾으사 다시 일어나지 못하게 하옵소서."

레위인과 폭력성이 정확히 어떻게 그렇게 밀접하게 연관되게 되었는지는 명확하지 않다.[3]

마크 루히터(Mark Leuchter)는 그의 "전투적인 무시 부족"(The

---

3   레위인과 폭력에 관해서는 다음 문헌들을 보라. Joel S. Baden, "The Violent Origins of the Levites: Text and Tradition," in *Levites and Priests in Biblical History and Tradition*, ed. Mark A. Leuchter and Jeremy M. Hutton, AIL 9 (Leiden: Brill, 2012), 103-16; Mark A. Leuchter, "The Fightin' Mushites," *VT* 62 (2012): 479-500.

Fightin' Mushites)이라는 제목의 논문이 출판되기 2년 전에 구두 발표한 초록(抄錄)에서 다음과 같이 말했다. "모세에 의해 세워진 제사장 계열(프랭크 무어 크로스[Frank Moore Cross] 등에 따르면, '무시 부족')은 이 점에 있어서 왕정 이전 전통과 그 이후 북왕국에서 가장 두드러진다.…그러나 무시 부족이 어떻게 지배적인 제사장 가문으로서 기반을 잡았으며, 어떤 점에서 모세 자신은 더 광범위하게 레위인들의 예표론적 상징이 되었는가?"[4]

루히터는 모세가 히브리인을 때린 이집트인 감독관을 살해한 폭력적인 무시 부족의 유산에서 그의 답을 찾는다(출 2:11-22). 그 에피소드에서 모세는 미디안으로 도망가 거기서 십보라와 결혼하고 아들 게르솜을 낳는다. 루히터는 게르솜이라는 이름에 대해 "타국에서 나그네가 되었다"라고 한 성경의 설명을 실제 의미가 아니라고 일축한다. 루히터는 다양한 학자를 인용하여 공통 어근 *grš*를 모세가 상황을 뒤집기 전에 우물에서 물을 긷는 여자들을 "쫓아냈던" 목자들의 행동과 연결한다(히브리어 어근 *grš*는 "쫓아내다"를 의미한다—역자주). 따라서 그 아들은 그의 부모를 만나게 해준 행동을 따라 작명되었다는 것이다. 그런 다음 루히터는 게르솜이라는 용이는 이름이라기보다는 이집트에서 살고 있던 히브리인 남성이든 광야에서 거주하던 미디안 여성들이든 간에 약자를 보호하기 위해 행동하는 무시 사람을 나타내는 칭호였다고 제안한다. 기고문의 나머지 부분에서,

---

4   Mark A. Leuchter, "The Fightin' Mushites"(Columbia Hebrew Bible Seminar, Columbia, NY, March 17, 2010에서 발표된 논문). 출판된 논문은 그 발표 시기를 2010년 2월로 제시한다.

루히터는 이 결혼을 성사시킨 용감한 행위 전통의 연속성에 대해 자세히 말한다. 그에 따르면 레위인의 폭력은 아마도 이집트에 대한 폭력이었을 테지만, 그것은 가나안에 있는 제국 이집트에 대한 것이었다. 레위인들은 기원전 12세기에 시작되었고, 요단강 동쪽이나 이집트의 모세와는 아무 관계가 없다.[5]

리처드 엘리엇 프리드먼(Richard Elliott Friedman)은 레위인의 정체성을 이집트에서의 이스라엘의 기원 자체로 강하게 밀어부쳤다. 프리드먼은 그의 저서 『누가 성경을 썼는가?』(*Who Wrote the Bible?*, 1987)에서 아마도 이스라엘이 된 사람들 가운데 레위인들만 이집트에서 노예였을 것이라고 제안한다. 그는 모세와 아론의 손자 비느하스 같은 핵심적인 이스라엘인들의 이집트식 이름을 근거로 제시한다. 몇 년 후 그는 온라인과 세계성서학회 학술회의(2014)에서 그 주제를 다시 다뤘다. 마침내 그는 『출애굽기』(*The Exodus*, 2017)를 출판했다. 그 책은 "레위인과 출애굽"(The Levites and the Exodus)이라는 제목이 붙은 41쪽 분량의 단락에서 자신의 이전 연구를 반복하고 다듬는다. 그러나 프리드먼은 힉소스 등 기원전 제2천년기 이집트에서 아시아인들의 위치에 관한 이집트학 연구를 광범위하게 참고하지 않는다. 그 결과 그는 이집트에서의 레위인들의 위치를 정확히 파악하거나, 소외된 노예들이 어떻게 문학적이고 폭력적인 성향을 발전시켰는지 제시하지 못했다.[6]

---

5   Leuchter, "The Fightin' Mushites," 489-94. 그는 이 책의 기고자인 Ronald Hendel 의 기억의 역사 접근법을 공유한다.

6   Richard Elliott Friedman, *Who Wrote the Bible?* (San Francisco: HarperSanFrancisco,

그런 다음에 그는 게르솜이라는 이름에 대해 루히터의 분석과 유사한 제안을 한다. 프리드먼은 레위인이 된 사람들은 아마도 이집트에서 그 이름으로 알려지지 않았을 것이라고 가정한다. 그는 레위라는 인명은 아마도 "거주 외국인"이란 의미에서 "덧붙여진" 또는 "합류한" 사람을 의미할 것이라고 말한 윌리엄 프로프(William Propp)의 연구를 인용한다.[7] 프리드먼은 "우리는 그들이 이곳[이집트]에서 어떻게 불렸을지 전혀 모른다"라고 인정한다.[8] 프리드먼은 그러므로 이집트에서 살았던 이스라엘이라는 이름으로 불리는 민족을 찾는 것이 의미가 없는 것처럼, 그곳에서 레위인이라고 불렸던 민족을 찾는 것도 의미가 없다고 주장한다. 그렇다면 이집트에서 파라오에게 저항하기로 결심하고 출애굽 때 거주 외국인으로 알려지게 된 셈족을 적시하는 것이 도전 과제다.

1987), 82; idem, "The Exodus Is Not Fiction: An Interview with Richard Elliott Friedman," *Reform Judaism* (Spring 2014), 6-8, 60, https://reformjudaism.org/exodus-not-fiction; idem, "Levites and Priests in History and Tradition"(Society of Biblical Literature 연례 학술 회의, San Diego, CA, November 24, 2014에서 발표한 논문); idem, "The Historical Exodus: The Evidence for the Levites Leaving Egypt and the Introduction of YHWH into Israel," *The Torah.com*, January 2015, www.thetorah.com/article/the-historical-exodus; idem, *The Exodus* (New York: HarperCollins, 2017), 31-71, 72-74. Richard Elliott Friedman, "Love Your Neighbor: Only Israelites or Everyone?" *BAR* 40, no. 5 (September/October 2014): 48-52도 보라.

7   Friedman, *The Exodus*, 63.

8   Friedman, *The Exodus*, 67.

힉소스인들은 누구였는가?

우리가 출애굽에 대해 레위인이 이집트에서 시작되었다는 프리드먼의 통찰을 받아들인다면 이는 이집트 안에서 폭력과 관련된, 셈족인 거주 외국인을 식별하려는 탐구로 이어진다. 람세스 2세 시대의 폭력적인 셈족의 정체에 관해서는 힉소스와 덜 알려진 *n'rn*이라는 두 가지 주요 선택지가 있다.[9] *n'rn*은 셈어 단어로서 이집트 군대에서 복무한 군인들을 가리킨다. 일반적으로 그들은 여러 지역 출신으로 현재 이집트를 위해 싸우고 있는 가나안 사람들로 여겨지지만, 그들의 민족성은 이집트학 학자들 사이에서 논란이 되고 있다. 그러나 메르넵타의 카르나크 비문은 *n'rn*과 승리한 이집트 군대를 명확히 구분하고 있으며, 둘 사이를 대조한다.[10] 우리는 메르넵타가 애초에 왜 이집트 군대를 *n'rn*과 비교하기로 했는지 물을 수도 있을 것이다. 그들의 전투력에 관한 평판은 확실히 잘 알려져 있었다.

이집트 군대에 셈족이 군사적으로 참여한 것은 제12왕조와 제13왕조로 거슬러 올라간다. 셈족 전사들은 제13왕조 초기의 내부 정치 갈등에 참여했다. 이 시기 동안 레반트인에 대한 이집트의 예술

---

9 *N'rn*에 관해서는 다음 문헌들을 보라. Alan R. Schulman, "The *N'rn* at the Battle of Kadesh," *Journal of the American Research Center in Egypt 1* (1962): 47-52; idem, "The *N'rn* at Kadesh Once Again," *JSSEA* 11 (1981): 7-19.

10 메르넵타의 카르나크 비문은 이스라엘을 언급하는, 좀 더 유명한 메르넵타 석비와 구별되어야 한다. 이 비문에 관해서는 Colleen Manassa, *The Great Karnak Inscription of Merneptah: Grand Strategy in the 13th Century BC*, Yale Egyptological Studies 5(New Haven: Yale Univ. Press, 2003)를 보라.

묘사에서 그들의 소지품으로 무기들이 가장 자주 표현된다. 그러므로 힉소스의 도래나 신왕국 파라오들의 원정에서 포로들이 잡혀 오기 전에도 이집트 군대 내부에 이미 셈족 군사 세력이 존재했다.[11]

이집트를 위해 싸운 이 셈족 전사들과 관련하여 가장 중요한 행동은 람세스 2세 통치 5년째에 벌어진 가데스 전투 때 *n'rn*의 활약이다. 이 부대는 전투에 참여했을 뿐만 아니라, 히타이트의 매복에 걸려 겨우 목숨을 건진 고집 센 최고 지휘자를 구출했다. *N'rn*은 이집트 이야기에서 설명 없이 갑자기 등장한다. 그들은 구원하러 온 기병대처럼 기능한다. 당연히, 지구상에서 가장 온화했던 람세스는 마땅히 공적이 인정되어야 하는 곳에 공을 돌리고 싶었다. 그는 자기를 구해준 데 대해 *n'rn*을 칭찬했다. 그는 적어도 한 번은 그렇게 했다. 그가 자기 혼자서 전투에서 승리했다고 주장하지 않았을 때 말이다.[12]

레위인의 기원이 *n'rn*이었는가? 프리드먼이 언급한 폭력적인 노예였던 거주 외국인들에게 군사적 배경이 있었다면 그들이 좀 더 이치에 맞는다. 레위인 *n'rn*에게 군사적 유산이 있었을 테지만, 레위인의 유신에는 폭력 이상의 요소가 많이 존재한다. 그들은 또한 히브

---

11   Anna-Latifa Mourad, *Rise of the Hyksos: Egypt and the Levant from the Middle Kingdom to the Early Second Intermediate Period* (Oxford: Archaeopress, 2015), 32, 82, 84, 124-30, 200-202.

12   람세스 2세와 히타이트 사이의 가데스 전투는 역사상 가장 잘 기록된 고대 근동의 전투들 가운데 하나다. 이것이 출애굽에 미친 영향에 대해서는 뒤에 논의되는 내용을 보라.

리 성경의 저작과도 밀접한 관계가 있다.[13] *N'rn*에게는 한때 이집트를 통치했으며(제15왕조, 기원전 1650-1550년경), 좀 더 엘리트이고 교육받은 집단으로 남아 있었던 힉소스인들의 저술, 문화, 리더십 경험이 없었다. 우리는 이 셈족 부대의 지휘관들이 힉소스인이었으리라고 추측할 수 있을 것이다. 우리는 그런 국내 군사 세력이 자기들에 대한 람세스 2세의 처우에 대해 불만을 품게 되면 위협이 되었으리라는 점에 주목해야 한다. 역사의 재구성에서는 실제 세계에서의 이러한 고려 사항이 중요하다. 일부 힉소스와 셈족 전사들이 가데스 전투에서 람세스를 구출한 후 그의 뜻을 거역하고 이집트를 떠났을 가능성을 고려하는 것은 매우 흥미롭다.

마네토의 힉소스

거주 외국인들이 *n'rn*이 아니었다면, *n'rn*은 힉소스였는가? 힉소스는 2,000년 이상 출애굽과 관련되어 왔다. 그 연관성은 마네토를 통해 가장 잘 알려져 있다. 마네토는 기원전 3세기 때의 이집트 제사장으로서 아마도 프톨레마이오스 2세 필라델푸스(Ptolemy II Philadelphus) 통치 기간(기원전 285-246년)에 그리스어로 이집트 역사를 기록했다. 마네토가 그 연결을 최초로 생각해 낸 것이 아니라 좀 더 오래되고 받아들여진 전통을 활용한 것으로 보인다. 이 저작 시기가 옳다면, 그것은 그가 그리스어로 이집트 역사를 쓰고 있었을 때 이집트에 있

---

13   레위인과 저작에 관해서는 Karel van der Toorn, *Scribal Culture and the Making of the Hebrew Bible*(Cambridge: Harvard Univ. Press, 2007)을 보라.

던 유대인들도 히브리 성경을 그리스어로 번역하고 있었음을 의미
한다. 이 번역본이 70인역으로 알려지게 된다. 학문적인 이 두 민족
집단 모두 프톨레마이오스 왕의 총애를 얻기 위해 경쟁하고 있었기
때문에 그들이 서로를 알았을 가능성이 크다. 마네토는 현재 의미에
서 이집트학 학자라기보다는 외국 통치자에게 좋은 인상을 주려고
노력하는 정치적 인물에 좀 더 가까웠다.

마네토의 역사서 사본은 현존하지 않는다. 다른 저자들이 인용
한 발췌문들만 남아 있을 뿐이다, 출애굽과 관련된 중요한 발췌문은
기원후 1세기 때 유대인 역사학자였던 요세푸스의 것이다. 요세푸스
는 자신에게 좀 더 친숙한 주제인 로마에 대항한 유대 전쟁(마사다 사
건,『유대 전쟁사』—역자주)과 유대 역사(『유대 고대사』—역자주)를 쓴 것
외에도『아피온 반박문』(*Against Apion*)을 저술했다.[14] 제목이 암시하는
바와 같이 요세푸스는 또 다른 개인, 즉 유대인에 대해 경멸적인 글
을 쓴 아피온의 글에 대한 응답으로 이 책을 썼다, 그는 자신의 출판
물을 통해 유대인에 대한 이러한 비방을 반박하려고 노력했고, 그 과
정에서 마네토 등 다른 반유대주의 저자들에 대한 언급을 포함했다.
이 글들이 저자의 시대와 글이 다루는 시대에 대한 역사석 정보를 남
고 있기는 하지만, 우리는 그 글들의 정치적 목적을 알고 있어야 한
다.

이 분석에서 인용된 텍스트들은 요세푸스의 분석이나 논평이

---

14   *The Complete Works of Josephus*, trans. William Whiston (Grand Rapids: Kregel,
      1981), 607-22을 보라,

아니라 마네토의 말을 나타낸다. 요세푸스는 마네토의 설명을 소개하면서 그것이 "우리"에 관한 것이라고 말한다(*Ag. Ap.* 1.74). 요세푸스는 그렇게 함으로써 자신이 힉소스와 유대인 사이의 연관성을 받아들인다는 점을 나타낸다. 그런 다음 그는 마치 자신이 법정 심리에 참여하고 있는 것처럼 마네토의 말을 보고하겠다고 맹세한다(*Ag. Ap.* 1.74). 분명히 요세푸스는 이 증언 전략이 이 증인[마네토]에게 반대하는 자신의 말에 신뢰성을 부여할 것이라고 믿는다.

그 이야기는 마네토가 힉소스의 업적을 비난하는 것으로 시작하는데, 마네토는 그들을 이 이름으로 적시한다(*Ag. Ap.* 1.82). 이 사람들은 알렉산드로스 대왕 같은 이집트 정복자들이 아니라, 비천한 출신이었다. 마네토는 힉소스의 이집트 진입을 고귀한 전사들에 의한 영광스러운 정복을 통한 진입으로 묘사하지 않는다. 대신 그는 명시되지 않은 이유로 이집트를 벌하려고 했던, 이름이 밝혀지지 않은 이집트 신이 이 힉소스인들이 그 땅에 들어오도록 허용했다고 설명한다(*Ag. Ap.* 1.75). 마네토의 설명과는 달리 이집트를 정복하기 위한 힉소스의 "탐험"이나 정복을 위한 원정에 관한 고고학적 증거가 없다는 점에 주의해야 한다(뒤에 논의되는 내용을 보라). 마네토는 자기 시대 유대인들의 조상인, 이집트를 떠난 사람들의 조상들에게 영웅적인 역사가 있었음을 부인한다. 마네토가 반유대주의 운동의 일환으로서 그렇게 하는 것이기 때문에 우리는 힉소스에 대한 그의 묘사가 타당하다고 믿을 수 없다. 앞으로 살펴보겠지만, 현재 메시지를 전달하기 위해 역사적 과거를 왜곡하는 이 기법을 마네토가 발명한 것은 아니다. 이름이 알려지지 않은 이집트인이 출애굽에 관해 동일한 기법을 사용했다(뒤에 논의되는 내용을 보라).

마네토는 이집트에서의 힉소스 통치를 끔찍했던 것으로 묘사함
으로써 힉소스에 대한 공격을 계속한다. 그에 따르면 힉소스인들은
다양한 잔학 행위를 저질렀다. 이러한 행위에는 도시 방화, 신전 파
괴, 사람들을 노예로 삼기 같은 학대 행위가 포함되었다(*Ag. Ap.* 1.76).
마네토가 성경에 기록된 출애굽 이야기를 알고 있었다고 가정할 경
우, 그가 그 이야기를 뒤집어 놓은 셈이다. 그는 이집트에서 떠난 민
족의 조상인 힉소스인이 다른 사람들을 노예로 삼았다고 기록한다.
힉소스인들이 이집트 땅에 도착한 것은 수치스러운 일이었고, 그곳
에 도착한 후 그들의 행위도 비열했다. 다시 말하지만 고고학 기록에
근거해 판단할 때 힉소스인은 마네토가 그들이 했다고 주장하는 일
을 하지 않았다.

그런 다음 마네토는 이집트에서 시행되었던 힉소스의 군사 행
정에 대해 언급한다. 그는 힉소스가 그 땅 전체에 수비대를 두었다고
주장한다. 이 조치의 이유는 흥미로운 사실을 보여준다. 그것은 아
시리아인들의 침략으로부터 동부 국경을 지키기 위함이었다고 한다
(*Ag. Ap.* 1.77). 하지만 힉소스는 이 일도 하지 않았다. 마네토가 (기원전
7세기에 실제로 이집트를 침략한) 아시리아인들에 대해 언급했다는 사실
은 그가 아시리아의 실제 침략에 관해 좀 더 잘 알고 있었음을 암시
한다. 아시리아인들은 파괴적이었고, 그들의 행동은 이집트에 충격
을 주었다. 동쪽의 이 천한 외국인들이 자기들의 땅을 더럽힐 수 있
었다는 것은 이집트인들에게는 상상할 수 없는 일이었다. 마네토가
그 트라우마의 원인을 거의 1,000년 전의 힉소스인들에게 투영했을

가능성이 크다.

마네토는 힉소스의 수도가 아바리스였다고 말한다(*Ag. Ap.* 1.78). 힉소스가 그 도시를 건설하지는 않았지만, 그들은 그곳에서 통치했다. 제19왕조 파라오들도 그렇게 했다. 다음 세 구절은 힉소스 왕들의 목록에 할애된다. 여기서 언급된 핵심적인 이름은 아포피스다. 그는 제18왕조와 제19왕조의 이집트 저작에 등장하며, 출애굽에 대한 나의 역사적 재구성에 중요한 인물이다(뒤에 논의되는 내용을 보라).

이 시점에서 마네토는 관점을 전환한다. 그는 힉소스의 도래와 통치 이야기를 자세히 말하는 대신, 영웅적인 이집트인들 때문에 힉소스의 통치가 중단된 것에 초점을 맞춘다(*Ag. Ap.* 1.84-86). 우리가 이 구절들에 자세히 설명된 이름들과 연도들을 무시한다면, 마네토는 기원전 16세기에 실제로 힉소스를 권좌에서 몰아냈던 제17왕조 말기와 제18왕조 초기의 테베 사람들을 언급하고 있는 것처럼 보인다. 파라오 카모세와 아흐모세는 수도 아바리스에서 힉소스 왕 아포피스와 싸웠다.[15] 마네토는 테베-힉소스 대결에 관한 묘사를 이집트에서 떠난 것에 대한 자신의 버전으로 마무리한다(*Ag. Ap.* 1.87-90). 파라오가 그들에게 떠나도록 허락한다. 그들은 떠나서 광야를 건너간다. 그리고 아시아를 통치하는 아시리아를 두려워한 힉소스인은 유대라

---

[15] Labib Habachi, *The Second Stela of Kamose and His Struggle against the Hyksos Ruler and His Capital* (Glückstadt: Augustin, 1972); T. G. H. James, "Egypt: From the Expulsion of the Hyksos to Amenophis I," in *The Middle East and the Aegean Region, c.1800-1380 BC*, ed. I. E. S. Edwards et al., 3rd ed., vol. 2/1 of *The Cambridge Ancient History* (Cambridge: Cambridge Univ. Press, 1973), 289-312.

불리는 나라에 예루살렘이라 불리는 도시를 세운다.

마네토는 더 나아가 출애굽의 출발 자체에 관한 방대한 묘사를 제공한다(*Ag. Ap.* 1.228-320). 그의 긴 이야기가 나병환자들의 땅을 정화한 이집트 파라오들의 행동을 알린다고 말하는 것으로 충분하다. 그 떠남은 탈출이 아니라 추방이었다. 그리고 출애굽에는 모든 힉소스인이 포함되었고 오직 힉소스인만 포함되었다. 그들이 그 땅에서 떠난 것은 그들의 도래와 마찬가지로 그들의 타락한 정체성을 반영했다. 여기서 마네토가 힉소스에 반대하여 그들을 통렬하게 비난하는 진정한 목적을 관찰할 수 있다. 그는 이집트가 이전에 했던 것처럼 현재의 파라오가 나병환자 유대인들을 축출하여 그 땅을 정화하기를 원한다. 그는 역사적 기억을 사용하여 현재의 행동을 장려하고 있다. 그것은 "마네토가 힉소스와 출애굽을 연결했던 역사 자료는 무엇이었는가?"라는 질문을 제기한다.

힉소스에 관한 비탁의 연구와 그 이후의 연구

1800년대부터 오늘날까지 이어지고 있는 고고학의 발견 결과가 나오기 전에는 요세푸스의 이 이야기가 힉소스에 관해 알려진 거의 전부였다. 19세기에 이집트학 학자들이 힉소스에 관한 텍스트를 발견하기 시작했다. 이 텍스트들은 다음 단락에서 역사적 재구성에 사용될 것이다. 그 후, 1960년대에 오스트리아 고고학자 만프레트 비탁이 훗날 힉소스가 이집트의 많은 부분을 통치했을 때의 힉소스 수도라고 추정된 곳을 발굴하기 시작했다.[16] 이런 발굴 작업이 수행되었다고 해서 힉소스인이 직접 우리에게 말해 준 것은 아니지만, 현장에서 발견된 유물 덕분에 우리가 이 민족에 관해 훨씬 더 많이 알 수 있게 되었다. 1990년대에는 개별적으로 또는 학회에서 활동하는 다양한 학자가 힉소스에 관해 책 한 권 분량의 연구 결과물을 산출하기 시작하였으며, 그런 연구가 오늘날까지 계속되고 있다.[17]

텔 엘 다브아에서 수행된 비탁의 발굴은 힉소스에 관해 마네토를 통해 보급되었던 견해와는 다른 새로운 이해를 우리에게 제공했다. 안나 라티파 무라드(Anna-Latifa Mourad)의 저서 『힉소스의 출현』(*Rise of the Hyksos*)은 현재 힉소스 연구와 관련하여 가장 철저한 최신 요약으로 여겨질 수 있으며, 이 기고문에 제시된 해석과 결론의 토대다. 아바리스는 아시아계 사람들이 제12왕조의 설립을 공고히 하는 데 도움을 준 뒤 이집트와 레반트 사이의 무역 거점으로 설립되었다. 그 도시는 이집트인, 셈족, 다양한 배경을 지닌 사람들이 섞이는 용광로가 되었으며, 상업적 측면과 군사적 측면에 초점을 맞췄다. 무라드는 특히 마네토가 기록한 내용에 관해 다시 씀으로써 자기의 저서를 마무리한다. "'동쪽 지역에서' 북부 레반트의 엘리트 집단이 동맹국과 외교관으로서 텔 엘 다브아와 이집트로 들어왔고, 이집트인들

---

16   Manfred Bietak, *Avaris: The Capital of the Hyksos: Recent Excavations at Tell el-Dab'a* (London: British Museum Press, 1996).

17   Marcel Marée, ed., *The Second Intermediate Period (Thirteenth-Seventeenth Dynasties): Current Research, Future Prospects*, OLA 192 (Leuven: Peeters, 2010); Mourad, Rise of the Hyksos; Eliezer D. Oren, ed., *The Hyksos: New Historical and Archaeological Perspectives* (Philadelphia: Univ. of Pennsylvania, 1997).

과의 직업상 및 상업상의 기회를 형성했다. 내부의 모종의 사회 정치적 갈등을 겪은 후, 그 '엘리트들'은 그들의 도시로부터 독립을 쟁취했다.…"[18]

그 엘리트가 힉소스의 제15왕조가 되었다. 아마도 레바논 동부의 레트제누가 이 "외국 땅의 통치자들"의 기원지였을 가능성이 큰 곳 가운데 하나일 것이다. 이 용어는 "시누헤 이야기"(Tale of Sinuhe)에 나오며, 힉소스의 통치자 아포피스가 그곳 출신이라고 적시된다.[19] 이집트인과 셈족 사이에, 특히 이집트인과 힉소스인 사이에 침략도 적대감도 없었다.[20]

이러한 발견들은 이집트 역사에서 셈족과 힉소스인 모두에 대한 재평가로 이어져야 한다. 현재 고고학적 조사로부터 얻어진 정보를 소화하는 과정이 진행 중이다. 우리는 힉소스에 관해 더 많이 배울수록, 고대 이집트인들이 출애굽과 연결한 사람들에 관해 더 많이 배우게 된다. 힉소스에 관해 더 많이 배울수록, 출애굽을 주도하고 레위인이 된 사람들의 배경에 관해 더 많이 배우게 된다. 힉소스에 관해 더 많이 배울수록, 그 땅을 떠나는 것과 관련된 람세스 2세와 메르넵타 시대의 텍스트들에 관해 더 많이 배우게 된다.

---

18   Mourad, *Rise of the Hyksos*, 218.

19   Mourad, *Rise of the Hyksos*, 199, 201, 217.

20   Mourad, *Rise of the Hyksos*, 215.

람세스 2세 시대의 출애굽

이 단락에서 나는 람세스 2세에게 도전하고 훗날 레위인 또는 "거주 외국인"으로 알려지게 된 일부 힉소스인을 바탕으로 출애굽에 관해 그랬을 수도 있는 역사적 재구성을 제안하려고 한다. 이를 위해 두 가지 사항이 고려되어야 한다. 첫째, 제안된 이 역사적 재구성에는 핵심적인 역사적 인물 네 명이 포함되어 있다. 둘째, 역사적 출애굽의 직접적인 결과로 만들어진 이집트 텍스트 세 개가 있다. 이 텍스트들은 이집트학 학자들에게 알려져 있다. 그것들은 개별적으로 연구되었으며, 서로 연결되지는 않았다. 그 조각들을 맞춰볼 때 우리는 비로소 이 사람들과 텍스트들이 출애굽에 관한 이집트의 기록을 제공한다는 것을 알 수 있다. 물론 히브리 성경이 없었더라면 나는 아마도 이 사람들과 텍스트들을 하나의 출애굽 내러티브로 결합할 생각을 하지 못했을 것이다. 그러므로 히브리 성경이 내가 제안하는 재구성에서 직접적인 출처는 아니지만, 성경의 출애굽 이야기가 이러한 연결의 배경을 제공한다.

이 역사적 재구성에는 역사적 인물 네 명이 관련되어 있다.

1. **세케넨레**는 테베에 기반을 둔 제17왕조의 파라오로서 힉소스와 싸워 패배했다. 세케넨레의 유산은 외상을 입은 그의 해골과 이 재구성에 사용된 텍스트 세 개 중 하나인 "아포피스와 세케넨레의 싸움 이야기"(Quarrel Story Apophis and Seqenenre) 또는 "아포피스와 세케넨레의 이야기"(Tale of Apophis and Seqenenre)로도 알려

진 "세케넨레와 아포피스 사이의 싸움"(Quarrel of Seqenenre and Apophis)을 통해 존속하고 있다.[21] 이 이야기의 현존하는 유일한 사본은 람세스 2세의 아들이자 계승자인 메르넵타 시대의 것으로서, 이 시기는 세케넨레가 살았던 때로부터 3세기 이상이 경과한 후다.

2. **아포피스**는 힉소스의 마지막 통치자였다. 아포피스는 세케넨레를 이기고 명백히 그의 두개골에 상처를 입혔다. 대조적으로 카모세와 특히 아흐모세가 아포피스를 이겼다. "세케넨레와 아포피스 사이의 싸움"을 통해 분명히 알 수 있는 바와 같이, 그 역사적 힉소스 왕은 이집트의 문화적 기억 속에서 승리자이자 패배한 적으로서 살아 남았다.

3. **람세스 2세**는 출애굽에 관한 전통적인 견해를 따를 경우 출애굽 당시의 파라오이며, 힉소스 및 아포피스 모두와 연결되어 있다. 그의 아버지 세티 1세는 힉소스 수도였던 아바리스를 재건해서 새로운 제19왕조의 수도로 삼았다. 람세스는 또한 재위 5년째에 가데스에서 벌어진 히타이트와의 전투에서 패했거나 기대 이하의 전과를 거두었다. 히타이트를 상대로 한 전투 결과가 미친 영향은 출애굽이 일어나게 된 정치적 상황을 이해하는 데 적절하게 고려되지 않았다. 앞서 언급되었듯이, 람세스 2세가 이 전투에서 매복에 걸렸을

---

21   그 이야기의 번역은 *Adolf Erman, Ancient Egyptian Poetry and Prose* (New York: Dover, 1995), 165–67을 보라.

때 *n'rn*이 그를 구출했다. 재구성된 출애굽의 맥락에서 이 전투의 여파가 좀 더 자세하게 설명될 것이다.

4. **메르넵타**는 람세스 2세의 아들이자 계승자이며, 현재 그의 이름이 들어 있는 유명한 메르넵타 석비에서 이스라엘의 씨를 마르게 했다고 주장했다. 출애굽 이후 우주를 회복해야 하는 책임의 일환으로, 그는 어떻게 혼돈이 발생했고 자기가 어떻게 그것을 종식했는지를 설명해야 했을 것이다. 이집트의 우주적 조화와 질서 개념인 **마아트**(*ma'at*)의 회복과 유지는 이집트 왕실 이데올로기의 필수 요소였다. 왕이 세계가 마땅히 작동해야 하는 바대로 그리고 원래 창조되었던 대로 작동하고 있으며, 우주 질서에 대한 (신화적이든 역사적이든) 모든 위협이 물리쳐졌음을 보여주는 것이 매우 중요했다.[22] 그렇게 할 수 있는 능력이 왕의 정통성의 토대였다. 그렇게 하지 못하는 것은 이집트 세계의 붕괴를 의미했다. 출애굽 후에 메르넵타는 그러한 우주론적 상황에 직면했다. 그는 아흐모세처럼, 한 텍스트를 통해 질서를 회복했다고 주장했는데, 그의 경우 그 텍스트는 "세케넨레와 아포피스 사이의 싸움"이다.[23]

---

22   Antonio Loprieno, "The King's Novel," in *Ancient Egyptian Literature: History and Forms*, ed. Antonio Loprieno, Probleme der Ägyptologie 10 (Leiden: Brill, 1996), 277-95.

23   Peter Feinman, "The Tempest in the Tempest: The Natural Historian," *Bulletin of the Egyptological Seminar* 19 (2014): 253-62.

주요 인물들을 나열했으니, 나는 이제 그들을 묶는 역사적 재구성을 제안하려고 한다. 텍스트 세 개가 연대상 거꾸로 소개될 것이다. 첫 번째 텍스트는 앞서 언급된 "세케넨레와 아포피스 사이의 싸움"인데, 이 텍스트는 출애굽에 대한 메르넵타의 견해를 담고 있다. 두 번째 텍스트는 람세스 2세의 "레이덴 찬가 30"으로서, 이 텍스트에서 그는 자기가 혼돈을 작살로 잡음(이는 전통적인 이집트의 모티프다)으로써 **마아트**(*ma'at*)를 회복했다고 주장했다. 세 번째 텍스트는 역시 람세스 2세 때의 것인 "400년 석비"인데, 이 텍스트는 출애굽 후에 그가 출애굽 당시 "거주 외국인"이었던 힉소스에 참여하지 않은 힉소스인으로부터 자신의 정치적 지지를 얻어내려 했을 때 쓰였다.

세케넨레와 아포피스

"세케넨레와 아포피스 이야기"는 역사적 인물을 바탕으로 저자가 살았던 시대에 관한 정치적 메시지를 전달하려고 의도된 문학 창작물이다. 이 이야기를 이야기의 배경인 기원전 16세기의 역사적 문서로서 분석하는 것은 아무 도움이 되지 않는다. 그 이야기의 역사성은 이전 시대의 역사적 인물을 통해 그것의 저자 시기인 기원전 13세기의 관심사를 표현한 데 있다. 이 이야기는 최근에 일어난 출애굽 사건에 대한 이집트인의 관점을 표현한다. 이집트인들은 출애굽의 트라우마를 자신들의 방식으로 다뤘다.[24]

---

24   Christopher Eyre, "Is Egyptian Historical Literature 'Historical' or 'Literary'?" in *Ancient Egyptian Literature: History and Forms*, ed. Antonio Loprieno, Probleme der Ägyptologie 10 (Leiden: Brill, 1996), 415-33.

메르넵타에게는 혹자가 역사책을 쓸 때 하는 방식으로 이름을 거명할 수 있는 선택지가 없었다. 그리고 그는 역사책을 쓸 것을 의뢰하지도 않았다. 그에게는 정치적 반론이 필요했다. 이 이야기는 혹자가 이집트 문학에서 발견하리라 예상하는 우주와 혼돈, 질서와 무질서, 이집트와 외국인 사이의 고전적인 대결을 표현하지만 방향이 바뀌어 있다. 이집트 전통에서 파라오는 항상 승리했는데, 메르넵타가 어떻게 실패한 파라오에 관해 쓸 수 있었겠는가? 이집트 문화에서는 사람들이 아버지를 공경했는데, 그가 어떻게 자기 아버지 람세스 2세를 실패한 인물로 기록할 수 있었겠는가? 익명의 이집트 작가는 실존 인물들에 관해 과거를 배경으로 한 이야기를 쓰지만 그것을 현재의 실존 인물들에 관한 이야기로 만드는 기법을 개발했다. 저자는 청중들이 양자 사이를 연결할 것으로 믿었다.[25]

우선, 저자는 왜 자기의 이야기에서 패배한 왕으로 세케넨레를 선택했는가? "세케넨레와 아포피스 사이의 싸움"은 1828년에 발견되었지만, 세케넨레의 해골은 1881년까지 발견되지 않았고, 1886년에 미라가 벗겨졌다. 그 두개골에는 여러 개의 구멍이 나 있었다.[26] 머리에 나 있는, 둔기에 의한 상처를 본 이집트학 학자들은 즉각적으로 이 사람에게 무슨 일이 일어났는지 이해하기 위해 노력했다. 아쉽

---

25 연극으로서의 그 이야기에 관해서는 Anthony J. Spalinger, "Two Screen Plays: 'Kamose' and 'Apophis and Seqenenre,'" *Journal of Egyptian History* 3 (2010): 115-35을 보라.

26 그 해골의 발견과 그 이야기에 관해서는 Peter Feinman, "The Quarrel Story: Egypt, the Hyksos, and Canaan," *Conversations with the Biblical World* 35 (2015): 94-127을 보라.

게도, 이러한 노력은 세케넨레에 관한 이야기를 거의 고려하지 않은 채 수행되었다.

미라를 벗겨내는 작업을 이끈 가스통 마스페로(Gaston Maspero)는 세케넨레가 전투에서 힉소스인들에게 둘러싸여 사망했다고 믿었다. 이집트인들은 썩어가는 시신을 수습하고 서둘러 방부 처리한 후 테베에 있는 가족묘로 시신을 가져갔다. 1912년 G. 엘리어트 스미스(G. Elliot Smith)는 두개골에 나 있는 상처 다섯 개를 검토한 후 세케넨레가 누워 있는 상태에서 두 명 이상에게, 아마도 세 개 이상의 무기로 공격받았다는 결론을 내렸다.[27] 허버트 윈록(Herbert Winlock)은 이 논의를 계속하면서 다음과 같이 말했다. "시신을 매장하기 위한 준비가 급하게 진행되었고, 방부 처리 과정이 매우 간략했으며, 시신을 정통적인 자세로 눕히려는 시도가 전혀 이루어지지 않았다. 시신은 죽음의 고통 속에서 뒤틀린 그대로 남겨졌다."[28]

그러고 나서 그는 세 번째 가능성인 암살을 제안했다.[29] 윈록은 세케넨레가 죽은 방식이 그를 "이집트 역사의 낭만적인 인물 가운데 하나"로 만들었다고 제안했는데, 이는 "세케넨레와 아포피스 사이의 싸움"에 대한 언급일 가능성이 있다.

---

27   G. Elliot Smith, *The Royal Mummies* (1912; repr. London: Duckworth, 2012), 1–2, 4–6. 이 기고문에 인용된 내용은 6쪽에 수록되어 있다.

28   H. E. Winlock, "The Tombs of the Kings of the Seventeenth Dynasty of Thebes," *JEA* 10 (1924): 217–77. 이 기고문에 인용된 내용은 249에 수록되어 있다.

29   Winlock, "The Tombs of the Kings," 250. 『아메넴헤트의 교훈』(*Instruction of Amenemhet*)에서 자세히 이야기된, 암살되었다고 추정되는 아메넴헤트 1세의 이야기는 아마도 이집트 역사에서 가장 유명한 문학적 예일 것이다. 람세스 3세의 암살은 "싸움 이야기"(Quarrel Story)가 쓰인 이후 곧바로 발생했다.

이 이야기가 역사에서 일어난 사건을 문자적으로 표현한 것이 아니라 사건을 우주론적 관점에서 은유적으로 표현한 것이기 때문에, 우리가 저자의 창작물의 의미를 이해하기 위해서는 저자가 선택한 모든 요소를 자세히 조사해야 한다. 이야기는 그 땅이 역병에 걸렸을 때 시작된다. 우리는 그 이야기가 역병이 멈추고 **마아트**가 회복되는 것으로 끝나리라고 합리적으로 결론지을 수 있다. 힉소스의 통치자 아포피스는 아바리스에 있고 세케넨레는 남쪽, 즉 테베에 있다. 그 이야기에 따르면 아포피스는 세트 신을 숭배한다. 어느날 아포피스가 세케넨레에게 사신들을 보내 자기가 남부의 수도에 있는 하마들의 소음 때문에 잠을 잘 수 없다는 메시지를 전달한다. 세케넨레는 그 메시지로 인해 말문이 막히고 운다. 메시지 교환이 이어진 것처럼 보이는데, 이야기는 해결되지 않은 채 갑자기 중단된다. 얼마나 많은 메시지가 보내졌는지, 어떤 조치들이 취해졌는지, 또는 이야기에서 새로운 등장인물이 소개되었는지에 대한 암시가 전혀 없다. 그 이야기는 아포피스를 행동의 개시자로 소개하고, 세케넨레를 다소 수동적이고 당황스러워하며 우유부단한 메시지 수신자로 제시한다. 그 이야기의 나머지는 역사에서 사라졌다.

이집트학 학자들은 이집트의 표준적인 패러다임을 채택해서 신속하게 누락된 결말의 공백을 채웠다. 그 템플릿은 "파라오가 적을 쳐부순다"라고 가정한다. 이집트학 학자 얀 아스만의 말마따나, "만약 이집트의 정치적 자아 정체성을 상징적으로 표현하는 이미지가 하나 있다면, 그것은 파라오가 그의 적들을 쳐부수는 이미지다."[30] 그 이미지는 왕조들의 여명기부터 시작하여 표준 이집트 도상학을 모방하거나 채택한 다양한 외국인 통치자의 승리에 이르기까지 이집트 문화 곳곳에 존재한다. 이집트의 승리주의를 표현하는 전통적인 장면들이 수집되어 있어서 우리는 오늘날 그런 장면을 쉽게 접할 수 있다.[31]

바로 그 이미지가 이집트학 학자들에게 난제를 제기했다. 이 제17왕조의 파라오는 이집트 역사에서 이례적인 인물이다. 구멍이 많이 뚫린 파라오의 두개골이 발견되었다. 이집트학 학자들은 이 이질적인 사실들을 조화시켜야 했다. 그들은 관례를 영속화하는 방식으로 그렇게 했다. 우리는 이 대목에서 고정관념을 깨고 새로운 관점에서 생각할 필요가 있다는 사실에 관한 교과서적인 사례를 접하고 있다. 세케넨레가 그 이야기의 영웅이 아니며 오히려 그가 실패했기 때문에 그 이야기를 위해 선택되었다는 점을 우리가 인식해야 한다. 이집트학 학자들의 이러한 누락 때문에 이집트의 기록에서 출애굽의 역사성을 보지 못하게 되었다. 이집트학 학자 존 윌슨(John Wilson)은 이집트학 학자들이 두개골에 난 둔기에 의한 외상이라는 증거가 다른 이야기를 암시함에도 불구하고 어떻게 세케넨레를 그 이야기의

30　Jan Assmann, *Of God and Gods: Egypt, Israel, and the Rise of Monotheism* (Madison: Univ. of Wisconsin Press, 2008), 28.

31　이집트 문화에서 "파라오가 적을 쳐부순다"라는 모티프가 편만한 점에 관해서는 Emma Swan Hall, *The Pharaoh Smites His Enemies: A Comparative Study*(Berlin: Deutscher Kunstverlag, 1986)를 보라.

영웅으로 만들었는지에 대한 전형적인 예를 제공한다. "유감스럽게
도 그 이야기가 문장 중간에 끊기기 때문에 우리는 그 테베 왕이 어
떻게 (약 640킬로미터 떨어진 곳에서 아포피스가 보낸 오만하고 모욕적인 메시
지로 인한) 이 골칫거리에서 벗어났는지 모른다."[32]

의심스러운 경우, 가장 안전한 방법은 전통적인 템플릿을 적용
하는 것이다.

사라진 결말은 계속 이집트학 학자들의 애를 태우는 공백으로
남아 있으며, 학자들로 하여금 그 이야기의 목적을 이해하기 위해 그
것을 채우도록 이끌고 있다. 이 딜레마와 씨름한 학자들을 모두 살펴
볼 여유가 없으며 심지어 그들의 이름을 나열할 공간조차 충분치 않
다. 원래의 "싸움 이야기"가 오늘날 알려진 역사적 기록 및 고대 이집
트 청중에게 알려진 내용과 일치했을 가능성이 더 커 보인다. 세케넨
레는 역사적으로 **마아트**(*ma'at*)를 회복한 사람이 아니었고, 그 이야
기의 영웅도 아니었다. 성공한 카모세와 아흐모세가 영웅이었다. 문
학 속의 세케넨레는 역사적인 세케넨레와 마찬가지로 북쪽에서 온
천한 이방인의 손에 의해 굴욕적인 죽음을 맞이했다. 역사적인 카모
세와 아흐모세가 그랬던 것처럼, 남부에서 온 테베의 영웅들인 문학
속의 카모세와 아흐모세가 아포피스를 물리치고 문학 속의 세케넨
레의 원수를 갚았다. "싸움 이야기"는 고대 이집트판 알라모나 마사
다가 아니었고, 세케넨레는 낙원에서 처녀들의 보상을 받기를 구하

---

[32] John A. Wilson, *The Culture of Ancient Egypt* (Chicago: Univ. of Chicago Press,
1951), 160. 원래는 *The Burden of Egypt*로 출판되었다.

는 순교자가 아니었다. 만약 "싸움 이야기" 전체가 남아 있다면 그것은 승리한 카모세나 아흐모세가 우주의 질서를 회복하는 것으로 끝날 것이다. 다시 말하지만, 그 이야기의 저자가 그 이야기를 사용해서 자기가 살았던 시대인 기원전 13세기의 민감한 사건들에 대해 견해를 밝히고 있다는 점을 우리가 이해할 필요가 있다. 그러므로 세케넨레는 기원전 13세기의 파라오에 대한 문학적 대조물이다(좀 더 자세한 내용은 뒤에 설명된다).

이 점을 이해하면 결말이 빠져 있지만 역사적 기록과 일치하는 결론의 토대를 제공할 수 있는 충분한 정보가 있다. 이집트 문화에서 하마는 영웅적인 전사-지도자가 작살로 잡는 동물이다. 그것은 혼돈의 세력을 대표한다.[33] 우리는 이집트인이 싸움에서 혼돈을 상징하는 하마를 작살로 잡을 것이라고 예상할 것이다. 대신에 그 이야기는 이집트인 지도자를 혼돈의 수호자로 표현하고 아포피스를 그 짐승을 위협하는 인물로 만든다. 힉소스 왕이 문학 속의 세케넨레보다 이집트의 오시리스 신화에 등장하는 호루스에 좀 더 가까운 것 같다. 저자는 의도적으로 이집트의 관습을 뒤집었다. 그것이 그의 메시지의 일부다.

33　이집트 버전의 우주와 혼돈에서 하마의 역할에 대해서는 Torgny Säve-Söderbergh, *On Egyptian Representations of Hippopotamus Hunting as a Religious Motive*(Upsala: Gleerup, Lund, 1953)를 보라. Säve-Söderbergh는 테베에 있었던, 실제로 작살로 하마를 잡는 제의가 이 이야기의 근저에 있었다고 제안했다(44-45쪽). J. Gwyn Griffiths는 비유가 스토리텔링에서 중요한 요소이며 세트 신에 대한 호루스 신의 승리를 나타내는, 작살로 하마 잡기의 종교적 차원이 핵심이라고 생각했다("Allegory in Greece and Egypt," *JEA* 53 [1967]: 79-102, 위 본문의 내용과 관련된 부분은 96쪽에 수록되어 있다).

이 동물[하마]들은 조용한 짐승이 아니다. 그것도 저자의 메시지의 일부다. 한스 괴디케(Hans Goedicke)는 짐승들의 소음을 "제정신이 아닌 메시지"[34]로 해석했다. 그러나 미친 짓이라고 생각되는 이 요소가 포함된 것은 저자의 정신이 온전하기 때문이며, 이야기에서 그것이 수행하는 기능이 결정되어야 한다. "싸움 이야기"의 저술 시기와 동시대의 작품인, 우가리트에서 발견된 아트라하시스 신화의 단편들에서 소음은 결국 인류의 거의 전체를 멸망시키는 대홍수로 이어졌던 파괴의 모티프다.[35]

> 엔릴은 그들의 소음을 듣고
>> 상급 신들에게 말했다.
> 인간의 소음이 내게 너무 강렬해졌고,
>> 그들의 소란 때문에 내가 잠을 자지 못한다.[36]

대홍수 자체는 우주론적인 용어로서 우리가 그것을 반드시 문자 그대로 받아들여야 할 필요는 없다. 아시리아의 왕실 기념물에서 대홍수는 쇄도하는 아시리아 왕과 그의 군대의 압도적인 맹공을 나타낸

---

34 Hans Goedicke, *The Quarrel Story of Apophis and Seqenenre* (San Antonio, TX: Van Sicklen, 1986), 3.

35 W. G. Lambert and Alan R. Millard, *Atra-ḫasis: The Babylonian Story of the Flood* (Oxford: Clarendon, 1969), 131-33.

36 Bill T. Arnold and Bryan E. Beyer, eds., *Readings from the Ancient Near East: Primary Sources for Old Testament Study*, Encountering Biblical Studies (Grand Rapids: Baker Academic, 2002), 26.

다. 그것은 아시리아 왕을 중심으로 하는 새로운 질서가 세워질 수 있도록 낡은 질서를 압도하고 쓸어버린다.

> 아다드-니라리 2세 A.0.99.2 (기원전 911-891년)
>
> 나는 대홍수처럼 압도한다ー
>
> [나는] 그에게 파괴적인 대홍수처럼 강력한 함정을 [놓았다].

> 아슈르나시르팔 2세 A.0.101.1 (기원전 883-859년)
>
> 니누르타…전투의 왕…그의 공격은 대홍수다.…
>
> 아슈르나시르팔…적수가 없는 강력한 밀물.[37]

범람하는 물은 군사적 승리에 대한 은유였다. 만약 "싸움 이야기"가 이 시나리오를 따랐다면, 그것은 홍수를 이집트에 대항하는 무기로 바꾸었을 것이다. 나일강의 선물이었던 땅이 이제는 그 강의 분노를 경험할 것이다. 아포피스가 세케넨레에게 한 "터무니 없는" 요구는 불합리함이나 기지(機智)의 싸움이 아니라, 이집트의 관습을 뒤집어 "내일 너는 죽는다"라는 메시지를 전달하는 것으로 이해되어야 한다. 그것도 홍수로 말이다! 그 주제와 관련하여, 만약 하마를 파멸시킨 홍수가 밤ー바로 태양의 재출현을 뒷받침하는 매일의 암두아트제의 수행에서 신화 속의 아포피스가 정복될 바로 그 시간ー에 발생

---

37   A. Kirk Grayson, *Assyrian Rulers of the Early First Millennium BC I* (1114-859 BC) (Toronto: Univ. of Toronto Press, 1991), 148, 151, 193, 194.

했다면 이야기의 힘이 강화되었을 것이다.

이 재구성에 따르면, 이야기의 다음 에피소드에서 문학 속의 세케넨레는 전투나 의식상의 처형에서 죽임을 당할 텐데, 이것이 역사적 세케넨레의 운명이었을 가능성이 있다. 기원전 705년에 사르곤 2세는 전투에서 사망하고 시신이 수습되지 못하는 굴욕적인 운명을 겪었다. 이는 아시리아의 지배를 받던 모든 민족에게 하늘에서 뭔가 잘못되었다는 신호였다. 메소포타미아 역사에서는 왕이 전사하는 유례가 없었다. 산헤립은 자기 아버지를 죽음에 이르게 한 숨겨진 이유를 파악해서 그의 죄가 무엇인지 알아내야 했다.[38] 그런 특이한 사건은 파장을 일으켰다. "사르곤이 죽은 상황이 그의 아들을 괴롭혔다. 아시리아 왕이 전사하는 것은 매우 이례적인 일이었고, 특히 왕의 시체가 본국에 매장될 수 없었기 때문에 아시리아 사람들은 불가피하게 그것을 나쁜 징조로 해석했다."[39]

아시리아 사람들은 죽은 왕에게 우주의 질서를 위반하여 죽은 데 대한 책임을 물을 수 있었고, 그럼으로써 후계자에게 잘못을 바로잡을 의무를 부과할 수 있었다.[40] 다른 한편, 세계 통치자의 예상치

---

38   Hayim Tadmor, "The Campaigns of Sargon II of Assur," *JCS* 12 (1958): 22-40, 77-100, here p. 97.

39   A. K. Grayson, "Assyria: Sennacherib and Esarhaddon (704-669 B.C.)," in *The Assyrian and Babylonian Empires and Other States of the Near East, from the Eighth to the Sixth Centuries B.C.*, ed. John Boardman et al., 2nd ed., vol. 3/2 of *The Cambridge Ancient History* (Cambridge: Cambridge Univ. Press, 1991), 103-41, 765-68. 위에 인용된 내용은 118쪽에 나온다.

40   Hayim Tadmor, Benno Landsberger, and Simo Parpola, "The Sin of Sargon and Sennacherib's Last Will," *SAAB 3 (1989): 3-51*.

못한 죽음을 본 유다의 이사야는 사르곤의 운명을 조롱했다. 이사야 14:4-21은 이전에 하늘로 올라가려고 했던 세계 통치자가 권좌에서 떨어져 스올의 깊은 곳으로 추락하는 것을 묘사한다.

성경은 다른 예들을 통해서도 이 문제에 관해 언급한다. 유다 왕 요아스는 바로 느고에 맞섰다가 불분명한 상황에서 므깃도에서 죽는다. 그의 시신은 전차에 실려 수도 예루살렘으로 옮겨져 그곳에 매장된다(왕하 23:29-30). 여호수아는 다섯 도시의 왕들을 상대로 전투에서 승리한 후 그들의 시신을 나무에 매달아 둔다(수 10:22-27). 이는 의식상의 처형으로 여겨질 수 있는 매우 공개적인 전시(展示)다. 아마도 의식상의 처형이라고 추정되는 세케넨레의 처형과 가장 유사한 사례는 블레셋 사람들이 이미 죽은 사울의 시신을 가나안의 옛 이집트군 주둔지였던 벧산 성벽에 못박은 경우일 것이다. 다음날 길르앗 야베스 사람들이 그의 시신을 빼돌려 죽은 왕에게 적절한 장례를 치러주었다(삼상 31:8-13). 다윗은 사울과 요나단의 죽음을 애도했다(삼하 1장). 전투 중이나 전투 후에 왕이 죽는 것은 아시리아와 이스라엘에게 상당히 중요한 의미가 있었다.

의심할 여지없이, 아킬레우스가 헥토르를 죽인 사건은 전투에서 죽임을 당한 왕족의 가장 유명한 사례다(『일리아스』 24권. 골리앗은 왕족이 아니었다). 아킬레우스가 성벽 앞에서 헥토르를 처리한 것은 헥토르의 궁극적인 불명예였다. 사울과 헥토르가 [성경과 『일리아스』에서] 묘사된 것과 똑같은 방식으로 죽지 않았다고 하더라도, 그들의 이야기는 이야기꾼들이 청중의 주의를 끄는 방법을 알고 있었음을 보여준다. 역사적인 세케넨레의 전사는 15년 넘게 통치했고 시신이 전쟁터에서 수습되지 못한 사르곤 2세의 죽음만큼 충격적이지는 않았지만, 그것은 여전히 테베 사람들에게 큰 충격을 주었을 것이다. 그것은 굴욕적인 문화유산이었다. "파라오가 적을 쳐부수는" 사회가 **마아트**를 위반하여 뒤죽박죽으로 변했다. 그것은 이집트가 지니고 살아가야 했던 중추적인 기억이었다. 이집트는 부분적으로는 세케넨레의 후계자인 카모세와 아흐모세의 영웅적 행위 덕분에 견뎌냈다. 이집트는 세케넨레의 잔인한 죽음의 트라우마를 잊지 않았다.

"싸움 이야기"의 저자는 기원전 16세기의 이 역사적 유산을 사용해서 기원전 13세기에 자신의 메시지를 전달했다. 세케넨레는 혼돈의 상징을 방어하고 있고, 아포피스는 홍수를 통해 포효하는 짐승들을 죽임으로써 질서를 회복한다. 이집트의 그 지도자는 **마아트**의 회복자가 아니라, 혼돈의 수호자이며 패배했다. **마아트**의 붕괴가 그 이야기의 요점이었다. 역사적 세케넨레가 힉소스에 의해 어떻게 살해되었는지에 관계없이, 문학 속의 세케넨레는 정상적인 질서를 뒤엎고 이집트를 모욕한 의식에서 제의적으로 죽임을 당했을 가능성이 컸다. 파라오가 적을 쳐부수는 것을 매우 중시하는 사회에서 세케넨레는 영웅이 될 수 없었다. 저자가 의도적으로 전통적인 이집트 도상학을 사용하되 완전히 정반대로 사용했을 때, 그 이야기는 훨씬 더 강력하고, 극적이며, 효과적이었다. 문학적 전도(轉倒)는 세케넨레의 죽음에 대한 역사적 세부 사항과 무관하게 메시지 전달에 도움이 된다. 이는 기원전 13세기에 한 파라오가 전사했음을 의미하는 것이 아니라, 세케넨레가 힉소스에 대항해 실패했던 것처럼 한 파라오가 실

패한 데 대해 조롱받고 있음을 의미한다.[41]

"세케넨레와 아포피스 사이의 싸움"에 대한 이런 해석은 메르넵타가 대담하고 교묘했음을 의미한다. 그는 자기 아버지 람세스 2세가 아포피스가 이끄는 힉소스와의 대결에서 굴욕을 당하고 패배한 실패자였다고 선언하고 있었다는 점에서 대담했다. 그는 힉소스 지도자가 메시지를 교환한 후 이집트 세계를 뒤죽박죽으로 만든, 물과 관련된 사건에서 이집트 파라오를 물리쳤다고 선언하고 있었다는 점에서 대담했다. 그는 자기, 즉 메르넵타가 성공해서 이집트에서 우주 질서를 뜻하는 **마아트**를 회복한 사람이라고 선언하고 있었다는 점에서 대담했다. 그 이야기는 아포피스가 가짜 호루스임을 폭로할 필요가 있었다. 아포피스는 합법적인 파라오(또는 이집트의 왕자)가 아니었고, 메르넵타가 그의 씨를 멸망시킬 터였다.

"싸움 이야기"의 현재 형태와 그 이야기에 대해 제안된 결론은 성경의 출애굽 이야기와 공명한다. 그 이야기들은 다음과 같은 공통된 특징들을 지닌다.

1. 이집트 파라오와 셈족 지도자(모세와 파라오) 사이의 갈등

2. 메시지 교환(아론과 마술사들)

3. 우주의 붕괴(재앙들)

---

41 기원전 13세기의 불안정한 상태에 관해서는 Peter Brand, "Ideology and Politics of the Early Ramesside Kings (13th Century BC)," in *Prozesse des Wandels in historischen Spannungsfeldern Nordostafrikas/Westasiens: Akten zum 2. Symposium des SFB 295, Mainz, 15.10.-17.10.2001*, ed. Walter Bisang, Kulturelle und sprachliche Kontakte 2 (Würzburg: Ergon, 2005), 23-38을 보라.

4. 이집트의 물들에서 파라오가 패함

5. 셈족이 그 땅을 떠남

마네토의 버전에 따르면, 그 떠남은 탈출이 아니라 추방이었다. 메르 넵타의 언급이 동일한 메시지를 전달했을 가능성이 있으며 마네토 의 자료원이었을 가능성이 상당히 크다.

"싸움 이야기"는 이집트의 관점에서 표현된 출애굽의 결정적 증 거다.

레이덴 찬가 30

출애굽에 대한 람세스 2세의 견해는 메르넵타의 견해와 달랐던 것 같다. 아포피스에 대한 그의 묘사는 좀 더 전통적인 이집트의 접근 법을 보여준다. 왕은 혼돈의 세력을 작살로 잡아 **마아트**를 회복한 다. 바알-세트(Baal-Seth) 왕으로서, 그가 아스타르테 파피루스(Astarte Papyrus)의 이미지를 이용했을 수도 있다.[42] 그것은 바알이 바다의 신 얌에 대해 승리하는 우가리트 신화를 이집트식으로 다시 말한 것이 다. 파라오는 침수되는 것이 아니라 물을 이기게 되어 있다. 이 전통 에서 람세스가 아포피스에 맞서 승리한 것과 일치하는 텍스트로서, 내가 찾아낼 수 있는 가장 가까운 텍스트는 레이덴 찬가 30이다.

작살이 아포피스, 즉 악의 몸 깊이 박히고

42　　A. H. Sayce, "Astarte Papyrus and the Legend of the Sea," *JEA* 19 (1933): 56-59.

그는 칼에 쓰러진다.

그리고 전쟁을 선택한 자들은 모여들어 학살당한다ㅡ

죽음이 신의 악마 같은 원수들의 심장을 자르고

그들은 영원한 배교자요 무법자로서 신음한다.…

그는 상처를 입지 않고 파도를 탔고

반역자들은 더 이상 존재하지 않는다!…

아문 레 신이시여, 당신이 이겼습니다![43]

람세스 2세는 "싸움 이야기"에 등장하는 역사적인 힉소스의 아포피스가 아니라 혼돈의 우주적 존재인 신화 속의 아포피스를 사용한다. 나는 람세스가 아포피스를 사용한 것이 단순히 또 다른 신화적 찬가가 아니라 자기가 우주를 회복했다는 주장이라고 추측한다.

일반적으로, 출애굽을 역사적인 배경에서 이해하려는 시도들은 이집트에서 아무도 주목하지 않았고 탐지되지 않은 소규모 사건이 있었음을 암시한다. 그것을 국경에서 붙잡힌 도망자들과 비교하려는 노력들은 성경 기록을 직면하기를 거부하는 처사다. 성경의 기사는 모세와 파라오의 직접적인 대결을 포함한다. 심지어 (영화 "십계"의 감독인) 세실 B. 드밀(Cecil B. DeMille)도 그것을 알고 있었다. 여기서 해석된 "싸움 이야기"와 레이덴 찬가 30은 성경 기사와 일치한다. 이런 대결들은 가장 높은 수준에서 일어난다. 이 찬가에서 아문 레는

---

43 John L. Foster, *Echoes of Egyptian Voices: An Anthology of Ancient Egyptian Poetry* (Norman, OK: Univ. of Oklahoma Press, 1992), 67.

그가 가데스 전투에서 승리했던 것처럼 물에서 승리를 거둔다. 반역자들은 무법자이자 악마적인 적들이다. "바다의 노래"와는 대조적으로, 레이덴 찬가 30은 파라오가 물에서 승리한 것을 노래한다.

출애굽에 대한 람세스 2세의 해석은 이집트를 떠난 사람들이 출발한 순간에 생겨난 것이 아니라 훗날의 어느 시기에 생겨났을 가능성이 크다. 그의 재위 52년경에 지어진 이 찬가는 아마도 그의 통치에 도전했던 힉소스 아포피스의 죽음을 노래할 것이다. 광야에 있는 모세는 죽는다. 그는 더 이상 이집트를 위협하지 않을 것이다. 그러나 그가 창시한 반이집트적인 민족은 죽지 않았다. 그들은 계속해서 위협이 되었고, 이로 말미암아 그 일을 끝냈다는 메르넵타의 주장이 필요해졌다.

400년 석비

이 재구성에서 세 번째 고고학적 텍스트 자료는 힉소스 왕조의 유산에 경의를 표하는 람세스 2세의 400년 석비다.[44] 이 석비는 그의 아버지 세티 1세가 제19왕조에서 이집트의 새로운 수도 아바리스에서 바알-세트(Baal-Seth)의 정체성을 융합한 행위를 기념한다. 400년이라는 기간은 성경의 출애굽 이야기에서 잘 알려진 기간이다. 야웨는 아브람에게 그의 자손이 이집트에서 400년 동안 압제당할 것이라고 알려주신다(창 15:13). 성서학자 바루크 하편(Baruch Halpern)은 만

---

44 400년 석비에 관해서는, Peter Feinman, "The Hyksos and the Exodus: Two 400-Year Stories," in *What Difference Does Time Make?* ed. Richard Beal and Jo Ann Scurlock (Oxford: Archaeopress, 2019), 136-51을 보라.

약 이스라엘의 서기관들이 400년 석비에 관해 알고 있었다면, 그러한 지식이 이스라엘을 힉소스로 묘사하고 따라서 람세스 2세를 출애굽의 파라오로 적시하는 증거라고 제안한다. 나는 그 의견에 동의한다. 그러고 나서 하편은 아마도 이스라엘인들이 두 나라 사이의 관계가 좋았고 고센/아바리스 지역에서 타니스(400년 석비가 발견된 곳)로 기념물들이 옮겨졌을 때인 솔로몬 시대에 이집트에서의 힉소스의 기억과 자신들을 연결했을 것이라고 주장한다. 나는 그 의견에 동의하지 않는다. 하편은 일부 힉소스인들(레위인들)이 람세스 2세 시대에 이집트를 떠난 사람들을 이끌었고, 따라서 이러한 연결이 항상 이스라엘의 문화유산의 일부였을 가능성을 고려하지 않는 것으로 보인다. 나는 이 대목에서 이 입장을 취한다.[45]

아스만도 마찬가지로 두 400년 전통 사이의 연관성을 지적한다. 첫째, 그는 종종 간과되는 이집트 석비의 독특성에 주의를 환기시킨다. "그것은 역사 연대기에 기록된 최초의 역사적 기념일이며, 오랫동안 유일한 사례로 남아 있었다."[46]

45　Baruch Halpern, "The Exodus from Egypt: Myth or Reality," in *The Rise of Ancient Israel*, ed. Hershel Shanks (Washington, DC: Biblical Archaeological Society, 1992), 86–117. 여기서 인용된 내용은 98–101쪽에 나온다; idem, "Fracturing the Exodus, as Told by Edward Everett Horton," in *Israel's Exodus in Transdisciplinary Perspective: Text, Archaeology, Culture, and Geoscience*, ed. Thomas E. Levy, Thomas Schneider, and William H. C. Propp, Quantitative Methods in the Humanities and Social Sciences (New York: Springer, 2015), 293–304. 여기서 인용된 내용은 299쪽에 나온다.

46　Jan Assmann, *The Invention of Religion: Faith and Covenant in the Book of Exodus* (Princeton: Princeton Univ. Press, 2018), 36.

다음으로, 그는 이집트와 이스라엘의 두 400년 전통이 우연의 일치인지 의문을 제기한다. 그는 이처럼 우연에 의한 것이 아닌 일치를 "공명 현상"(resonance phenomenon)이라고 부른다. 아스만은 그 석비를 람세스 2세가 아바리스에서 바알과 관련된 세트 숭배 확립을 기념한 것과 연결한다. 아마도 그의 말이 옳을 것이다. 이스라엘은 400년 전통과 그것이 바알을 경배하는 것임을 알고 있었다. 그러나 가나안 땅에 있는 이스라엘에게 400년은 경축의 시간이 아니라 압제의 시간이었다. 이스라엘이 된 사람들은 그들의 종교적 정체성의 기초를 이집트에 반대했던 신, 바알을 능가했던 신에게 두게 될 터였다. 이스라엘은 가나안에 도착하기 전에 이미 바알에 적대적이었다. 바알은 파라오와 연결되었으며, 출애굽과 약속의 땅에서 이집트의 압제의 신이었기 때문이다.

람세스 2세는 왜 이 석비를 세우기로 했는가? 나는 일부 힉소스인이 사람들을 이끌고 이집트를 떠난 후 그가 남아 있던 힉소스인들의 충성심을 재확인할 필요가 있었기 때문이었다고 제안한다. 모두 추방되었다는 마네토의 진술이 절대적 진리로 취급되어서는 안 된다. 심지어 바빌로니아 유배 때도 그 땅의 모든 사람이 유배되지는 않았다. 아흐모세가 승리했을 때 지도부와 그 군대가 그 땅을 떠난 사람들이었다는 것이 좀 더 현실적인 견해다. 다른 힉소스인들은 남아 있었다.

람세스 2세가 400년 전에 일어났던 사건을 갑자기 발견했기 때문에 이 석비를 세운 것은 아니었다. 그는 그것을 2019년에 미국인들이 400년 전에 영국 식민지에서 노예 제도가 시작된 것을 기념한 것과 마찬가지로 인식했다. 관련된 인물들이 여전히 주변에 있었다. 람세스 석비의 청중은 그 땅에 있는 힉소스인들이었으며, 람세스는 이들의 지원이 필요했다.

이 대목에서 고고학 기록에 따르면 람세스 2세가 활동하고 있던 시대의 맥락이 어떠했는지를 살펴볼 필요가 있다. 앞서 언급된 바와 같이 가데스 전투 중 람세스는 시의적절하게 도착한 *n'rn*에 의해 구출되었다. 람세스의 승리 주장에도 불구하고 현장에서 무슨 일이 일어났는지에 관한 진실을 아는 사람들이 있었다. 이집트학 학자 도널드 레드포드는 가데스 전투 후의 상황을 다음과 같이 주장한다. "가나안 성읍의 두령들, 즉 이집트의 봉신들은 그들이 파라오 군대에 내재하는 본질적인 약점으로 예측했던 것—빈약한 정보와 공황에 빠지는 경향—에 깊은 인상을 받았다. 반란이 가능했다. 이집트가 **패할 수도 있었다.**…이집트인들이 퇴각한 여파로 가나안 전체에 공공연한 반란의 불길이 타올랐다.…이는 람세스의 가장 어두운 시기였다."[47]

레드포드는 이러한 인식을 가나안 땅에 거주하는 가나안 사람들에게로 제한한다. 람세스가 군 통수권자로서 초라한 성과를 보인 이후 가나안 사람들이 가나안 땅에서 반란을 일으켰다는 레드포드의 말은 옳다. 하솔의 파괴는 "가나안의 봄", 즉 람세스가 이제 가나안 땅에서 직면해야 했던 불안의 가장 현저한 예일 뿐이다.

---

47 Donald B. Redford, *Egypt, Canaan, and Israel in Ancient Times* (Princeton: Princeton Univ. Press, 1992), 185. 강조는 원저자의 것임.

한편 국내에서 모든 것이 평온한 것은 아니었다. 성서학자 토마스 톰슨(Thomas Thompson)은 가데스 전투가 전투 자체를 넘어 지니는 중요성에 대해 통찰력 있게 논평한다. "이 패배 후 람세스 2세의 군대는 반란에 시달렸다. 그 군대는 작전 실패의 값비싼 대가를 치렀다.…국내 민간의 불안과 종교적 반대가 두 배로 조장되었다.…가데스에서의 군사적 실패를 두고 치열하게 벌이는 궁정 파벌들의 일련의 계략과 음모가 왕권과 군대 내 중요 집단들에 대한 왕권의 통제를 사실상 마비시켰다."[48]

불안과 음모가 어느 정도로 발생했는지에 대해 이의를 제기하는 사람이 있을 수 있지만, 그 관찰의 기본 취지는 타당해 보인다. 가데스는 그 나라 지도자의 결점을 드러냈으며, 사람들은 그 약점에 반응했다. 톰슨은 정치 영역에서의 **마아트** 붕괴 가능성이 발생하여 출애굽으로 이어진 정확한 시기에 관심을 기울였다. 람세스 2세가 재위 5년에 가데스에서 실패한 때와 재위 8년에 가나안으로 원정을 떠난 때 사이의 중간에 출애굽이 일어났다.

이집트 땅에 있던 가나안 사람들도 이집트 군 통수권자의 결점을 인식할 수 있었다고 결론을 내리는 것이 합리적이다. 특히 그들이 가데스 전투에서 그를 구출했다면 말이다. 삼각주에 있던 가나안 사람들도 반란을 일으킬 수 있었다. 그들 전부는 아니고, 일부가 말이다. 아마도 이집트 땅에서 파라오의 신하들과 그 백성이 보기에 매우

---

[48] Thomas L. Thompson, *The Mythic Past: Biblical Archaeology and the Myth of Israel* (New York: Basic, 2000), 153.

위대한 인물이었던 힉소스 사람 아포피스가 인도했을 것이다. 북쪽의 힉소스와 남쪽의 테베 사람들 사이의 전투 대신에, 그 전투는 힉소스 왕조와 제19왕조가 공유하던 수도 내부로 옮겨졌다. 힉소스인들과 그들의 동맹자들은 실패했다. 람세스 2세가 명백히 왕좌에서 제거되지 않았기 때문이다. 이집트 땅에 거주했던 외국인들 일부가 람세스에 대항하여 일으킨 반란이 실패하고 그들이 그곳에 더 이상 집이 없게 되었을 때 그들은 어떻게 했는가? 그들은 역사에서 사라졌는가? 우리는 그 행동들에 대한 기억을 "세케넨레와 아포피스 사이의 싸움", 레이덴 찬가 30, 메르넵타 석비, 출애굽기에서 발견할 수 있다.

결론

힉소스가 주도한 출애굽의 세속적 현실은 이집트 역사, 이스라엘 역사, 히브리 성경 형성에 중요한 함의가 있다. 카렐 반 데르 투른(Karel van der Toorn)은 출애굽을 기원전 10세기 북왕국 이스라엘의 헌상 신화(charter myth)라고 부른다. 그는 기원전 13세기에 제한된 집단에 의한 모종의 역사적 출애굽이 일어났다고 가정한다. 그는 레위인들, 즉 야웨의 "성별된" 성직자들을 그들의 이름에 따라 이 전통의 전달자이자 그들의 창시자인 모세의 후계자들로 식별한다. 그런 다음 그는 "출애굽 모티프의 기원은 아직도 풀리지 않은 수수께끼다"라고 말한다. 모세가 힉소스인이었고 그의 유산을 영속시킨 사람들이 레위인

으로 불렸다는 인식은 그 수수께끼를 풀고 기원전 10세기의 이스라
엘을 새로운 역사적 맥락에 위치시킨다.[49] 하나님이 존재하시는지 또
는 이스라엘이 선택받았는지와 무관하게 출애굽은 실제로 일어났
다.

---

49   Karel van der Toorn, *Family Religion in Babylonia, Syria and Israel: Continuity and Change in the Forms of Religious Life*, Studies in the History and Culture of the Ancient Near East 7 (Leiden: Brill, 1996), 287-315.

피터 파인만에 대한 답변
(기원전 15세기 출애굽 관점)

스콧 스트리플링

파인만 박사는 호프마이어 교수와 마찬가지로 출애굽이 기원전 13세기에 일어났다고 믿지만, 표준적인 늦은 연대 관점에서 멀리 벗어난다. 그의 기고문의 제목 "기원전 13세기에 힉소스/레위인이 주도한 출애굽 관점"은 그가 자신의 기고문에서 확증하려고 시도하는 세 가지 요점을 다룬다. 그 관점에 의하면 모세는 레위인이었고, 모세는 힉소스 혈통이었으며, 출애굽은 람세스 2세 재위 5년 이후 그가 가데스 전투에서 거의 패배하여 이집트의 세력이 약해졌을 때 일어났다. 파인만은 왜 기원전 13세기가 출애굽의 증거를 찾기에 가장 좋은 시기인지 설명하려고 하지 않는다. 그는 자기의 독자들이 이 연대를 받아들인다고 상정한다. 나는 그 연대를 받아들이지 않는다. 나는 내 기고문에서 증거의 무게가 출애굽이 기원전 15세기, 즉 아멘호테프 2세의 통치 기간에 일어났음을 지지한다고 주장한다. 이는 내가 파인만이 그의 논제를 얼마나 잘 입증했는지 검토하면 잘 드러날 것이다.

모세는 레위인이었는가?

성경은 모세가 속한 지파에 대해 분명하게 밝히고 있다. 나는 그의 혈통에 이의를 제기하는 사람을 알지 못한다. 그러나 전형적인 성경 독자가 레위인에 관해 이해하고 있는 내용은 파인만이 레위인을 보는 방식과 상당히 다르다. 그의 견해에 따르면 레위인은 아흐모세가 기원전 16세기 초에 힉소스인들을 추방한 후에도 이집트에 남아 있던 힉소스의 남은 자들이다. 나는 기원전 13세기에 이집트에 힉소스가 있었다고 기록한 어떤 자료도 알지 못한다.

파인만은 그의 기고문에서 레위인들의 폭력적인 성격을 증명하는 데 상당한 지면을 할애한다. 그는 레위인의 폭력을 보여주는 성경 구절 네 개—창세기 34:25, 창세기 49:5-7, 출애굽기 32:27-28, 신명기 33:8-11—를 제시한다. 나는 파인만이 주장하는 요점은 모세가 레위인으로서 폭력적이었기 때문에(그는 어떤 이집트인을 죽였고, 광야에서 바위를 치면서 화를 냈다) 그가 이스라엘 사람들을 구출할 이상적인 후보였다는 것이라고 믿는다. 좀 더 중요한 요점이 있었다면, 내가 그것을 놓친 셈이다. 일종의 삼단논법에서, 파인만의 논리는 다음과 같이 전개된다.

- 대전제: 힉소스인은 폭력적인 사람들이었다.
- 소전제: 레위인은 폭력적인 사람들이었다.
- 결론: 레위인과 힉소스인은 같은 사람들이었다.

나는 또한 레위인들이 이스라엘의 다른 지파 사람들보다 더 폭력적이었는지 궁금했다. 베냐민 지파 사람들의 행동이 생각난다. 파인만이 명시적으로 그렇게 언급하지는 않지만, "아마도 이스라엘이 된 사람들 가운데 레위인들만 이집트에서 노예였을 것"이고 "레위인이 된 사람들은 아마도 이집트에서 그 이름으로 알려지지 않았을 것"이라고 말하는 것으로 미루어 볼 때 그는 리처드 엘리엇 프리드먼의 견해에 동의하는 것으로 보인다. 프리드먼/파인만의 이 패러다임에서는 독자들이 족장 내러티브의 역사성을 버려야 한다. 그들의 견해에 따르면 야곱의 아들들이 존재했다고 하더라도 그들은 이집트에서 체류하거나 노예 생활을 경험한 적이 없다. 특히 힉소스와 레위인을 연결하는 명백한 증거가 없는 상황에서 이 견해는 너무 큰 대가를 치르는 것으로 보인다.

모세는 힉소스 혈통이었는가?

파인만은 세 가지 기준을 사용하여 자신이 이집트에서 찾는 레위인들을 식별한다(이는 시대착오적일까?). 그들은 람세스 2세의 통치 기간의 폭력적인 셈족 거주 외국인이어야 한다. 힉소스와 *n'rn*이라는 두 집단만 그의 기준을 통과한다. 파인만은 그들이 문서를 남겼다는 증거가 부족하기 때문에 *n'rn*을 버리고, 힉소스를 가상의 레위인들에 대한 최상의 후보로 결정한다. 그들이 허락 없이 이집트를 떠났으며 훗날 공통의 정체성을 받아들인 다른 셈족 사람들과 연결되었다고 한다.

파인만은 마네토의 힉소스 관련 기록을 탐구하는 데 1,200 단어를 할애한다. 이 단락에서 그는 자신의 주장에 매우 중요한 "모세는 힉소스인이었다"라는 연관성이 요세푸스의 『아피온 반박문』에 보존된 마네토의 글에 전적으로 의존하고 있음을 밝힌다. 그는 여러 곳에서 『아피온 반박문』 1.74-78과 1.82-90을 인용한다. 학자들 대다수는 요세푸스가 힉소스 추방과 이스라엘의 출애굽을 부정확하게 결합했다는 점을 인정한다. 그러나 기원전 3세기 중반에 저술한 이집트 제사장 마네토는 두 사건을 명확하게 구분한다. 마네토는 힉소스가 이집트에서 추방된 것에 관해 상세하게 설명한(*Ag. Ap.* 1.88-90) 후, 모세의 인도 아래 이집트에 대혼란을 가져온(*Ag. Ap.* 1.250) 두 번째 집단의 유대인들에 관해 설명한다(*Ag. Ap.* 1.251). 궁극적으로 이집트 왕 아메노피스와 그의 군대가 모세와 그의 백성을 이집트에서 쫓아냈다(*Ag. Ap.* 1.252). 마네토가 모세와 힉소스 사이의 서신 왕래를 기록한다는 사실로 미루어 볼 때 그는 명백히 힉소스와 이스라엘 사람들이 서로 다른 두 민족 집단이었음을 이해했다(*Ag. Ap.* 1.241).

마네토의 기록 외에, 요세푸스는 케메론(Chemeron, *Ag. Ap.* 1.288-292)과 리시마코스(Lysimachus, *Ag. Ap.* 1.304-311)의 기록도 인용하는데, 이스라엘 사람들이 이집트를 떠나는 것에 관한 이들의 이야기는 마네토의 이야기와 유사하다. 마네토가 아니라 (기원후 1세기에 역사를 쓴) 요세푸스가 이스라엘의 출애굽을 마네토의 힉소스 추방에 대한 묘사와 동일시했다. 마네토는 요세푸스보다 4세기 전에 자신의 이야기를 썼다. 요세푸스는 마네토, 케메론, 리시마코스의 이전 기록들을 강력하게 반박했다(*Ag. Ap.* 1.252, 293, 304).

파인만도 요세푸스처럼 마네토의 힉소스 추방 묘사와 이스라엘의 탈출을 혼합한다. 그는 마네토가 쓴 이스라엘의 탈출 기사(*Ag. Ap.* 1.228-320)가 "출애굽의 출발 자체에 관한 방대한 묘사"라고 설명하지만, 그런 다음 "출애굽에는 모든 힉소스인이 포함되었고 오직 힉소스인만 포함되었다"라고 말한다. 인용된 구절을 주의 깊게 읽어 보면 이 기록에서 힉소스인이 뚜렷이 구별된 집단의 사람들이라고 불리는(*Ag. Ap.* 1.241) 것 외에는 그들이 전혀 언급되지 않는다는 점이 밝혀진다

요세푸스의 출처인 마네토의 저작이 요세푸스의 이야기의 토대를 반박함에도 파인만은 자신의 주장을 요세푸스의 혼동된 이야기에 의존한다. 요세푸스의 결론은 그가 정보를 얻는 출처와 상충한다. 이스라엘 사람들과 힉소스인들 모두 셈족 집단이지만, 그들 사이에는 뚜렷한 차이가 있다. 이 점이 가장 중요한데, 힉소스는 이집트에서 쫓겨난 통치자들이었고, 이스라엘 사람들은 이집트를 탈출한 노예들이었다. 물론 파인만은 그가 기원후 1세기에 쓰인 요세푸스의 기록에 권위를 부여하는 것과 동일한 권위를 성경의 기록에 부여하지 않는다.

출애굽은 람세스 2세의 통치 기간에 일어났는가?

파인만은 그의 기고문의 시작 부분에서 "문학은 정치학이고 정치학은 문학이다"라는 인용문을 통해 역사적 문헌을 해석하는 자신의 접

근법을 밝힌다. 파인만은 성경을 포함한 모든 문헌은 선전으로 읽혀야 한다고 믿는 것 같다. 이것이 사실이라면, 현대 학자는 고대(또는 현대)의 저작에서 관련된 사건과 사람들의 의미에 대한 자신의 설명을 자유롭게 만들어 낼 수 있다. 어떤 글이든 해석하고 텍스트 배후의 진정한 메시지, 즉 저자의 진짜 의제를 밝히기 위해서는 상상력이 필요하다. 파인만의 텍스트는 그러한 창의적 상상력을 충분히 보여준다.

성경의 출애굽 기사는 출애굽이 일어났다는 것을 부인하는 성서학계의 견해와 상당한 차이가 있으므로 그 당시의 역사를 재구성하기 위해서는 다른 출처를 참조할 필요가 있다. 성경의 선전적인 성격에 관한 파인만의 말이 옳다고 하더라도, 원래의 저자들이 자기들의 이야기에 등장하는 인물과 장소를 지어내려고 하지는 않았을 것이다. 특히 잘 알려진 사건에 관해 글을 쓸 때, 그들은 자기의 저작에 어느 정도 신뢰성을 부여하기 위해 인명과 지명 등 기본적인 사실을 올바르게 전달하려고 했을 것이다.

검토된 첫 번째 대안적 출처는 요세푸스의 『아피온 반박문』에 부분적으로 보존되어 있는 마네토의 저작이다. 마네토의 출애굽 기사에는 저명한 장소인 아바리스와 저명한 인물인 아메노피스가 등장한다. 마네토가 "나병환자들과 기타 불결한 사람들"(*Ag. Ap.* 1.233)이 이집트를 떠났을 때 무슨 일이 일어났는지에 대한 자신의 해석을 얼마나 많이 지어내고 싶었든 간에, 그는 흥미로운 세부 사항 두 가지—떠난 사람들이 아바리스라 불리는 장소를 버렸으며, 그들을 압제하고 있던 파라오가 아메노피스라는 이름으로 불렸다—를 제공한다. 마네토가 자신의 선전 목적을 위해 역사적 사건을 아무리 많이 왜곡했다고 하더라도, 그가 자신의 자료 문서에서 발견했던 두 이름을 변경할 만한 동기는 없었을 것이다. 아바리스라는 지명과 아메노피스라는 파라오의 이름은 파인만이 출애굽이 역사적 사건이었다는 자신의 주장을 펼치기 위해 선택한 출처들에서 신뢰성이 큰 두 가지 항목이다. 그러나 그 두 고유 명사는 그가 출애굽 연대를 람세스 2세 시대로 추정하는 것을 반박하고, 대신에 출애굽을 아메노피스라는 이름을 가진 파라오 시대에 위치시킨다. 내가 내 기고문에서 설명했듯이, 이집트의 삼각주에서 오스트리아 아카데미(Austrian Academy)와 함께 작업한 고고학자들이 발견한 내용들은 셈족 인구가 제18왕조 중기인 아멘호테프 2세 시대에 아바리스를 버렸음을 보여주었다. 더 나아가, 아메노피스(아멘호테프의 그리스어 이름)라는 이름으로 불린 파라오들은 제18왕조에만 있었다. 이 사실만으로도 람세스 2세를 출애굽 당시의 파라오로 보는 견해를 강력히 반박한다.

　파인만이 문자적 출애굽이 있었고 그것이 마네토가 기록한 아메노피스/아멘호테프 시대가 아니라 람세스 2세 시대에 일어났다는 것을 입증하기 위해 호소한 또 다른 고대 문헌은 "세케넨레와 아포피스 사이의 싸움"이다. 이 이야기를 쓴 동기에 대한 저자의 분석은 확실히 창의적이며 매우 독창적으로 보인다. 대다수 독자는 그 텍스트를 제대로 이해하기 위해서는 청중이 세케넨레를 람세스 2세의 한 유형으로 보고, 아포피스를 메르넵타를 대표하는 사람이라고 볼 것으로 기대되었다고 추론하기 어려울 것이다. 원저자가 물속에 하마를 위치시키면서 그것을 통해 성경에 기록된 **얍 수프**가 갈라진 것을 나타낼 의도였는가? 이 모든 것은 가능성이 매우 작아 보인다.

마지막으로, 파인만은 레이덴 찬가 30에 호소한다. 여기서 아문 레 신은 "상처를 입지 않고 파도를 타고" 혼돈의 세력에 승리한다. 독자는 아문 레를 람세스 2세로 해석할 것으로 기대되며, 물에 대한 언급은 **얌 수프**의 갈라짐을 가리키는 것으로 이해되어야 한다. 출애굽 당시의 진정한 파라오(람세스 2세가 아님)가 상처를 입지 않고 파도를 탄 것이 전혀 아님에도 말이다. 이러한 모든 문제에 비추어 볼 때, "여기서 해석된 '싸움 이야기'와 레이덴 찬가 30은 성경 기사와 일치한다"라는 결론을 받아들이기 어렵다.

나는 이집트 왕실 문학의 일반적인 **모티프**가 파라오를 **마아트**의 옹호자로 찬양하는 것이며, 다양한 텍스트가 이러한 선전적 의도를 염두에 두고 읽혀야 한다는 점에 동의한다. 나는 파인만의 관찰이 아니라 그의 해석에 문제가 있다고 생각한다. 그는 장르에 상관없이 고대 문학의 해석에 대해 알레고리적인 접근법을 선호하는 것으로 보인다. 내러티브 문학은 문맥이 다른 접근법을 요구하지 않는 한 역사적 산문으로 읽혀야 한다.

결론

나는 출애굽의 역사성을 받아들이는 것과 독자들에게 출애굽에 관해 저술한 고대 역사학자인 요세푸스와 마네토를 소개하는 것에 대해 파인만 박사를 칭찬한다. 그러나 그가 제시한 증거를 고려한 후

나는 레위인 모세가 힉소스 혈통이었다는 그의 주장에 동의하지 않는다. 마찬가지로, 나는 파인만이 성경의 출애굽이 람세스 2세의 통치 기간에 일어났다는 자신의 주장을 증명했다고 믿지 않는다.

피터 파인만에 대한 답변
(기원전 13세기 출애굽 관점)

제임스 K. 호프마이어

나는 파인만 박사가 기원전 13세기의 출애굽 관점을 취하는 데 감사한다. 그는 참신한 접근법을 사용하여 이 결론에 도달한다. 파인만은 학자들이 전형적으로 사용하는 방법인 히브리어 텍스트에서 특정 시대의 이집트 요소에 상응하는 역사적·문화적·언어적 세부 사항을 분리하는 방법을 사용하지 않고, 대신 "역사적 출애굽의 직접적인 결과로 만들어진 이집트 텍스트 세 개"를 고려하여 자신의 주장을 펼친다. 이 텍스트들은 "세케넨레와 아포피스 사이의 싸움", 레이덴 찬가 30, 람세스 2세의 "400년 석비"다. 기원전 13세기 출애굽 관점의 동료 지지자로서, 나는 당연히 내 입장을 지지하는 새로운 데이터를 환영한다.

첫 번째 문서는 역사적으로 300여 년 전을 배경으로 한 기원전 13세기 후기 이집트 문학 이야기다. 이 이야기는 일반적으로 테베의 왕(세케넨레 타오 2세)과 그의 북쪽 적수인 아바리스의 힉소스 통치자(아포피스) 사이의 초기 적대 행위에 대한 역사적 기억의 핵심을 제공하는 것으로 해석되어왔다. 나는 세케렌네의 소름 끼치는 유해가 아마도 그가 힉소스와의 전투에서 잔혹하게 죽었음을 가리킨다는 파인만의 의견에 동의한다.[50] 그러나 그런 다음 그는 추측으로 나아가 기원전 16세기의 사건이 기원전 13세기를 배경으로 하는 문학적 이야기로 각색되어 메르넵타가 대담하게 자기 아버지 람세스 2세를 격렬하게 비난하고 있는 것이라고 제안한다. 파인만은 메르넵타가 출애굽을 둘러싼 사건들로 인해 "자기 아버지가 굴욕을 당하고 패배한 실패자였다고 선언하고 있었다"라고 말한다.

이 제안에는 명백한 문제들이 있다. 무엇보다도 먼저, 만약 성경에 나오는 출애굽 이야기가 존재하지 않았다면, 그 이야기에 대한 이런 해석이 생각나지 않았을 것이다. 요세푸스가 출애굽을 마네토의 글에 기록된 대로 힉소스의 추방과 연결하기는 했다. 그러나 요세푸스의 의제는 유대 민족을 좀 더 넓은 고대 근동 이야기에 통합시킴으로써 유대 민족이 오래된 민족임을 주장하는 것이다. 둘째, 메르넵타의 통치 기간에 "싸움 이야기"가 만들어졌을 수도 있지만, 그것이 메르넵타의 정당성을 입증하기 위해 의도되었다고 믿는 것은 무리한 해석이다. 셋째, 메르넵타가 그의 전설적인 아버지를 비판했다는 것은 상상할 수 없는 일이다. 모든 왕이 모방하려 했던 오시리스 신화에 따르면, 호루스(왕)의 역할은 그의 선친(오시리스)을 옹호하는(nd) 것이다.

파인만의 "싸움 이야기" 해석 뒤에는 중요한 질문이 놓여 있다. 재앙들과 출애굽이 이집트에 어떤 정치적, 경제적, 사회적 영향을 주

---

50   James E. Harris and Kent Weeks, *X-Raying the Pharaohs* (New York: Scribner's Sons, 1973), 29.

었는가? 나는 람세스 2세가 출애굽 당시의 파라오였다고 생각하는 케네스 키친의 다음과 같은 의견에 동의한다. "출애굽은 이집트 제국에게는 불쾌하기는 했어도 일시적인 사건이었고, 히브리인들에게는 획기적인 사건이었으며, 세계의 영적 역사에 있어서는 비할 데 없는 영향력을 지닌 사건이었다."[51] 따라서 나는 파라오에게 장기적인 영향이 있었다고 생각하지 않는다. 그리고 그 파라오가 람세스 2세였다면, 그 사건이 발생하고 나서 약 50년 후에 메르넵타가 자신을 자기 아버지가 실패한 대목에서 성공을 거둔 **마아트**의 옹호자로 선전할 필요를 느꼈을 것으로 보이지 않는다.

두 번째 텍스트는 아문 레에 대한 레이덴 찬가의 한 단편에서 나온다. 파인만은 그것이 그 사건들을 신화화함으로써 긍정적인 그림을 제시하는, 출애굽에 대한 람세스 2세 자신의 목적에 봉사하는 관점을 포함하고 있다고 생각한다. 즉, 자기가 신화적인 아포피스(힉소스 통치자와 동일한 이름)를 물리침으로써 혼돈(히브리인들과 재앙)을 이겼다는 것이다. 파인만은 "람세스 2세는 '싸움 이야기'에 등장하는 역사적인 힉소스의 아포피스가 아니라 혼돈의 우주적 존재인 신화 속의 아포피스를 사용한다. 나는 람세스가 아포피스를 사용한 것이 단순히 또 다른 신화적 찬가가 아니라 자기가 우주를 회복했다는 주장이라고 추측한다"라고 말한다. 이 대목에서도 성경 이야기에 대한 지식이 없다면 그러한 설명은 생각나지 않을 것이다.

---

51   Kenneth A. Kitchen, *Pharaoh Triumphant: The Life and Times of Ramesses II* (Warminster: Aris & Phillips, 1982), 71.

세 번째 텍스트는 이 책의 여러 기고문에서 논의된 람세스 2세
의 400년 석비다. 혹자는 이 숫자를 아브라함의 후손이 외국 땅에서
거주하게 될 400년(창 15:13)과 연결할 수도 있는데, 400년은 히브리
인들이 이집트에 체류한 기간에 대한 좀 더 구체적인 430년의 어림
수일 수 있다(출 12:40-41). 그 석비에 기록되어 있는 400년이라는 숫
자는 독특하다. 그 숫자는 세트 신이 통치한 연수를 가리키며,[52] 힉
소스가 아바리스에서 바알/세트 숭배를 확립한 것을 기념하는 것으
로 보인다. 키친은 이 개념을 받아들이지만, 다음과 같이 덧붙인다.
"400년은 아마도 동부 삼각주에 그[람세스 2세]의 가문과 세트 신이
등장하여 어느 정도 명성을 얻게 된 것과 가장 잘 연결된다."[53] 이런
이해는 히브리인들이 도착한 때부터 그들이 떠나기까지 4세기가 지
났다는 성경적 개념에 좀 더 가까울 것이다. 파인만은 이 석비가 기
념하는 사건을 다른 방향으로 해석한다. 그는 다음과 같이 묻고 대답
한다. "람세스 2세는 왜 이 석비를 세우기로 했는가? 나는 일부 힉소
스인이 사람들을 이끌고 이집트를 떠난 후 그가 남아 있던 힉소스인
들의 충성심을 재확인할 필요가 있었기 때문이었다고 제안한다. 모
두 추방되었다는 마네토의 진술이 설대석 진리로 취급되어서는 안
된다. 심지어 바빌로니아 유배 때도 그 땅의 모든 사람이 포함되지는
않았다. 아흐모세가 승리했을 때 지도부와 그 군대가 그 땅을 떠난

---

52   Kenneth A. Kitchen, *Ramesside Inscriptions: Historical and Biographical*, 8 vols.
      (Oxford: Blackwell, 1976-1990), no. 288.6-7.

53   Kenneth Kitchen, *Ramesses II: Royal Inscriptions*, vol. 2 of *Ramesside Inscriptions:
      Translated and Annotated* (Oxford: Blackwell, 1999), 171.

사람들이었다는 것이 좀 더 현실적인 견해다. 다른 힉소스인들은 남
아 있었다."

　나는 테베 왕 아흐모세가 아바리스에 기반을 둔 힉소스인들을
추방한 것(기원전 1540년경)은 정치적·군사적 엘리트들에게 한정되
었을 가능성이 컸으며 "다른 힉소스인들은 남아 있었다"라는 파인
만의 의견에 동의한다. 남은 사람들에는 히브리인들과 셈어를 사용
하는 다른 민족들이 포함되었을 것이다. 내가 당혹스럽다고 생각하
는 점은 파인만이 계속 "힉소스"라는 용어를 신왕국 시대 전체에 걸
쳐 이집트에 있는 셈족(히브리인을 포함한다)에게 적용한다는 것이다.
"힉소스"라는 용어는 "외국인 통치자"를 의미하는 이집트 용어 *ḥqꜣ ḫ3
swt*에서 유래한다. 가장 이른 시기의 기록들은 기원전 2300년에서
2200년 사이의 누비아 족장들에게 적용되었다.[54] 베니 하산에 있는
크눔호테프 2세(Khnumhotep II)의 유명한 무덤(기원전 1865년)에 묘사
된 셈족(*ꜥ3mw*) 무리의 지도자는 *ḥqꜣ ḫ3swt*라고 불린다. "시누헤 이야
기"(기원전 1925년경)에 등장하는 레반트 부족의 족장들도 마찬가지
다.

　역사학자들과 고고학자들은 일반적으로 요세푸스가 인용한[55]
기원전 3세기의 이집트 역사학자 마네토의 전례를 따라, "힉소스"라

54　Donald B. Redford, "Textual Sources for the Hyksos Period," in *The Hyksos: New Historical and Archaeological Perspectives*, ed. Eliezer D. Oren (Philadelphia: Univ. of Pennsylvania, 1997), 19.

55　H. St. J. Thackeray, *Josephus: The Life; Against Apion*, LCL 186 (Cambridge: Harvard Univ. Press, 1966), 195.

는 용어를 제2중간기 동안 삼각주를 점령하고 통치했던 외국인 인구에 적용한다. 마네토는 그 단어를 "목자 왕들"을 의미하는 것으로 잘못 해석했다. 기원전 제2천년기의 이집트인들은 삼각주의 외국인 인구를 힉소스라고 부르지 않았다. 오히려 그들은 '3mw(크눔호테프 2세의 무덤에 묘사된 집단처럼) 또는 sttyw/styw라고 불렸다. 이 용어들은 카모세 석비 두 개에서 서로 바꿔 사용되어 북동쪽 삼각주의 거주자들을 묘사한다.[56] 하트셉수트가 50년 전의 아바리스 출신 외국인 통치자들을 언급할 때, 그녀도 그들을 '3mw라고 부른다. 신왕국이 시작된 이후 이집트 거주 셈족 인구에 대해 "힉소스"라는 용어를 사용하고 그 용어에 히브리인을 포함하는 것은 혼란을 초래하고, 오해를 일으키며, 시대착오적이다. 나는 출애굽기 1장에 묘사된 히브리인들의 운명 변화는 테베 왕들이 통치 집단 힉소스('3mw)를 몰아내고, 이어서 이집트 당국이 이제 국가 건설 사업을 위한 강제 노동으로 외국인 인구를 통제하려고 한 결과였다고 믿는다. 파인만 박사도 이에 대해 동의할 것이다.

파인만은 리처드 엘리엇 프리드먼의 최근 견해[57]를 따라 주요 출애굽 집단이 레위인늘이었다고 믿는다. 이 설명은 테오필 미크(Theophile Meek)가 오래전에 『히브리인의 기원』(*Hebrew Origins*,

---

56 이 텍스트들에 대한 최근 번역은 Redford, "Textual Sources for the Hyksos Period," 17–18을 보라.

57 Richard Elliott Friedman, *The Exodus: How It Happened and Why It Matters* (New York: HarperOne, 2017).

1936)에서 제시한 이론이 부활한 것이다.[58] 미크는 고대인들의 종교적 특성 때문에 "제사장직의 기원은 분명히 사회 진화의 가장 초기 단계로 거슬러 올라가며, 의심할 여지 없이 주술적이고 종교적인 관습의 시작과 매우 가까운 시기에 발견될 수 있다"라고 주장했다.[59] 미크는 레위인들 가운데 이집트식 이름이 많다는 것은 그들이 이집트에 존재했다는 증거라고 생각한다. 그는 "이는 레위인들이 적어도 한 때 이집트에 있었으며, 사실 이집트인들과 결혼하여 자녀들에게 이집트 이름을 지어줄 정도로 오래 거주했음을 의미할 것이다"라고 주장했다.[60]

이 책에서 나는 레위인들에 대한 "이집트의" 영향은 그들이 이집트에 있던 히브리 공동체의 제사장 역할을 했다는 사실, 즉 이집트의 성직 전통에 깊이 젖은 제사장직에서 비롯된다고 주장했다.[61] 레위인들만 출애굽했다는 견해에는 어떤 제사장 단체나 씨족이 자기들이 섬겼던 신앙공동체를 남겨두고 이집트를 떠났다는 문제가 있다! 만약 레위인들이 출애굽에서 두드러진 역할을 했다면, 틀림없이 추종자 공동체가 그들과 동행했을 것이다.

---

58 Theophile J. Meek, *Hebrew Origins* (New York: Harper & Brothers, 1936), 31-33, 116-43.

59 Meek, *Hebrew Origins*, 116.

60 Meek, *Hebrew Origins*, 32.

61 이에 관한 좀 더 상세한 논의는 James K. Hoffmeier, "Egyptian Religious Influences on the Early Hebrews," in *"Did I Not Bring Israel out of Egypt?" Biblical, Archaeological, and Egyptological Perspectives on the Exodus Narratives*, ed. James K. Hoffmeier, Alan R. Millard, and Gary A. Rendsburg, BBRSup 13 (Winona Lake, IN: Eisenbrauns, 2016), 3-36을 보라.

파인만은 당연히 레위인들의 기원을 설명하려고 한다. 토라는 레위인들에게 폭력적 성향이 있다고 묘사한다. 레위는 디나 이야기에서 하몰의 아들들을 죽이는 데 관여했고(창 34:25-31), 모세는 이집트의 공사 감독을 살해했다(출 2:11-15). 파인만은 프리드먼과 윌리엄 프로프를 따라 레위인이라는 이름이 "덧붙여진" 또는 "합류한"을 의미하는 단어에서 유래했고 따라서 거주 외국인이라는 개념이 생겼다는 데 동의하고, 그들이 식별될 수 있는 특정한 민족 집단이 아니었다고 주장한다. 따라서 파인만은 그들이 누구였는지를 조사한다. "힉소스인" 집단과 *n'rn*으로 알려진 전투 단위라는 두 후보가 제시된다. 그는 레위인들의 군사적인 측면에서 시작하여 기원전 1275년 시리아의 가데스에서 벌어진 전투에 참전한 람세스 2세의 군대 가운데서 후보 중 하나인 *n'rn*을 발견한다. 람세스 2세는 자신이 히타이트인들의 매복에 걸려들었는데, 엘리트이지만 잘 알려지지 않은 *n'rn*이라는 부대가 자신을 구출했다고 인정한다. 용어 *n'rn*이라는 용어가 "젊은이" 또는 "젊은 남자"를 의미하는 히브리어 **나아르**(*na'ar*)와 관련이 있기 때문에, 많은 사람이 그들이 가나안인이었거나 시리아인이었다고 생각한다. 나는 *n'rn*이 사실은 이집트인이었다는 앨런 슐만(Alan Schulman)의 설득력 있는 주장에 동의한다.[62] 성경이 레위인에게 글을 쓰는 능력이 있었다고 인정하기 때문에, 파인만에게는 문맹이 아니고 전투력이 있는(그리고 제사장인?) 계급이 매우 중요하다. 그는

---

[62] Alan R. Schulman, "The *N'rn* at the Battle of Kadesh," *Journal of the American Research Center in Egypt* 1 (1962): 47-52; idem, "The *N'rn* at Kadesh Once Again," *JSSEA* 11 (1981): 7-19.

"*N'rn*에게는 한때 이집트를 통치했으며(제15왕조, 기원전 1650-1550년경), 좀 더 엘리트이고 교육받은 집단으로 남아 있었던 힉소스인들의 저술, 문화, 리더십 경험이 없었다. 우리는 이 셈족 부대의 지휘관들이 힉소스인이었으리라고 추측할 수 있을 것이다"라고 주장한다.

이 모든 주장, 특히 한 그룹, 즉 (기술적으로 말하자면 역사의 이 시점에서 아직 존재하지 않았던) 힉소스는 읽고 쓸 줄 아는 반면에 *n'rn*은 그렇지 않았다는 주장은 추론에 불과하다. 그는 어떤 증거를 바탕으로 이런 주장을 하는가? 그럼에도 파인만은 레위인들을 힉소스인이라고 여기며 이들에게서 출애굽 집단이 출현했다고 생각한다. 이 점은 우리로 하여금 다시 400년 석비를 살펴보게 한다. 파인만은 람세스 2세가 "출애굽 후에 그가 출애굽 당시 '거주 외국인' 힉소스에 참여하지 않은 힉소스인으로부터 자신의 정치적 지지를 얻어내려 했을 때" 피람세스에 그 석비를 세우게 했다고 생각한다. 나는 400년 석비가 (아마도 400이라는 숫자의 비슷한 용법을 제외하고) 출애굽과 관계가 있다고 생각하지 않지만, 기원전 13세기 삼각주에 레위인들과 다른 히브리인들을 포함하는 셈족 인구가 있었고 그들이 이집트를 떠났다는 파인만의 의견에 동의한다. 만약 실제로 레위인들이 야웨 숭배가 출현하기 전에 히브리 공동체를 섬긴 제사장 계급이었다면, 이 점이 왜 그들 가운데 읽고 쓸 줄 알고 이집트화된 제사장들이 있었는지 설명할 수 있을 것이다.

피터 파인만 박사는 출애굽이 기원전 13세기에 일어났다는 견해를 지지하는 일부 이집트 텍스트에 대한 창의적인 해석을 제공한다. 나는 그의 람세스 시대의 재구성이 성경과 이집트학에서 구할 수 있는 데이터를 가장 잘 설명한다고 생각하지만, 이 특정한 이집트 텍스트들이 출애굽 전통과 관련이 있는지는 확신하지 못한다.

▶ 피터 파인만에 대한 답변
▶ (기원전 12세기 출애굽 관점)

게리 A. 렌즈버그

피터 파인만은 "정치로서의 문학" 접근법을 사용하는데 나는 (특정) 텍스트를 읽는 그 방법에 전적으로 동의한다. 나도 이 접근법을 사용하여, 특히 창세기에 관해, 일련의 기고문을 썼다.[63] 파인만은 이 방법론을 학자들에게 "세케넨레와 아포피스 사이의 싸움"(또는 줄여서 "싸움 이야기")으로 알려진 고대 이집트 이야기에 적용한다. 이 이야기는 메르넵타 통치 시대의 것으로 추정되는 하나의 불완전한 사본(파피루스 살리에르[Papyrus Sallier] 1)을 통해 알려졌다. 그 이야기는 힉소스 시대를 배경으로 하며, 제15왕조(힉소스 왕조)의 파라오 아포피스와 제17왕조의 파라오 세케넨레라는 두 왕에 관한 이야기다.

---

63 관련 연구는 다음과 같다. Gary A. Rendsburg, "Biblical Literature as Politics: The Case of Genesis," in *Religion and Politics in the Ancient Near East*, ed. Adele Berlin (Bethesda, MD: Univ. Press of Maryland, 1996), 47-70; idem, "Reading David in Genesis: How We Know the Torah Was Written in the Tenth Century B.C.E.," *BRev* 17, no. 1 (February 2001): 20-33, 46; idem, "The Genesis of the Bible," in *The Blanche and Irving Laurie Chair in Jewish History*, Separatum published by the Allen and Joan Bildner Center for the Study of Jewish Life, Rutgers, State Univ. of New Jersey (2005), 11-30. 그리고 "When Was All This Written?" in Gary A. Rendsburg, *How the Bible Is Written* (Peabody, MA: Hendrickson, 2019), 21장, 443-67을 보라.

아시아계 침략자인 힉소스는 이집트 북부의 상당 부분을 장악했고 동부 삼각주에 수도를 세웠다. 테베에서 통치한 제17왕조는 이집트에서 힉소스를 제거하고 그렇게 함으로써 강력한 신왕조의 길을 낸 공적을 인정받는다. 신왕조는 제18왕조에 의해 시작되었고 "싸움 이야기"가 쓰인 제19왕조 때에도 여전히 번성하고 있었다.

파인만이 지적한 바와 같이 "싸움 이야기"의 결말 부분은 없어졌다. 결말을 만들어 내려는 시도는 순전히 추측에 지나지 않는다. 그러나 파인만은 결말을 만들어 내려고 한다. 파인만은 세케넨레의 미라에서 관찰되는 머리 부위의 실제 상처를 바탕으로 "문학 속의 세케넨레는 역사적인 세케넨레와 마찬가지로 북쪽에서 온 천한 이방인의 손에 의해 굴욕적인 죽음을 맞이했다"라고 단정한다. 그런 다음 그는 세케넨레가 람세스 2세의 문학적 대조물이라고 주장한다. 파라오들 가운데 가장 강력했던 람세스 2세가 처음부터 끝까지 강력했음에도 불구하고 말이다. 파인만의 재구성에서는, 람세스 2세의 아들 메르넵타가 이집트의 진정한 영광을 회복시킨 공을 인정받을 자격이 있다. 세케넨레의 아들 카모세가 그 땅에서 힉소스를 제거한 공을 인정받을 자격이 있는 것처럼 말이다. 또는 저어도 메르넵타 통치 기간에 정치적 성명으로 저술된 "싸움 이야기"에 따르면 메르넵타가 그럴 자격이 있다.[64]

---

[64] 사실, 우리에게 있는 유일한 사본의 연대가 메르넵타 통치 시기의 것이기는 하지만 그 이야기 자체는 람세스 2세의 통치 시대 또는 그보다 훨씬 이전의 시대로 거슬러 올라갈 수 있다. 그 산문은 후기 이집트어로 쓰였지만, 우리가 그 이상으로 좀 더 정확한 시기를 알아낼 수는 없다. Camilla Di Biase-Dyson, *Foreigners and Egyptians in*

나아가 그는 마지막 단계로서 "싸움 이야기"와 출애굽 기사 사이에 관련이 있다고 생각한다. "'싸움 이야기'의 현재 형태와 그 이야기에 대해 제안된 결론은 성경의 출애굽 이야기와 공명한다." 이 모든 주장은 너무 지나치다. 흔들리는 카드 위에 또 다른 카드를 쌓아 집을 짓다 보니 집 전체가 무너지게 되는 격이다.

나는 "싸움 이야기"가 정치적 메시지를 담고 있다는 점에 동의할 수 있다. 하지만 그렇다면, 그것은 제19왕조 동안 좀 더 일반적으로 삼각주에 많은 아시아계 사람들이 존재했고 당시의 파라오가 어떤 면에서 행동할 필요가 있었음을 의미할 가능성이 훨씬 크다. 그러나 그 파피루스가 단편적이고 이야기의 결말이 없어졌다는 점을 고려할 때, 이러한 수준의 해석도 주의해서 받아들일 필요가 있다. 요점은 우리가 "싸움 이야기"의 목적에 관해 거의 알지 못한다는 것이다. 따라서 특히 이야기의 결말을 창의적으로 재구성하고 나서 그 이야기 안에 이스라엘 사람들을 끼워 넣어 해석하는 것은 무책임한 처사다.

파인만은 "싸움 이야기"뿐만 아니라 람세스 시대의 다른 이집트 텍스트들도 이집트인과 이스라엘인 사이의 투쟁을 나타낸다고 믿는다. 따라서 아문 레가 아포피스를 무찌른 이야기가 기록되어 있는 레이덴 찬가 30은 성경이 출애굽기 14-15장에서 이야기하는 내용에 대한 이집트의 대조물이라고 이해된다. 위대한 신 아문 레가 혼돈의

the Late Egyptian Stories: Linguistic, Literary and Historical Perspectives, Probleme der Ägyptologie 32 (Leiden: Brill, 2013), 194을 보라.

화신인 아포피스를 무찌르는데, 이는 파라오와 그의 군대가 이스라엘 사람들에게 승리를 거둔 것에 대한 신화적 병행 역할을 한다는 것이다.

파인만의 기고문에는 또 다른 측면이 있다. 그는 힉소스인들(또는 그들의 후손)이 제19왕조 때 여전히 이집트에 거주했고, 그들 중 일부가 (만약 내가 그를 정확하게 이해했다면) 성경의 레위인으로 등장했다고 생각한다. 이것은 논리적 비약이다! 그리고 그는 리처드 E. 프리드먼이 제시한 이론에 따라 이 레위인들이 이집트 탈출을 주도했다고 생각한다.[65]

파인만의 기고문에는 또 다른 집단인 *n'rn*도 등장한다. "군인들", "전사들"을 의미하는 셈어인 *n'rn*은 신왕국 시대의 것으로 추정되는 후기 이집트어 텍스트에 등장한다.[66] 파인만은 "레위인의 기원이 *n'rn*이었는가?"라고 묻는다. 나는 그가 그 질문에 명확히 대답했는지 확신하지 못하지만, 분명히 그는 이 집단이 그 논의에 추가되어야 한다고 믿는다. 그렇다면, 파인만이 3개월 된 모세가 **나아르**(*na'ar*)라고 불리는 출애굽기 2:6을 언급하지 않는 것은 다소 이상하다. 나는 확실히 그 용법을 그런 식으로 해석하지 않겠지만(이는 특히 동일한 단어가 성경에서 다른 신생아와 유아에게 적용되기 때문이다[67]), 그 구절은 파인만의 제안을 추가로 뒷받침할 수 있을 것이다. 결국 이 모든 것은 파

---

65 Richard Elliott Friedman, *The Exodus* (New York: HarperOne, 2017).

66 James E. Hoch, *Semitic Words in Egyptian Texts of the New Kingdom and Third Intermediate Period* (Princeton: Princeton Univ. Press, 1994), 182–83.

67 *DCH* 5:708.

인만으로 하여금 이집트를 떠난 히브리인들은 힉소스였다는 마네토
(기원전 3세기)의 제안을 되풀이하게 한다!

요약하자면, 독자들은 히브리인들이나 그들의 레위인 지도자들
이 어떤 점에서는 제19왕조 때 이집트에 있었던 후기의 힉소스인이
나 셈족 *n'rn* 전사들과 연결되어 있다는 사실을 받아들이도록 촉구
된다. 그리고 그 시대의 문학 텍스트들, 특히 "싸움 이야기"와 레이덴
찬가 30은 람세스 2세와 메르넵타 시대 동안 이스라엘-이집트 사이
의 (모종의) 갈등에 대한 알레고리 또는 표현으로 읽힌다. 내가 앞서
파인만의 기고문의 한 측면에 대해서만 언급한 것을 바꾸어 말하자
면, 이 모든 것은 감당하기에 너무 지나치다. 이 대목에서, 훨씬 더 흔
들리는 카드들을 겹겹이 쌓아 올린 일련의 추측으로 건설된 건물은
와르르 무너져 내린다.

피터 파인만에 대한 답변
(문화적 기억으로서의 출애굽 관점)

로널드 헨델

피터 파인만은 출애굽의 역사성과 연대에 관해 강력한 주장을 펼친다. 그는 표준 연대기 중 하나에 따라 그 사건이 람세스 2세의 재위 제7년 말, 즉 기원전 1272년 5월에 일어났다고 말한다. 그의 주장은 매우 흥미로우며, 그는 외부인들에게 거의 알려지지 않은 몇몇 이집트 텍스트를 우리에게 소개한다. 내가 보기에, 그것은 또한 설득력이 없다. 그러나 그가 다루는 텍스트와 주제는 다룰 만한 가치가 있다. 나는 내가 그의 주장의 연결 고리에 대해 의심스러워하는 몇 가지 이유를 제시할 것이다. 파인만은 그가 "레위인, 힉소스, 제안된 역사의 재구성이라는 세 가지 문제"에 초점을 맞추고 있다고 말한다. 나는 이것들을 순서대로 다룰 것이다.

첫째, 그는 레위인들이 이집트에서 "거주 외국인"이었다고 주장한다. 그러나 이렇게 생각할 이유는 없다. "레위인"(Levite)이라는 단어는 "동반하다, 둘러싸다, 덧붙여지다" 등을 의미하는 어근 *lwy*에서 유래한다. 따라서 **리브야**(*liwyâ*)는 "화관"(wreath)을 의미할 수 있다. 레위인들은 어떤 의미에서 야웨와 이스라엘의 다른 지파들에게 "덧붙여진" 제사장 지파다. 후자의 의미에서 그들은 거주 외국인들과 유사하지만, 이는 오직 그들이 다른 지파들 사이에 흩어져 있는 한 지파(레위)의 구성원들이기 때문이다. 그들은 실제로 거주 외국인이 아니며, 그들의 이름은 그것을 의미하지 않는다. "거주 외국인"을 의미하는 또 다른 히브리어 단어는 **게르**(*gēr*)다. 이집트에 있던 서부 셈족이 이집트에 있는 거주 외국인이었기 때문에 그들이 모두 레위인으로서 자격이 있다고 제안하는 것은 그 단어를 그것이 감당할 수 있는 수준을 넘어 확대해석하는 것이다.

둘째, 그는 람세스 2세 시대 동안 이집트에 있던 서부 셈족 중 적어도 일부가 힉소스였다고 말한다. 하지만 이 주장 역시 그 단어를 너무 확대해석한다. 힉소스는 기원전 1638년부터 1530년까지, 람세스 2세보다 대략 3세기 전에 통치한 서부 셈족 통치자들의 왕조였다. "힉소스"라는 단어는 "외국 땅의 통치자들"(*ḥq3 ḫ3swt*)이라는 칭호에서 유래했다. 람세스 시대에 힉소스를 말하는 것은 시대착오다. 당시 이집트에는 서부 셈족이 많았지만, 힉소스는 없었다. 나는 이것이 언어상의 트집 잡기라고 생각하지 않는다. 파인만이 말하듯이, 이집트 군대에도 서부 셈족이 있었다. 엘리트 부대는 **나아린**(*naʿarin*, "젊은이들")이라고 불렸다. 나아린은 서부 셈어 단어이며,[68] 서부 셈족 전사들을 포함했을 수도 있다. 또는 그 단어는 [미국 해군의 특수 부대인] 네이비실(Navy SEAL)처럼 엘리트 전사를 포함했을 수 있다. 그러나 이들은 힉소스 전사들도 아니었고, 레위인 전사들도 아니었다.

---

[68] [원서의] 편집자 주: James E. Hoch, *Semitic Words in Egyptian Texts of the New Kingdom and Third Intermediate Period* (Princeton: Princeton Univ. Press, 1994), 182–83을 보라.

셋째, 파인만은 몇몇 흥미진진한 이집트 텍스트를 바탕으로 역사를 혁신적으로 재구성한다. 그는 그중에서 첫 번째 텍스트, 즉 람세스 시대의 교육 과정 교재 중 하나였던 "세케넨레와 아포피스 사이의 싸움"에 가장 큰 비중을 둔다. 유일하게 알려진 사본은 람세스 2세의 아들이자 후계자인 메르넵타의 시대에 쓰였다. 파인만은 이 이야기가 "출애굽에 대한 메르넵타의 견해"를 포함하고 있고 "이집트의 관점에서 표현된 출애굽의 결정적 증거"라고 말한다. 이것들은 강력한 주장이지만, 나는 그 이야기가 이 주장들을 뒷받침할 수 있다고 생각하지 않는다. 파인만이 설명하는 "싸움 이야기"는 힉소스 왕조 시대에 벌어졌던 이집트의 두 통치자 사이의 싸움을 묘사한다. 힉소스 왕은 아포피스이며, 상부 이집트의 테베에서 통치하는 토착 이집트 왕은 세케넨레다. 이들은 실존했던 왕들이었다. 이야기가 중간에 끊겨 있지만, 우리는 세케넨레가 힉소스를 상대로 재통일 전쟁을 시작했지만 전사했다는 것을 알고 있다. 그의 후계자들인 카모세와 아흐모세는 그 전쟁을 계속해서 궁극적으로 승리를 거뒀다. 따라서 세케넨레는 전투에서 패했지만, 그의 대의명분은 승리했다. 그러나 우리는 "싸움 이야기"가 어떻게 끝나는지 알지 못한다.

파인만은 주인공들은 모세(=아포피스)와 람세스 2세(=세케넨레)의 암호화된 상징이라고 추측함으로써 이 이야기가 출애굽의 상징적 표현이라고 주장한다. 내게는 그렇게 생각할 이유가 없어 보인다. 이 이야기는 충격적인 힉소스의 통치와 영웅적인 테베 왕들에 의한 그들의 패배에 대한 문화적 기억으로 이해될 수 있다. 이야기가 갑자기 중단되기 때문에 우리는 그 이야기가 어떻게 끝나는지 알 수 없지만, 누가 좋은 사람이고 나쁜 사람인지는 매우 분명하다. 그 이야기에는 모세나 레위인들 또는 히브리인들이 관련되어 있다는 암시가 전혀 없다. 힉소스에 대한 매우 충격적인 기억 때문에 그 이야기가 지속되었으며, 람세스 시대의 교육 과정에 포함되었다고 설명하는 것으로 충분하다. 나머지는 순전히 추측이다.

파인만이 다른 이집트 텍스트들을 사용한 것에도 같은 유형의 비판이 적용된다. 파피루스 레이덴 I 350에 들어 있는 찬가는 태양신 아문 레가 매일 아포피스-뱀을 물리치는 것을 찬양한다. 이 아포피스는 힉소스 왕 아포피스와는 다른 인물이지만, 그 왕이 람세스 시대에 혼돈의 인물로 여겨졌을 수도 있다. 어쨌든 파인만이 말하듯이 이 찬가는 신(그리고 암시적으로 그가 선택한 왕)이 "혼돈의 세력을 작살로 잡아 **마아트**를 회복"하는 비유를 표현한다. 이것은 태양신에게 바치는 람세스 시대의 일반적인 찬가다.

마찬가지로, 400년 석비는 출애굽과 아무 관계가 없다. 람세스 2세가 세트(바알) 신의 400년 통치를 기념하기 위해 아바리스에 이 석비를 세웠다. 이는 아마도 람세스 시대의 세트 숭배의 회복과 관련이 있을 것이다. 세트 숭배는 람세스의 아버지 세티 1세의 이름에 반영되어 있다. 그것은 흥미로운 텍스트이지만 우리가 그것을 출애굽 사건과 연결할 이유는 없다. 400년은 어림수이며 이 석비가 이집트의 노예 생활의 400년 또는 430년에 대한 성경의 기억(창 15:13; 출 12:40)과 관련이 있다고 상상하기는 어렵다. 그러나 설령 간접적으로 관련이 있다고 하더라도 이 석비는 출애굽에 관한 것이 아니다.

이 주제에 대한 또 다른 논문에서 파인만은 노벨상 수상자 나지

브 마흐푸즈(Naguib Mahfouz)가 쓴 힉소스 시대의 이집트에 관한 소설 『전쟁 중인 테베』(*Thebes at War*)를 잘 활용한다.[69] 그는 그것을 "싸움 이야기"의 결말에 대한 "기발한 해결책"이라고 부른다. 파인만은 그의 텍스트 해석과 역사 재구성이 추측에 근거한 것임을 인정한다. 나도 동의한다. 내가 보기에, 그것들은 우리가 역사로 간주할 수 없을 정도로 너무 기발하다. 그러나 나는 그것들이 훌륭한 역사 소설, 아마도 마흐푸즈의 속편이 될 것이라고 생각한다.

---

69   Naguib Mahfouz, *Thebes at War: A Novel of Ancient Egypt* (New York: Anchor, 2005).

▶ 재답변
▶ 피터 파인만

우선, 이 책에 참여할 기회를 준 편집자 마크 얀젠에게 감사하고 싶다. 나는 이 과정을 통해 많이 배울 수 있었다. 나는 독자들도 많이 배우리라고 확신한다. 기고자 다섯 명이 한 가지 주제에 초점을 맞춰 쓴 글을 통해 나는 기고자 각각의 견해를 좀 더 잘 이해할 수 있게 되었다.

첫째, 나는 우리 기고자들이 출애굽을 다르게 정의한다는 것을 깨달았다. 스트리플링의 출애굽은 기적이 동반된 신적 사건이다. 스트리플링은 또한 자신의 논평에서 아멘호테프 2세의 가나안 습격이 이스라엘이 이집트를 떠난 후 상실한 노예 인력을 보충하기 위한 시도였다고 제안한다. 스트리플링은 나처럼 역사를 재구성하여 제시할 기회가 있었지만, 그렇게 하는 대신 그것의 기초를 기원전 1446년에 모세가 주도한 기적적인 출애굽에 두었다. 그는 투트모세 3세가 정복했다고 나열한 민족들인 요셉 엘(Joseph-el)과 야곱 엘(Jacob-el)도 포함시킬 수 있었을 것이다. 하지만 그는 그렇게 하지 않았다. 그 대신 그는 믿음의 문제로서 대체로 성경의 연대기와 족보에 의존했다. 그는 이미 자신에게 동의하는 사람에게 설교하고 있는데, 이 점은 그의 청중을 제한하는 요소다. 스트리플링과 나는 연대와 방법론 모두에서 의견을 달리한다.

렌즈버그는 혼란의 와중에서 아무도 주목하지 않았을 사소한 사건이 있었다고 제안한다. 더 나아가, 그는 자신의 제안이 타당해지도록 메르넵타 석비에 등장하는 이스라엘을 가나안에서 이집트로 옮겨야 한다. 헨델은 그 출애굽(THE EXODUS)을 자신이 말한 소규모 탈출들 가운데 하나의 예로 제안하는 렌즈버그를 올바로 비판한다. 나는 렌즈버그와 대조적으로 반드시 성경 기사와 문자적으로 일치하지는 않을지라도 그 정신과 일치하며 메르넵타의 석비에 등장하는 이스라엘이 그 석비에 묘사된 대로 가나안에 있었다는 관점을 유지하는, 대규모 탈출 사건이 있었다고 제안한다.

독자들은 "출애굽/탈출"(exodus)이라는 용어의 의미에 있어서 이러한 차이점들을 알아야 한다. 기고자들 사이에 연대뿐만 아니라 범위와 유형에도 차이가 있다. 무슨 일이 있어도 스트리플링은 출애굽이 기적적인 사건이었다는 견해를 포기하지 않을 것이고, 렌즈버그는 출애굽이 소규모 탈출이었다는 입장을 포기하지 않을 것이며, 나는 출애굽이 모세와 람세스 사이의 대결이었다는 관점을 포기하지 않을 것이다. 호프마이어는 출애굽의 성격에 관해 특별한 입장을 제시하지 않는다. 헨델은 나수의 소규모 탈출들이 있었다고 제안하지만, 나는 그가 출애굽이 모세와 람세스 사이의 대결이었다는 내 견해를 받아들이도록 설득될 수 있으리라고 생각한다. 그는 출애굽의 성격에 관해 "가나안에 있던 노예들"의 해방이라는 자신의 관점을 수정하고, 출애굽은 이스라엘이 이집트에 대항하는 "가나안에 있던 라합들"과 맺은 동맹이었다고 입장을 바꾼 바 있다.

나는 이제 내가 사용했던 세 가지 이집트 텍스트를 살펴볼 것이다. 그 텍스트들이 내 제안을 "사변적이고", "창의적이고", "독창적"으로 만든 데이터다. 나는 먼저 레이덴 찬가 30부터 시작한다. 이집트에는 사형 제도가 있었다. 이집트에는 의식상의 처형(ceremonial executions)이 있었다. 이집트에는 실제로 사람을 죽이는 것과 관련된 의식이 있었다. 그것들은 공개적인 행사였다. 반역은 사람이 저지를 수 있는 가장 중대한 범죄 중 하나였다. 반역자는 **마아트**를 교란한 자였다. 그의 우주 질서 위반은 사형에 처할 범죄였다. 그는 혼돈의 상징인 아포피스와 동일시되었다. 이러한 용어와 주제가 바로 레이덴 찬가 30에서 표현된 내용이라는 것은 결코 우연의 일치가 아니다.

람세스 2세는 이집트 전통에 따라 모세를 반역자, 즉 아포피스라는 죄목으로 처형하기를 원했다. 모세가 그 나라를 떠났기 때문에 그는 모세를 실제로 처형할 수 없었다. 사람들이 모세가 살아있다는 것을 아는 한, 저주 문서들에 언급된 것처럼 무생물체를 사용한 파괴로는 충분하지 않았을 것이다. 나는 어느 시점에 가나안의 봉신 왕이 람세스에게 모세의 죽음을 알렸으리라고 추정한다. 이번에는 하비루 대신에 이스라엘 사람들을 언급하는 아마르나 문서에 상당하는 제19왕조의 문서가 있다면 좋지 않을까? 람세스는 여전히 살아있었고, 따라서 그는 이제 전통적인 이집트의 방식으로 부재중인 모세를 의식상으로 처형할 수 있었다. 람세스는 모세가 죽어야만 찬가에서 반역자들이 멸망했고, 혼돈이 퇴치되었으며, 우주의 질서가 회복되었다고 성공적으로 주장할 수 있었다. 나는 내 원래 기고문에서 이집트 문화에서 나타나는 의식상의 처형에 관해 자세히 설명했어야 했다. 그러나 그렇게 하려면 수백 개의 단어와 각주가 필요했을 것이다.

"힉소스"라는 용어의 사용에 관해 다소 혼동이 있다. 그것은 보통명사나 고유명사 또는 민족을 가리키는 용어일 수도 있다. 나는 이 용어를 사용하여 정확한 위치가 알려지지 않은 레반트의 **레트제누**(Rṯnw)에서 유래하여 결국 이집트를 통치한, 나일강 건너편에서 온 전사들("히브리인들"이라고도 알려짐)을 의미한다. 엄밀히 말하자면, 그들은 부자 세습 제도가 확립된 왕조로서 통치한 것이 아니라 개별적으로 통치했다. 아흐모세가 승리한 결과 그들이 모두 떠난 것은 아니었다. 여전히 남아 있던 사람들도 힉소스로 불릴 수 있다. 스트리플링은 그의 논평에서 아페르 엘(Aper-el)을 언급하고, 그가 아마르나 시대에 상당히 유명했던 포로 출신 가나안 사람이었다고 밝힌다. 그러나 그는 동화된 힉소스인이었을 수도 있다. 나는 만약 그 땅에 여전히 힉소스인이 존재하지 않았더라면 람세스 2세가 400년 석비를 통해 힉소스를 기념하지 않았으리라고 생각한다. 이집트 문화에서 독특한 400주년 기념, 그것도 외국 출신 민족을 위한 기념이 청중 가운데 영예를 받는 민족에 속하는 사람이 아무도 없을 때 일어났다고 보기는 어렵다.

그 힉소스인들은 다른 힉소스인들이 출애굽 때 사람들을 이끌고 이집트를 떠난 후 이집트에 남았다. 그 후에야 이 출애굽 지도자들은 레위인이라는 이름을 얻었다. 이집트에서 그들은 레위인이 아니었고, 출애굽은 스트리플링의 논평과는 달리 레위인만의 사건이 아니었다. 출애굽 후의 이 이름이 가나안에서 어떻게 생겨났는지에 관해 언급되어야 할 이야기가 있다. 여기서 헨델과 호프마이어의 논평은 가치가 있지만, 렌즈버그의 논평은 가치가 없다.

카모세와 아흐모세가 아포피스와 싸운 이야기를 제외하면 이집트에서 셈족과 파라오 사이의 대결에 관한 주요 이야기는 두 가지뿐인데, 그것은 바로 성경의 출애굽 이야기와 "싸움 이야기"다. 나는 그 이야기들이 연결되어 있다고 주장한다. 렌즈버그는 "결말을 만들어 내려는 시도는 순전히 추측에 지나지 않는다. 그러나 파인만은 결말을 만들어 내려고 한다"라고 논평한다. 결말에서 "파라오가 적을 쳐부순다"라고 추측하는 이집트학 학자들도 순전히 추측을 하고 있다. 나는 내 기고문에 몇 가지 사례를 포함시켰는데, 렌즈버그는 그 추측들에는 이의를 제기하지 않는다. 그 사례들에는 왜 이의를 제기하지 않는가?

좀 더 자세히 살펴보면, 나는 자기가 위대했다는 람세스 2세의 선전을 믿지 않는다. 모세가 이끈 출애굽은 람세스 2세에게 암운을 드리웠다. 레이덴 찬가 30은 누구도 속이지 않았다. 모세는 죽었지만, 그의 백성은 여전히 살아있었다. 따라서 메르넵타는 가나안에서 이스라엘과 싸웠고, **마아트**를 회복했다고 주장했다. 모든 것이 잘 들어맞는다.

출애굽은 더 큰 연속적인 역사적 사건들의 일부다. 미국사 학자들은 프렌치 인디언 전쟁, 독립 전쟁, 1812년 미영 전쟁이 모두 연결되어 있음을 알고 있다. 때로는 같은 장소가 관련되기도 한다. 마찬가지로, 출애굽은 따로 떼어진 사건이 아니었다. 그것은 이집트가 마침내 가나안에서 철수할 때까지 기원전 13세기에서 기원전 12세기까지 이집트와 이스라엘이 관여한 일련의 대결의 일부였다. 이 상호작용에는 람세스와 모세, 메르넵타와 여호수아, 람세스 3세와 드보라, 람세스 6세와 실로가 포함된다. 그 역사와 관련된 성경 구절들을 재구성하는 것은 이 책의 범위를 벗어나지만, 독자들은 가나안 족속도 포함하는 이 확장된 이야기를 인식해야 한다. 투트모세 3세의 므깃도 원정은 이집트뿐만 아니라 가나안과 이스라엘의 문화적 기억의 일부였다. 헨델은 그의 문화적 기억의 범위를 확장해서 세케넨레와 투트모세 3세를 포함해야 한다. 출애굽 사건을 재구성하려면 시간상으로 앞뒤로 확장해야 한다.

혼돈에서 질서를 창조하는 것은 도전이다. 그것은 해볼 만한 가치가 있는 도전이다. 나는 독자들에게 이 시나리오를 고려해보도록 초대한다. 당신에게 다음과 같은 자료만 있다고 가정해보라.

1. 1775년까지만 기록된 베네딕트 아널드(Benedict Arnold)의 전기,
2. 사라토가에 있는 전승 기념비,
3. 토마스 콜(Thomas Cole)의 그림 "포트 퍼트넘의 풍경"(*View of Fort Putnam*).

당신은 이것들을 연결할 수 있겠는가? 당신은 아널드가 배신자였다고 결론을 내리겠는가? 아널드가 배신자라는 것을 이미 알고 있다고 하더라도, 당신은 이것들을 연결할 수 있겠는가? 전승 기념비의 한 면에는 사라토가의 영웅 아널드가 있어야 할 곳이 비어 있다. 당신은 그가 의도적으로 제외되었다는 것을 어떻게 알 수 있는가? 콜이 웨스트포인트 요새 위의 빛과 그림자를 사용해서 조지 워싱턴과 아널드를 상징했다는 것을 당신이 어떻게 알 수 있는가? 이 비유가 정확

히 들어맞는 것은 아니지만, 그것은 역사의 재구성에서 점들을 연결하기 위해 때때로 창의성이 필요함을 암시한다.

레이덴 찬가 30, "싸움 이야기", 400년 석비는 이집트 역사에서 독특한 세 가지 텍스트다. 당신이 내 해석을 받아들인다면 각 텍스트는 개별적으로 람세스 2세 시대에 모세가 인도한 출애굽의 역사성을 입증하기에 충분하다. 그것들은 따로 떨어져 있지 않고 연결되어 있다. 그것들은 집합적으로 이집트와 이스라엘 역사에 대한 통찰력을 제공하는 하나의 이야기로 응집된다. 여기서 렌즈버그와 헨델 사이의 대조가 강하게 드러난다. 렌즈버그는 텍스트들의 통일성을 인식하지 못한다. 헨델은 내 의견에 동의하지는 않지만, 그 통일성을 인식한다. 나의 역사 재구성은 헨델이 제안하는 것처럼 소설이 될 수도 있지만, 내게는 그렇게 하는 데 필요한 기술이 없다. 그러나 이 책에 기고한 내 글이 소설 또는 영화가 될 수 있는 이야기를 말하기 때문에, 나는 "임무를 완수했다"라고 말한다.

4

기원전 12세기 출애굽 관점

게리 A. 렌즈버그

❖❖
❖❖
❖❖

1992년에 발표된 "출애굽과 정복/정착의 연대: 기원전 1100년대 옹호론"(The Date of the Exodus and the Conquest/Settlement: The Case for the 1100s)이라는 제목의 논문에서 나는 출애굽의 연대가 기원전 12세기, 구체적으로는 람세스 3세의 재위 기간(기원전 1187-1156년)으로 결정되어야 한다고 제안했다.[1] 30년이 지난 지금 나는 그 의견을 지지한다. 비록 방식은 다소 달라졌지만, 나는 그 주장을 다시 제시할 기회를 얻게 된 것을 환영한다.[2]

---

[1] Gary A. Rendsburg, "The Date of the Exodus and the Conquest/Settlement: The Case for the 1100s," *VT* 42 (1992): 510-27.

[2] 본 기고문에서 모든 성경 텍스트는 내가 번역한 것이다(번역서에서는 달리 언급하지 않는 한 개정개역을 사용함). 이집트 파라오들의 연대는 William J. Murnane, "The History of Ancient Egypt: An Overview," *CANE* 2 (1995): 691-717, 특히 712-14쪽에서 차용했다. Murnane이 모든 연대 앞에 "약"(ca.)이라는 단어를 넣는다는 점에 주의하라. 나는 표현을 간소화하기 위해 이 단어를 생략했다. Malcolm H. Wiener, "Dating the Emergence of Historical Israel in Light of Recent Developments in Egyptian Chronology," *TA* 41 (2014): 50-54에서 Wiener는 제 19왕조와 제20왕조 연대기에 대해 약 10년을 앞으로 이동할 것을 제안했다. 그러나 그러한 조정은 여기서 제시되는 개요에 거의 또는 전혀 영향을 미치지 않을 것이다.

"출애굽"이라는 용어

먼저 "출애굽"(exodus)이라는 단어를 고찰해보자. 출애굽 연대를 제안하고 있다는 사실 자체에서(이 책의 대다수 기고자를 포함하여 많은 학자의 경우처럼), 나는 성경 전통에 약간의 역사성이 있음을 단언하고 있는 셈이다. 출애굽 전통은 성경 전체에서 가장 많이 반복되는 주제로서 내러티브 산문(출 1-14장), 시적 회상(시 78편; 105편), 역사적 요약(삿 6:8; 삼상 12:8), 율법의 권고(출 20:2; 29:46; 레 19:36; 신 13:10), 전례적 선언(신 26:8), 예언적 연설(암 9:7; 호 2:15; 렘 11:4) 등 모든 장르에 등장한다. 이것만으로는 그 전통의 역사성이 보장되지 않지만, 성경 전체에 걸쳐 그토록 분명하게 나타나는 민족의 집단 기억은 어딘가에서 유래했음이 틀림없다(비록 그 어딘가가 역사적 핵심뿐일지라도 말이다). 특히 성경의 기록을 뒷받침할 역사적, 고고학적 자료가 충분히 존재할 때는 더욱더 그렇다.[3]

---

3 역사적 기억으로서의 출애굽에 대해서는, 이 책에 Ronald Hendel이 기고한 글뿐만 아니라 그의 일련의 논문 중 Ronald Hendel, "The Exodus in Biblical Memory," *JBL* 120 (2001): 601-22을 보라. 유입(eisodus, 이 용어에 대해서는 각주 7을 참조하라), 노예 생활, 출애굽 전통들과 관련된 역사적, 고고학적 정보에 대해서는 다음 문헌들을 보라. Gary A. Rendsburg, "The Early History of Israel," in *Crossing Boundaries and Linking Horizons: Studies in Honor of Michael C. Astour on His 80th Birthday*, ed. Gordon D. Young, Mark W. Chavalas, and Richard E. Averbeck (Bethesda, MD: CDL, 1997), 433-53; Gary A. Rendsburg, "Israelite Origins," in *"An Excellent Fortress for His Armies, a Refuge for the People": Egyptological, Archaeological, and Biblical Studies in Honor of James K. Hoffmeier*, ed. Richard E. Averbeck and K. Lawson Younger (University Park, PA: Eisenbrauns, 2020), 32-39. 가장 자세한 논의는 다음 문헌들을 보라. James K. Hoffmeier, *Israel in Egypt: The Evidence for the Authenticity of the Exodus Tradition* (Oxford: Oxford Univ. Press,

초기 이스라엘

내가 곧 주장하겠지만, 기원전 12세기의 어느 시점에 여러 세대 동안 동부 나일강 삼각주에 거주하던 이스라엘인으로 식별할 수 있는, 규모를 추측할 수 없는 사람들 집단이 이집트를 떠나 시나이반도를 횡단하여 궁극적으로 가나안의 중앙 구릉지에 정착했다. 나는 이 집단을 "핵심적인 이스라엘"(core Israel)이라고 부를 것이다. 그들의 집단적 경험이 근본적인 성경 내러티브를 만들어냈다.

의심할 여지 없이 이스라엘의 다른 구성원들, 즉 훗날 유사하거나 병행하는 경험을 지니고 이스라엘인으로서의 정체성을 가지려고 하는 사람들이 있었다. 일부는 약간 일찍 이집트를 떠났을 수도 있고, 일부는 약간 늦게 떠났을 수도 있다. 다른 일부는 이집트에 간 적이 없었고 이스라엘 남쪽의 사막 지역이나 요단강 동쪽에서 목축 유목민으로 살았을 수도 있다. 또 다른 사람들의 경험은 완전히 달랐다. 예를 들어 단 지파는 바다를 통해 가나안 땅에 도착했고, 아셀 지파는 논의 대상 기간 내내 갈릴리 지역의 거주자였던 것으로 보인다 (아래에 논의되는 내용을 참조하라).[4] 그럼에도 이 기고문의 주요 주제가 될 핵심 출애굽 사건(또는 과정)은 훗날 역사에 관한 이스라엘의 의식을 규정하게 되었다.

1996); idem, *Ancient Israel in Sinai: The Evidence for the Authenticity of the Wilderness Tradition* (Oxford: Oxford Univ. Press, 2005).

4　이 이야기들에 대해서는 Rendsburg, "Early History of Israel," 447-50을 보라. 에브라임도 가나안에 거주했음을 암시하는 대상 7:20-24을 보라. 이에 관해서는 Sara Japhet, *I & II Chronicles*, OTL (Louisville: Westminster John Knox, 1993), 181-82을 보라.

미국의 유사 사례

미국의 유사 사례를 살펴보면 독자들에게 도움이 될지도 모른다. 이는 다른 사람들도 사용한 적 있는 사례다.[5] **메이플라워호**(The Mayflower) 항해는 (몇 차례 중단과 출발을 반복한 후) 1620년 9월 6일 영국의 플리머스를 떠나 1620년 11월 9일 오늘날의 매사추세츠주 케이프 코드에 도착한 특별한 여정이었다. 이 사건은 궁극적으로 미국의 국가 서사시로 통합되었지만, 로어노크 콜로니(Roanoke Colony, 1585년)와 제임스타운 정착지(Jamestown settlement, 1607년)의 설립으로 이어진 여정 등 이전의 여정들도 있었고 1629년, 1630년, 1633년, 1634년, 1639년에 **메이플라워호**라는 또 다른 배를 탄 사람들의 도착을 포함하여 이후에도 많은 항해가 있었다. 이에 더하여 다른 유럽 국가에서도 사람들이 왔는데, 1609에서 1624년까지 허드슨 밸리에 네덜란드인들이 정착한 것이 가장 중요한 유럽인의 이주였다. 그리고 미국이라는 국가가 출현하기 시작한다. 미국이 아메리카 원주민, 플로리다의 스페인 식민지화(이미 1565년에 시작되었다), 자신들의 의지에 반하여 이곳 해변으로 끌려온 아프리카인들(1619년에 시작되었다),[6] 루이지애나의 프랑스 시민지화(1699년에 시작되었다) 등의 다양성을 포함하기 때문에 미국의 역사는 좀 더 복잡하다. 그러나 모든

---

5 William G. Dever, *Who Were the Early Israelites and Where Did They Come From?* (Grand Rapids: Eerdmans, 2003), 234.

6 좀 더 정확하게 말하면 1619년 8월에 끌려왔다. 그러므로 나는 2019년 8월에 이 글을 쓰면서 내가 중간 항로(Middle Passage)를 견뎌낸 첫 번째 노예선의 400주년 기념일에 글을 쓰고 있다는 사실을 통렬하게 깨달았다. "The 1619 Project," *New York Times* (August 18, 2019)에 실린 훌륭한 에세이 모음을 보라.

대서양 횡단 중에서, 추수감사절에 미국인 대다수가 기억하고 여전히 기념하는 횡단은 메이플라워호 항해다.

초기 이스라엘도 그랬을 가능성이 크다. 다양한 구성원이 이스라엘이라는 국가로 통합되었지만, 이집트에서의 바로 그 탈출이라는 한 가지 사건 또는 과정만 (유월절 준수의 일부로서) 기억되고 기념되었다. 이 전통이 열두 지파 모두 (그들의 혈통이 한 명의 개인 야곱/이스라엘에서 비롯되었다는 이야기 외에) 동일한 이집트로의 이주(eisodus),[7] 노예 생활, 출애굽에 참여하는 통일된 민족적 내러티브를 만들어 냈다. 이 이상화된 이야기가 이질적인 구성원들을 이스라엘 백성으로 통합했고, 이로 말미암아 역사학자들이 "그것이 실제로 어떠했었는지"(*wie es eigentlich gewesen*)를 재구성하기가 매우 어려워졌다.

따라서 우리는 서사시적이고 신학적인 요소로 덮여 있는, 통합되고 이상화된 내러티브 아래에 역사적 핵심이 있다는 가정하에 논의를 진행할 것이다. 이 점을 배경 삼아 그리고 앞서 간략하게 설명된 방법론적인 문제들에 적절한 주의를 기울이면서 우리는 이제 출애굽이 기원전 12세기에 일어났음을 입증하는 문제로 넘어갈 것이다.

---

7   창세기 후반부에서 상세하게 설명된 바와 같이, "이주"(Eisodus)는 이집트로의 여정 및 입국을 묘사하기 위해 사용된 용어다.

가나안에서의 이스라엘의 출현

기원전 12세기에 북쪽 이스르엘 골짜기에서 남쪽 브엘세바 분지까지의 가나안 중앙 구릉지에 새로운 민족이 출현했다. 새로 등장한 이 사람들이 성경에 증언된 이스라엘 사람들이었음은 거의 의심할 여지가 없다. 그 땅에 새로 온 사람들이 도착하기 직전 시대인 후기 청동기 시대(기원전 1500-1175년)로 알려진 시기에 중앙 구릉지는 비교적 개방된 지형이었다. 그 지역에 대한 광범위한 고고학적 조사에서 이 시대의 것으로 추정되는 정착지가 약 30개만 파악되었다. 그러나 이어지는 철기 시대 1기(기원전 1175-1000년)에는 같은 지리적 영역에서 정착지 수가 약 250개로 극적으로 증가했다.[8] 자연적인 인구 증가만으로 이러한 확장이 이뤄질 수는 없다. 그것은 그 지역에 새로운 민족이 도착했음을 나타낸다.

타원형 부지

그러나 정착지 수뿐만 아니라 이 정착지들, 특히 좀 더 이른 시기의 좀 더 작은 정착지들 다수의 독특한 배치도 적실성이 있다. 기원진 12세기부터 그 지역에는 타원형으로 배열된 정착지들이 산재하게

---

8   Israel Finkelstein et al., "Reconstructing Ancient Israel: Integrating Macro- and Micro-Archaeology," *HBAI* 1, no. 1 (2012): 141. 가장 일관된 설명은, Israel Finkelstein, *The Archaeology of the Israelite Settlement*(Jerusalem: Israel Exploration Society, 1988)를 보라. 그동안 저자는 그 책에 수록된 일부 진술에서 물러섰지만, 특히 증거는 변하지 않기 때문에 나는 그것들이 여전히 유효하다고 생각한다.

되었다. 집들은 타원의 경계를 따라서만 배열된 반면 부지 내부는 비어서 중앙의 뜰을 만들어 냈다(그림 1-2를 보라).

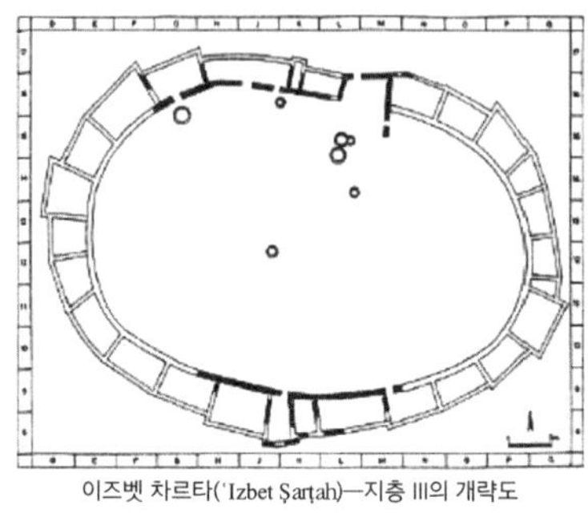

이즈벳 차르타('Izbet Ṣarṭah)—지층 III의 개략도

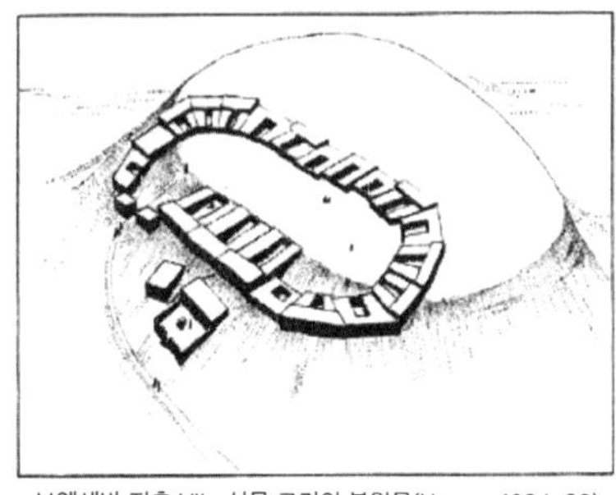

브엘세바 지층 VII—실물 크기의 복원물(Herzog 1984: 80)

그림1: 철기 시대 1기 타원형 뜰 부지

출처: Israel Finkelstein, *The Archaeology of the Israelite Settlement* (Jerusalem: Israel Exploration Society, 1988), 239, 243(후자는 표시된 바와 같이 이전 자료에 기초함).

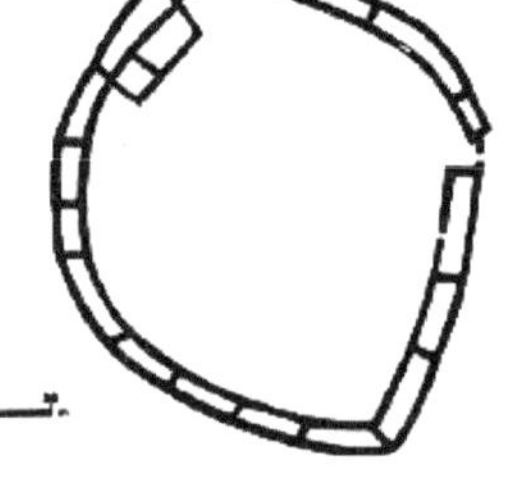

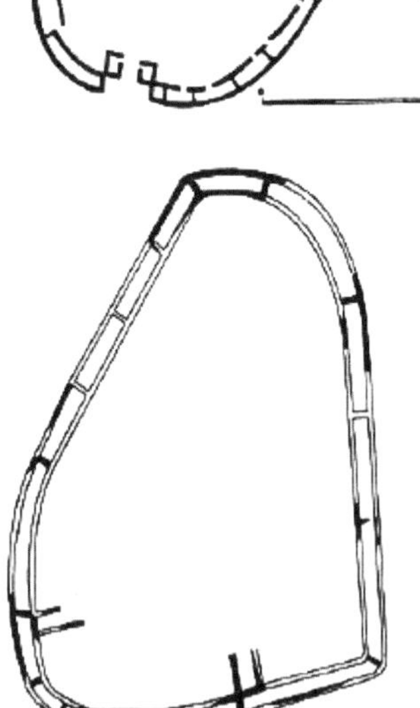

78. 네게브 고원지대의 철기 시대 뜰 부지; 위 왼쪽-Ein Qadeis; 위 오른쪽-Atar Haro'a; 아래 왼쪽-Rahba; 아래 오른쪽-Ketef Shivta(Cohen 1979: 64).

그림2: 철기 시대 1기 타원형 안뜰 부지

출처: Israel Finkelstein, *The Archaeology of the Israelite Settlement* (Jerusalem: Israel Exploration Society, 1988), 239, 243. 표시된 바와 같이 이전 자료에 기초함.

사막 유목민들의 생활 방식

이 정착지들의 배치는 사막에 거주하는 우리 시대의 베두인들이 야영지를 만드는 방식과 매우 유사하다. 텐트들이 타원형 둘레를 따라 나란히 세워지고, 내부는 양과 염소를 위한 에워싸인 공간으로 남겨진다. 밤에는 양 떼와 염소 떼를 지키기 위한 경계 임무를 맡은 목자 몇 명과 양치기 개만 있으면 된다. 낮에는 양과 염소가 둘러싸인 구역 밖으로 이끌려 나와 주변 시골 지역에서 풀을 뜯어 먹는다(그림 3과 4를 보라).

Musil이 발표한 그림에 따른 요단강 동쪽의 텐트 야영지(1908: 131)

유대 사막의 텐트 야영지(Dalman 1939: Pl. 12)

그림3: 20세기 전반기의 베두인 텐트 야영지

출처: Israel Finkelstein, *The Archaeology of the Israelite Settlement* (Jerusalem: Israel Exploration Society, 1988), 246, 표시된 바와 같이 이전 자료에 기초함.

그림4: 1978년 유대 광야의 베두인 텐트 야영지

이런 유사점을 바탕으로, 철기 시대 1기 뜰이나 타원형 정착지를 만든 사람들은 이전에는 목축 유목민들—더 적절하게 표현하자면 반유목민들—이었다가 점차 정착 생활을 하게 된 사람들이라고 추정할 수 있다. 그들은 이전의 유목 생활 방식에서 좀 더 정착된 생활 방식으로 전환할 때 베두인 양식의 야영지에서 완전히 발달한 마을로 도약하지 않았다. 대신에 중앙 구릉지로 새로 온 사람들이 좀 더 영구적인 거주지를 건설하기 시작했을 때, 그들은 자기들의 관습적인 타원형 부지 계획에 따라 구조물들을 배치했다. 이러한 초기 철기 시대 1기 정착지들은 가축 보호라는 동일한 실용적 기능을 수행했는데 주거지는 동물 가죽으로 만든 이동식 텐트에서 돌로 지어진, 단순하

지만 영구적인 가옥으로 변했다.[9]

이 과정은 이스라엘 사람들이 이스라엘 남쪽의 광야 지역을 지나 파종된 땅(경작지)에 들어가 중앙 구릉지에 정착한 유목민이었다고 묘사하는 성경의 기록과 일치한다. 더욱이 기원전 12세기까지는 이 지역에서 이 과정이 입증되지 않기 때문에 우리는 또한 출애굽의 배경을 기원전 12세기로 보아야 한다. 확실히 출애굽의 연대를 기원전 15세기로 보는 것은 불가능하다. 그러한 연대 결정은 "이스라엘 사람들이 가나안 땅에 등장하기 몇 세기 전에 그들이 어디에 있었는가?"라는 질문을 제기하기 때문이다. 사실 출애굽과 이스라엘이 가나안에 출현한 시기 사이의 시간 간격이 그다지 크지 않기 때문에 기원전 13세기 연대는 여전히 가능성이 있다. 그러나 앞으로 살펴보겠지만, 우리가 출애굽 연대를 기원전 12세기로 봐야 할 또 다른 이유들이 있다.

일반적으로 이스라엘 사람들은 중앙 구릉지의 개방된 지역에 정착하여, 이전에 사람이 살지 않았던 부지나 오랫동안 버려졌던 부지에 정착지를 건설했다. 가장 잘 알려졌거나 가장 잘 발굴된 곳들은 중앙 구릉지의 핵심 지역에 위치한 아이, 길로, 실로, 이즈벳 차르타('Izbet Ṣarṭah), 키르벳 라다나(Khirbet Raddana)와 네게브 지역에 있는

---

9   정착화에 대한 광범위한 조사와 현대의 유사 사례에 관해서는, Thomas E. Levy and Augustin F. C. Holl, "Migrations, Ethnogenesis, and Settlement Dynamics: Israelites in Iron Age Canaan and Shuwa-Arabs in the Chad Basin," *Journal of Anthropological Archaeology* 21 (2002): 83-118을 보라.

텔 마소스(Tel Masos)와 텔 에스 세바(Tell es-Seba')다.[10]

간헐적인 전투

그 땅에 새로 들어온 사람들은 때때로, 필요에 따라 그 지역의 도시를 정복하거나 그 지역 사람들을 물리치기 위해 전투를 벌였을 수 있다. 그러한 증거가 존재하는 곳에서, 고고학 데이터는 기원전 12세기를 가리킨다. 성경에 등장하는 헤스본으로 추정되는 헤스반(Hesban)에서 발견된 고고학적 증거는 가장 이른 점유 층인 지층 XIX에서 기원전 1200년경에 사람이 거주하기 시작했음을 드러낸다.[11] 민수기 21:25에 따르면, 이스라엘 사람들은 헤스본에서 아모리 사람들과 교전하여 그들을 물리치고 도시를 점령했다. 성경 기사 배후의 역사성을 조금이라도 받아들인다면, 우리는 이 교전의 연대를 기원전 12세기로 추정해야 한다.

라기스는 또 다른 예를 제공한다. 기원전 12세기의 것으로 추정되는 지층 VI은 여전히 이집트인들에 의해 지배되고 있었다. 이는 두 개의 작은 발견물에 의해 확인되는데, 하나는 람세스 3세(기원전 1187-1156년)의 이름을 지니고 있고, 다른 하나는 람세스 4세(기원전 1156-1150년)의 이름을 지니고 있다. 지층 VI은 기원전 1140년경에

---

10   일반적인 논의는 Amihai Mazar, *Archaeology of the Land of the Bible*, ABRL (New York: Doubleday, 1992), 334-38을 보라(그리고 이 유적지들의 위치는 309쪽의 지도를 보라).

11   Lawrence T. Geraty, "Heshbon," *NEAEHL* 2:626-30을 보라. 좀 더 상세한 내용은 David Merling and Lawrence T. Geraty, eds., *Hesban After 25 Years*(Berrien Springs, MI: Andrews Univ., 1994)에 수록된 기고문 모음을 보라.

화재로 파괴되었고, 그 후 그 장소는 버려졌다.[12] 고고학 자료는 우리에게 누가 그곳을 파괴했는지를 알려주지 않는다(그리고 일반적으로 알려줄 수 없다). 하지만 지리, 연대기, 여호수아 10:31-32에 기록된 기사를 고려할 때, 이스라엘 사람들이 유력한 후보다. 여호수아 10장이 이스라엘 사람들이 라기스를 불태운 것을 언급하지 않다는 것은 사실이지만(특히 32절을 보라), 다른 요소들은 잘 들어맞는다. 다시 말하지만, 성경의 기사에 조금이라도 역사적 타당성이 있다면 이스라엘의 라기스 공격은 기원전 1150년경 그 도시에서 이집트 주둔군이 퇴각한 **뒤에야** 가능했을 것이다.[13] 요약하자면, 고고학 기록에서 나타나는 그림은 우리로 하여금 이스라엘이 가나안 땅에 출현한 것과 나아가 출애굽에 대해 기원전 12세기에 초점을 맞추게 한다.

---

12 David Ussishkin, "Lachish," *NEAEHL* 3:900-4. 좀 더 자세한 내용은 David Ussishkin, "Levels VII and VI at Tel Lachish and the End of the Late Bronze Age in Canaan," in *Palestine in the Bronze and Iron Ages: Papers in Honour of Olga Tufnell,* ed. *Jonathan* N. Tubb (London: Univ. College London Institute of Archaeology, 1985), 213-30을 보라. 이집트 유물에 관해서는 Eric H. Cline, *1177 B.C.: The Year Civilization Collapsed* (Princeton: Princeton Univ. Press, 2014), 120-21을 보라.

13 James M. Weinstein의 고전적인 논문인 James M. Weinstein, "The Egyptian Empire in Palestine: A Reassessment," *BASOR* 241 (1981): 1-28을 보라. 이 논문은 (제목에서 알 수 있듯이) 라기스에 관한 증거를 포함하여 일반적인 그림을 다룬다. 40년이 지난 현재 새로운 발굴을 통해 새로운 데이터가 나왔지만 Weinstein이 묘사한 그림은 여전히 대체로 유효하다.

람세스 3세

나는 출애굽 당시 파라오에 가장 적합한 후보는 람세스 3세(재위: 기원전 1187-1156년)라고 생각한다. 이 왕은 그의 재위 때 해양 민족 연합(블레셋 사람들이 포함되었다)의 공격이라는 좀 더 중요한 문제에 신경을 써야 했다. 이 시기가 이스라엘인들이 이집트에서 떠날 것을 고려하기에 좋은 기회였을 것이다. 이집트의 독립이 위태로워지자—람세스 3세 자신의 기록이 침략을 방어하기 위해 국가의 군사력이 얼마나 많이 필요했는지를 증언한다[14]—이 시기에 이스라엘인들이 탈출하는 것은 어렵지 않았을 것이다.

이와 대조적으로, 출애굽이 기원전 13세기에 일어났다고 주장하는 사람들은 일반적으로 그 사건이 람세스 2세(재위 기원전 1279-1213년)나 메르넵타(재위 기원전 1213-1203년)의 통치 때 일어났다고 본다. 그러나 이 파라오들은 둘 다 매우 강력했고 이 기간에 이집트는 안정적이었기 때문에 이 왕들 가운데 한 명의 재위 시기에 출애굽이 일어났다고 상상하기는 어렵다.[15]

---

14 W. F. Edgerton and J. A. Wilson, *Historical Records of Ramses III*, SAOC 12 (Chicago: Univ. of Chicago Press, 1936), 35-58을 보라. 그 자료에 대한 최근의 조사에 관해서는 Eric H. Cline and David O'Connor, "The Sea Peoples," in *Ramesses III: The Life and Times of Egypt's Last Hero*, ed. Eric H. Cline and David O'Connor (Ann Arbor: Univ. of Michigan Press, 2012), 180-208을 보라.

15 사실 메르넵타의 통치 기간에도 해양 민족들의 침략이 있었지만, 이 공격은 이집트 군대에 의해 쉽게 격퇴되었던 것으로 보인다(뒤에 나오는 내용을 보라).

메르넵타 석비

람세스 3세를 출애굽 당시의 파라오로 제안하면서, 나는 메르넵타 석비에 관해 학자들에 의해 일반적으로 제안되는 내용과는 다른 해석을 주장한다.[16] 그 석비의 관련 행들은 다음과 같다.

가나안은 약탈당했고,

아스글론은 끌려갔고,

게셀은 함락당했다.

예노암(Yenoam)은 존재하지 않게 되었다.

이스라엘은 황폐해졌고, 그들의 씨가 말랐다.

그리고 후르루(Hurru)는 이집트 때문에 과부가 되었다.[17]

나는 이스라엘에 관한 행을 노예 시대에 대한 언급으로 이해한다. 이것은 민족 한정사(people-determinative)의 용법을 설명한다. 그들은 외국의 장소(언급된 다른 실체들에 대해 표시된 것처럼)가 아니라 오히려 이

---

16 메르넵타 석비에 관한 가장 상세한 연구는 여전히 Helmut Engel, "Die Siegesstele des Merenptah," *Bib* 60 (1979): 373-99이다. 그 비문에 수록된 이 관련 행들에 대한 좀 더 최근의 철저한 조사는 다음 문헌들을 보라. Michael G. Hasel, "Israel in the Merneptah Stela," *BASOR* 296 (1994): 45-61; idem, "The Structure of the Final Hymnic-Poetic Unit on the Merenptah Stela," *ZAW* 116 (2004): 75-81. 하지만 나는 *prt*에 대한 저자의 해석에 동의하지 않는다. Hasel은 이 단어를 문자적으로 "곡물"로 이해하기를 선호하지만, Hoffmeier(다음 각주를 참조하라)와 다른 학자들은 이 단어를 "씨"("사람들", "자손"의 의미로)로 번역했다.

17 "The (Israel) Stela of Merneptah," trans. James K. Hoffmeier (*COS* 2.6:41).

집트에서 살고 있던 민족이다.[18] 그 찬가의 저자는 이스라엘이 가나안에서 기원했다는 사실을 알고 있었고, 따라서 그들에 대한 언급을 가나안과 후르루 사이에 포함시켰다. 메르넵타 석비가 출애굽 이후에 이스라엘 사람들에 대한 이집트의 승리를 가리킨다면—출애굽이 기원전 15세기에 일어났다는 견해가 전제하고 기원전 13세기에 일어났다고 보는 견해의 여러 이형이 가정하는 것처럼 말이다—우리는 성경에 이 대결에 관한 어떤 언급이 있으리라고 기대할 수 있을 것이다. 특히 성경의 저자들은 이스라엘의 패배에 관한 자료를 포함하기를 피하지 않았기 때문이다(이 점에 관해서는 뒤에서 좀 더 자세히 다뤄질 것이다). 그런 대결이 성경에 언급되지 않았기 때문에, 메르넵타 석비에서 이스라엘에 대해 언급한 내용은 이스라엘 사람들이 여전히 이집트에 있었을 때의 그들을 가리킬 가능성이 가장 크다.[19]

그렇지 않으면 메르넵타 석비에 등장하는 "이스라엘"은 이집트로의 이주(eisodus), 노예 생활, 출애굽을 경험한 적이 없는 가나안의 이스라엘 구성원들을 가리킬 수 있다(위에서 언급된 내용을 보라). 메르

---

18 W. M. Flinders Petrie가 궁극적으로 이 견해를 거부했지만, 그가 석비를 발견하자마자 즉시 메르넵타 석비에 나오는 "이스라엘"을 해석하는 여러 가지 선택지 중 하나로 동일한 입장을 제안했다는 점은 주목할 가치가 있다. 그의 논문 "Egypt and Israel," *The Contemporary Review* 69 (May 1896): 617-27, 특히 624과 그의 책 *Six Temples at Thebes*, 1896 (London: Quaritch, 1897), 30에 나오는 요약을 보라. 다른 학자들도 출애굽 연대를 제19왕조 말기, 즉 메르넵타 이후의 여러 파라오의 통치 기간으로 추정함으로써 비슷한 의견을 내놓았다. 다소 특이한 경향이 있던 그러한 견해들의 요약은 Engel, "Die Siegesstele des Merenptah," 396-97을 보라.
19 나는 노예 제도를 시작한 사람이 메르넵타였다고 암시하려는 것이 아니다. 나는 노예 제도가 람세스 2세에 의해 만들어졌고, 메르넵타 치하에서도 계속되었다고 믿는다. 어쨌든 이 점은 논의 중인 주된 문제에 직접적인 영향을 미치지 않는다.

넵타가 가나안 원정 중에 이스라엘인으로 식별된 인구 일부를 조우했을 가능성이 있다. 이들은 앤슨 레이니(Anson Rainey)가 분석한 바와 같이 카르나크 신전에 있는 은신처의 안뜰(Cour de la Cachette) 바깥쪽 서쪽 벽 위에 묘사된 샤수 유형의 반유목민들이었을 수 있다.[20] 그렇지 않으면 그들은 파피루스 아나스타시 I(소위 풍자 서신[Satirical Letter]) 23열 6행에서 언급된 므깃도 지역의 아셀 지파처럼 가나안 본토에 있던 이스라엘의 구성원이었을 수도 있다.[21]

우리가 메르넵타 석비에 등장하는 이스라엘에 대한 언급을 어떻게 해석하느냐와 관계없이, 이 유일한 언급은—학자들 대다수가 주장한 것처럼—이집트에서 노예로 있었던 이스라엘의 핵심 집단이 기원전 1210년경 이전에 이미 이집트를 떠났고 그 시기에 가나안 땅에 자리를 잡았음을 의미하지 않는다.

메르넵타의 샘

추가로 우리는 그 사실이 거의 알려지지 않았지만, 메르넵타라는 이름이 성경에 등장한다는 점에 주목해야 한다. 지파의 땅 분배 목록이 수록된 여호수아 13-22장에서 언급된 수백 개 지명 기운데 유

---

20 Anson F. Rainey, "Rainey's Challenge," *BAR* 17, no. 6 (November/December 1991): 58-60, 93; idem, "Israel in Merenptah's Inscription and Reliefs," *IEJ* 51 (2001): 57-75.

21 원본 출판물은 Alan H. Gardiner, *Egyptian Hieratic Texts* (Leipzig, 1911), 25*을 보라. 물론 이 구절에 들어 있는 *isr*에 대한 많은 대안적인 해석이 있다. 이에 대해서는 H. W. Fischer-Elfert, *Die satirische Streitschrift des Papyrus Anastasi I* (Wiesbaden: Harrassowitz, 1986), 199-200을 보라. 하지만 나는 *isr*와 아셀 사이의 연결은 여전히 확고하다고 생각한다.

다와 베냐민 사이의 경계에 위치한 **마아얀 메 네프토아흐**(*ma'yan mê neptôaḥ*), 즉 "메 네프토아흐의 샘"이 나온다(수 15:9; 18:15). 히브리어 단어 **메**(*mê*)는 "~의 물"을 의미하기 때문에, 성경 독자들은 종종 마지막 요소만을 순수한 고유명사로 보고 이 장소를 "넵도아의 물의 샘"(개역개정에서는 "넵도아 샘물")으로 번역했다. 나는, 특히 후기 이집트어에서 마지막 /r/은 소실되었기 때문에, 이 용어를 "메르넵타의 샘"으로 이해하는 것이 더 낫다고 믿는다.[22] 따라서 그 파라오의 이름이 상형문자 *Mr-n-ptḥ*("프타흐[*Ptaḥ*]의 사랑을 받는 자"를 의미함)로 기록되었을 수도 있지만, 첫 번째 요소의 발음은 여호수아 15:9, 18:15에 보존된 것에 더 가까웠을 것이다. 더구나 "메르넵타의 샘"의 위치는 알려져 있다. 그 이름이 현대의 리프타(Lifta)에 남아 있기 때문이다(원래 이름에서 추가적인 어미음 소실과 음운론적 조정이 일어났다). 그곳은 예루살렘에서 북서쪽으로 5킬로미터 떨어진 곳에 있는데, 이는 여호수아서의 그 구절에서 전달된 정보에 따라 정확히 그것이 발견되리라고 예상되는 지점이다.[23]

22　Antonio Loprieno, *Ancient Egyptian: A Linguistic Introduction* (Cambridge: Cambridge Univ. Press, 1995), 38을 보라. 원래의 제안은 Franz Calice, "König Menephthes im Buche Josua?" *OLZ* 6 (1903): 224을 보라. 좀 더 최근의 논의는, Gary A. Rendsburg, "Merneptah in Canaan," *JSSEA* 11 (1981): 171-72(정오표가 *JSSEA* 12[1982]의 보충물로 인쇄됨)을 보라.

23　"네프토아흐 물의 샘"("메르넵타의 샘")을 현대의 리프타와 동일시하는 것에 관해서는 예를 들어 다음 문헌들을 보라. Yohanan Aharoni, *The Land of the Bible: A Historical Geography*, 2nd ed., trans. Anson F. Rainey (Philadelphia: Westminster, 1979), 255; Richard S. Hess, *Joshua* (Leicester: Inter-Varsity, 1996), 244; Cyrus H. Gordon and Gary A. Rendsburg, *The Bible and the Ancient Near East* (New York: W. W. Norton, 1997), 175.

혹자는 메르넵타가 자신이 가나안으로 원정을 나갔다고 한 주장의 역사성을 의심했지만(심지어 메르넵타가 *ḫf Qdr*, 즉 "게셀을 장악한 자"라는 별명을 얻었다고 기록되어 있는 아마다 석비[Amada Stela]를 검토한 후에도 말이다[24]), 유대의 언덕에 그의 이름을 따서 "메르넵타의 샘"이라고 불리는 지명이 존재한다는 사실은 그 주장을 확인한다. 메르넵타의 군대가 예루살렘에 근접한 곳을 포함하여 가나안 땅으로 원정을 나갔다는 점에는 의심의 여지가 없다.[25]

가나안에서의 이집트의 존재

이 모든 배경은 우리가 출애굽 연대를 결정하고자 할 때 관련이 있다. 앞서 언급된 요점을 확장해보자. (표준적인 접근법에 따라) 이스라엘 사람들이 기원전 13세기의 어느 시점에 이집트를 떠났으며 기원

---

24 원본 출판물: Urbain Bouriant, "Notes de Voyage," *Recueil de travaux relatifs à la philologie et à l'archéologie égyptiennes et assyriennes: pour servir de bullletin à la Mission Française du Caire* 18 (1896): 159. 표준판: Jarsolav Černý, *Le temple d'Amada, Cahier V: Les inscriptions historiques* (Cairo: Centre de documentation et d'études sur l'ancienne Égypte, 1967), 1-3(즉, 책이 제본되지 않은 개별 페이지의 모음집이기 때문에, 메르넵타 텍스트의 1-3쪽임). 나는 구히기 힘든 이 책에서 관련 페이지를 스캔해 준 브루클린 박물관의 Edward Bleiberg에게 감사한다. Kenneth A. Kitchen, *Ramesside Inscriptions: Historical and Biographical*, 8 vols. (Oxford: Blackwell, 1976-1990), 4:1(33쪽에 반복된다)도 보라.

25 모든 증거에 대한 철저한 검토는 Michael G. Hasel, *Domination and Resistance: Egyptian Military Activity in the Southern Levant, ca. 1300-1185 B.C.*, Probleme der Ägyptologie 11 (Leiden: Brill, 1998), 178-89을 보라. 하지만 나는 Hasel이 유다-베냐민 경계에 있는 "메르넵타의 샘"에 대해 논의하지 않았다는 점을 서둘러 덧붙인다. 메르넵타의 가나안 원정을 부인하는 학자의 예로는 Hourig Sourouzian, *Les monuments du roi Merenptah*, Deutsches Archäologisches Institut, Abteilung Kairo, Sonderschrift 22 (Mainz: von Zabern, 1989), 169를 보라.

전 13세기 말쯤에는 가나안의 중앙 구릉지에 거주했다면, 다음과 같은 의문이 생긴다. 왜 여호수아서와 사사기는 어디에서도 이집트인과 이스라엘인 사이의 조우를 언급하지 않는가? 우리는 또한 민수기의 내러티브 부분에 대해서도 이 질문을 할 수 있을 것이다. 성경 이야기에 따르면 이스라엘 백성이 갈대 바다를 건넌 후(출 14-15장) 그들은 다시는 이집트 군대를 만나지 않았다.

역사 문서는 람세스 3세의 통치 기간에 가나안 땅에 이집트인들이 지속적으로 존재했음을 분명히 보여준다. 이집트 관리들이 남부 해안 평원의 가자와 데이르 엘 발라흐(Deir el-Balaḥ)에 주둔했으며, (가자와 데이르 엘 발라흐 같이 해안에 좀 더 가까운 중심지들 외에도) 남부 내륙 지역의 라기스,[26] 텔 세라(Tel Seraʿ, 아마도 시글락일 것이다), 텔 엘 파르아(Tell el-Farʿah, 남쪽)에 주둔했고, 벧세메스에도 주둔했을 것이다. 그리고 북쪽 지역의 므깃도와, 가장 두드러지게는, 벧산에 주둔했다.[27] 게다가 팀나 계곡의 이집트 광산 채굴은 제19왕조 시대의 전 기간에 걸쳐 계속되었고 제20왕조의 람세스 3세 재위 기간까지 계속되었다(두 왕조 사이의 과도기 동안 잠시 중단되었을 수도 있지만 말이다).[28]

이 시기에 가나안에 이집트인들이 분명히 존재했다는 점을 고려할 때 이스라엘 사람들이 그 땅에 있던 이집트인들과 조우하지 않고서 팀나 계곡의 일반 지역을 통과하고(민수기의 광야 여정을 어떻게

---

26 라기스에 관한 증거는, 위 312-313쪽을 보라.

27 개관은 James M. Weinstein, "Egypt and the Levant in the Reign of Ramesses III," in Cline and O'Connor, *Ramesses III*, 164-71을 보라.

28 Weinstein, "Egypt and the Levant," 171.

재구성하는지와 관계없이, 그들이 그 지역을 통과했다), 그런 다음 기원전 13세기 후반 혹은 기원전 12세기 초반에(출애굽이 기원전 13세기에 발생했다는 견해가 암시하는 것처럼) 라기스 지역에 정착하는 것을 상상할 수 있는가? 나는 그랬을 개연성이 전혀 없다고 생각한다.

이스라엘 백성은 람세스 3세의 통치 기간, 즉 해양 민족들의 침략으로 인해 초래된 혼란의 시기에 이집트를 떠나(기원전 1180년경) 약 25년 후 더 이상 가나안 땅에 강력한 이집트의 존재가 없던 시점에 가나안 땅에 이르렀다고 가정하는 것이 훨씬 더 낫다. 이것이 왜 성경이 출애굽기 14-15장 이후에 이집트인들을 전혀 언급하지 않는지를 설명해 줄 것이다. 다시 말하지만, 이스라엘 백성은 여러 민족—아말렉 사람, 에돔 사람, 모압 사람, 암몬 사람, 가나안 사람—을 만나지만, 이집트 사람은 만나지 않는다.[29]

출애굽기 13:17과 해양 민족들의 침략

출애굽기 13:17이 출애굽 연대에 대한 추가 단서를 제공한다. "바로가 백성을 보낸 후에 블레셋 사람의 땅의 길은 가까울지라도 하나님이 그들을 그 길로 인도하지 아니하셨으니 이는 하나님이 말씀하시기를 '이 백성이 전쟁을 하게 되면 마음을 돌이켜 애굽으로 돌아갈까' 하셨음이라"(출 13:17). 이 구절을 액면 그대로 받아들이면, 이 구절은 이스라엘 백성이 이집트를 떠난 바로 그때 여기서 "블레셋 사

---

29   삿 10:11에서 하나님이 애굽 사람에 대해 언급하신 말씀은 틀림없이 출애굽 이야기를 가리킬 것이다.

람의 땅의 길"이라 불린 해변 길을 따라 군사적 충돌이 있었다. 출애
굽 연대에 관해 이것보다 더 큰 단서가 있을 수 있을까?[30]

우리가 대카르나크 비문(Great Karnak Inscription)에 묘사된 대로
메르넵타의 통치 기간에 해양 민족들이 이집트를 공격했다는 것을
알고 있지만, 세 가지 점에 주목해야 한다. 첫째, 그 침략(이 단어가 너
무 강할 수도 있다)이 이집트에 과도한 재앙을 초래하지는 않았다. 둘
째, 해양 민족들과 리비아인들 사이의 동맹을 고려하면 사건들은 이
집트 삼각주의 서쪽에서 발생한 것으로 보인다. 셋째, 블레셋 사람들
은 당시에 해양 민족에 포함되지 않았다.[31] 내가 이런 점들을 언급하
는 이유는 만일 누가 출애굽기 13:17을 메르넵타 통치 기간에 일어
났던 해양 민족들의 침략과 연결하기를 원할 경우, 그러한 연관성은
기껏해야 미약할 것이라고 말하기 위해서다.

이와 대조적으로, 기원전 약 1180년경 람세스 3세의 통치 기간
에 있었던 해양 민족들의 침략을 묘사하는 이집트 문서들은 그 나라
에 큰 혼란이 발생했다고 증언한다. 그 문서들은 또한 그 침략 행위
가 삼각주 동쪽과 아마도 시나이반도 해변을 따라 일어났음을 암시
한다. 게다가 메디네트 하부 비문들(Medinet Habu inscriptions)은 블레
셋 사람들이 연합체의 리더 역할을 한 것으로 묘사한다(물론 파피루스

30　(내가 생각하기에) 전반적인 접근법이 너무 특이하기는 하지만, 이 주장의 윤곽은
M. B. Rowton, "The Problem of the Exodus," *PEQ* 85 (1953): 45-60, 특히 58을 보
라.

31　이에 관한 논의는 Colleen Manassa, *The Great Karnak Inscription of Merneptah:
Grand Strategy in the 13th Century BC*, Yale Egyptological Studies 5 (New Haven:
Yale Egyptological Seminar, 2003), 77-82을 보라.

해리스[Papyrus Harris] I에서는 그렇게 하지 않는다).[32]

따라서 만약 출애굽기 13:17에 기록된 성경 전통에 어떤 역사적 실재가 있다면, 모든 것이 그 진술에 대한 가능한 배경으로서 기원전 1180년경 람세스 3세의 통치 기간에 있었던 해양 민족들의 침입을 가리킨다. 더 나아가 내가 그 주장을 지나치게 밀어붙이지는 않겠지만(비록 데이비드 노엘 프리드먼[David Noel Freedman]은 그렇게 했지만 말이다[33]), 출애굽기 15:14-15에서 에돔, 모압, 가나안과 함께 블레셋이 언급된 것은 이스라엘 백성이 접근했을 당시 블레셋 사람들이 가나안에 존재했음을 암시한다. 물론 이 대목에서 블레셋이 언급된 것은 시대착오일 수 있지만(기원전 13세기와 기원전 15세기 출애굽 견해에서는 필연적으로 시대착오일 수밖에 없다), 바다의 노래(Song of the Sea)에 블레셋이 등장한다는 것은 주목할 만하다.

이 논의에 아모스 9:7을 포함시킬 수 있을지도 모른다. 그 구절은 다음과 같다. "내가 이스라엘을 애굽 땅에서, 블레셋 사람을 갑돌에서, 아람 사람을 기르에서 올라오게 하지 아니하였느냐?"(암 9:7b) 이 구절이 세 이동 모두 대체로 같은 시기에 일어났음을 암시할 수

32　관련 텍스트들에 대한 상세한 논의와 번역은 Cline and O'Connor, "The Sea Peoples," 180-208을 보라.

33　David Noel Freedman, "Early Israelite Poetry and Historical Reconstructions," in *Symposia Celebrating the Seventy-Fifth Anniversary of the Founding of the American Schools of Oriental Research (1900-1975)*, ed. Frank Moore Cross (Cambridge: American Schools of Oriental Research, 1979), 95(David Noel Freedman, *Pottery, Poetry, and Prophecy: Studies in Early Hebrew Poetry* [Winona Lake, IN: Eisenbrauns, 1980], 177에 재수록됨).

있을까? 아쉽게도, 우리는 기르(Qir)가 어디에 있는지 모르며[34] 따라서 아람인의 이주가 언제 일어났을지를 포함하여 아람의 기원에 관해 좀 더 알 수 없기 때문에 그 질문에 답할 수 없다. 그러나 언급된 이동들이 같은 시대에 일어났다고 추정된다는 점은 시사하는 바가 있다. 확실히, 적어도 여기서 제시된 재구성에 따르면, 블레셋 사람들이 갑돌(구체적으로는 크레타 섬, 또는 좀 더 일반적으로는 에게해)로부터 이주한 것과 이스라엘 사람들이 이집트로부터 이주한 것은 대체로 같은 시대에 일어난 일이었다.

다음과 같은 한 가지 중요한 부수적인 사항에 주의하라. 이스라엘 사람들이 이집트에서 지낸 경험을 깡그리 부인하면서 블레셋 사람들이 갑돌에서 가나안 남부 해안 평원으로 이주했다는 사실(고고학적 증거를 통해 입증할 수 있다)을 받아들이는 학자들은 우리로 하여금 이스라엘 사람들이 자기들의 역사보다 그들의 이웃 민족의 역사에 대해 더 많이 알고 있었다고 믿게 하려고 하는 셈이다!

성경의 족보와 기타 연대기적 단서들

이제 우리는 다른 종류의 증거, 즉 성경에 기록된 족보와 기타 연대의 기적 단서들을 살펴볼 것이다.

34　새로운 제안을 포함한 가장 최근의 논의는 Yoel Elitzur, "Qīr of the Aramaeans: A New Approach"(히브리어로 출간됨), *Shnaton* 21 (2012): 141–52을 보라. ix–x에 영어 초록이 실려 있다.

열왕기상 6:1

열왕기상 6:1은 출애굽 연대를 결정하기 위해 자주 인용되는 구절이다. "이스라엘 자손이 애굽 땅에서 나온 지 사백팔십 년이요 솔로몬이 이스라엘 왕이 된 지 사 년 시브월 곧 둘째 달에 솔로몬이 여호와를 위하여 성전 건축하기를 시작하였더라"(왕상 6:1). [얼핏 보면] 이 구절은 우리에게 명확한 연대를 제공하는 것처럼 보인다. 우리가 솔로몬의 성전 건축 시기 또는 좀 더 일반적으로 그의 통치 기간의 연대를 정하고 480년을 거슬러 올라가면 출애굽 연대를 알 수 있다.

물론 계산이 그렇게 단순하지는 않다. 우리는 솔로몬의 통치 기간을 기원전 965-930년경으로 자신 있게 추정할 수 있다. 우리는 또한 열왕기상 11:40에서 이집트 왕 시삭이 솔로몬과 동시대인으로 언급되는 점에 주목한다. 시삭은 제22왕조의 창시자인 쇼셍크(Shoshenq)로서 그는 기원전 945-924년에 통치했다.[35] 성전 건축이 솔로몬의 재위 제4년에 시작되었고 7년 후에 끝났기 때문에(왕상 6:38), 우리는 건축 공사의 연대를 기원전 961-954년으로 추정할 수 있다. 계산을 간단하게 만들기 위해 기원전 960년을 고정점으로 삼아보자. 열왕기상 6:1에 따라 출애굽이 480년 전에 일어났다면, 출애

---

[35] 나는 표준 학설을 받아들이고, Peter James and Peter G. van der Veen, eds., *Solomon and Shishak: Current Perspectives from Archaeology, Epigraphy, History and Chronology: Proceedings of the Third BICANE Colloquium Held at Sidney Sussex College, Cambridge 26-27 March*, 2011, BAR International Series 2732 (Oxford: Archaeopress, 2015)의 (대다수) 기고가들이 가정했던 두 인물의 분리를 거부한다. 상세한 검토는 Ronald Wallenfels, "Shishak and Shoshenq: A Disambiguation," *JAOS* 139 (2019): 487-500을 보라.

굽 연대는 기원전 1440년으로 정해질 수 있다(이 책에서 스콧 스트리플링이 주장한 입장을 보라).

성경 내러티브와 고대 근동 전통에 나타나는 연수 사용

그러나 이 접근법에는 두 가지 문제가 있다. 첫째, 앞서 주장된 바와 같이 출애굽 연대를 기원전 15세기로 보는 견해는 "이스라엘 사람들은 그들이 역사적, 고고학적 기록에 최초로 등장하기 전에 어디에 있었는가?"라는 질문으로 이어진다. 둘째, 우리는 성경의 초기 책들에서 제시된 연수(years)를 액면 그대로 받아들일 수 없다. 사용된 숫자들은 항상 고도로 과장되어 있으며, 때로는 상징이 들어 있다(우리가 그 상징의 정확한 성격을 이해하지 못하더라도 말이다).

예를 들어, 요셉(가나안에서 이집트로 이주한 세대를 대표함)과 여호수아(이집트에서 가나안으로 돌아온 세대를 대표함)의 수명은 둘 다 110세인데(창 50:26; 수 24:29), 이 숫자는 고대 이집트인의 이상적인 수명을 나타낸다.[36] 게다가 우리의 현재 작업과 직접적인 관련은 없지만 다음의 수명들에 존재하는 패턴에 주목하라.[37]

아브라함: 175 = 5^2 x 7 (창 25:7)

이삭:　　 180 = 6^2 x 5 (창 35:28)

야곱:　　 147 = 7^2 x 3 (창 47:28)

36　J. M. A. Janssen, "On the Ideal Lifetime of the Egyptians," *Oudheidkundige Mededelingen uit het Rijksmuseum van Oudheden* 31 (1950): 33-44.

37　Nahum M. Sarna, *Understanding Genesis* (New York: Schocken, 1966), 84.

우리가 이 숫자들의 정확한 의미를 알지 못할 수도 있지만, 아마
도 그 수들이 저자와 그의 독자 중 지식이 있는 일부 사람들에게는
무언가를 의미했을 것이다.

어림수, 특히 40의 배수와 과장된 숫자를 사용하는 것은 서사시
전통의 특징이다. 그런 예로는 하나님이 아브람에게 그의 자손이 이
방 땅에서 400년 동안 객이 될 것이라고 말씀하심(창 15:13), 40년간
의 방황(신 29:5), 모세가 80세에 파라오 앞에 처음 등장함(출 7:7), 모
세가 120세에 죽음(신 34:7), 사사기에서 40과 80이 다양하게 등장함
(삿 3:11, 30; 5:31), 다윗과 솔로몬의 40년 통치(삼하 5:4; 왕상 11:42) 등
이 있다.[38]

이와 동일한 방식으로 40의 배수를 이용하여 과장된 숫자를 사
용하는 것은 이집트와 아카드 문헌에서도 입증된다. 전자의 경우, 비
록 기념되는 특정 기념일에 관해 우리가 확신할 수는 없지만, 타니스
(Tanis)에서 발견된 기원전 1300년경의 것으로 추정되는 400년 석비
를 주목하라.[39] 후자의 경우, 바빌로니아 왕 나보니두스(Nabonidus, 재

---

38   40의 배수는 아니지만, 추기적인 어림수에 관해서는 입다가 삿 11:26에서 "300년"
      을 사용한 것을 보라.

39   이에 관한 논의는 다음 문헌들을 보라. Hans Goedicke, "Some Remarks on the
      400-Year Stela," *ChrEg* 41, no. 81 (1966): 23-39; idem, "The 400-Year Stela
      Reconsidered," *Bulletin of the Egyptological Seminar* 3 (1981): 25-42. 좀 더 최근
      의 연구는 다음 문헌들을 보라. Manfred Bietak, "On the Historicity of the Exodus:
      What Egyptology Today Can Contribute to Assessing the Biblical Account of the
      Sojourn in Egypt," in *Israel's Exodus in Transdisciplinary Perspective: Text, Archaeology,
      Culture and Geoscience*, ed. Thomas E. Levy, Thomas Schneider, and William H. C.
      Propp, Quantitative Methods in the Humanities and Social Sciences (New York:
      Springer, 2015), 31-32; James K. Hoffmeier, "Egyptian Religious Influences on

위 기원전 556-539년)가 아카드 왕 나람 신(재위 기원전 2254년경-2218년 경)이 3,200년 전에 통치했다고 주장한 것에 주목하라.[40] 두 통치자 사이의 간격이 실제로는 약 1,700년인데 말이다.

이 모든 점으로 미루어 볼 때 우리가 단순히 열왕기상 6:1에서 언급된 480년이라는 기간에 기초해서 역사를 재구성해서는 안 된다. 시간이 지나면서, 그리고 이스라엘 왕국과 유다 왕국 시대 동안 왕실 관료들에 의해 정확한 기록이 유지되었기 때문에 정경 열왕기에서 제공된 연도들(적어도 왕상 12장 이후)―이것들은 이스라엘 왕들의 연대기(왕상 14:19)와 유다 왕들의 연대기(왕상 14:29)에서 유래한다―이 가장 신뢰할 만하다. 그러나 우리가 초기 성경 전통에서 사용된 어림수와 과장된 수들이 이와 동등한 수준으로 정확하다고 보기는 어렵다.[41]

일부 학자들은 열왕기상 6:1에 등장하는 480년이라는 숫자의 비역사적 성격을 인정하고, 그 수를 12세대 x 40년(한 세대)을 상징하

---

the Early Hebrews," in *"Did I Not Bring Israel out of Egypt?" Biblical, Archaeological, and Egyptological Perspectives on the Exodus Narratives*, ed. James K. Hoffmeier, Alan Millard, and Gary A. Rendsburg, BBRSup 13 (Winona Lake, IN: Eisenbrauns, 2016), 14. 물론 이 경우 400년이라는 기간에 어느 정도 대략적인 수학적 실재가 존재할 수도 있다.

40   Nabonidus, Sippar Cylinder Inscription, 2열 58행. 이에 관해서는 "The Sippar Cylinder of Nabonidus," trans. Paul-Alain Beaulieu(*COS* 2. 123A::312)를 보라.

41   서사시적 스토리텔링 전통(주로 창세기에서 사무엘서까지)에서 열왕기 및 다른 곳의 스타일로 전환된 것에 관해서는, Gary A. Rendsburg, "The Epic Tradition in Ancient Israel―And What Happened to It?" in Isaac Kalimi, ed., *Writing and Rewriting History in Ancient Israel and Near Eastern Cultures* (Wiesbaden: Harrassowitz, 2020), 17-30을 보라.

는 것으로 해석하려고 했다. 하지만 이 방법도 적절하지 않다. 출애
굽과 성전 건축 사이에 480년이나 열두 세대가 떨어져 있지 않기 때
문이다. 대신 새로운 접근법이 필요하다.

성경에 나오는 족보들

초기 성경 시대의 추정 연대를 재구성하려고 시도할 때, 성경에 나오
는 족보에 기초하여 계산될 수 있는 대략적인 기간이 좀 더 나은 지
침이다.[42] 우리가 족보에 의존하는 것은 베두인 문화가 제공하는 현
대의 사회학적-인류학적 유사 사례에 기초한다. 우리는 베두인 문화
에서 일곱 세대 또는 열 세대까지 거슬러 올라가는 매우 정확한 족보
계산을 관찰할 수 있다.[43]

20세기의 일화

내가 내 스승인 사이러스 고든(Cyrus Gordon)에게 성경의 초기 책들
에 등장하는 과장된 연수와 40년의 반복적인 사용에 관해 의견이 있
는지 물어본 적이 있다. 고든 교수는 1931년 그가 (E. A. 스파이저[E. A.
Speiser]와 공동으로) 테페 가우라(Tepe Gawra)에서 발굴하고 있었을 때

42　다음 문헌들을 보라. Gary A. Rendsburg, "The Internal Consistency and Historical
Reliability of the Biblical Genealogies," *VT* 40 (1990): 185-206; idem, "Date of the
Exodus and the Conquest/ Settlement."

43　성경에 나타나는 현대 베두인 문화의 반향에 대해서는 다음 문헌들을 보라.
Clinton Bailey, "How Desert Culture Helps Us Understand the Bible," *BRev* 7, no.
4 (August 1991): 14-21, 38; idem, *Bedouin Culture in the Bible* (New Haven: Yale
Univ. Press, 2018). 두 번째 참고 문헌에서 족보에 대한 논의는 169-72쪽에 수록되
어 있다.

그 팀에서 일했던 현지의 어느 부자(父子)에 관한 이야기를 들려주었다. 고든은 착실하고 부지런한 젊은이의 모습에 좋은 인상을 받았다. 그래서 어느 날 고든은 그 젊은이의 아버지에게 그의 훌륭한 아들에 대해 칭찬했다. 아버지는 고든에게 감사를 표했고, 고든은 그에게 "당신의 아들은 몇 살인가요?"라고 물었다. 그 아버지가 대답했다. "나는 모릅니다. 스무 살일 수도 있고 서른 살일 수도 있고 마흔 살일 수도 있습니다. 나는 모릅니다. 하지만 당신은 그가 몇 살인지 계산할 수 있습니다. 그는 영국이 이라크를 점령하고 나서 1년 후에 태어났습니다." 영국은 제1차 세계대전 중에 이라크를 점령했으며 1917년에 오토만 제국을 물리쳤다. 이는 그 소년이 1918년에 태어났고, 따라서 1931년에 그가 열세 살이었음을 의미한다. 고든은 그 젊은이가 어린 10대처럼 보였기 때문에 이 말이 거의 맞는 것 같다고 덧붙였다. 그러나 아들의 나이를 알려달라는 요청을 받았을 때, 이라크 마을의 아버지는 정확하게 대답하지 못하고 부풀려진 어림수로 답하다가 결국 마흔 살에 이르렀다. 나는 이 일화가 성경에서 40의 배수뿐만 아니라 숫자 40이 반복적으로 사용된 것을 설명하는 데 큰 도움이 된다고 생각한다.[44]

---

44 테페 가우라 발굴을 포함하여 이라크에서 보낸 여러 해에 관한 고든의 회상에 대해서는 Cyrus H. Gordon, *A Scholar's Odyssey* (Atlanta: Society of Biblical Literature, 2000), 31-37을 보라. 비록 이 일화는 수록되지 않았지만 말이다.

다윗 왕의 족보

다행스럽게도 성경은 우리에게 출애굽기와 기원전 10세기의 통일 왕국 시대를 연결하는 핵심적인 족보를 제공한다. 나는 룻기 끝부분(룻 4:18-22)에 간단한 목록으로 나타나고, 역대상 2:5-15에서는 좀 더 확장된 형태로 나타나는 다윗 왕의 혈통을 말하고 있다.[45] 그 족보의 핵심적인 구성 요소는 나손-살몬-보아스-오벳-이새-다윗의 계보인데, 이 계보는 우리에게 다윗이 나손보다 다섯 세대 뒤의 인물이었다고 알려준다. 대다수 학자가 동의하듯이, 다윗은 기원전 1000-965년경(솔로몬보다 한 세대 전)에 통치했다. 그의 조상 나손은 출애굽과 광야 이야기라는 좀 더 큰 이야기에서 두 번 언급되는데, 출애굽기 6:23에서는 아론의 처남으로 나오고 민수기 1:7에서는 유다 지파의 지도자로 나온다. 따라서 우리는 나손을 출애굽 당시에 살았던 사람으로 볼 수 있다.

한 세대는 얼마나 긴가?

다윗과 나손 사이에 존재하는 시간 간격을 계산하기 위해서는 우리가 세대당 연수(年數)를 추정할 필요가 있다. 성서학자들과 고내 근동학 학자들은 대체로 세대당 20년에서 25년처럼 다소 낮은 수치를 사용하여 연구를 수행해왔다.[46] 그러나 이 범위는 부정확하다. 대신

---

45 마태복음의 저자는 이 자료를 활용하여 예수의 생애에 대한 그의 이야기를 시작한다(마 1:3-6을 보라).

46 세대당 20년이라는 수치에 관해서는 K. L. Noll, *Canaan and Israel in Antiquity: A Textbook on History and Religion*, 2nd ed. (London: Bloomsbury T&T Clark, 2013),

평균적인 세대는 30년으로 계산되어야 한다.[47] 나는 아래의 논의에서 이 숫자를 사용하는 것이 정당함을 보여주겠지만, 우선 내가 말하는 "평균적인 세대"가 무슨 뜻인지 정의하려고 한다.

내가 사용하는 이 용어는 한 남성이 그의 모든 자녀를 낳을 때의 평균 나이를 의미한다. 진정한 평균은 모든 자녀가 출생했을 때의 모든 남성의 나이를 계산함으로써 얻어질 것이다. 물론 고대 이스라엘이나 고대 세계의 다른 곳에서 우리가 얻을 수 있는 데이터로는 그 수치가 정확하게 계산될 수 없을 것이다. 그러나 나는 세대당 30년이라는 수치가 여러 접근법을 통해 입증될 수 있다고 믿는다.

첫 번째 방법은 고대 근동에서 알려진 가계(대체로 왕족의 가계에 속한다)의 평균적인 세대를 계산하는 것이다. 나는 제18왕조의 적

99을 보라. 세대당 22년이라는 수치는 Bernhard Grdseloff, "Edom, d'après les sources égyptiennes," *Bulletin des études historiques juives* 1 (1946): 71을 보라. 세대당 20년에서 25년이라는 범위에 관해서는 M. L. Bierbrier, *The Late New Kingdom in Egypt* (c. 1300-664 B.C.): *A Genealogical and Chronological Investigation*, Liverpool Monographs in Archaeology and Oriental Studies (Warminster: Aris & Phillips, 1975), xvi, 112-13을 보라. 가장 일반적으로 사용되는 수치는 다음 문헌들에서 가정하는 것처럼 세대당 25년이다. H. H. Rowley, *From Joseph to Joshua* (London: British Academy, 1950), 79; G. Ernest Wright, *Biblical Archaeology*, 2nd ed. (Philadelphia: Westminster, 1962), 84; Jacob M. Myers, *1 Chronicles*, AB 12 (Garden City, NY: Doubleday, 1965), 20; John J. Bimson, *Redating the Exodus and Conquest*, JSOTSUp 5 (Sheffield: Almond, 1978), 88; Hoffmeier, *Israel in Egypt*, 125.

47 성서학자들의 표준적인 연구를 조사한 결과, 나는 30년이라는 수치를 사용하는 학자는 Kenneth Kitchen 한 명뿐이라는 사실을 발견했다(Kenneth A. Kitchen, *Ancient Orient and Old Testament* [London: Tyndale, 1966], 72). 하지만 이 저자조차도 앞서 말한 숫자에서 물러섰다. 이후 출판물에서 Kichen은 세대당 "대략 22/25년"이라는 수치를 사용했다(idem, *On the Reliability of the Old Testament* [Grand Rapids: Eerdmans, 2003], 307. 이 참고 자료는 Mark Janzen이 내게 알려준 것이다).

어도 네 세대에 걸친 가계를 기초로 예비 연구를 수행해서 세대당 28.8년이라는 수치에 이르렀다. 표본에는 왕조 표에 나오는 예들이 포함된다.[48]

세대당 28.8년이라는 수치는 데이비드 P. 헤니지(David P. Henige)가 세계적으로 700개가 넘는 왕실 족보를 철저히 연구한 후 계산한 평균적인 세대 기간인 약 30년에 매우 근접한다.[49] 더욱이, 우리가 학자들 대다수처럼 부자 세습이 일반적으로 장자에게 이어졌다고 가정할 경우,[50] 오로지 왕족 가계를 이용하여 도달한 세대당

---

48 여기서 제시된 7개 표본의 누적 평균은 세대당 28.3년이다. 나는 미래의 어느 시점에 좀 더 많은 문서를 참고하고 문서와 좀 더 지속적인 논의를 통해 이 주제를 다시 다룰 수 있기를 희망한다.

49 David P. Henige, *The Chronology of Oral Tradition: Quest for a Chimera* (Oxford: Clarendon, 1974), 121-44. 이 연구의 많은 부분이 idem, "Generation-Counting and Late New Kingdom Chronology," JEA 67 (1981): 182-84에 간결하게 요약되어 있다. 성경 연구 분야에서 어느 정도의 반향을 불러일으키는 좀 더 최근의 왕족 가계를 하나만 언급하자면, 소위 에티오피아의 솔로몬 왕조에 주목하라. 이 왕조는 1270년에서 1851년까지 582년에 걸쳐 열일곱 세대(Yekuno Amlak부터 Yohannes III까지)를 포함하며 세대당 평균 34.2년에 이른다.

50 왕상 1-2장에 나오는 아도니야와 솔로몬 이야기에서는 장자에 의한 왕위 계승이 가정된다(특히 1:5-6과 2:15을 보라). 아멘호테프 2세를 투트모세 3세의 장자로 언급하는 구체적위 이집트 문헌이 있다(대 스핑그스 석비[Great Sphinx Stela]에 언급되어 있는데, 이 석비에 관해서는 George Steindorff and Keith C. Seele, *When Egypt Ruled the East*, 2nd ed. [Chicago: Univ. of Chicago Press, 1957], 68과 "Egyptian Historical Texts," trans. John A. Wilson, in ANET, 244을 보라). 하지만 Aidan Dodson과 Dyan Hilton(*The Complete Royal Families of Ancient Egypt* [London: Thames & Hudson, 2004], 132-33)은 분명히 그 진술을 무시하고 제18왕조의 이 부분의 가계도를 다르게 재구성한다. 장자가 아닌 자가 왕위를 계승한 잘 알려진 사례에서 제19왕조의 문서들이 메르넵타가 람세스 2세의 많은 아들 중 열세 번째 아들이었음을 드러내지만, 우리는 람세스 2세가 엄청나게 장수해서 자기 아들들 가운데 여러 명보다 오래 살았다는 점도 고려해야 한다. 이 문제에 관해서는 Dodson and Hilton, *The Complete Royal Families of Ancient Egypt*, 160-61(가

28.8년이라는 수치는 실제 평균보다 낮을 가능성이 크다. 나는 이 요소를 보완하기 위해 그 수치를 약간 더 높은 수로 올렸고, 역사적 재구성이란 목적상 세대당 30년을 제안한다. 아마도 그 수치는 훨씬 더 높아져야 할 것이다.[51]

왕조 표

왕조 이름	세대 수	기간 (모두 기원전임)	왕들의 범위	연수	세대당 평균 연령
아카드	4	2334– 2193년	사르곤(Sargon)에서 샤르 칼리샤리(Shar-kali-sharri)까지	142	35.5
우르 제3왕조	4	2111– 2004년	우르 남무(Ur-Nammu)에서 이비수엔(Ibi-Suen)까지*	109	27.3
바빌로니아 제1왕조	8	1817– 1583년	수무 라 엘(Sumu-la-El)에서 암미 디타나(Ammi-ditana)까지†	286	29.4
이집트 제12왕조	7	1938– 1759년	아메넴헤트 1세(Amenemhet I)에서 소베크네페루 (Sobekneferu)까지	180	25.7
아시리아 왕조	19	1114– 612년	디글랏 빌레셀 1세에서 신 샤르 이쉬쿤(Sin-shar-ishkun)까지‡	503	26.5
유다	18	1000– 586년	다윗에서 시드기야까지§	415	23.1
아케메네스	6	522– 338년	다리우스에서 아닥사스다 3세 (Artaxerxes III)까지	185	30.8

계도), 171(메르넵타 석비의 간략한 언급)을 보라.

51 Mayer Gruber, "Breast-Feeding Practices in Biblical Israel and in Old Babylonian Mesopotamia," *JANESCU* 19 [1989]: 61-83에 따르면, 고대 때에는 출생 간격이 약 3-4년이었다.

* 물론, 일부 통치자들의 정확한 관계(친자 관계 등)와 관련하여 일부 의심이 남아 있으므로 주의할 필요가 있다.

† 바빌로니아의 첫 번째 왕조는 이 기간보다 더 오래 존속했지만, 부자 세습 관계는 이 여덟 세대에 대해서만 확립될 수 있다.

‡ 이 계산은 디글랏 빌레셀 3세가 아다드 니라리 3세(Adad-nirari III)의 아들이었다고 가정한다(따라서 디글랏 빌레셀 3세는 왕으로서 통치한 그의 아들들 가운데 네 번째였다). 이에 관한 논의는 Hayim Tadmor and Shigeo Yamada, *The Royal Inscriptions of Tiglath-pileser III (744–727 BC) and Shalmaneser V (726–722 BC), Kings of Assyria*, The Royal Inscriptions of the Neo-Assyrian Period 1 (Winona Lake, IN: Eisenbrauns, 2011), 12, 147을 보라. 나와 이 문제에 관해 논의하고 이 참고 자료를 알려준 Peter Machinist에게 감사한다(개인적인 소통, 2019년 8월 19일).

§ 부수적으로, 다윗 왕조가 고대 근동에서 두 번째로 오래 존속한 왕조라는 점을 주목하라(아시리아 왕조만 다윗 왕조보다 오래 존속했었다. 아시리아 왕조는 이 표에서 다섯 번째에 나온다). 이는 유다 왕조의 항구성과 내구성에 대한 증거다. 이 특징이 다윗 왕조가 영원히 왕좌를 유지할 것이라고 주장한 성경 이데올로기에서 일정한 역할을 했을 수 있다(삼하 7:13; 22:51; 시 18:50). 하지만 이와 동시에, 우리의 표본에서 다윗에서 시드기야까지의 가계는 세대당 연수가 가장 낮다.

이 수치는 신아시리아와 신바빌로니아 시대에서 입수할 수 있는 문서를 바탕으로 한 마사 로스(Martha Roth)의 결혼 연령 연구 결과에 잘 들어맞는다.[52] 그녀는 남성들의 평균 결혼 연령이 30세였다고 결론지었다. 따라서 자녀를 낳는 평균 연령, 즉 내가 정의한 평균적인 세대는 틀림없이 30년보다 훨씬 길었을 것이다. 아마도 35년이 좋은 추정치일 것이다. 나는 로스가 그녀의 연구의 기초를 이스라엘 사회

---

52   Martha T. Roth, "Age at Marriage and the Household: A Study of Neo-Babylonian and Neo-Assyrian Forms," *Comparative Studies in Society and History* 29 (1987): 715–47.

가 아닌 메소포타미아 사회에 두었다는 점을 인정한다. 하지만 나는 다른 자료를 찾아보는 대신 그녀의 결론이 고대 이스라엘에도 똑같이 유효할 것이라고 받아들이고 싶다.

다윗 왕의 족보와 출애굽 연대

그런데 이 모든 계산이 출애굽 연대를 정하는 것과 무슨 관련이 있는가? 룻기 4:18-22과 역대상 2:5-15에 등장하는 나손-살몬-보아스-오벳-이새-다윗이라는 족보로 돌아가 보자. 학계의 합의(특히 앞서 언급된 솔로몬과 쇼셍크가 같은 시대의 인물이라는 점을 기반으로 한다)에 따르면, 다윗은 기원전 1000년경 인물로 추정될 수 있고 나손은 다섯 세대 전에 살았으므로 우리는 이 다섯 세대에 곱해질 적절한 계수를 정하기만 하면 된다.

우리가 한 세대를 30년으로 계산하면 나손은 다윗보다 150년 전, 즉 기원전 1150년경에 살았을 것이다. 물론 한 세대를 30년보다 길게 계산하면 나손은 좀 더 이른 시기인 기원전 12세기 전반에 살았을 것이다. 따라서 우리가 한 세대를 32년으로 계산하면 나손은 기원전 1160년 무렵에 살았을 것이다. 세대당 35년으로 계산하면 나손은 기원전 1175년에 살았을 것이다. 다윗과 나손 사이의 기간을 어떻게 계산하든 우리는 출애굽-광야 세대에 속하는 인물이 살았던 시기에 관해 람세스 3세의 통치 시기에 도달한다.

다른 사람들은 다윗의 족보가 압축되었고 한두 세대 또는 그 이상의 세대가 족보에서 빠졌다고 주장하며, 따라서 이 증거를 일축하고 여전히 출애굽이 기원전 13세기 또는 심지어 기원전 15세기에 일어났다고 주장할 수도 있다. 그러나 인류학 연구에서 밝혀진 바와 같이, 계보의 연장(계보 사슬에 고리를 삽입하는 것)이 계보의 단축(사슬에서 고리를 제거하는 것)보다 훨씬 더 일반적이다.[53]

아쉽게도 다윗의 족보는 성경에서 출애굽 연대를 산정할 목적으로 사용될 수 있는 유일한 족보다. 이론적으로는 우리가 다윗의 주변이나 근접한 시대의 다른 사람들의 유사한 족보로부터 유익을 얻을 수 있지만, 다른 족보들은 구할 수 없다. 사무엘상 9:1에서 제시된 사울의 족보(아비아-베고랏-스롤-아비엘-기스-사울)는 유망해 보이지만 그 구절에 나열된 그의 조상들 각각은 그곳에서만 언급되고 성경의 앞부분에서는 언급되지 않는다. 아비아나 베고랏이 출애굽-광야 내러티브에 등장했다면 사울의 족보가 도움이 되겠지만 그들은 그 내러티브에 등장하지 않는다.

기원전 1000년경에 살았던 모든 인물 가운데 다윗과 사울에게만 여러 세대를 거슬러 올라가는 족보가 있었다. 아브라함 말라마트(Abraham Malamat)가 몇 년 전에 아프리카 부족의 가계를 포함하는 비교 사회학적 정보에 기초하여 이에 대한 설명을 제시했다. "지배적인 지파(예를 들어, 유다)의 가게와 왕실이나 귀족의 혈통은 일반적으로 좀 더 주의를 기울여 전달되었으며, 따라서 덜 중요한 지파들의 족보보다 좀 더 많이 보존되었다.[54] 물론 다윗의 가계는 그의 지파의 시조

---

53   Henige, *The Chronology of Oral Tradition*, 38. 역대기에서 사무엘의 족보와 사독의 족보의 예는 뒤의 논의를 보라.

54   Abraham Malamat, "Tribal Societies: Biblical Genealogies and African Lineage Systems," *European Journal of Sociology* 14 (1973): 126-36, 특히 136.

인 유다까지(창 38:29 및 46:12과 룻 4:18-22을 다시 보라), 더 나아가 아브라함까지 더 멀리 거슬러 올라갈 수 있다. 의심할 여지 없이, 특히 말라마트의 관찰에 비추어 보면, 이스라엘의 서기관들은 그런 정보를 주의 깊게 보존하고 전달했다. 다윗의 가계가 출애굽-광야 내러티브에 나오는 알려진 인물과 연결된다는 점이 우리의 현재 목적에 좀 더 적실성이 있다. 그러나 사울의 가계는 그렇지 않다.

모세의 손자 요나단과 아론의 손자 비느하스

출애굽 연대를 기원전 12세기로 추정하면 학자들이 자주 다루지 않는 성경의 난제 중 하나를 설명하는 데도 도움이 된다. 사사기 18:30에서는 모세의 손자이자 게르솜의 아들인 요나단이 아직 살아 있고,[55] 사사기 20:28에서는 아론의 손자이자 엘르아살의 아들인 비느하스가 여전히 활동하고 있다. 어떻게 모세와 아론의 손자들이 (사무엘서의 시작 부분에서) 사무엘이 등장하기 불과 몇 페이지 전인 사사기 끝부분에 나오는 이야기에 등장할 수 있는가? 한 가지 설명은 사사기에 기록된 다양한 이야기들이 연대순으로 제시되지 않았을 수도 있다는 것이다. 더욱이 요나단의 이야기와 비느하스의 이야기는 소위 사사기의 부록에 포함되어 있으므로 그 이야기들이 전체적인 시간대에서 어디에 해당하는지가 훨씬 더 불명확하다.

하지만 다소 놀랍게도 출애굽-광야 세대 지도자들의 이 두 손

---

55   물론 "므낫세"의 손자가 아니라 "모세"의 손자로 읽은 것이다. "므낫세"는 모세의 가계를 우상숭배의 모든 암시에서 벗겨 주기 위해 훗날 서기관이 수정한 것이다.

자가 단 지파의 이주(삿 18장)와 베냐민 지파를 상대로 한 전쟁(삿 20장)에 관한 내러티브에 등장한다. 이 점은 출애굽 연대를 기원전 15세기로 추정하는 것을 불가능하게 만들고, 기원전 13세기로 추정하는 것도 거의 불가능하게 만든다. 왜 그런가? 이 두 이야기는 출애굽-광야-정착 사건/과정부터 기원전 1020년경 사울 왕의 임명까지의 기간이 사람들 대다수가 가정했던 것보다 훨씬 짧다는 것을 나타내기 때문이다. 그러나 우리가 출애굽 연대를 기원전 12세기로 추정하면 모든 것이 명확해진다.

역대기에 나오는 사무엘과 사독의 족보

앞서 나는 다윗의 족보가 성경에서 출애굽 연대를 정하기 위해 사용될 수 있는 유일한 족보라고 언급했다. 그러나 나는 그 진술에서 약간 물러서야 한다. 이론상이기는 하지만 우리가 고려할 수 있는 다른 족보 두 개가 있기 때문이다. 나는 이 대목에서 역대기에 나오는 사무엘과 사독의 족보를 가리키고 있지만, 그 족보들 모두 기본적으로 같은 목적을 위해 인위적으로 길어졌기 때문에 우리의 현재 과제에 도움이 되지 않는다.

역대상 6:33-38(일부 영어 번역본에서는 대상 6:18-23)의 기록에 의하면 사무엘은 그의 지파 시조인 레위의 19대 후손인 반면, 역대상 6:22-28(일부 영어 번역본에서는 대상 6:7-13)에 등장하는 병행 가계는 혼란스럽고 재구성하기가 너무 어렵다.[56] 사독의 족보도 역대기에 두

56　영어 성경에서, 이 구절들은 각각 대상 6:18-23과 대상 6:7-13로 나타나기도 한다.

번 등장하며(대상 6:4-8; 6:50-53),[57] 두 기록 사이에 차이는 없지만 다윗의 제사장은 같은 지파 시조인 레위로부터 열세 대 떨어져 나타난다.[58]

족보를 늘리는 것은 사무엘의 족보에서 분명히 드러난다. 에비아삽과 앗실은 역대상 6:37에서 아버지와 아들로 등장하지만,[59] 출애굽기 6:24에서는 그들이 형제로서 고라의 아들들이라고 언급된다. 게다가, 엘가나라는 이름이 반복적으로 등장(세 번)하는 것은 의심스럽다.

우리가 당면한 문제에 대한 해결책은 다음과 같다. 사무엘과 사독은 진정한 레위인이 아니었다. 사무엘은 에브라임 지파 출신이지만(삼상 1장), 사무엘서에서 제사장으로 활동했다(실로 성막에서 엘리의 도제로서. 다음 구절들도 보라. 삼상 7:9; 9:12-13; 16:1-5). 사독은 예루살렘에 있던 이전의 여부스 왕 겸 제사장이었는데, 다윗이 그 도시를 점령하고 이스라엘의 수도이자 종교 중심지로 삼은 후에도 성직을 유지하도록 허용되었다.[60]

---

57 영어 성경에서, 이 구절들은 각각 대상 5:30-34과 역대상 6:35-38로 나타나기도 한다.

58 스 7:2-5에 기록된 족보에서는 또 다른 연결 고리가 추가되어(므라욧과 아마랴 사이에 아사랴가 추가됨), 사독이 레위의 14대 후손으로 나온다. 사독의 족보에서 발견되는 추가 변형에 대해서는 느 11:11과 대상 9:11을 보라.

59 영어 성경에서, 이 구절은 대상 6:22로 나타난다.

60 가장 중요한 다음 문헌들을 보라. H. H. Rowley, "Zadok and Nehushtan," *JBL* 58 (1939): 123-32; Christian E. Hauer, "Who Was Zadok?" *JBL* 82 (1963): 89-94. 이 문제에 대한 나의 가장 최근 진술은 Gary A. Rendsburg, *How the Bible Is Written* (Peabody, MA: Hendrickson, 2019), 446-47을 보라.

사사 시대와 왕정 시대 초기에는 사무엘과 사독 같은 개인이 이스라엘에서 제사장으로 활동할 수 있었다(다른 예는 삿 17:5; 삼하 8:18; 20:26을 보라). 포로기 이후 시대에는(또는 이전의 어느 시점부터는) 레위 지파의 제사장 직분 독점이라는 이상이 확립되었기 때문에, 기원전 4세기에 역대기가 편찬될 때 사무엘과 사독에게 지어낸 레위 족보를 제공할 필요가 있었다.[61] 따라서 이 두 족보 중 어느 것도 우리의 당면 문제에는 아무런 가치가 없다. 따라서 내 이전 진술은 유지된다. 다윗의 족보는 성경에서 출애굽 연대를 결정할 목적으로 사용될 수 있는 유일한 족보다.

결론

세 가지 주요 논거가 이스라엘이 이집트에서 탈출한 시기를 기원전 12세기로 보도록 수렴된다. 첫째, 고고학 데이터는 우리에게 이스라엘 사람들이 기원전 12세기에 가나안 땅에 출현했다고 알려준다(기원전 13세기가 아니며, 기원전 15세기는 확실히 아니다). 둘째, 기원전 12세기 전반에 이집트는 새로운 지정학적 현실―기원전 1180년경 해양 민족들의 침략과 기원전 1150년경 가나안에서의 이집트 통치의 종결―과 싸워야 했다. 출애굽은 이러한 맥락 안에, 좀 더 구체적으로

---

61   좀 더 자세한 내용은 Rendsburg, "Internal Consistency and Historical Reliability," 195-98을 보라.

는 람세스 3세의 통치 기간(기원전 1187-1156년)에 위치해야 한다. 셋째, 다윗 왕의 족보는 출애굽-광야 세대에 속했던 그의 조상 나손이 살았던 시기가 기원전 12세기임을 암시한다. 사사기의 후반에 각각 모세와 아론의 손자인 요나단과 비느하스가 등장하는 것 같은 추가적인 참고 자료들도 토라에서 서술된 사건들과 왕정 출현 사이의 기간이 비교적 짧았음을 암시한다. 결론적으로, 나는 내가 거의 30년 전에 표명했던 믿음을 반복할 것이다. 우리가 이스라엘이 이집트에서 탈출한 것을 어떻게 상상하든, 그 사건/과정에 대한 가장 좋은 역사적 배경은 기원전 12세기다.

▶ 게리 A. 렌즈버그에 대한 답변
▶ (기원전 15세기 출애굽 관점)

스콧 스트리플링

렌즈버그 교수는 오랫동안 기원전 12세기에 "핵심 이스라엘"이 이집트에서 탈출했다는 견해를 옹호해왔으며, 그의 기고문에서 자신의 견해를 뒷받침하는 주요 이유 세 가지를 제시한다. 나는 그가 분수령이 되는 이 사건의 역사성을 인정하고 때때로 성경 텍스트를 근거로 자신의 주장을 논증하려고 시도한 것을 존경한다. 렌즈버그는 성경의 일곱 가지 장르가 출애굽 내러티브를 명시적으로 언급하거나 적어도 출애굽 사건을 암시하는 언급을 한다고 정확하게 지적한다. 그는 잘 연구된 패러다임을 제시하는데, 대다수 독자는 아마도 그 패러다임을 접해 본 적이 없었을 것이다. 그 새로운 패러다임과 함께, 그는 (다양한 부류로 구성된) 이스라엘 사람들이 동부 나일강 삼각주에 거주하게 된 오랜 과정인 이집트로의 "이주"(eisodus) 같은 새로운 용어를 제시한다.

고고학 데이터

고고학 데이터는 우리에게 이스라엘 사람들이 기원전 12세기에 가나안 땅
에 출현했다고 알려준다(기원전 13세기가 아니며, 기원전 15세기는 확실
히 아니다).

렌즈버그는 독자들에게 가나안은 후기 청동기 시대에 인구가 적었
지만 철기 시대 1기에 상당한 인구 증가를 경험했다고 알려준다.[62]
이것은 일반적으로 사실이지만, 렌즈버그의 각주는 그의 논증을 모
호하게 만든다. 그는 유명한 최소주의자인 이스라엘 핑켈슈타인
(Israel Finkelstein)이 저술한 두 자료를 인용하고, 이어서 핑켈슈타인이
그 자료에서 옹호했던 입장을 더 이상 완전히 지지하지 않는다는 설
명을 덧붙인다.[63] 렌즈버그는 다양한 시기의 인구 밀도에 관해 자신
이 주장하려는 요점을 지지하고 있는 학자들을 인용할 수도 있었을
것이다.

우리가 후기 청동기 시대 2기(기원전 1200-1000경)에 가나안에
인구가 희박했던 이유를 설명할 수 있다. 내 기고문에서 나는 출애

---

[62]   Rendsburg가 말하는 후기 청동기 시대는 기원전 1500-1175년이며, 그의 철기
시대 1기는 기원전 1175-1000년이다. 나는 후기 청동기 시대로 기원전 1483-
1177년을 선호하며, 철기 시대 1기로는 기원전 1177-980년을 선호한다. 표준적인
연대에서 후기 청동기 시대는 기원전 1550-1200년이며, 철기 시대 1기는 기원전
1200-1000년이다.

[63]   최소주의란 성경 텍스트는 고고학이 그 기사를 확증하지 않는 한 실제 역사를 반영
하지 않는다는 견해다.

굽에 연루된 이스라엘 사람은 소수라고 주장한다. 내 추정치는 4만 명이었지만, 1만 2천 명 정도로 적었을 수도 있다. 호프마이어 교수는 그의 기고문에서 비슷한 수치를 제안한다. 이스라엘 사람들이 기원전 1400년경에 가나안 땅에 도착했을 때 그들은 주로 유목민으로 남아 있었고, 그들이 집에서 살았을 때 그 집들은 이전에 그곳에 살고 있던 가나안 사람들의 집이었다(신 6:11; 수 24:13). 반유목민 수천 명이 아랏에서부터 헐몬산에 이르기까지 요단강 양쪽에 퍼져 있었다면 그들은 고고학 기록에 중요한 흔적을 남기지 않았을 것이다. 결국, 중기 청동기 시대(기원전 1950-1550년경)에 번성했던 대도시들은 후기 청동기 시대에는 인구 감소에 직면했다.[64] 이스라엘 사람들이 물려받은 기존 도시들에는 인구 성장을 위한 공간이 충분했다. 철기 시대 1기쯤에는 인구 증가와 정상적인 인류학적 패턴으로 인해 200개가 넘는 새로운 거주지가 생겨났는데 이 거주지들은 중앙 구릉지에 집중되었다. 내가 이 거주지들 가운데 두 곳인 키르벳 엘 마카티르(Khirbet el-Maqatir)와 실로(Shiloh)를 발굴했기 때문에, 나는 이 지역의 물질문화에 관해 매우 잘 알고 있다.

렌즈버그의 기고문에서 철기 시대 1기의 타원형 안뜰 스타일의 도시 계획과 현대 베두인의 야영지에 대해 논의하는 부분은 반유목 생활을 했던 이스라엘인들이 철기 시대 1기 이전에 이미 여러 세대 동안 가나안 땅에 있지 않았다는 것을 증명하지 못한다. 철기 시대

---

64   Shlomo Bunimovitz, "On the Edge of Empires—Late Bronze Age (1500-1200 BCE)," in *The Archaeology of Society in the Holy Land*, ed. Thomas E. Levy (London: Leicester Univ. Press, 1995), 326-27.

1기의 많은 주거지가 타원형이 아니었고(예를 들어 키르벳 엘 마카티르),
현대의 많은 베두인 주거지는 원형이 아니다. 이런 예들은 순전히 일
화적이다.

렌즈버그는 가나안 정복이 기원전 12세기에 일어났다는 증거로
헤스본과 라기스라는 두 유적지에 초점을 맞춘다. 헤스본은 헤스반
이 아닌 탈 얄룰(Tall Jalul) 또는 탈 알 우마이리(Tall al-ʿUmayri)에 위치
했을 수 있으며,[65] 렌즈버그는 라기스가 여호수아서의 정복 내러티브
에서 언급되지도 않는다는 점을 인정한다.[66] 대조적으로, 나는 내 기
고문에서 정복이 기원전 15세기 말에 일어났음을 뒷받침하는 풍부
한 고고학적 증거를 제시한다.

메르넵타 석비는 출애굽이 기원전 12세기에 일어났다는 렌즈
버그의 주장에 또 다른 문제를 제기한다. 이스라엘이 아직 이집트에
서 노예 생활을 하고 있었다면 그들이 어떻게 기원전 1210년에 정
복되었을 수 있는가? 이 문제를 해결하기 위해 렌즈버그는 메르넵타
가 자신과 그의 선대들이 여러 세대 동안 이집트에서 통치해왔고 계
속 통치하고 있던 노예들을 그가 정복한 적들의 명단에 기재한 것이
라는 대안적 해석을 만들어낸다. 그는 자기의 견해가 학자들 사이에
서 지지받지 못한다는 점을 인정한다. 이러한 반대를 논박하기 위해,
렌즈버그는 만약 출애굽이 메르넵타 이전에 일어났다면 메르넵타의
이스라엘 정복이 성경에 언급되었을 것이라고 주장한다. 그러나 나

65　Lawrence T. Geraty, "Heshbon," *NEAHL* 3:626.

66　Thomas E. Levy, *Crossing Jordan: North American Contributions to the Archaeology of Jordan* (London: Equinox, 2007), 129.

는 고대 이스라엘에 직접 영향을 주었지만 히브리 성경에 언급되지 않은 역사적 사건들의 예를 많이 제시할 수 있다. 성막이 실로에서 운영되고 있었다고 성경이 알려주는 시기에 에발산에서 이스라엘의 제의 장소가 운영되었지만, 성경은 이 중요한 점에 관해 침묵한다.

지정학적 데이터

기원전 12세기 전반에 이집트는 새로운 지정학적 현실—기원전 1180년경 해양 민족들의 침략과 기원전 1150년경 가나안에서의 이집트 통치의 종결—과 싸워야 했다.

렌즈버그는 독자들에게 해상 부족 연합체(이들 중 하나는 나중에 블레셋인들로 알려졌다)가 기원전 12세기 전반에 이집트를 침략하려고 시도했지만 실패했음을 상기시킨다. 그러나 그들은 가나안 남부 해안 평원에서 강력한 존재감을 확립하는 데 성공했다. 그는 이러한 배경을 바탕으로 "블레셋 사람의 땅의 길은 가까울지라도 하나님이 그들[이스라엘 사람들]을 그 길로 인도하지 아니하셨으니"라고 말하는 출애굽기 13:17을 소개한다. 이 구절은 다음 단락에서 논의된 족보들과 함께 렌즈버그가 제시하는 성경의 증거 역할을 한다. 그는 "출애굽 연대에 관해 이것보다 더 큰 단서가 있을 수 있을까?"라고 쓴다. 달리 말하자면, 출애굽이 기원전 15세기나 13세기에 발생했다면 블레셋인들이 어떻게 이스라엘에 위협이 될 수 있었겠느냐는 것이다. 내가 내 기고문에서 보여주는 바와 같이, 블레셋에 대한 언급은 후대의 독자들을 위한 시대착오적인 편집상의 업데이트다. 나는 렌즈버그가 이 대목에서는 성경 텍스트를 권위 있게 읽고 그의 견해를 반박하는 것으로 보이는 다른 곳에서는 그렇게 읽지 않는 것은 모순이라고 생각한다.

확실히 어떤 학자가 성경 텍스트에서 벗어나 출애굽이 그 안에 들어맞을 수 있는 문화적 실재를 찾을 수 있다면, 기원전 12세기는 좋은 후보일 것이다. 확실히 해양 민족들의 침략 시도로 이집트가 약해지기는 했지만, 나는 출애굽이 기원전 15세기 중반에 일어났음을 암시하는 성경 구절 다섯 개를 무시할 수 없다고 생각한다(내 기고문을 보라). 마찬가지로, 우리는 솔레브 상형문자, 베를린 받침대, 또는 메르넵타 석비의 평이한 해석을 무시할 수 없다.

족보 데이터

다윗 왕의 족보는 출애굽-광야 세대에 속했던 그의 조상 나손이 살았던 시기가 기원전 12세기임을 나타낸다.

렌즈버그는 룻기 4장과 역대상 2장에 나오는 족보들을 출애굽이 기원전 12세기에 일어났다는 견해와 일치시키기 전에 열왕기상 6:1의 단순한 해석을 훼손하려고 한다. 이 구절을 액면 그대로 받아들이면서 출애굽이 기원전 15세기가 아닌 시기에 일어났다고 주장하는 것은 불가능하기 때문에 이런 접근 방법이 필요하다. 렌즈버그조차도 열왕기상 6:1이 "우리에게 명확한 연대를 제공하는 것처럼 보인다"라고 인정한다. 명확해 보이는 이 연대에 대한 그의 첫 번째 반대 근거는 후기 청동기 시대 2기에 가나안의 인구가 증가했음을 뒷받침할 증거가 부족하다는 점이다. 나는 이미 이 점을 다뤘다. 다음으로, 렌즈버그는 "성경의 초기 책들에서 제시된 연수를 액면 그대로 받아들일 수 없다. 사용된 숫자들은 항상 크게 과장되어 있다"라고 주장한다.

나는 렌즈버그의 주장에 실체가 없다고 생각한다. 그는 독자들에게 요셉과 여호수아 두 사람이 이집트인에게 이상적인 수명인 110세까지 살았다고 알려준다. 나는 성경 저자들이 "이상적인 수명"의 연관성을 알지 못했다고 자신 있게 말할 수는 없지만, 저자들은 자기들의 존경받는 조상들의 수명이 110세에 가까웠다고 믿었다. 한 사람은 108세까지 살았고 또 다른 사람은 112세까지 살았는지를 놓고 언쟁을 벌일 가치는 없다. 나는 가끔 내 고조부 초우닝(Chowning)이 100세까지 사셨다고 말하지만, 사실 그분의 수명은 그보다 좀 더 길었을 수도 있고 좀 더 짧았을 수도 있다. 나는 자신하지 않는다. 만약 내가 51세에 돌아가신 내 아버지의 영향력과 위상을 과장하고 싶어서 그분이 100세까지 사셨다고 말한다면, 그 말은 거짓말일 것이다. 후자의 예는 렌즈버그가 성경 저자들이 창세기 50:26과 여호수아 24:39에서 무슨 일을 하고 있었다고 믿는지를 보여준다.

렌즈버그는 숫자 40이나 숫자 40의 배수에 대해서도 같은 주장을 한다. 나는 모세가 이집트에서 도망쳤을 때와 그가 돌아와 파라오 앞에 섰을 때의 나이가 각각 40세와 80세가 아니라 41세와 79세였을 수 있다는 점을 인정한다. 그랬다고 하더라도(내가 그랬다고 말하려는 것은 아니다), 이런 숫자들에서 도출된 성경 연대기의 완전성이 훼손되지 않고 유지될 것이다. 렌즈버그는 성경이 창세기 15:13에 언급된 400년간의 이집트 체류처럼 큰 어림수를 사용하는 데 문제가 있다고 생각한다. 그는 과장된 반올림을 이집트와 아카드 문학에서 흔한 문학적 장치로 본다. 예를 들어, 그는 "타니스에서 발견된 기원전 1300년경의 것으로 추정되는 400년 석비"를 거명한다. 이에 딸린 각주에서 렌즈버그는 그 석비에 기록된 "400년이라는 기간에 어느 정도 대략적인 수학적 실재"가 존재할 수도 있음을 인정한다. 그는 우리에게 창세기 15:13에서 언급된 400년은 과장법으로 받아들이게 하려고 하면서 타니스의 석비에 기록된 400년은 거의 액면 그대로 받아들이게 하려고 한다. 나는 이집트 비문의 정확성보다 성경 텍스트의 정확성을 더 낮게 평가할 이유가 없다고 본다.

성경에 등장하는 숫자를 공격하는 렌즈버그의 요점은 그가 "비역사적"이라고 부르는 열왕기상 6:1의 신뢰성을 손상하려는 것이다. 그러나 열왕기상 6:1은 매우 구체적이다. "이스라엘 자손이 애굽 땅에서 나온 지 사백팔십 년이요 솔로몬이 이스라엘 왕이 된 지 사 년 시브월 곧 둘째 달에 솔로몬이 여호와를 위하여 성전 건축하기를 시작하였더라"(왕상 6:1). 이 구절은 출애굽부터 솔로몬 성전 건축이 시작되었을 때까지 479년이 지났음을 분명히 보여준다. 479라는 숫자는 40의 배수로 반올림한 것과는 아무런 관련이 없다. 저자는 월

(month)을 제시함으로써, 그 기간이 480년이 아니었음을 분명히 한다. 만약 성경 저자가 출애굽이 언제 일어났는지 알고 있었다면—그리고 그는 확실히 알고 있다고 주장한다—그가 직설적인 언어 외에 달리 어떤 식으로 그것을 독자들에게 전달했겠는가? 내 추론이 유력하다면 우리가 렌즈버그의 주장을 지지할 수 없다.

이제 성경의 족보를 사용하여 출애굽이 기원전 12세기에 일어났음을 입증하려는 렌즈버그의 시도를 살펴보자. 그는 룻기 4:18-22과 역대상 2:5-15이 다윗부터 출애굽 때 살았던 나손까지 다섯 세대만 제시하기 때문에 그 사건이 틀림없이 기원전 12세기, 즉 람세스 3세의 통치 때 일어났을 것이라고 주장한다. 성경에 나오는 많은 족보처럼, 이 두 족보도 일부가 잘리거나 압축된 것이다. 다행스럽게도 역대기는 잘린 버전을 제공한 직후 완전한 족보를 제공한다. 역대상 6:33-37은 다윗부터 출애굽 때까지 열여덟 세대를 나열한다. 렌즈버그가 몇 가지 흥미로운 현대적·일화적·사회학적인 데이터를 제시하지만, 상식적으로 생각할 때 잘린 족보보다 좀 더 완전한 족보에 우선순위가 부여되어야 한다. 나도 내 기고문에서 역대상 6:33-37을 다룬다.

렌즈버그는 또한 성경 저자들이 세대를 지칭할 때, 한 세대의 길이가 30년에서 35년이었다고 주장한다. 그는 전통적으로 학계에서 한 세대의 길이에 대한 표준으로 25년을 사용한다는 점을 인정한다. 렌즈버그는 한 세대의 길이를 이렇게 변화시키고 다윗과 출애굽 사이에 다섯 세대만 존재한다고 봄으로써 출애굽 시기를 람세스 3세의 통치 기간에 위치시킬 수 있었다.

결론

나는 렌즈버그 교수가 이 기고문에서 자신의 아이디어를 전개한 것을 칭찬한다. 나는 그가 주장하는 요점들에 별로 동의하지 않지만, 나는 내 패러다임을 또 다른 관점과 병치시킴으로써 그것을 재검토할 수 있었다. 이것은 결코 나쁜 일이 아니다. 그러나 결국 나는 납득되지 않았다.

게리 A. 렌즈버그에 대한 답변
(기원전 13세기 출애굽 관점)

제임스 K. 호프마이어

고대 근동 텍스트를 능숙하게 다루고 출애굽 내러티브의 문화적·역사적 배경을 검토하는 임무를 감당할 수 있는 자질을 갖춘 훈련된 히브리어 성서학자는 많지 않다. 게리 A. 렌즈버그는 그 일을 할 수 있는 학자들 가운데 한 명이다. 그래서 나는 기원전 12세기, 특히 람세스 3세의 통치 기간(기원전 1184-1153년)에 출애굽이 일어났다는 그의 주장을 진지하게 받아들인다. 텔 엘 다브아(아바리스)의 오랜 발굴자이자 북동부 삼각주의 고환경사(paleoenvironmental history) 권위자인 만프레트 비탁은 출애굽이 제20왕조 때 일어났다고 보는 견해가 이집트의 증거와 그것이 어떻게 성경과 일치하는지를 가장 잘 이해할 수 있게 해준다고 생각하는데, 렌즈버그도 비탁과 동일한 입장을 취한다.

나는 이러한 기원전 12세기 출애굽 견해에 동의하지 않으며 이 해석에 많은 문제가 있다고 보지만, 렌즈버그의 재구성이 즉석에서 일축되어야 한다고 생각하지는 않는다. 렌즈버그와 비탁의 명성은 이 연대를 진지하게 받아들일 것을 요구한다.[67] 내가 옹호하는 기원전 13세기 시간대(기원전 1270-1250경)와 렌즈버그가 주장하는 연대(기원전 1180년 또는 그보다 약간 늦은 시기) 사이의 차이는 70년에서 90년에 불과하다.

메르넵타 석비

출애굽 시기를 기원전 12세기로 보는 견해에 대한 주요 걸림돌은 기원전 1208년에 쓰인 메르넵타 석비에 "이스라엘"이 등장한다는 점이다. 한 세기 동안 이집트학 학자들은 일관되게 이 언급을 이스라엘이라는 민족이 그들이 언제 도착했는지와 관계없이 기원전 13세기가 끝나기 전에 가나안에 존재했다는 신호로 해석해왔다. 제임스 헨리 브레스티드(James Henry Breasted)는 1905년에 발간된 그의 고전적인 저서인 『이집트사』(*A History of Egypt*)에서 다음과 같이 썼다. "그들은 '이스라엘'이라고 불릴 정도로 충분히 융합되었으며, 여기서 그들은 역사상 처음으로 하나의 민족으로서 등장한다."[68] 거의 50년 후,

---

67 2019년에 특정 기관에 소속되지 않은 연구원 Larry Bruce가 메르넵타 석비에 등장하는 이스라엘에 대한 언급이 이스라엘 사람들이 이집트에 있었음을 의미할 수도 있다고 주장했다. Lendsburg와 마찬가지로, 그 또한 출애굽이 제20왕조 때 일어났다고 가정한다. Bruce는 Lendsburg의 초기 저작들과 Manfred Vietak의 저작에 크게 의존한다. Larry Bruce, "The Merneptah Stele and the Biblical Origins of Israel," *JETS* 62 (2019): 463-93을 보라.

68 James Henry Breasted, *A History of Egypt* (New York: Scribner's Sons, 1905), 466.

시카고 대학교의 또 다른 이집트학 학자인 존 윌슨(John Wilson)은 이집트의 "서기관은 팔레스타인이나 요단강 동쪽 지역 어딘가에 이스라엘로 알려진 민족이 존재함을 알고" 있었으며, 따라서 "우리는 이스라엘 자손이 이집트에서 탈출한 최종 기한(*terminus ante quem*)을 갖고 있다"라고 주장했다.[69] 윌슨이 이렇게 주장하고 나서 50년 후, 조이스 타일드슬리(Joyce Tyldesley)는 이스라엘에 대한 언급은 "성경에 기록된 출애굽의 성격이 무엇이든, 히브리인들이 메르넵타 재위 5년 이전에 팔레스타인에 거주하고 있는 진정한 사회정치학적 실체였다"라는 것을 확인한다고 설명했다.[70]

이집트학 학자들 대다수가 이 세 가지 진술에 동의한다고 말해도 무방하며, 가나안 내의 일반적인 지리적 위치는 식별 가능하다고 믿을 만한 어느 정도의 이유가 있다. 람세스 시대에 관한 우리 시대 최고의 학자인 케네스 키친은 석비에 아스글론, 게셀, 예노암이 등장하기 때문에 "민족 집단 '이스라엘'을 위치시킬 여지가 제한적이며, 그들이 존재했을 가능성이 가장 큰 지역은 서부 팔레스타인의 중앙 구릉지다"라고 주장한다.[71] 반면에, 앤슨 레이니는 메르넵타 석비에 등장하는 이스라엘 사람들이 "요단강 동쪽의 어딘가"에 있었다고 주장했다.[72]

---

69 John A. Wilson, *The Culture of Egypt* (Chicago: Univ. of Chicago, 1951), 255.

70 Joyce Tyldesley, *Ramesses: Egypt's Greatest Pharaoh* (New York: Penguin, 2001), 187.

71 Kenneth A. Kitchen, "The Physical Text of Merneptah's Victory Hymn (The 'Israel Stela')," *JSSEA* 24 (1994): 74.

72 Anson Rainey and R. Steven Notley, *The Sacred Bridge: Carta's Atlas of the Biblical World* (Jerusalem: Carta, 2006), 99.

기원전 1208년 이전에 남부 레반트에 이스라엘이 존재했다는 딜레마를 해결하기 위해 렌즈버그는 석비에 이스라엘이 포함된 것을 이스라엘이 이집트에서 예속된 것을 의미하는 것으로 해석하거나 그것이 당시 이집트에 간 적이 없었던 다른 이스라엘 사람들을 가리킨다고 주장할 수밖에 없었다. 만약 "이스라엘"이라는 글자가 파라오가 적을 쳐부수는 친숙한 장면이 있는 관문에 새겨진 지명 목록에 있었다면, 이 지명들이 이집트의 패권 아래 있는 모든 외국 땅과 민족을 나타낸다고 주장할 수 있을 것이다. 그러나 메르넵타의 언급은 가나안에서의 특정한 군사 원정과 관련이 있다.[73] 누구도 아스글론, 게셀, 예노암이 포함된 것이 이들 도시 국가들이 이집트 **안에서** 노예 상태로 있었음을 나타낸다고 주장하지 않을 것이다. 그렇다면 왜 이스라엘에 대해서만 그렇게 생각해야 하는가?

래리 브루스(Larry Bruce)는 최근에 성경이 히브리인들을 북동부 삼각주와 와디 투밀라트(고센) 같은 변방 지역에 두기 때문에 그들은 외국으로 여겨진 땅에 있었으며 기술적으로 이집트에 있지 않았다고 제안했다.[74] 따라서 이스라엘에 대한 언급은 이 "외국" 지역에 있던 히브리인들을 가리킬 수 있다. 이 두 지역은 기호 [ⵣ]의 사용에서 나타나는 바와 같이 외국 또는 구릉지인 시나이반도와 경계를 이

---

73   Frank J. Yurco, "Merneptah's Canaanite Campaign," *JARCE* 23 (1986): 189–215; idem, "Merneptah's Canaanite Campaign and Israel's Origins," in *Exodus: The Egyptian Evidence*, ed. Ernest S. Frerichs and Leonard H. Lesko (Winona Lake, IN: Eisenbrauns, 1997), 27–55.

74   Bruce, "The Merneptah Stele and the Biblical Origins of Israel," 467–59.

룬다. 그러나 이 해석은 지지될 수 없다. 이 국경 지역들은 외국으로 여겨지지 않았으며, 이집트의 열네 번째 하부 이집트의 노메(nome), 즉 주(州)를 구성하는 반면, 와디 투밀라트는 팀사호(Lake Timsah)와 그레이트비터호(Bitter Lakes)까지 뻗어 있는 여덟 번째 노메였기 때문이다.[75] 이 동부 지역들 가운데 어느 곳도 외국의 영토가 아니다! 둘 다 각각 트야루(Tjaru)(헤부아 I과 II)와 비돔(텔 엘 라타바)에 있는 상당한 규모의 **케템**-요새(*khetem*-forts)들에 의해 방어되었는데, 이것들은 이집트로의 공식적인 접근 지점 역할을 했으며, 지방의 수도로 기능했다.[76] 그 북동부 국경 지역과 와디 투밀라트가 이집트 밖에 있다고 생각하고, 따라서 그곳에 있던 이스라엘 사람들이 외국 땅에 있었다고 생각할 수 있는 정당한 이유가 없다.

대안으로, 렌즈버그는 메르넵타 시대의 이스라엘 사람들에 대한 언급이 이집트에 간 적이 없는 사람들을 나타낸다고 제안한다. 이는 새로운 제안이 아니다. 페트리(Petrie)가 20세기 초에 이 가능성에 대해 추측했기 때문이다.[77] 렌즈버그는 이 제안들을 뒷받침하기 위해 파피루스 아나스타시 I에 아셀(Asher)이 언급되었을 수 있다고 지적하지만, 이러한 동일시는 대체로 거부된다. 실제로, 쉬무엘 아히투브(Shmuel

---

75 John Baines and Jaromír Málek, *Cultural Atlas of Ancient Egypt* (New York: Facts on File, 1980), 15.

76 **케템**-요새의 기능에 대해서는 Ellen Morris, *The Architecture of Imperialism: Military Bases and the Evolution of Foreign Policy in Egypt's New Kingdom*, Probleme der Ägyptologie 22 (Leiden: Brill, 2005), 804–9을 보라.

77 W. M. Flinders Petrie, *From the XIXth to the XXXth Dynasties*, vol. 3 of *A History of Egypt, 6 vols.* (London: Methuen, 1905), 114.

Aḥituv)는 이름과 함께 쓰인 외국 땅을 가리키는 한정사(ⵎ)가 시사하는 바와 같이 "그것은 이스라엘의 아셀 지파를 암시할 수 없으며, 장소 이름을 암시한다"라고 역설한다.[78] 더욱이 성경은 이집트를 떠난 이스라엘 사람들이 가나안 땅에 도착한 후 그 집단에 합류한 어떤 지파도 알지 못한다. 이스라엘의 몇몇 지파들이 이집트에 체류할 동안 가나안에 다른 이스라엘 지파들이 있었다는 주장에 대해서는 성경의 증거와 성경 외 텍스트 및 고고학적 증거가 모두 부족하다. 메르넵타 석비에 나오는 "이스라엘"은 오랫동안 인정되어 온 바와 같이 영토가 아니라(땅이나 도시를 나타내는 기호가 이름과 함께 나타나지 않는다) 민족 집단이다. 이는 이스라엘이라 불리는 모종의 부족 연합이 기원전 13세기 말에 이미 가나안에 존재했다는 것과 이 통합이 이전에 이루어졌다는 것을 암시한다.

이러한 현실을 고려할 때, 혹자는 여호수아서와 사사기에서 왜 이스라엘 민병대와 메르넵타의 군대 사이의 충돌에 대한 언급이 없는지 궁금할 것이다. 렌즈버그 박사는 이러한 침묵을 그들이 가나안에 거주하지 않았다는 증거로 제시한다. 나는 이 누락이 불가사의하다는 점에는 동의하지만, 두 가지 그럴듯한 설명이 가능하다고 생각한다.

1. 이 조우가 여호수아서에 묘사된 군사 활동 이후에 그리고 사사들이

---

78 Shmuel Aḥituv, *Canaanite Toponyms in Ancient Egyptian Documents* (Leiden: Brill, 1984), 73.

이끈 적국과의 충돌 이전에 발생한 것이 아니었을까?

2. 이집트 군대와의 충돌이 사사기의 초기에 일어났다면, 그것이 단 한 번의 전투였고 장기간의 싸움과 점령이 아니어서 사사-지도자가 일어나 난국에 대처하고 위기에 대응할 시간이 없었던 것은 아니었을까?

사사기는 어떤 사사가 지파들을 통합하고 이스라엘을 해방했던 압제에 대해 보고하는 경향이 있다. 명백히 사사-지도자가 필요해질 정도로 심각하지는 않았던 충돌들이 있었다. 사사기 10:11-12은 이집트 사람, 아모리 사람, 시돈 사람, 마온 사람을 포함하여 압제하는 일곱 민족의 목록을 기록한다. 로슨 영거(Lawson Younger)의 말마따나 사사기에는 이러한 적대 세력 네 곳과 충돌한 내러티브가 포함되지 않았다.[79] 이집트에 대한 이 언급이 메르넵타의 원정에 대한 암시일 수도 있다. 여호수아 15:9과 18:15에 나오는 예루살렘 인근에 있는 샘의 이름이 메르넵타의 가나안 원정에 대한 또 다른 증거다. "네프토아흐의 물의 샘"(개역개정에서는 "넵도아 샘물"로 번역되어 있음)은 히브리어 **마아얀 메 네프토아흐**(*ma'yan mê neptôuḥ*)를 잘못 번역한 것이다. 나는 이것을 "메(르)네프타의 샘"으로 읽어야 한다는 렌즈버그의 의견에 동의한다.[80] 그것은 파피루스 아나스타시 III에 언급된 샘으

---

79 K. Lawson Younger, *Judges and Ruth*, NIV Application Commentary (Grand Rapids: Zondervan, 2002), 243.

80 이집트 이름 *Mr-n-ptḥ*는 "프타흐(*Ptaḥ*)의 사랑을 받는 자"를 의미하며, 후기 이집트어에서 단어의 끝에 오는 r은 묵음으로서 발음하지 않는다. 뉴잉글랜드인(New

로 보인다. 그것은 가나안 구릉지에 있는 "메(르)네프타의 우물/샘"
이라 불리는데, 리카르도 카미노스(Ricardo Caminos)는 그것을 여호수
아 15:9과 18:15에 기록된 지명과 동일시했다.[81] 이 샘의 고대 이름은
베냐민 지파의 영토였던 곳으로서 예루살렘의 동쪽으로 약 5킬로미
터 떨어진 현재의 리프타(Lifta)에 남아 있다.[82] 아마도 메르넵타의 군
대는 게셀을 공격한 후 예노암으로 가는 도중에 그 샘 근처 베냐민
지역에서 이스라엘 사람들과 부딪혔을 것이다.[83] 이 히브리인들이 그
지역에서 기껏해야 10-20년 전부터 살기 시작했을 수도 있다.

람세스 3세: 출애굽 때의 파라오였는가?

렌즈버그가 올바르게 지적한 바와 같이, 람세스 3세의 통치 기간(기
원전 1184-1153년)은 이집트와 이집트의 마지막 위대한 파라오에게
격동의 시기였다. 그러나 문제는 그 이전의 왕조 교체기에 시작되었
다. 좀 더 구체적으로는 제19왕조의 마지막 통치자였던 타우스레트

Englander)을 "뉴잉글랜더(Mew Englanda)"라고 발음하듯이 말이다!

81 Ricardo A. Caminos, *Late-Egyptian Miscellanies* (London: Oxford Univ. Press, 1954),
108-11.

82 Rainey and Notley, *The Sacred Bridge*, 181-83.

83 이집트 군대가 취한 경로는 논쟁거리다. 특히 예노암의 위치가 요단강 양쪽에 제안
되고 있기 때문이다. 메르넵타의 군대는 게셀에서 떠나 구릉지를 가로질러 요단 계
곡에 도달한 다음 벧엘과 세겜을 거쳐 능선 길을 따라 북쪽으로 이동했을 수도 있
다. 어느 쪽이었든, 이집트군은 예노암을 공격하기 전에 벧산에 있는 이집트 요새
에서 병력 및 보급품을 보충하기를 원했을 것으로 보인다.

(Tausret) 여왕이 사망하면서 시작되었다. 누가 그녀의 뒤를 이을 것인지를 두고 충돌이 발생했고, 결국 세트나크트(Setnakht)가 승리했다. 그는 겨우 2년만 통치했으며 그의 아들 람세스 3세가 그의 뒤를 이었다. 람세스 3세는 외세의 주요 침략들에 직면했고, 쿠데타로 암살당했다.[84] 람세스 3세 재위 5년째와 11년째에 서쪽에서 리비아 부족들이 두 차례 침입했으며, 그 사이인 재위 8년째(기원전 1176년)에 육지와 해상에서 주요 전투들이 벌어졌다. 해양 민족들은 이집트를 공격하기 전에 아나톨리아, 레반트, 키프로스에 반복적인 타격을 가한 후 동쪽에서 쇄도했다. 블레셋 사람들이 해양 민족 연합체 중 가장 큰 세력이었을 수 있으며, 훗날 성경 역사에서 그들의 역할은 잘 알려져 있다. 잘 요새화된 이집트의 동부 국경 지대가 맹공격을 막아냈지만, 그들은 틀림없이 상당한 인적·물적 피해를 당했을 것이다.[85] 일반적으로 이 시점부터 이집트 제국의 힘이 쇠퇴하기 시작했다고 생각된다.

람세스 3세 통치 초기 3분의 1의 시기에 많은 재난이 이집트를 강타했음을 고려할 때, 이집트가 람세스 3세의 재위 기간에 출애굽기 7-11장에 기록된 재앙들과 관련된 어려움(비록 그것들이 제한적이었다고 하더라도, 출 14장에서 묘사된 것처럼 이집트군의 모종의 패배를 포함했

---

84   Jacobus van Dijk, "The Amarna Period and the Later New Kingdom (c. 1352–1069 B.C.)," in *OHAE*, 296–97.

85   이 전투들의 위치와 성격에 관해서는 James K. Hoffmeier, "A Possible Location in Northwest Sinai for the Sea and Land Battles between the Sea Peoples and Ramesses III," BASOR 380 (2018): 1–25을 보라.

다)을 겪었는데도 그의 통치 시기에 완전히 붕괴하지 않았다고 믿기는 어렵다. 확실히, 불만을 품은 셈족 노예 노동자 집단이 그 나라를 떠난 것이 전쟁에 지친 이 왕에게 큰 근심의 원인이 되지는 않았을 것이다. 그러므로 나는 출애굽이 이 시기에 일어났다고 보는 견해는 문제가 있다고 생각한다.

결국, 나는 렌즈버그가 출애굽이 기원전 12세기에 일어났다는 견해에 대해 가능한 한 좋은 근거를 제시한다고 생각한다. 그러나 그 주장이 그럴듯하기는 하지만, 중대한 장애물들이 많아서(나는 그것들 가운데 몇 가지만 다뤘다) 이 시기에 출애굽이 일어났을 개연성은 거의 없다.

게리 A. 렌즈버그에 대한 답변
(기원전 13세기에 힉소스/레위인이 주도한 출애굽 관점)

피터 파인만

렌즈버그는 역사적 출애굽의 연대에 관한 세 번째 견해, 즉 출애굽이 기원전 12세기에 일어났다는 견해를 제안한다. 그는 출애굽 연대를 기원전 13세기인 람세스 2세의 통치 기간이 아니라 람세스 3세의 통치 기간(기원전 1187-1156년)으로 추정한다. 그의 견해에 의하면, 호프마이어의 견해에서와 마찬가지로, 출애굽을 "어딘가에서 유래"하지 않았다고 보기에는 그 사건이 성경 전체에서 너무도 자주 언급된다. "역사적 핵심"이 있어야 한다는 것이다.

렌즈버그는 우리에게 추수감사절 유비를 제공한다. 그는 1620년에 (훗날 매사추세츠주가 되는 곳에) 도착한 **메이플라워호**의 예를 사용하면서, 이 항해는 식민지 시대에 여러 장소에서 미국에 도착했으며 인종·민족·종교가 다양한 사람이 참여한 여러 항해 중 하나에 불과했다고 지적한다. 그런 다음 렌즈버그는 "그러나 모든 대서양 횡단 중에서, 추수감사절에 미국인 대다수가 기억하고 여전히 기념하는 횡단은 **메이플라워호** 항해다.…다양한 구성원이 이스라엘이라는 국가로 통합되었지만 이집트에서의 바로 그 탈출이라는 한 가지 사건 또는 과정만 (유월절 준수의 일부로서) 기억되고 기념되었다"라고 말한다.

그 말은 사실이지만, 거기에는 렌즈버그가 언급하는 것보다 더 많은 이야기가 있다. 순례자들의 도착과 그들의 첫 추수감사절은 별개의 사건으로, 전자는 1620년에 일어났고 후자는 1621년에 일어났다. 더욱이 여러 추수감사절 이야기가 있다. 역사적 핵심이 있고, 그런 다음 링컨이 공표한 이후 매년 11월 네 번째 목요일에 준수되는 국경일이 있다. 수십 년 동안 초등학교 교과 프로그램에 단골로 등장했던 노먼 록웰 추수감사절(Norman Rockwell Thanksgiving)이 있고, 지금은 종교적·인종주의적 색채를 배제하고 "정치적 올바름"을 추구하는 추수감사절이 있다. 2020년, 순례자들의 도착 400주년 기념행사 준비 조직위원회는 순례자들에 초점을 맞추는 것이 아니라 오히려 그들을 맞이한 왐파노아그 부족을 강조한다. 그리고 이 책에 기고한 헨델이 취하는 접근법과 일치하는 개념인, 문화적 기억의 추수감사절도 있다.

렌즈버그의 기고문의 첫 번째 부분은 기원전 12세기 이스라엘의 출현에 할애된다. 특히 그는 가나안 중앙 구릉지의 정착지에 초점을 맞춘다. 정착지 수의 극적인 증가와 타원형 디자인에 비추어 그것들은 이스라엘인들이 남긴 것으로 추정된다. 렌즈버그는 그것들을 남긴 사람들이 "이전에는 목축 유목민들—더 적절하게 표현하자면 반유목민들—"이었다고 추정한다. 그는 이 묘사를 이스라엘인들이 "이스라엘 남쪽의 광야 지역을 지나…[구릉지에 정착한] 유목민"이었다는 성경의 기록과 비교한다. 렌즈버그는 특정한 성경 구절을 인용하지 않았는데, 내 첫 번째 반응은 출애굽 시대의 유목민보다는 족장 시대의 유목민을 생각하는 것이었다. 그런 정착지가 기원전

12세기까지는 시작되지 않았다는 그의 논평으로 판단할 때 그는 분명히 전자를 의미한다. 그리고 그는 출애굽이 일어났다고 추정되는 기원전 15세기와 기원전 12세기의 정착 사이에 가나안에 이스라엘이 존재했다는 증거가 부족한 것을 근거로 출애굽의 연대를 기원전 15세기로 보는 것은 "불가능"하다고 일축한다. 그는 출애굽이 기원전 13세기에 일어났을 가능성을 인정하지만, 그 사건이 일어난 것으로 추정되는 시기로 기원전 12세기를 선호한다.

그 정착이 평화롭기만 했던 것은 아니었다. 렌즈버그는 민수기 21:25에 기록된, 헤스본에서 아모리 족속을 상대로 벌인 전투를 예로 인용한다. 이 전투와 관련된 구절들은 이 전투를 벌인 사람들이 이스라엘 내에서 유래했는지 아니면 이스라엘로 편입된 것인지에 관해 성서학계 안에서 논쟁을 일으켰다. 렌즈버그는 이스라엘이 된 "다양한 구성원"을 언급했기 때문에, 그는 여기서 요단강 동쪽의 그 다양한 구성원 가운데 하나가 이스라엘의 일부가 되었을 때 이러한 전통이나 문화적 기억을 함께 가져왔는지에 대해 논의할 의무가 있다. 만약 텍스트가 이스라엘과 기원전 12세기 중 어느 하나에라도 속할 수 없다면, 단순히 고고학적 증거와 텍스트를 언급하는 것으로는 충분하지 않다.

마찬가지로, 기원전 1140년에 라기스가 파괴된 것에 관한 그의 언급은 자세히 조사해 볼 가치가 있다. 그는 고고학 자료는 누가 그곳을 파괴했는지를 식별할 수 없다는 점을 인정한다. 이집트인들이 그 땅에서 철수하면서 파괴했는가? 블레셋인들이 그 땅에 들어올 때 파괴했는가? 그것은 여호수아 10:31-32에 기록된 바와 같이 이스라엘이 행한 일이었는가? 이 구절 주변의 성경 구절들은 마치 파괴가 한 번의 원정에서 일어나기라도 했던 것처럼, "칼날"(ESV)에 의해 파괴된 여러 도시를 언급한다. [고고학적 증거는 불에 의해 파괴되었음을 암시하지만] 렌즈버그가 지적한 바와 같이 성경 구절들은 불을 언급하지 않으며, 렌즈버그는 이 다른 장소들도 기원전 1140년경에 파괴되었는지에 관해 말하지 않는다. 그는 라기스를 파괴한 사람들이 이스라엘 백성이었다는 주장을 하지 않았다.

렌즈버그는 자신의 기고문의 다음 단락에서 "출애굽 당시 파라오에 가장 적합한 후보"인 람세스 3세의 통치 기간을 살펴본다. 그는 해양 민족들의 침략 때문에 이 기간을 적절한 기간이라고 생각한다. 파라오는 공격을 저지하느라 너무 바빠서 떠나는 이스라엘 백성에 신경 쓸 겨를이 없었다는 것이다.

그런 다음 그는 메르넵타 석비의 의미를 재정의한다. 렌즈버그는 람세스 3세보다 불과 30년 전인 기원전 13세기에 이스라엘에 대해 언급한다는 사실이 자신의 해석에 잠재적인 취약점이라는 것을 알고 있다. 그는 그 석비가 가나안이 아니라 이집트에 있는 민족으로서 이스라엘을 가리킨다고 주장함으로써 그 문제를 해결한다. 그도 이것이 전형적인 설명이 아님을 알고 있지만, 그가 출애굽이 기원전 12세기에 일어났다는 입장을 유지하려면 그 해석이 필수적이다. 단도직입적으로 말하자면, 이 설명은 통하지 않는다. 제18왕조와 제19왕조 전체에 걸쳐 파라오들은 자기들이 멸망시킨 민족의 목록을 많이 작성했다. 이 목록들은 파라오들이 이집트에서 힉소스와 싸우고 있었을 때나 해양 민족 등의 침략을 저지하고 있었을 때를 제외하고 항상 이집트 밖에 있는 장소들을 가리킨다. 메르넵타 석비에 대한 이러한 재정의는 출애굽이 기원전 12세기에 일어났다는 견해를 완전히 무력화한다.

이상하게도, 렌즈버그는 성경 텍스트에 따라 어쨌든 메르넵타가 가나안을 원정했다고 본다. 그는 여호수아 15:9과 18:15에 등장하는 "메 네프토아흐의 샘"(개역개정에서는 "넵도아 샘물"로 번역했음)에 대한 언급을 인용한다. 그리고 그는 이 샘이 예루살렘 근처에 있다고 보고, 그것이 우리가 여호수아서의 구절을 통해 예상할 수 있는 곳에 있다고 선언한다. 이 점에 대해서는 광범위한 합의가 이뤄져 있다. 메르넵타는 가나안에 있었고, 그것에 대한 성경적 기억이 있다. 그러나 렌즈버그에 따르면, 메르넵타 석비는 가나안에 있는 이스라엘이 아니라 이집트에 있는 이스라엘을 언급한다! 하지만 그렇지 않다. 람세스 2세 시대인 기원전 13세기에 출애굽 사건이 있었고, 그의 아들이자 계승자인 메르넵타가 가나안 땅에 원정을 나갔다. 그는 그곳에서 자신의 아버지가 실패했던 일인 이스라엘의 씨를 말렸다고 주장했다. 메르넵타는 여기서 자신이 그의 선왕들을 능가했다고 자랑하고 있다. 이 설명이 렌즈버그가 제안한 설명보다 훨씬 더 명쾌하다.

이 대목에서 중요한 역사적인 문제들 몇 가지가 다뤄져야 한다. 렌즈버그가 메르넵타와의 교전에 대한 성경 기록이 어디에서 발견되는지 묻는 것은 옳다. 그가 여호수아서와 사사기에서 그것이 누락된 것에 대해 묻는 것은 옳다. 그가 관련된 다른 민족들, 즉 샤슈나 므깃도 근처에 위치한 아셀 지파 같은 다양한 구성원에 관해 묻는 것은 옳다. 그가 람세스 3세의 통치 기간에 이집트의 세력이 가나안 땅에 계속 존재했다고 언급한 것은 옳다. 이 문제들을 다루기 위해 나는 내 기고문을 확장해서 람세스 2세의 통치 기간에 출애굽 사건이 일어났음을 상세히 설명하고 내 역사적 재구성을 람세스 3세 통치 기간에 일어난 사건들까지로 확장하려고 한다.

렌즈버그와 나는 인간의 관점에서 볼 때, 이집트가 취약할 때 출애굽이 일어났다고 보는 것이 가장 타당하다는 데 동의한다. 나는 이 사건이 일어난 연대를 람세스 2세가 가데스에서 실패한 후로 추정한다. 렌즈버그는 그것의 연대를 "해양 민족들의 침략으로 인해 초래된 혼란의 시기"로 추정한다. 렌즈버그와 나는 둘 다 이스라엘 백성이 가나안 땅에 늦게 정착했다는 데 동의한다. 나는 그것이 성공적인 가나안의 봄, 즉 이집트의 통치에 대한 반란이 일어나지 않았기 때문이었다고 주장한다. 렌즈버그는 그것이 "가나안 땅에 강력한 이집트의 존재"가 늦게까지 남아 있었기 때문이라고 주장한다. 그러나 므깃도에서 발견된 람세스 6세의 조각난 청동상에 근거할 때 이집트는 람세스 6세 때인 기원전 1139년까지 그 땅에 남아 있었다. 이는 또한 람세스 3세 통치 이후 수십 년 동안 이집트가 가나안 깊숙한 곳까지 여행할 수 있었음을 의미한다. 렌즈버그의 추론에 의하면, 이스라엘 백성은 람세스 6세가 가나안에서 철수한 후에 가나안 땅에 정착했어야 했다.

세티와 람세스 2세와 메르넵타처럼 람세스 3세도 가나안으로 원정을 떠났다. 람세스 3세가 이스라엘을 언급하지 않는 것은 사실이지만, 그는 자기의 영웅이자 역할 모델이며 그가 이름을 본딴 람세스 2세를 모방하는 경향이 있었는데 [람세스 2세가 원정할] 당시 가나안에는 이스라엘이 없었다. 이집트학 학자 도널드 레드포드는 *ssy*가 람세스의 표준 이집트어 단축형이라고 지적하고, 드보라의 노래(Song of Deborah)에 나오는 성경의 시스라가 람세스에서 유래했다고 본다.[86] 내 가설은 이스라엘이 람세스 3세에 대항하여 뜻을 같이하는 반이집트 가나안인들로 구성된 (현대의 나토 같은) 연합군을 이끌었다는 것이다. 드보라의 군대는 렌즈버그가 말한 다양한 부족이 민족으로서 이스라엘과 동맹을 맺기로 결심했음을 보여준다. 그들은 훗날, 아마도 블레셋에 대항하는 행동의 일환으로, 헤브론으로 가서 다윗을 자기들의 왕으로 받아들였을 때 정치적 실체로서 이스라엘의 일부분이 되었다.

렌즈버그도 출애굽기 13:17에 나오는 블레셋 사람들을 인용하며 "출애굽 연대에 관해 이것보다 더 큰 단서가 있을 수 있을까?"라고 묻는다. 그는 블레셋 사람들이 가나안 땅에 도착한 연대를 기원전 1180년(람세스 3세 통치 기간을 의미함)으로 추정한다. 또 다른 설명은 "블레셋 사람의 땅의 길"이 그 구절의 저자와 그의 청중에게 알려진 이름이었다는 것이다(호프마이어의 기고문에 대한 내 답변을 보라). 다시 말하지만, 텍스트의 연대 결정은 해당 테스트와 출애굽 연대 사이의 관련성을 결정하는 데 매우 중요하다.

렌즈버그는 또한 이스라엘이 블레셋이 갑돌에서 도래했음을 기억하는 것에 관해 말하는 아모스 9:7을 인용한다. 그는 이스라엘 사

---

86   Donald B. Redford, *Egypt, Canaan, and Israel in Ancient Times* (Princeton: Princeton Univ. Press, 1992), 257-58, 각주 2.

람들이 어떻게 자기들의 역사보다 블레셋의 역사를 더 잘 기억할 수 있는지 묻는다. 그러나 렌즈버그는 이 기원전 1180년 도착을 고려하여 족장 내러티브들에 블레셋 사람들이 등장하는 것을 다루지 않는다. 이 내러티브들은 이스라엘의 뛰어난 기억에 대한 렌즈버그의 주장을 약화시킨다. 자신의 주장을 더욱 입증하기 위해 렌즈버그는 출애굽기 15:14-15에 블레셋 사람들이 등장한다는 점을 언급한다. 예로 제시된 바다의 노래에 대한 설명은 여호수아서와 사사기에서 이집트가 언급되지 않는다는 점에 대해 렌즈버그가 제기하는 도전과 직접적으로 관련이 있다. 출애굽이 기원전 13세기에 일어났다는 견해로부터 제안된 다음과 같은 시나리오를 고려해 보라.

1. 람세스 2세―출애굽이 일어남(모세)
2. 메르넵타―가나안 땅에서 이스라엘의 씨를 말렸다고 주장함(여호수아)
3. 람세스 3세―가나안 원정(드보라)
4. 람세스 6세―가나안으로부터의 철수

이 시나리오는 이집트로부터의 구원을 축하하는, 출애굽부터 실로까지의 4단계 과정을 제공한다. 그것은 헨델의 문화적 기억 접근법과 일치한다. 왜냐하면 이스라엘-이집트 관계에 대한 각각의 사건이 이스라엘이 기념하는 문화적 기억의 일부가 되었기 때문이다. 나는 바다의 노래를 단일 작품으로 보는 대신에 각 연을 이집트와의 또 다른 대결의 표현으로 보아야 한다고 제안한다. 기원전 13-12세기의 이 시점에서, 이스라엘은 여호수아서와 사사기의 산문 내러티브들을 쓰고 있지 않았다. 이스라엘은 결국 이집트에 맞선 전쟁에 관한 책에 쓰인 노래와 시를 쓰고 있었는데, 그것들이 산문 내러티브의 문서 자료 역할을 했다. 이 제안은 히브리 성경의 저술이라는 더 큰 문제를 제기하는데, 이 주제는 이 기고문들과 관련성은 있지만 그것들의 범위를 넘어선다.

렌즈버그의 기고문의 나머지 부분은 족보 문제에 할애된다. 이 중 일부는 스트리플링의 기고문에 대한 내 답변에서 다루어졌기 때문에 나는 여기서는 그 문제를 반복하지 않을 것이다. 나는 렌즈버그의 30년 세대 가설에 매료되었다. 그가 이집트의 세드 축제(Sed festival)를 고려해 볼 수도 있을 것이다. 그 축제에서 왕은 30년 동안 통치한 후 "다시 태어난다".

렌즈버그는 출애굽이 기원전 12세기에 일어났다는 자신의 주장을 뒷받침하기 위해 룻기 4:18-22과 역대상 2:5-15에 나오는 족보를 사용한다. 그러한 족보를 사용하는 것은 실제로는 히브리 성경이 어떻게 쓰였는지에 대한 개인의 견해에 기초한 믿음의 문제다. 다윗, 사무엘, 사독, 모세와 아론의 손자들과 관련하여 그가 의존하는 가족 관계는 그것들이 쓰일 당시의 정치적 상황에 대한 표현이며, 역사적 출애굽에는 어떤 빛도 비춰주지 않는다. 그것들은 이스라엘의 문화적 기억의 일부이자 현재의 필요를 반영하기 위해 전통을 지속적으로 업데이트한 것으로 이해되어야 한다. 그가 사용한 추수감사절의 예로 돌아가 보자. 렌즈버그는 순례자들이 왜 그리고 어떻게 떠났는지 알고 싶지 않을까? 성경 텍스트가 인간의 동기에 설명을 제공한다는 암묵적인 가정은 명시적으로 표현되고 정당화되어야 한다. "모세라는 인물은 어디에 있는가?"라는 문제는 다른 기고자들의 기고문에서도 제기되며, 내 마지막 논평에서 자세히 설명될 것이다.

게리 A. 렌즈버그에 대한 답변
(문화적 기억으로서의 출애굽 관점)

로널드 헨델

나는 항상 게리 A. 렌즈버그의 연구로부터 많은 것을 배운다. 출애굽에 관한 그의 연구도 예외가 아니다. 내가 그의 주장에 동의하지 않는 부분이 몇 곳 있지만, 차이와 문제가 매우 많은 영역에서 이것은 자연스러운 일이다. 나는 출애굽에 대한 그의 일반적인 접근법에 동의한다. 그는 "성경 전체에 걸쳐 그토록 분명하게 나타나는 민족의 집단 기억은 어딘가에서 유래했음이 틀림없다(비록 그 어딘가가 역사적 핵심뿐일지라도 말이다)"라고 말한다. 나도 출애굽 이야기가 이집트의 압제에 대한 기억을 가지고 있던 많은 사람에게 호소력이 있었으리라는 데 동의한다. 그가 말하듯이, "이스라엘의 다른 구성원들, 즉 훗날 유사하거나 병행하는 경험을 지니고 이스라엘인으로서의 정체성을 가지려고 하는 사람들이 있었다. 일부는 약간 일찍 이집트를 떠났을 수도 있고, 일부는 약간 늦게 떠났을 수도 있다. 다른 일부는 이집트에 간 적이 없었[다]." 이러한 경험의 다양성에도 불구하고, 렌즈버그는 그 특징이 명시되지는 않았지만 그가 발생 연대를 람세스 3세의 통치 기간(기원전 1187-1156년)으로 추정하는 주요 출애굽 하나가 있었다고 주장한다.

확실히 이 시기에 출애굽이 일어났을 수 있다. 그러나 렌즈버그가 인정하는 바와 같이, 출애굽이 특정한 사건이라기보다는 오히려 과정이었을 수 있다고 생각한다면, 더 광범위한 기간이 바람직할 수 있다. 나는 많은 출애굽이 있었을 수 있으며 일부는 좀 더 소수의 사람이 참여하고 일부는 좀 더 많은 사람이 참여했을 것이라는 아브라함 말라마트의 아이디어(내 기고문에서 인용됨)를 좋아한다. 파피루스 아나스타시 V(기원전 13세기 말)에 기록된 한 장교의 보고서에서 작은 출애굽일 수 있는 사례가 언급된다. 거기에서 그 장교는 이집트의 국경 요새를 우회하여 동부 광야로 도망친 노예 두 명을 추격했다고 보고한다(이 편지에 대한 좀 더 자세한 내용은 내 기고문을 보라). 그 장교는 테쿠(Tjeku, 숙곳)에 있는 국경 벽까지 노예들을 따라갔으나, 거기서 그들이 믹돌 근처에서 국경을 넘었다는 말을 들었다. 이 두 장소 모두 출애굽 경로에 있는 장소들이다(민 33:5-7). 우리는 이 사례가 노예들이 성공적으로 이집트에서 탈출했던 많은 경우 중 하나였다고 추측한다. 우리의 역사적 상상력을 사용한다면 이 사례는 시간이 지남에 따라 집합적으로 성경에 기록되어 출애굽에 대한 기억을 구체화하는 데 이바지한 다수의 소규모 출애굽 중 하나였을 가능성이 있다. 어쨌든, 이 텍스트는 몇몇 가나안 노예가 기원전 13세기에 이집트에서 탈출했음을 암시한다.

우리가 이 가능성을 여러 출애굽을 가리키는 것으로 간주한다면, 적어도 그 과정의 일부는 기원전 13세기에 일어났다. 렌즈버그의 주장처럼, 그것은 아마도 이집트 제국이 무너지고 있던 기원전 12세기에 계속되었을 것이다(그 과정의 끝은 기원전 1125년경으로 추정된다).

그 이야기는 이 기간에 이집트에서 탈출한 모든 사람의 경험—내가 내 기고문에서 제안한 것처럼 이집트의 지배하에서 가나안에 살았던 사람들이 포함된다—을 엮어 재구성했을 것이다. 렌즈버그의 말마따나 "이 이상화된 이야기가 이질적인 구성원들을 이스라엘 백성으로 통합"했다.

렌즈버그는 출애굽 연대를 기원전 12세기로 보는 자신의 논거에 고고학이 발견한 이스라엘의 정착지와 성경의 족보들을 포함시킨다. 그의 고고학적 증거 제시는 충분한 정보에 근거하고 있으며 중요하다. (나는 타원형 정착지 패턴이 성벽이 없는 마을에 적절한 적응 전략일 수 있다고 제안하겠지만, 그것이 반드시 유목민에서 기원했다는 단서는 아니다.) 그러나 나는 성경에 기록된 족보들의 신뢰성에 대한 그의 논의의 일부, 특히 역대상 2:1-15과 룻기 4:18-22에서만 발견되는 다윗 왕의 족보에는 동의하지 않는다. 이것들은 다윗 왕 시대로부터 500년도 더 지나 쓰인 것으로 보이는 후대의 텍스트다.

다윗이 왕위에 오른 가장 이른 시기의 기록은 오직 그의 아버지인 베들레헴 사람 이새만 언급한다(삼상 16:1). 후대의 족보는 성경 역사학자가 이전의 족보들을 이용하여 역사적으로 재구성해서 유다부터 다윗까지 연속적인 계보를 만들어낸 것일 수 있다. 족보의 연결고리에 일부 일치하지 않는 부분이 있다는 사실은 역대기와 룻기에 나오는 완전한 다윗의 족보가 원천 자료를 바탕으로 만들어진 이차적인 텍스트임을 나타낸다. 살마(살몬으로도 불렸다)는 역대기(대상 2:11)와 룻기(룻 4:20-21)에서 나손의 아들이자 보아스의 아버지라고 묘사된다. 그러나 역대기의 같은 장에서, 살마는 훌의 아들이자 베들레헴의 아버지라고 묘사된다(대상 2:50-54). 학자들은 이것이 이전의 족보에서 나온 것이라고 주장해 왔다. 아마도 살마가 이새의 고향인 베들레헴과의 연관성 때문에 다윗의 족보에 들어와 유다부터 다윗까지에 이르는 족보 중 유다부터 나손까지에 이르는 부분과의 중간고리 역할을 했을 것이다. 차트를 그려보면 이러한 다양한 족보의 가닥을 명확하게 하는 데 도움이 될 것이다.

유다 → 베레스 → 헤스론 (창 46:12)

헤스론 → 여라므엘 → 람 (대상 2:25-27)

암미나답 → 나손 (출 6:23; 민 1:7)

홀 → 살마 → 베들레헴 (대상 2:50-54)

이새 → 다윗 (삼상 16:1)

이를 종합하면 다음과 같은 족보가 된다.

유다 → 베레스 → 헤스론 → 람 → 암미나답 → 나손 → 살몬 → 보아스 → 오벳 → 이새 → 다윗 (대상 2:4-15; 룻 4:18-22)

사라 예펫(Sara Japhet)이 언급한 바와 같이 아마도 이 부분들이 창의적으로 결합되어 다윗의 족보를 채웠을 것이다. "이러한 추가가 역대기 편집자 본인에 의해 이루어진 것인지 아니면 그 이전에 행해진 것인지는 결정할 수 없다. 어느 경우든 그러한 추가의 결과로 유다에서 다윗까지 이어지는 직계 계보가 나왔다."[87]

내 요점은 유다에서 다윗까지의 족보가 부분적으로는 후대의 창작물일 수 있으며, 따라서 역사적 연대기를 그 족보에 의존해서는 안 된다는 것이다. 우리는 이 족보 자체가 역대기 편집자나 그의 출처 중 하나에 의한 역사적 재구성일 가능성을 고려해야 한다. 족보들은 종종 연결고리들과 족보의 부분들에 있어서 유동적이며, 잠재적인 주장을 내포하고 있다. 특히 중간 부분들은 종종 유동적인데 인류학자들은 이것들을 "유동적 틈새"(floating gaps)라고 부른다.

이러한 족보의 예는 궤변으로 보일 수 있지만 그것은 성경 증거의 복잡성을 보여준다. 렌즈버그도 알고 있듯이 출애굽의 역사적 틀에 대해 설득력 있는 주장을 펼치기는 쉽지 않다. 이러한 작은 세부 사항들에 주의를 기울임으로써, 우리는 모든 질문에 답할 수는 없더라도 질문들을 더 많이 제기하기를 바랄 수 있을 것이다.

---

[87] Sara Japhet, *I & II Chronicles: A Commentary*, OTL (Louisville: Westminster John Knox, 1993), 71.

스콧 스트리플링

1. 스트리플링은 "이주"(eisodus)라는 용어를 내가 최초로 소개했다고 말하는 것처럼 보이는데, 사실 이 단어는 약 1세기 동안 이스라엘 사람들이 이집트로 이주한 이야기에 사용되어 왔다. 내가 찾을 수 있는 최초의 자료는 「엑스포지토리 타임즈」(*Expository Times*, 1939)에 "이집트로의 이주에서 출애굽으로"(The Eisodus to Exodus)라는 제목으로 발표된 H. H. 로울리(H. H. Rowley)의 논문이다.[88] 이 용어가 이미 19세기에 학계에서 사용되었지만, 그때는 이스라엘 백성이 (여호수아의 지도 아래) 가나안 땅으로 들어간 것과 관련하여 사용되었다.

2. 나는 사람들에게 꼬리표를 붙이는 것—오늘날의 예를 들자면 "유명한 최소주의자인 이스라엘 핑켈슈타인"이라고 부르는 것—이 가치가 없다고 생각한다. 나는 그것들의 출처가 어디든 사실들을 다루기를 선호한다. 그러나 꼬리표를 붙이는 문이 이미 열려 있으니,

---

88   H. H. Rowley, "The Eisodus and the Exodus," *Exp Tim* 50 (1939): 503-8.

나는 핑켈슈타인이 자기가 중도주의자라고 설명한다는 점을 지적하지 않을 수 없다. 이 점이 더 중요한데, 핑켈슈타인이 그의 1988년 논문에서 제시된 입장에서 물러났다고 해서 증거가 지워지는 것은 아니다. 내가 내 기고문에서 지적했듯이 데이터는 남아 있다.

3. 스트리플링은 "렌즈버그는 라기스가 여호수아서의 정복 내러티브에서 언급되지도 않는다는 점을 인정한다"라고 쓰면서 나의 입장을 호도한다. 나는 이렇게 말하지 않았다. 라기스가 명백하게 언급되어 있기 때문이다(수 10장, 특히 31-32절을 보라).

4. 나는 "성막이 실로에서 운영되고 있었다고 성경이 알려주는 시기에 에발산에서 이스라엘의 제의 장소가 운영되었지만, 성경은 이 중요한 점에 관해 침묵한다"라는 말을 이해할 수 없다. 물론 이 말은 틀렸다. 여호수아 8:30-35을 보라.

5. 스트리플링은 성경에 나오는 족보의 성격을 잘못 나타낸다. "상식"(그가 사용한 표현이다)은 "좀 더 완전한 족보가 잘린 족보보다 우선시될" 것을 요구하지 않는다. 실제 데이터는 그 반대를 암시한다. 데이비드 헤니지의 말에 표현하자면, "왕의 목록과 족보를 인위적으로 늘리고 그에 부수하여 과거의 길이에 대한 과장된 개념을 발달시키는 사례가 압축하는 사례보다 훨씬 더 흔하다."

제임스 K. 호프마이어

1. 호프마이어가 지적하듯이, 만프레트 비탁은 출애굽이 기원전 12세기에 발생했다는 견해의 또 다른 지지자다. 나는 그를 인용하고 그의 주장들 가운데 일부를 포함하지 않은 것을 후회한다. 특히 그의 논문 "출애굽의 역사성에 관하여"(On the Historicity of the Exodus, 축약된 제목이다)를 보라. 사실 나는 좀 더 제한된 맥락에서 인용한 것이기는 했지만 내 기고문의 각주 39에서 그의 논문을 인용했다.

2. 호프마이어는 "성경은 이집트를 떠난 이스라엘 사람들이 가나안 땅에 도착한 후 그 집단에 합류한 어떤 지파도 알지 못한다"라고 주장한다. 하지만 성경은 그런 지파를 안다. 그 지파는 단 지파다(내 기고문에서 내가 지나가는 말로 언급하듯이 말이다). 더 자세한 내용은, 창세기 49:16과 사사기 5:17 같은 구절에 주의를 기울이면서, 사이러스 고든(Cyrus Gordon)과 이가엘 야딘(Yigael Yadin)의 획기적인 연구를 보라.[89]

---

89 Cyrus H. Gordon, "The Mediterranean Factor in the Old Testament," in *Congress Volume Bonn 1962* (Supplements to Vetus Testamentum 9; Leiden: E. J. Brill, 1963), 19-31, 특히 21; Yigael Yadin, "And Dan, Why Did He Remain in Ships," *Australian Journal of Biblical Archaeology* 1 (1968): 9-23.

피터 파인만

1. 파인만은 도널드 레드포드의 매우 빈약한 제안을 바탕으로 성경 저자가 람세스 2세의 별명으로 추정되는 *ssy-r*'을 시스라(삿 4장, =람세스 3세)로 바꿨다고 주장한다. 이 용어가 실제로 존재하는가? 그것은 펜실베이니아 대학교 인류 고고학 박물관이 소장하고 있는 스핑크스에 새겨진 람세스 2세의 다섯 가지 이름 중에 포함되지 않았으며, 나는 에르만(Erman)의 『사전』(*Wörterbuch*), 랑케(Ranke)의 『인명』(*Personennamen*), 키친(Kitchen)의 『승리한 파라오』(*Pharaoh Triumphant*) 같은 표준 저작들에서도 그 단어를 발견하지 못했다. 만약 그것이 존재한다면, 우리는 레드포드가 단순히 일축해 버리는 "˙"이 "ʾ"로 바뀌는 문제와 파인만의 제안대로 그 이름이 람세스 3세에게 이전되는 문제를 고려해야 한다. 이 모든 점에 비춰 볼 때 그것은 사사기에 있는 핵심 이야기에 관한 가설을 세우기에는 매우 빈약한 토대다.

2. 창세기에 등장하는 블레셋 사람들은 틀림없이 가나안 땅으로 이주한 이전 시기의 지중해 사람들을 나타낼 것이다. 그들은 스라님(*sərānîm*)이 이닌 왕들에 의해 통치되며(창 20:2; 26:1), 펜타폴리스(Pentapolis)의 다섯 도시가 아니라 그랄에 살고(창 20:2; 26:1), 브엘세바에서 활동하고 있다(창 21:31-32)는 점에 주목하라. 수년 전에 예호수아 그린츠(Yehoshua Grintz)가 이 모든 문제를 다뤘다.[90] 그들은 해양

---

90 Yehoshua M. Grintz, "The Philistines of Gerar and the Philistines of the Seacoast," in *Studies in Memory of Moses Schorr, 1874-1941*, ed. Louis Ginzberg and Abraham Weiss (New York: Professor Moses Schorr Memorial Committee, 1944), 96-

민족들의 침략과 이주의 와중에 가나안에 정착했던 블레셋 사람들의 주요 물결과는 연관성이 매우 작다.

로널드 헨델

1. 헨델은 다윗 왕의 족보에 관해 몇 가지 좋은 지적을 하는데, 사실 다윗 왕의 족보는 룻기 4:18-22과 역대상 2:4-15에서만 알려져 있다. 그러나 나는 그가 사라 예펫의 의견에 동의하며 주로 역대기에 나오는 족보에만 초점을 맞추고 있다는 점에 주목한다. 역대기는 후대의 저작이므로, 그곳에 수록된 모든 정보는 신중하게 판단될 필요가 있다. 따라서 나는 룻기의 끝부분에 나오는 족보에 초점을 맞추는 것을 선호한다.

확실히 룻기의 저작 연대는 큰 논쟁의 대상이며 이에 관해 다양한 의견이 있다. 그러나 내가 아는 한 누구도 룻기를 학자들이 이용할 수 있는 가장 객관적인 기준인, 프랭크 폴락(Frank Polak)이 개발한 선도적인 방법론에 기초한 명사-동사 비율을 사용하여 분석하지 않았다.[91] 예비 연구에 따르면, 룻기에서 명사 대(對) 명사적 동사

112(히브리어로 쓰였음); idem, "The Immigration of the First Philistines in the Inscriptions," *Tarbiz* 17 (1945-46): 32-42(*Tarbiz* 19 [1947-48]: 64에 추가적인 주석이 나온다)(히브리어로 쓰였음).

91 기본적인 진술에 대해서는, Frank H. Polak, "The Oral and the Written: Syntax, Stylistics and the Development of Biblical Prose Narrative," *JANES* 26 (1998): 59-105을 보라. 70쪽에 요약 진술이 나온다.

비율은 0.571인 반면, 명사 대 정형 동사(Noun-to-Finite Verb) 비율은 0.140이다. 이는 룻기를 성서 히브리어 산문의 고전적인(가장 초기의) 계층에 정확히 위치시킨다.[92] 사실 많은 학자가 룻기 4:18-22의 족보는 후대에 추가되었다고 믿고 있지만, 특히 이 구절들이 이야기의 종결부 역할을 한다는 아델 벌린(Adele Berlin)의 분석에 비추어 볼 때 입증책임은 그들에게 있다.[93]

게다가, 역대기 편집자가 그 책에 있는 정보에 따라 하나의 확장된 다윗의 족보를 구성하기를 원했다면, 그는 왜 헤스론의 아들이자 람의 아버지인 여라므엘(대상 2:25)과 살마/살몬의 아들인 베들레헴(대상 2:51)을 포함시키지 않았는가? (물론 이 후자의 "개인"은 마을 이름에 불과하다.) 그가 다윗의 주요 족보(대상 2장 앞부분)에 이 사람들을 포함시키지 않았다는 것은 이 특별한 사례들에서 족보 연장이 있었음을 가리킨다. 따라서 우리는 역대상 2:4-15에 등장하는 다윗의 족보는 이전 자료인 룻기 4:18-22이나 또 다른 독립적인 텍스트에서 물려받은 것이라고 가정할 것이다.

2. 헨델은 아브라함 말라마트가 제안한 것처럼 다수의 출애굽 가능성 또는 개연성에 주의를 환기시킨다. 내가 내 기고문에서 그 점을 충분히 강조하지는 않았지만, 나는 이 점에 관해 헨델과 말라마트의 의견에 확실히 동의한다. 내가 말했듯이, "일부는 약간 일찍 이집

---

92   공동 저술 논문에 발표할 우리의 현재 연구의 일환으로 룻기의 저작 연대에 대한 도움을 준 Charles Loder(MA, Rutgers)에 감사한다.

93   Adele Berlin, *Poetics and Interpretation of Biblical Narrative* (Sheffield: Almond Press, 1983), 109-10.

트를 떠났을 수도 있고, 일부는 약간 늦게 떠났을 수도 있다." 하지만 그러한 여정 중 하나만 기억되었고 대탈출로 이상화되었으며 후대에 기념되었다.

람세스 3세 통치 기간에 해양 민족들이 침략한 시기 외에도, (호프마이어도 지적했듯이) 이스라엘 사람들이 이집트를 떠나기에 적절한 시기를 만들어 주었을 또 다른 일련의 사건들이 기원전 1200년경 제19왕조가 끝나고 제20왕조가 시작되는 과도기 동안 발생했다. 엘레판틴 석비(Elephantine Stela)와 파피루스 해리스 I은 세트나크트가 안정된 왕조를 수립하고 이를 통해 제20왕조를 세울 수 있게 되기까지의 혼란에 대해 말한다. 그러나 이 텍스트들에 대한 좀 더 자세한 논의는 또 다른 기회를 기다려야 할 것이다.

5

문화적 기억으로서의 출애굽 관점

로널드 헨델

이 책에 수록된 논의에 대한 내 기고문은 겉보기에는 단순해 보이는 질문을 중심으로 한다. 우리는 출애굽기에서 과거의 어떤 그림을 발견하는가? 그것은 성령에 의해 보증되는, 역사적 사실에 대한 오류가 없는 기록인가? 그것은 모세의 증언을 통해 뒷받침되는 목격담인가? 아니면 그것은 역사적 사건들과 사회적 변화들이 전설, 신학, 문학으로 변형된 문화적 기억의 집합체인가? 이 질문은 현대 성서학계에서 복잡한 역사를 지니고 있다. 이 책은 이 질문의 복잡성에 대한 사례 연구다.

나는 세 번째 답변, 즉 문화적 기억으로서의 출애굽을 찬성하는 주장을 펼칠 것이다.[1] 문화적 기억이란 현재와의 관련성을 지닌 과거가 권위 있는 텍스트와 특정 집단의 해석자들에 의해 전달되어 제

---

[1]   나는 다음과 같은 몇몇 문헌에서 이 모델을 설명했다. Ronald Hendel, "The Exodus in Biblical Memory," *JBL* 120 (2001): 601-22; idem, *Remembering Abraham: Culture, Memory, and History in the Hebrew Bible* (Oxford: Oxford Univ. Press, 2005); idem, "The Exodus as Cultural Memory: Egyptian Bondage and the Song of the Sea," in *Israel's Exodus in Transdisciplinary Perspective: Text, Archaeology, Culture, and Geoscience*, ed. Thomas E. Levy, Thomas Schneider, and William H. C. Propp, Quantitative Methods in the Humanities and Social Sciences (New York: Springer, 2015), 65-77.

시된 것을 의미한다. 과거를 현재와 관련이 있게 만들기 위해 문화적 기억은 과거의 상황들을 왜곡하고, 생략하고, 허구화한다. 더욱이 현재 다양한 그룹의 이해관계가 계속 변하기 때문에 문화적 기억은 결코 안정적이지 않다. 과거 자체는 변하지 않지만 과거에 대한 기억들은 역동적이며 현재의 요동치는 요구에 따라 변화한다.

자신의 탈출과 새로운 땅으로의 여행을 경험한 순례자들의 이야기는 성경의 출애굽에 필적하는 문화적 기억의 친숙한 예다. 아이들이 학교에서 배우는 이야기에 따르면 순례자들은 유럽에서의 종교적 탄압을 피해 이 나라로 이주했으며, 신세계에서 자유와 해방에 헌신하는 사회를 만들었다. 하지만 이 이야기는 역사와 전설의 혼합이다. 순례자들이 자기들의 탈출을 성경에 나오는 출애굽의 재현으로 여겼고, 신세계가 그들의 약속의 땅이었던 것은 사실이다. 그러나 그 순례자들은 우리 시민적 기억이 보존하는 자유의 상징은 아니었다. 순례자들은 그들이 영국과 네덜란드에서 보았던 종교적 관용을 거부한 청교도들이었으며, 신세계에서 종파적인 신정 국가를 수립하려고 했다.[2] 해방과 종교적 자유에 대한 그들의 적대감은 전통적인 이야기에서 지워져 왔고, 그들은 대중의 상상 속에서 제퍼슨과 워싱턴처럼 자유의 토대를 닦은 사람들로 각색되었다.

미국의 순례자 선조 이야기는 국가의 기원에 대한 다른 문화적

2　다음 문헌들을 보라. Nick Bunker, *Making Haste from Babylon: The Mayflower Pilgrims and Their World: A New History* (New York: Vintage, 2010); Nathaniel Philbrick, *Mayflower: A Story of Courage, Community, and War* (New York: Viking, 2006).

기억들처럼 국가의 정체성에서 중심이 되는 이상들을 간직한다. 그 이야기는 극적인 형태로 그 정체성의 기원을 전달하며, 추수감사절이라는 민간의 제의(ritual)에서 그 정체성을 현실화하고 되살리는 역할을 한다. 그 이야기는 현대 미국의 정체성을 단단히 고정하고 정당화하기 때문에, 그 정체성 안의 새로운 양상들을 수용하기 위해 불가피하게 변화한다. 아메리카 원주민들에 대한 순례자들의 학대가 최근에 그 이야기의 일부가 되었고, 요즘에는 추수감사절 아침에 이 사건들에 대한 아메리카 원주민의 기억을 기념하는 공식 행사가 열린다. 그 이야기는 복잡해지고 변화하는데, 이는 부분적으로는 [주류 집단의 기억에 대한] 다른 집단들의 반대 기억들(counter-memories) 때문이다. 과거에 대한 상충하는 주장들이 존재하기 때문에 문화적 기억이 계속 변화한다.

이러한 문화적 기억 모델은 성경의 출애굽과도 관련이 있다. 이스라엘이 당한 압제와 이집트의 속박으로부터의 탈출에 대한 기억은 외인을 보호하는 사회 윤리와 그들을 구속하신 하나님에 대한 종교적 헌신 등 고대 이스라엘의 핵심적인 정체성이었던 이상들을 예시한다. 이 종교적 유대가 하나님이 주신 십계명 서문에서 강조된다. "나는 너를 애굽 땅, 종 되었던 집에서 인도하여 낸 네 하나님 여호와니라"(출 20:2). 이집트로부터의 탈출에 대한 집단적 기억은 구세계로부터의 탈출이 미국의 정체성을 단단히 붙들어 맨 것처럼 고대 이스라엘의 종교적·윤리적·정치적 정체성을 단단히 고정했다.

나는 출애굽 이야기가 어떻게 역사, 전통적 민간 전승, 서사적 상상력의 측면들을 하나의 강력한 문화적 기억 안으로 통합하는지 보여줄 것이다. 첫째, 나는 문화적 기억이라는 개념이 출애굽 이야기 자체에서 발견된다는 점을 강조한다. 모세가 백성에게 미래 세대 때 출애굽 이야기를 기억하고 이야기하라고 지시하듯이 말이다. 출애굽 이야기의 중간에서 모세는 백성에게 "너희는 애굽 곧 종 되었던 집에서 나온 그날을 기념하여 유교병을 먹지 말라. 여호와께서 그 손의 권능으로 너희를 그곳에서 인도해 내셨음이니라"(출 13:3)라고 지시하고, 유월절 의식을 통해 출애굽을 기념하는 것에 관한 지침을 준다. 출애굽을 기억하라는 명령이 성경에 울려 퍼지고 있다. 유월절 식사에서 참석자들은 그것이 마치 자신들의 이야기인 것처럼 그 이야기를 회상한다. 유월절 하가다가 말하듯이, "모든 세대에서 각 사람은 자신이 이집트에서 나왔다고 볼 의무가 있다"(미쉬나 페사힘 10:5을 인용함). 의식 참석자들은 경험적인 의미에서 출애굽의 현장에 있는 셈이다.

출애굽에 대한 기억은 이스라엘의 정체성에 활력을 불어넣었으며, 오늘날까지 유대인의 정체성에 대해 계속 그렇게 하고 있다. 그것은 과거의 구원과 현재의 삶 사이에 시간의 원을 만들어낸다. 이것이 바로 문화적 기억이 성취하는 바이고, 출애굽이 예시하는 바다. 그것은 기억된 과거와 현재의 도덕적 방향성 사이의 유대를 봉인하는 기억이다.

무오성, 연대기, 재앙

이제 나는 이 책에 수록된 다른 접근법들에 비해 이 접근법에 어떤 차이점들과 장점들이 있는지를 언급할 것이다. 문화적 기억 모델은 현대 사회학, 인류학, 역사 기술의 지적인 맥락에서 개발되었다.[3] 이런 종류의 탐구와 성경의 무오성에 대한 신봉에 뿌리를 둔 탐구 사이에는 간극이 있다. 예컨대 성경의 무오성에 관한 시카고 선언(Chicago Statement, 1978)에서 공식화된 것과 같은 무오성 교리는 복음주의 학자들과 정통파 학자들이 추구할 수 있는 탐구의 종류를 제한한다. 학문에 대한 그러한 경계는 성경의 출애굽에 접근하는 방식에 차이를 만든다.

아마도 그러한 한계에 대한 반응으로, 출애굽에 대한 가장 유력한 복음주의 접근법은 전통적인 무오성 교리를 자유롭게 해석한다. 그것은 성경의 사건들을 재해석하고, 과거에 대한 성경의 그림을 "바로잡는다." 이 접근법에 따르면, 성경은 과거 사건을 잘못 이해하지만, 충실한 학자들이 실제 그림을 복원할 수 있다. 문화적 기억의 관점에서, 나는 이 접근법을 특정한 종류의 문화적 기억의 수정판으로 묘사하고 싶다. 이는 성경에 기록된 대다수 기적을 자연적인 사건들로 대체함으로써 성경의 기억을 업데이트한다.

---

3   Maurice Halbwachs, *On Collective Memory*, ed. and trans. Lewis A. Coser(Chicago: Univ. of Chicago Press, 1992)를 보라. 고대 세계에 대해서는 Jan Assmann, *Cultural Memory and Early Civilization: Writing, Remembrance, and Political Imagination*, trans. David H. Wilson(Cambridge: Cambridge Univ. Press, 2011)을 보라.

성경의 무오성에서 벗어나는 내 첫 번째 예는 이 책에서 다른 사람들이 다루는 출애굽 연대다. 열왕기상 6:1은 "이스라엘 자손이 애굽 땅에서 나온 지 사백팔십 년이요 솔로몬이 이스라엘 왕이 된 지 사 년 시브월 곧 둘째 달에 솔로몬이 여호와를 위하여 성전 건축하기를 시작하였더라"라고 말한다. 이 진술을 바탕으로, 그럴듯한 솔로몬의 즉위 연대(기원전 970년경)에서 시작해서 단순히 계산하면 출애굽 연대로 기원전 1446년경이 산출된다. 이것은 출애굽 연도에 대한 분명한 성경의 증거다. 그러나 그 연대는 고고학적·역사적 증거가 이스라엘의 출현 시기에 관해 우리에게 알려주는 내용과 일치하지 않기 때문에 저명한 복음주의 학자들은 이 연대를 수정하려고 할 것이다. 케네스 키친은 출애굽이 기원전 1200년대 중반에 일어났다고 주장하며, 비교 증거를 사용해 열왕기상 6:1이 부정확한 이유를 설명한다. 그는 "메소포타미아의 군주들은 때때로 (⋯왕상 6:1에 나오는, 480년 같이) 절대적인 연수로는 너무도 긴 연대를 제시한다"라고 주장한다.[4] 성경의 연대기는 잘못되었지만, 충실한 학자는 그것을 수정할 수 있다.

이 책의 기고자들을 포함하여 출애굽을 연구하는 많은 복음주의 학자가 이 접근법을 채택했다. 나는 이렇게 역사적·고고학적 증거에 양보하는 것은 칭찬할 만하다고 생각한다. 그러나 그것은 성경의 명백한 의미에서 벗어나는 것이기도 하다. 나는 출애굽에 관한 기

---

4   Kenneth A. Kitchen, *Ancient Orient and Old Testament* (London: InterVarsity Press, 1966), 74-75; 또한 idem, *On the Reliability of the Old Testament* (Grand Rapids: Eerdmans, 2003), 202-3, 307-9도 보라.

억의 기원에 대한 키친의 일반적인 시간 틀에 동의하지만, 그는 확실히 성경의 증언에서 벗어나고 있다. 성경의 오류들을 적시하고 그 오류들을 역사적으로 그럴듯한 재구성으로 대체하는 것은 복음주의 학자들에게는 신기한 전략이다. 그것은 명백히 전통적인 무오성 교리에서 벗어난다.[5]

출애굽기에 등장하는 재앙들에 대한 표준적인 복음주의 접근법은 성경의 무오성을 확대해석하는 또 다른 사례다. 이런 학자들은 계몽주의 때의 자연신론자들이 확립한 접근법을 따르면서(아마도 의식하지 못한 채로 그렇게 할 것이다), 기적을 자연적인 사건으로 합리화하여 역사적으로 그럴듯한 나머지 이야기를 만들어낸다. 네헤미야 그루(Nehemiah Grew)의 『신성한 우주론』(*Cosmologia Sacra*, 1701)은 초기 자연신론의 예다. 그는 그 책에서 재앙들에는 "다양한 자연적 원인"이 있었는데 이 원인들이 재앙들에 "신뢰성의 표지"를 제공한다고 주장했다.[6] 그는 나일강이 붉게 변한 것은 나일강에 사는 생물들—물고기, 하마, 악어—이 이질로 인해 "물을 변색시키고 오염시킬 만큼 충분한" 피가 섞인 배설물을 방출했기 때문이었다고 추측했다. 이것이 나일강이 붉게 변한 이유다. 이렇게 설명한 이유는 성경의 합리성을 보여주기 위한 것이었다. 이 접근법은 성경을 현대의 과학적 세계관

---

5 이 교리의 발달에 대해서는 Ronald Hendel "The Dream of a Perfect Text: Textual Criticism and Theology in Early Modern Europe," in *Steps to a New Edition of the Hebrew Bible*, Text-Critical Studies 10 (Atlanta: Society of Biblical Literature, 2016), 271-95을 보라.

6 Nehemiah Grew, *Cosmologia Sacra, or A Discourse of the Universe as It Is the Creature and Kingdom of God* (London: Rogers, Smith, & Walford, 1701), 196-99.

에 맞추기 위해 기적의 대다수 또는 전부를 제거한다. 이러한 급진적인 수정 전략은 현대 복음주의 학자와 정통파 학자들의 특징적인 원동력이다. 그것은 과거를 현재에 적실성이 있게 만든다. 그러나 그 경우 성경의 명확한 의미에서 벗어나게 된다.

이 접근법의 현재 버전에 따르면 처음 아홉 가지 재앙은 일련의 자연적 사건이었다. 마지막 재앙, 즉 장자의 죽음만이 기적이었다. 어떤 의미에서 성경은 재앙들을 잘못 표현하거나 잘못 이해하는데, 현대 학자는 이 실수를 시정할 수 있다. 키친은 그 재앙들을 다음과 같이 나일강의 범람에 이어 나타난 자연적 사건으로 설명한다.

출애굽기 7장에서 10까지의 내러티브는 그것 자체로 잘 이해되며, 직접적인 관찰의 증거를 보여줌으로써 우리로 하여금 사건들의 진행 과정을 더 명확하게 이해할 수 있게 해준다. 따라서 과도한 범람이 **편모충**(*flagellates*)으로 알려진 미소 생물(microcosms)을 가져와 강을 붉게 물들이고 물고기를 죽였을 것이다. 물가에 떠다니는 부패한 물고기가 개구리들을 육지로 몰아넣고 그것들을 탄저균(*Bacillus anthracis*)으로 감염시켰을 것이다. 세 번째 재앙은 모기였을 것이고, 네 번째 재앙은 **침파리**(*Stomoxys calcitrans*)라는 파리였을 것이다. 이것들은 모두 수위가 높아진 상황에서 자유롭게 번식할 수 있었을 것이다. 다섯 번째 재앙인 가축 질병은 죽은 개구리로부터 감염된 탄저병이었을 것이고, 사람과 짐승에게 붙은 "물집"(여섯 번째 재앙, 개역개정에서는 "악성 종기"로 번역되었음)은 네 번째 재앙인 침파리에 의한 피부 탄저병이었을 것이다. 2월에 내린 우박과 뇌우(雷雨)는 아마와 보리를 파괴했을 테지만, 밀과 스펠트밀은 남겨두었고 메뚜기들이 그것들을 먹어 치웠을 것이다. 궁극적으로 범람을 초래했던 에티오피아 지역의 강우가 메뚜기가 창궐하는 환경을 조성했을 것이다. "짙은 어둠"은 3월에 **함신**(*khamsin*) 바람에 의해 실려 온 미세 먼지 덩어리인 **로테르데**(*Roterde*, 범람으로 퇴적된 진흙으로부터 만들어진다)였을 것이다.[7]

재앙들은 일련의 자연재해들이었다는 것이다. 키친은 오직 "출애굽 전날 밤 이집트를 덮친, 열 번째 재앙인 장자의 죽음만이 명백하게 기적의 영역에 속한다"라고 덧붙인다.[8] 재앙에 대해 이렇게 합리적으로 설명하는 해석이 제임스 호프마이어 등 복음주의 학자들에 의해 채택되었다. 제임스 호프마이어는 "처음 아홉 재앙은 강도가 세지고 시간상으로 서로 매우 근접해서 발생하기는 했지만, 이집트에 알려진 자연적인 사건들이다"라고 말한다.[9] 이 모델에서는 초자연적인 사건들이 자연적인 사건들로 대체된다.

이 설명은 각각의 재앙이 하나님에 의해 보내진 기적이라고 보는 성경과 명백히 충돌한다. 성경에서 하나님은 편모충들이 나일강에 가득 차게 만들어 나일강이 붉게 보이게 하시지 않는다. 하나님은 나일강 물을 피로 변하게 하신다. 출애굽기 7:19에서 하나님은 모

---

7   Kitchen, *Ancient Orient*, 157-58; idem, *On the Reliability of the Old Testament*, 249-52도 보라.

8   Kitchen, *Ancient Orient*, 157.

9   James K. Hoffmeier, *Israel in Egypt: The Evidence for the Authenticity of the Exodus Tradition* (Oxford: Oxford Univ. Press, 1996), 149.

세에게 다음과 같이 말씀하신다. "아론에게 명령하기를 '네 지팡이를 잡고 네 팔을 애굽의 물들과 강들과 운하와 못과 모든 호수 위에 내밀라' 하라. 그것들이 피가 되리니 애굽 온 땅과 나무 그릇과 돌 그릇 안에 모두 피가 있으리라"(출 7:13).

이 학자들에 의해 물—심지어 지상의 물그릇과 물통에 담긴 물조차도—이 피로 바뀌는 기적적인 변화가 지워진다. 호프마이어는 "신화적인 언어가 고대 이스라엘의 역사 기술의 도구였다"[10]라고 말하며, 사건들을 합리적으로 만들기 위해 그 사건들을 생략한다. 그러나 이렇게 하면 성경 기록이 왜곡된다.

제임스 바(James Barr)는 이러한 견해를 다음과 같이 통렬하게 비판했다. "성경에서 하나님은 모든 이집트의 물을 피로 바꾸셨다. 키친에 따르면 그분은 그런 종류의 일을 전혀 하지 않으셨다."[11] 재앙들에 대한 이 접근법은 무오성 교리를 희롱한다. 바는 계속해서 다음과 같이 말한다. "우리가 여기서 보는 바와 같이 보수적인 학계는 기적을 소멸 지점까지로 축소해서 '진정한' 내러티브를 얻는데 그런 내러티브는 성경 이야기에는 전혀 없는, 과학적으로 그럴듯한 일련의 연결을 통해 앞뒤가 맞게 된다." 그렇게 해서 얻어진 설명은 "그 사건에 대한 성경의 이야기는 허위다"라고 주장한다. 이는 강한 표현이지만, 적절한 비판이다.

이 접근법은 계몽주의의 합리화하는 사고방식에 뿌리를 두고

---

10 Hoffmeier, *Israel in Egypt*, 213.
11 James Barr, *Fundamentalism* (Philadelphia: Westminster, 1978), 242.

있다. 요점은 호프마이어가 말했듯이 "이집트에서의 이스라엘과 출애굽 내러티브들의 주요 부분들이 참으로 그럴듯함"을 입증하는 것이다.[12] 그러나 그 개연성은 큰 대가를 치른다. 성경에 나오는 사건들은 대체로 그것들의 초자연적인 성격을 잃는다. 이 학자들은 그렇게 하는 것이 성경의 통찰력과 무오성에 대한 자신들의 헌신을 훼손한다는 사실을 깨닫지 못한 채 성경의 합리성에 대한 자연신론 논거를 사용하고 있다.[13] 그들은 과거에 대한 성경의 제시를 현대의 과학적 감성에 맞게 수정하고 있다.

출애굽에 대한 이 접근법의 복잡한 논리와 대조적으로, 출애굽에 대한 문화적 기억으로서의 접근법은 사건들의 기적적인 특성을 수용한다. 재앙들의 전체적인 요점은 그것들은 하나님이 모세에게 "내가 내 손을 들어 애굽 중에 여러 가지 이적으로 그 나라를 친 후에야 그가 너희를 보내리라"(출 3:20)라고 선언하시는 바와 같이 기적이라는 것이다. 하나님은 이 재앙들을 그의 "이적들"(*niplā'ôt*)이라고 칭하신다. 그것들은 하나님이 그 사건들을 통해 파라오를 물리치시고 이스라엘을 구원하신 놀라운 초자연적 사건들이다. 그 재앙들의 기적적인 성격은 그런 일이 전에 일어난 적이 없었고(출 9:18, 24) 다시

---

12   Hoffmeier, *Israel in Egypt*, 226.

13   Iain Provan, V. Philips Long, and Tremper Longman III, *A Biblical History of Israel* (Louisville: Westminster John Knox, 2003), 128에 수록된 복음주의 입장을 비교하라. 그들은 두 접근법 모두를 원하는 것처럼 보인다. "당시 이집트를 휩쓸었다고 전해지는 생태학적 재앙의 중심에 적어도 부분적으로는 그러한 인과관계의 연결이 존재했을 것이다. 그러나, 동시에 이러한 효과들은 출애굽기 저자들의 관심사가 아니다.…성경 텍스트의 증언을 진지하게 받아들이는 과거에 대한 어떤 해석도 그 증언을 자연주의적 용어로 축소할 수 없다."

는 일어나지 않을 것이라는(출 10:14; 11:6) 반복적인 설명―불과 섞인 우박, 메뚜기, 장자의 죽음―을 통해 강조된다. 사건의 기적적인 성격에 대한 동일한 강조가 여호수아 10:14에서 하나님이 태양을 멈추게 하실 때도 등장한다.[14]

문화적 기억으로서의 재앙들

놀랍게도 문화적 기억으로서의 재앙에 대한 개념은 재앙을 보내신 더 큰 목적에 대한 하나님의 설명을 통해 뒷받침된다. 출애굽기 10:1-2에서 하나님은 모세에게 다음과 같이 말씀하신다. "바로에게로 들어가라. 내가 그의 마음과 그의 신하들의 마음을 완강하게 함은 나의 표징을 그들 중에 보이기 위함이며 네게 내가 애굽에서 행한 일들 곧 내가 그들 가운데에서 행한 표징을 네 아들과 네 자손의 귀에 전하기 위함이라. 너희는 내가 여호와인 줄을 알리라."

여기서 재앙은 "표적"('ōtōt, 개역개정에서는 "표징"으로 번역되었음)이라 불리는데, 이는 의사 소통력(communicative force)을 지닌 하나님의 능력의 현현들이다. 하나님의 설명은 그분이 파라오와 그의 신하들의 마음을 완강하게 하신 이유로 시작한다. "나의 표징을 그들 중에 보이기 위함이며"(출 10:1). 이것이 "왜 하나님이 파라오로 하여금 그

---

14 Yair Zakovitch, *The Concept of the Miracle in the Bible*, trans. Shmuel Himelstein (Tel Aviv: MOD, 1991), 40-41을 보라.

의 백성이 이집트에서 떠나는 것을 허락하지 **않게** 하셨는가?"라는 까다로운 문제에 대한 답이다. 하나님은 재앙을 더 많이 보내 그것들을 기념할 만한 큰 광경으로 만들기 위해 그렇게 하셨다. 하나님은 또한 이러한 표징들과 기사들(wonders)의 좀 더 심오한 목적을 말씀하신다. "네게 내가 애굽에서 행한 일들 곧 내가 그들 가운데에서 행한 표징을 네 아들과 네 자손의 귀에 전하기 위함이라"(출 10:2). 재앙들의 목적은 이스라엘 백성이 그들의 자녀들과 손자들에게 들려줄 위대한 이야기를 만드는 것이다. 표적들과 기사들은 문화적 기억이 되어 미래 세대들 가운데 전해져야 한다. 하나님은 세 번째이자 마지막 이유를 제시하신다. "너희는 내가 여호와인 줄을 알리라"(출 10:2). 이 미래의 문화적 기억의 요점은 이스라엘이 하나님을 알게 되고, 그에 상응하여 그들이 자기들이 하나님의 백성임을 알게 되는 것이다. 홍해를 건넌 것을 포함하여 하나님의 구원의 표적들과 기사들에 관한 이야기를 하는 이유는 이스라엘로 하여금 자신과 자기들의 하나님을 알게 하기 위해서다. 이것은 하나님의 표적과 기사의 강력한 목적이다.

미래에 출애굽 이야기를 암송하리라는 하나님의 기대가 출애굽 이야기의 한가운데 나온다는 점에 주목하라. 기적적인 표적들과 기사들은 아직 끝나지 않았다. 이스라엘의 각 세대가 기념할, 놀랍고 지속적인 문화적 기억을 창조하는 것이 하나님의 계획이다. 하나님은 출애굽에 관한 기억이 각 세대에서 이스라엘의 집단 정체성을 알려줄 것이라고 말씀하신다. 하나님이 이스라엘 백성에게 설명하시는 바와 같이 재앙들은 바로 문화적 기억의 소재들이다.

이것이 이야기 속에서와 연례 유월절 의식에서의 기념 모두에서 재앙이 지니는 의미다. 우리가 재앙들의 역사적 배경을 살펴보면 가장 명백한 맥락은 동물의 질병들이 아니라, 학자들이 오랫동안 관찰해 온 것처럼 고대 근동 조약의 저주와 신적 징벌에 대한 묘사다.[15] 재앙들은 하나님이 이집트에 내리신 징벌이기 때문에 이것은 재앙들의 개념적 영역이다. 출애굽기에 등장하는 재앙들 가운데 일곱 가지는 기원전 672년에 작성되어 아시리아의 가신들에게 배부된 에사르하돈의 승계조약의 저주 부분과 유사하다.[16] 저주문에서는 아시리아 신들에게 반역자들을 재앙들 가운데서 특히 피부병, 어둠(실명으로 인한), 메뚜기, 이(lice)와 다른 곤충들, 전염병, 자녀의 죽음을 통해 징벌하도록 기원한다. 에사르하돈의 조약에는 유사한 내용이 없고 성경에만 나오는 재앙은 피, 개구리, 우박이다.

출애굽기에 등장하는 재앙들 가운데 다수에는 저주, 징벌 또는 지상의 혼돈을 묘사하는 다른 메소포타미아, 이집트, 북서부 셈족 텍스트—내러티브, 예언, 조약 및 기타 장르—에 매우 유사한 병행 사례가 있다. 나는 다음과 같은 샘플을 제시한다.

---

15 이에 관한 최근 저작은 다음 문헌들을 보라. William H. C. Propp, *Exodus 1-18*, AB 2 (New York: Doubleday, 1999), 347-52; Gary A. Rendsburg, "Moses the Magician," in Levy, Schneider, and Propp, *Israel's Exodus in Transdisciplinary Perspective*, 243-58과 이 책에 실린 Rendsburg의 기고문.

16 에사르하돈의 승계조약의 텍스트는 *The Open Richly Annotated Cuneiform* Corpus: http://oracc.museum.upenn.edu/saao/saa02/Q009186/html에서 구할 수 있다.

피

그녀[이난나]는 그 땅의 우물들을 피로 채웠다. 그래서 그 땅의 물 댄 과수원이 낸 것도 피였고, 땔감을 모으러 간 노예가 마신 것도 피였으며, 물 길러 밖으로 나간 여종이 길어 온 것도 피였고, 머리카락이 검은 [수메르] 사람들이 마신 것도 피였다.

— 수메르 내러티브[17]

강[나일강]은 피이지만 사람은 그것을 마시고,
사람들은 서로를 피하며 물을 갈구한다.

— 이집트 지혜 텍스트[18]

어둠

태양이 가려져 빛을 비추지 않아 사람들이 볼 수 없다.

— 이집트 예언[19]

짙은 구름으로 하늘을 꿰매고 하늘을 닫아라.
그래서 밝음이 아니라 어둠이 있게 하라.…

---

17 "Inanna and Šu-kale-tuda," *Electronic Text Corpus of Sumerian Literature*, http:// etcsl.orinst.ox.ac.uk/cgi-bin/etcsl.cgi?text=t.1.3.3#.

18 "The Admonitions of an Egyptian Sage: The Admonitions of Ipuwer," trans. Nili Shupak (COS 1.42:94).

19 "The Prophecies of Neferti," trans. Nili Shupak (COS 1.45:108).

그리하여 짙은 어둠 속에 공포를 불어넣을 수 있도록.

— 북서 셈족 예언 내러티브[20]

전염병

네르갈의 막대기인 전염병이 그의 땅에서 끊어지지 않을지어다.

— 고대 아람어 조약[21]

우박과 메뚜기

[하]다드가 땅과 하늘에 모든 종류의 악과 모든 고통을 퍼부을지어다. 그
가 아르파드 위에 우[박]을 퍼부을지어다. 칠 년 동안 메뚜기가 먹어 치울
지어다.

— 고대 아람어 조약[22]

이런 예들을 통해 우리는 저주와 신적 징벌에 대한 다른 묘사들이 고
대 근동 문학에서 흔했디는 것을 일 수 있다. 성서학자늘이 추측한
바와 같이 그런 전통적인 자료들이 하나님이 이집트에 내리시는 징
벌적 재앙의 예들로서 출애굽 기억 속으로 끌어들여졌다. 재앙들의

---

20   "The Deir 'Alla Plaster Inscriptions," trans. Baruch A. Levine (*COS* 2.27:143).

21   "Hadad-Yith'i," trans. Alan R. Millard (*COS* 2.34:154).

22   Joseph A. Fitzmyer, *The Aramaic Inscriptions of Sefire*, 2nd ed., BibOr 19 (Rome:
Pontifical Biblical Institute, 1995), 45.

역사적 배경은 신적 파괴라는 고대 근동 모티프에 놓여 있는데, 그것들이 출애굽에서 하나님의 표적과 기사가 되고 이스라엘은 출애굽을 이야기 속에서 기억하게 된다.

출애굽 기억의 역사

문화적 기억으로서 출애굽에 접근하는 것은 얀 아스만이 "기억의 역사"(mnemohistory)라고 부르는 것과 관련이 있다. 기억의 역사는 역사적 기억과 전통적 모티프가 과거에 대한 권위 있는 표현으로 결합된 구불구불한 경로를 탐구한다. 재앙의 배경에서 이 전통적인 민간 전승 몇 가지를 살펴보았으니, 이제 출애굽의 배경에 놓여 있다고 볼 수 있는 역사적 사건 및 상황으로 넘어가 보자. 여기서 개별적인 사건들은 고대 이스라엘의 등장으로 이어지는 시기에 일어난 광범위한 일련의 사건들만큼 중요하지 않다. 이때는 가나안에 이집트 제국이 존재하던 시대로서 이는 대략 325년 동안 지속되었다(기원전 1450-1125년경). 이스라엘에 대한 최초의 텍스트 증거는 기원전 1207년에 쓰였고(이스라엘을 언급하는 메르넵타 석비) 이스라엘의 출현에 관한 고고학 데이터가 같은 시기(기원전 약 13세기 말-12세기)를 가리키기 때문에, 우리는 이 시기에 초기 이스라엘의 정체성이 구체화되었으며 그와 더불어 이스라엘의 근간을 이루는 과거에 관한 이야기가 형성되었을 것으로 예상한다.

출애굽에 대한 기억의 역사 모델에는 서로 관련된 두 부분이 있는데, 그것들은 이집트의 노예 생활에 대한 이스라엘의 기억 배후에 놓여 있는 상황들과 그곳에서의 노예 생활로부터의 탈출 배후에 놓여 있는 상황들이다. 첫 번째 부분은 이집트 제국의 식민 관행과 이데올로기와 관련이 있으며, 두 번째 부분은 이집트 제국이 몰락하고 이스라엘이 등장하는 시대와 연관된다. 출애굽 이야기에 반영되어 있을 수 있는 이전 시기(예. 이전의 힉소스 통치와 이집트로부터의 추방)와 이후 시기(예. 기원전 620-609년경 이스라엘에 대한 이집트의 직접 통치)의 다른 역사적 상황들도 있다. 그러나 이집트의 노예 생활에서 탈출한 결과로서 이스라엘이 출현하는 큰 그림은 출애굽 이야기가 묘사하려고 하는 후기 청동기 시대-철기 시대 전환기 때의 이스라엘의 기원 상황을 통해 가장 잘 이해된다.

이집트와 가나안에서의 이집트 노예 생활

이집트 제국이 가나안까지 통치하던 시기에 가나안 사람 수천 명이 이집트로 끌려가 노예가 되었다. 이집트에서 가나안 노예를 획득하는 방법으로는 다음과 같은 세 가지 주요 통로가 있었다. (1) 파라오들이 북쪽 영토를 평정하고 영광과 노예를 포함한 선리품을 얻기 위해 벌인 군사 원정, (2) 가나안 도시들에 부과된 연간 세금(세금에는 노예가 포함된다), (3) 상인들이 가나안에서 노예를 구매해 이집트에서 파는 대규모 노예 시장. 각각의 가나안 노예들의 원천을 간략하게 검토해 보자.

군사 원정

제국 시대에 각각의 파라오에게는 불안한 식민지 영토를 정복하고 노예로 잡힌 포로를 포함하여 그들의 자원을 뽑아낼 의무가 있었다. 제국의 창시자 투트모세 3세의 전리품 목록에 따르면 그는 므깃도에서 승리한 후 가나안 사람 2,503명을 포로로 잡았다.[23] 그의 후계자인 아멘호테프 2세는 그의 두 번째 가나안 원정 후 10만 명이 넘는 포로를 잡았다고 주장한다.[24] 이 수가 너무 많아서 마리오 리베라니(Mario Liverani)는 이 숫자는 "정복되고 이집트의 신민으로서 그 땅에 남겨진 전체 인구"의 추정치였다고 추측하게 되었다.[25] 이 함의에 따르면 가나안 사람 모두가 파라오의 포로 노예로 여겨졌다. 후대의 파라오들은 그들의 가나안 원정에서 포로를 잡는 이 관행을 계속했다.

가나안 포로들의 이송이 람세스 3세의 기록에 생생하게 묘사되어 있다. "나는 내 칼이 살려둔 많은 사람의 손을 등 뒤로 묶어 나의 말 앞에 세워 끌고 왔다. 그들의 처자들 수만 명과 그들의 가축 수십만 마리도 끌고 왔다. 나는 그들의 지도자들을 내 이름을 딴 요새들에 감금했고, 수석 궁수들과 족장들도 감금했다. 나는 그들에게 낙인 찍어 그들을 노예로 삼았으며 내 이름을 문신으로 새겼다. 그들의 처자들도 같은 대우를 받았다."[26]

---

23   Anthony J. Spalinger, *War in Ancient Egypt: The New Kingdom* (Oxford: Blackwell, 2005), 95.

24   Spalinger, *War in Ancient Egypt*, 144–45.

25   Mario Liverani, *The Ancient Near East: History, Society and Economy* (London: Routledge, 2011), 327.

26   Antonio Loprieno, trans., "Slaves," in *The Egyptians*, ed. Sergio Donadoni (Chicago:

이 텍스트에서 숫자가 부풀려지기는 했지만, 그 묘사는 의미심장하다. 포로들에게 "낙인찍어 그들을 노예로 삼았으며 내 이름을 문신으로 새겼다." 가나안인 노예들 대다수는 왕실 소유의 땅이나 신전의 부지에 있는 작업장에 배치되었다.

람세스 시대 군인의 삶에 대한 한 풍자시는 가나안 포로들의 포획과 이송에 관한 또 다른 면모를 보여준다. "오라, [내가] 당신에게 군인의 고충을 [이야기해 주겠다].…그는 가나안으로 소집된다. 그는 쉬지 못할 수도 있다. 옷도 없고, 신발도 없다.…그의 몸은 약하고, 그의 다리는 그의 기대를 저버린다. 승리하면 포로들이 폐하의 손에 넘겨져 이집트로 끌려간다. 이방 여자는 행군 중에 기절한다. 그녀는 군인의 목에 걸쳐진다. 그의 배낭이 떨어지면, 그가 여자를 지고 가는 동안 다른 군인이 그것을 들고 간다."[27]

이 묘사는 군인의 고충에 초점을 맞추고 있지만, 포로가 된 가나안 여인에 대한 처우는 비극적이다. 가나안인의 관점에서 쓰인 묘사는 그녀의 비극과 이집트로 끌려간 다른 포로들의 비극에 대해 좀 더 상세히 말할 것이다.

연간 세금

가나안 도시들에 부과되는 연간 세금에 노예도 포함되었다. 이는 예루살렘 왕 아브디 헤바가 파라오에게 보낸 서신에서처럼 아마르나

Univ. of Chicago Press, 1997), 204-5.

27 "Papyrus Lansing: A Schoolbook," in Miriam Lichtheim, *Ancient Egyptian Literature* (Berkeley: Univ. of California Press, 1976), 2:172.

문서에서 반복되는 주제다. "보소서, 저는 왕의 친구이자 왕에게 공물을 바치는 자이니다.…제게 왔나이다. 저는 그에게 노예 10명을 넘겨주었나이다. 왕의 감독관 슈타(Šuta)가 제게 왔고, 저는 슈타에게 소녀 21명과 포로 [8]0명을 나의 주, 왕께 드리는 선물로 넘겨주었나이다."[28]

당시의 외교 용어에서, "친구"와 "선물"은 봉신과 조공을 뜻하는 완곡어다. 정기적인 조공으로 가나안 사람들이 포로 노예로서 이집트로 끌려가는 것은 제국 통치의 가혹한 특징이었다. 엘렌 모리스(Ellen Morris)의 말마따나 "매년 이집트가 징발한 남녀 '노예들' 수백 명의 정기적인 손실은 가나안의 노동력 공급과 사회 구조에도 큰 영향을 주었을 것이다."[29] 가나안의 많은 가정과 도시가 이 잔인한 강제 징수의 영향을 받았다.

노예 매매

제국 시대 동안 가나안인 노예들의 매매도 활발했다. 서신들과 법률 문서들은 노예로 팔리기 위해 이집트로 이송된 가나안 사람들을 가득 실은 배에 관해 이야기한다. 가나안인 부모들은 기근 때문에 자녀를 노예로 팔았으며, 아래의 보고에서처럼 때때로 악의 때문에 노예로 팔린 사람도 있었다. "그의 짐꾼들이 그를 이집트인들에게 팔

---

28 EA 288, trans. William L. Moran, *The Amarna Letters* (Baltimore: Johns Hopkins Univ. Press, 1992), 331.

29 Ellen Morris, *Ancient Egyptian Imperialism* (Hoboken, NJ: Wiley Blackwell, 2018), 166.

았고, 그들은 그를 결박하고 그의 물건을 빼앗았다."[30] 이 에피소드는 요셉의 형제들이 이스마엘 상인들을 통해 그를 이집트에 노예로 판 이야기를 연상시킨다. 안토니오 로프리에노(Antonio Loprieno)가 말했듯이 "후기 청동기 시대의 고대 근동에서 이집트는 아마도 아시아의 베두인족이 통제했던 노예 시장에서 주요 구매자였다."[31] 그 결과 "이제 개인이 사고팔 수 있게 된 노예들에 대한 소유권을 성문화한 법률 체계가 발전했다."[32] 가나안인 노예들은 이집트에서 상품이 되었고, 번성하는 시장에서 매매되었다.

이 모든 증거—군사 원정, 연간 세금, 노예 매매—를 통해 우리는 많은 가나안인 노예가 이집트로 끌려갔음을 알 수 있다.

내가 지적한 바와 같이 가나안 사람들이 이집트에 노예로 이송됨에 따라 가나안에서의 삶이 중대한 영향을 받았다. 많은 가족이 영향을 받았고, 경제와 사회 구조가 어려움을 겪었다. 이것이 핵심인데, 제국의 이데올로기에 따라 이집트로 이송된 사람들뿐만 아니라 모든 가나안 사람이 이집트의 노예였다. 왕부터 소작 농민에 이르기까지 가나안에 살고 있던 모든 사람이 파라오의 노예였다. 므깃도 왕 비리디야의 편지에서처럼, 노예 생활의 언어가 현지 가나안 왕들이 파라오에게 보낸 편지들에 배어 있다. "소신의 주이시요 소신의 [태]양이신 왕께 왕의 충성스러운 노예인 비리디야가 아뢰나이다. 소신

---

30   Donald B. Redford, trans., *Egypt, Canaan, and Israel in Ancient Times* (Princeton: Princeton Univ. Press, 1992), 221, 각주 30.

31   Loprieno, "Slaves," 202.

32   Loprieno, "Slaves," 205-6.

의 주이시요 소신의 태양이신 왕의 발 앞에 일곱 번, 또 일곱 번 엎드
리나이다. 소신의 주이신 왕께서 왕의 노예와 왕의 도시를 인정해 주
시길 바라나이다."[33]

왕은 파라오의 노예이며 도시와 그 거주민들도 모두 마찬가지
다. 레이먼드 웨스트브룩(Raymond Westbrook)의 말마따나 "봉신 왕
과…그의 가솔, 즉 그의 백성들 모두 황제의 노예였다."[34]

그 제국의 많은 식민 관행에서 가나안 사람들은 이집트의 노예
로 취급되었다. 비리디야의 서신의 이어지는 부분에서 알 수 있듯
이, 현지의 가나안인들은 가나안에 있는 파라오의 밭과 군사 시설에
서 부역(corvée)의 대상이었다. "사실 소신만이 슈나마에서 경작하고
있고, 오직 소신만이 부역 일꾼들을 제공하고 있나이다. 그러나 소신
근처에 있는 읍장들을 생각해 보옵소서. 그들은 소신처럼 행동하지
아니하나이다. 그들은 슈나마에서 경작하지도 않으며, 부역 일꾼들
을 제공하지도 아니하나이다. 오직 소신만 (혼자) 부역 일꾼들을 제
공하나이다. 그들은 욥바에서 오며, 여기 [소신의] 자원에서, (그리고)
누리브타에서 오나이다."[35]

이 서신은 이제 파라오의 소유지가 된, 이스르엘 골짜기에 있는
농경지를 언급한다. 그 지역 왕은 밭에서 일할 므깃도, 욥바, 누리브

33　　EA 365, trans. Moran, *The Amarna Letters*, 363.

34　　Raymond Westbrook, "International Law in the *Amarna Age*," in *Amarna Diplomacy:
The Beginnings of International Relations*, ed. Raymond Cohen and Raymond
Westbrook (Baltimore: Johns Hopkins Univ. Press, 2000), 29.

35　　EA 365, trans. Moran, *The Amarna Letters*, 363.

타 출신의 부역 노동자들을 제공하고 있고, 다른 지방의 통치자들은 그렇게 하지 않고 있다고 불평한다. 가나안의 현지인들은 부역 노동에 징집되어 파라오의 밭을 경작했다. 파라오가 보기에도, 그들 자신이 보기에도 가나안에 살고 있던 가나안 사람들은 이집트의 노예였다. 왕부터 평민에 이르기까지 그들은 모두 이집트의 속박 아래 살고 있었다.

가나안 사람이 모두 노예였다는 이 견해는 이집트의 제국 이데올로기를 표현하는 것일 뿐만 아니라 이 시기 동안 가나안인들의 자기 인식을 반영하는 것일 수도 있다. 출애굽의 기억의 역사에 관해, 우리는 이집트의 노예 생활에 대한 기억이 노예로 이집트에 이송되었던 가나안 사람들뿐만 아니라 결코 이집트에 가본 적이 없었던 사람들에게도 속했다고 추론할 수 있다. 가나안 땅에 살고 있던 가나안 사람은 모두 이론상으로 및 실제로 이집트의 노예였다. 이것이 바로 이집트 노예 생활에 대한 공동의 기억이 가나안 구릉지에서의 새로운 민족이 형성될 때 결속 요인이었던 이유다. 초기 이스라엘인들은 모두―이집트에서 탈출한 노예, 가나안 저지대의 농민, 정착 유목민을 막론하고―이집트의 압세의 기억을 공유할 수 있었다. 이것이 다양한 구성원을 연결하는 기억의 역사적 맥락일 것이다.

나는 이집트에 가나안 노예들이 많았고 그들 중 일부가 이집트 제국이 붕괴하는 동안 고국으로 도망쳤을 것이라고 강조한다(뒤에서 논의되는 내용을 보라). 그러나 가나안인들 대다수는 결코 이집트에 간 적이 없었다. 이집트가 그들에게 왔던 것이다. 중요한 점은 그들의 역사가 서로 다름에도 초기 이스라엘에 자리 잡은 사람들(이들 대다수가 이전에 가나안인들이었다[36])이 이집트의 속박에 대한 공통의 기억을 공유했다는 것이다.

이집트의 노예 상태로부터의 탈출

출애굽 이야기는 이집트의 노예 상태와 지배로부터 기적적으로 해방되는 이야기다. 이 이야기에서 하나님은 자신의 강력한 표적과 기사를 통해 파라오를 물리치시고 자기 백성을 이집트에서 구출하신다. 이 문화적 기억을 생기게 했거나 그것에 이바지했을 수 있는 다양한 역사적 상황이 있다. 첫째, 우리는 몇몇 노예가 실제로 이집트에서 탈출했다는 것을 알고 있다. 서기관 학교에서 모델로 사용된 한 서신은 이집트 국경 요새를 우회하여 동쪽 광야로 도망친 노예 두 명을 추격한 장교에 대해 이야기한다. "저는 궁전의 고관들에 의해 파견되어…이 노예들 두 명을 추격했습니다.…[제가] 요새에 도착했을 때, 그들이 제게 정찰병이 광야에서 와서 그들이 세티 메르네프타의 요새 북쪽의 성벽으로 둘러싸인 곳을 넘어갔다고 [말했다고] 얘기해주었습니다.…제 서신이 당신께 도달하면, [그들]에게 일어난 모든 일에 대해 제게 편지를 보내주십시오. 누가 그들의 흔적을 발견했습니까? 어느 감시대가 그들의 흔적을 발견했습니까? 어떤 사람이 그

36　고고학적, 역사적 증거에 관해서는 다음 문헌들을 보라. Israel Finkelstein and Neil Asher Silberman, *The Bible Unearthed* (New York: Free Press, 2001), 96-117; Lawrence E. Stager, "Forging an Identity: The Emergence of Ancient Israel," in *The Oxford History of the Biblical World*, ed. Michael D. Coogan (Oxford: Oxford Univ. Press, 1998), 123-75; Ernest S. Frerichs and Leonard H. Lesko, eds., *Exodus: The Egyptian Evidence*(Winona Lake, IN: Eisenbrauns, 1997)에 수록된 기고문들.

들을 쫓고 있습니까? 그들에게 일어난 모든 일에 대해서 그리고 당신이 몇 명을 보내 그들의 뒤를 쫓게 했는지에 대해서 제게 편지를 보내주십시오."[37]

우리는 그 서신에 등장하는 두 노예에 관해 더 이상 알지 못한다. 그러나 우리는 많은 가나안인 노예가, 특히 제국 말기에 국경 요새들이 버려졌을 때 이집트에서 탈출했다고 상상할 수 있다. 많은 가나안 사람이 여러 세대에 걸친 문화 수용 이후 이집트에 머물렀다. 그러나 국경 요새와 경비대의 쇠퇴로 많은 사람이 탈출할 수 있었을 것이다. 아브라함 말라마트가 추측한 바와 같이, 제국 시대와 그 이후에 이집트에서 많은 소규모 탈출이 있었을 가능성이 크다.[38]

가나안에서의 이집트 제국의 붕괴가 이 시기의 주요 상황이었다. 수십 년에 걸친 이집트 제국의 쇠퇴로 가나안에 있던 제국 신민들의 삶이 변화되었다. 제국의 붕괴에 대한 가나안인들의 반응에 관한 직접적인 증거는 없지만, 파괴된 이집트 요새들과 행정 기지들에 대한 고고학적 증거가 이야기를 전해준다. 엘렌 모리스는 다음과 같이 말한다.

이집트의 지배를 받은 지역 공동체의 감정은 여전히 추측의 대상이지만, 제19왕조 말에 이 기지들 가운데 다수가 겪은 운명은 명백하다. 기

---

37 "The Pursuit of Runaway Slaves," trans. John A. Wilson, in *ANET*, 259. 이 서신의 출처는 Papyrus Anastasi V다.

38 Abraham Malamat, "The Exodus: Egyptian Analogies," in *Exodus: The Egyptian Evidence*, ed. Ernest S. Frerichs and Leonard H. Lesko (Winona Lake, IN: Eisenbrauns, 1997), 16.

원전 1213년에서 기원전 1190년 사이 격동의 수십 년 동안 이집트 제국의 심장부에 있었던 기지 4개(아스돗, 텔 모르, 아벡, 텔 엘 헤시)가 공격받고 불태워졌다. 이때 후기 청동기 시대 말의 특징이었던 불안정과 혼돈이 처음으로 본격적으로 느껴졌다. 이 시기에 메르네프타가 아스글론, 게셀, 예노암, 심지어 이스라엘이라는 부족의 반란에 직면한 것으로 보이며, 이스라엘이 성경 외의 역사 자료에 최초로 등장한다. 대략 이 시기에 이집트 기지들에 가해진 피해가 이런 반란들로 인한 것인지 아니면 다른 반란들로 인한 것인지는 알려지지 않았다. 그러나 벧산에 있던 관공서에서 일어난 맹렬한 화재 사건은 소요가 심지어 이집트 세력의 확고한 이 요새에까지 이르렀음을 암시할 수도 있다.[39]

가나안에 있던 이집트 기지들의 폭력적인 파괴는 애런 버크(Aaron Burke)가 말하는, 이집트 제국의 후반에 발생한 "이집트 지배에 대한 저항 패턴들"을 나타내는 것으로 보인다.[40] 이는 가나안 사람들이 가나안 땅 **안에서** 이집트의 속박으로부터의 탈출을 경험한 시기다.

모든 가나안 사람이 제국 시대에 이집트의 노예였다면, 제국의 몰락이 그들에게 이집트의 속박으로부터 해방을 갖다주었을 것이다. 이 점에서 기적적인 이집트 탈출 이야기는 새로운 문화적 정체성을 위한 통합의 촉매제였을 것이다. 그런 이야기는 이집트에서 탈출한 노예들에 의해 고안되었을 수도 있고(앞서 언급된 소규모 집단들의 탈

---

39   Morris, *Ancient Egyptian Imperialism*, 210.

40   Aaron A. Burke et al., "Excavations of the New Kingdom Fortress in Jaffa, 2011–2014: Traces of Resistance to Egyptian Rule in Canaan," *AJA* 121 (2017): 128.

 출애굽의 역사성과 연대 논쟁

출) 그들을 주인공으로 삼았을 수도 있었을 것이다. 우리의 연구 목적상 중요한 점은 이 이야기가 이전에 제국의 신민이었다가 이스라엘의 새로운 지파 정치 조직체에 합류한 모든 가나안 사람과 관련이 있을 수 있음을 강조하는 것이다. 이집트에서 이스라엘로의 이동은 정체성의 이동이자 메르넵타가 이스라엘을 발견한 새로운 땅인 가나안 구릉지로의 이동이다.

이스라엘의 출현은 역사적으로 가나안에서의 이집트 제국의 쇠퇴와 몰락의 결과였다. 이에 대해 모든 역사학자와 고고학자가 동의한다. 나는 출애굽 이야기가 이집트의 속박에 대한 공동의 기억을 통해 촉진되어 이 역사적 사건들을 하나님이 이스라엘을 이집트의 노예 생활로부터 기적적으로 구출하신 사건으로 변형시켰다고 덧붙인다. 한 민족의 탄생에 관한 이 이야기는 분리(이집트로부터), 조정 기간(시나이반도에서), 새로운 정체성 안으로의 재통합(이스라엘에서)이라는 상징적 통과 의례의 일반적인 패턴을 따른다. 이집트에서 이스라엘까지의 여정은 이 내러티브 틀의 일부이지만, 그 여정은 물리적 여정만큼이나 정체성의 변화이기도 했다. 이 이야기는 이집트 노예들이 자유로운 백성으로 변화한 것을 기념한다. 하나님은 이들을 독수리 날개로 업어 이집트로부터 구원하셨다(출 19:4).

결론

나는 출애굽 이야기를 문화적 기억으로 보는 접근법이 유익할 수 있다고 제안한다. 이는 출애굽 이야기가 평범한 역사가 아니며 순수한 허구도 아님을 의미한다. 그것은 역사적 사건과 상황에 대한 회상, 전통적인 모티프, 서사적 상상력의 혼합물이다. 그것은 과거를 현재에 사용할 수 있도록 만들고 고대 이스라엘의 정체성과 이상을 단단히 붙들어 매기 위해 과거를 회상하고 수정하여 일부 측면은 잊어버리고 다른 측면은 중시한다.

이 접근법은 성경 이야기가 역사적으로 문제가 있다고 지적하는 고고학적·역사적 증거와 양립할 수 있다. 이 접근법은 출애굽이 성경이 제시하는 것처럼 시간 순서에 따른 일련의 연속적인 사건들로서 발생하지 않았음을 강조한다. 그 접근법은 약 300만 명이 그들의 가축과 함께 홍해를 건너(출 12:37) 시나이반도에서 40년 동안 방랑했으면서도 고고학 기록에는 아무것도 남기지 않았다는 것이 불가능함을 인정한다.[41] 그러나 그것은 출애굽이 이집트의 속박에서 이스라엘 민족의 탄생으로의—역사적·상징적—변화로서 실제로 일어났음을 강조한다. 출애굽 이야기는 역사와 허구의 혼합으로서, 이 이야기가 문화적 기억이라는 연금술을 통하여 영속성이 있는 과거를 만들어냈다.

---

[41] 철기 시대 1기의 초기 이스라엘의 인구에 대한 고고학적 추정치는 45,000명에서 150,000명 사이이다. 다음 문헌들을 보라. Finkelstein and Silberman, *The Bible Unearthed*, 109; Stager, "Forging an Identity," 100.

우리가 살펴본 바와 같이, 출애굽의 기억의 역사는 재앙들이 대체로 고대 근동의 조약, 내러티브, 예언에서 나타나는 신적 저주와 징벌 목록에서 유래했음을 암시한다. 성경은 언약의 저주에서 이 재앙들 가운데 다수를 나열한다. 신명기 28장은 그 저주들 가운데 몇 개를 포함하고 있는데, 이 저주들은 이스라엘을 겨냥한다. "여호와께서 애굽의 종기와 치질과 괴혈병과 피부병으로 너를 치시리니 네가 치유받지 못할 것이며…네 모든 나무와 토지 소산은 메뚜기가 먹을 것이며…이 모든 저주가 너와 네 자손에게 영원히 있어서 표징과 훈계가 되리라.…여호와께서 네가 두려워하던 애굽의 모든 질병을 네게로 가져다가 네 몸에 들어붙게 하실 것이며"(신 28:27, 42, 46, 60).

"표적과 기사"(개정개역에서는 "표징과 훈계"로 번역되었음)라 불리는 이 재앙들은 출애굽 때의 재앙들을 암시하며, 언약의 저주에 잘 들어맞는다. 그런 재난들은 하나님의 강한 손과 편 팔로 적과 반역자들에게 행사되는 하나님의 무서운 징벌로서 법, 내러티브, 예언이라는 장르들을 넘나든다.

출애굽의 기억의 역사는 틀림없이 이집트 제국 시대에 수 세기 동안 이집트에 속박되었던 경험도 포함할 것이다. 이때 가나안 사람 수천 명이 이집트에서 노예가 되었고 그보다 많은 사람이 가나안에서 이집트의 노예가 되었다. 이집트의 속박에 대한 이 집단 기억은 우리로 하여금 이집트의 노예 생활에서 기적적으로 구출된 이야기가 초기 이스라엘에서 이질적인 구성원들을 연결하는 기억 역할을 한 이유를 이해할 수 있게 해준다. 이 집단 기억이 이집트에서 탈출한 이전의 노예들과 이집트에 간 적은 없지만 이집트의 압제에 대한 기억을 가지고 있었던 초기 이스라엘 사람들 대다수를 통합했다. 이집트의 속박으로부터의 구출―역사적 관점에서 볼 때 가나안에서의 이집트 제국의 (때로는 폭력적인) 붕괴에 기인했다―은 정체성의 변화였으며, 여기에는 약속의 땅 또는 좀 더 세속적인 용어로 표현하자면 가나안 구릉지로의 여정이 포함되었다.

이스라엘 사람들에게는 이 놀라운 변화를 하나님이 기적적으로 파라오를 물리치신 덕분이라고 생각하는 것이 당연했을 것이다. 출애굽 이야기에 관한 가장 초기의 텍스트인 바다의 노래가 이야기하는 바와 같이, "여호와는 나의 힘이요 노래시며 나의 구원이시다"(출 15:2, 기고자가 인용한 NIV는 "노래"를 "방어[defense]로 옮겼음). "방어"를 뜻하는 단어(*zimrā*)에는 "노래"라는 두 번째 의미가 있다. 출애굽 이야기는 이 의미에서 하나님이 이집트의 속박에서 이스라엘을 구출하신 것을 기념하는 하나님의 힘과 구원에 대한 노래다. 이 이야기는 출애굽기 10:1-2에서 하나님이 설명하시는 바와 같이, 각각의 세대에서 부모에 의해 자녀에게 전달되고 이스라엘의 종교적·정치적 정체성을 창조하고 그것에 활력을 불어넣는 문화적 기억이 되도록 의도되었다. 그 이야기는 심지어 이야기가 끝나기도 전에 미래에 기념될 것을 준비한다.

출애굽을 문화적 기억으로 보는 접근법은 역사적·고고학적 데이터와 성경 텍스트 사이의 관계에 대해 일관성이 있는 설명을 제공한다. 그것은 또한 성경 기억의 신학적 힘을 정당하게 다룬다. 출애굽 이야기는 이스라엘을 창조한 과거에 대한 환기다. 이스라엘은 어떤 의미에서는 이 이야기를 통해 자신을 존재하게 만들고, 각 세대에서 계속 그렇게 한다. 출애굽은 민족 형성에 대한 문화적 기억으로서, 이집트의 압제와 그것으로부터의 해방에 대한 기억들로 짜이고 전통적인 모티프와 드라마로 장식된 기적적인 기원 이야기다.

나는 문화적 기억으로서의 이 출애굽 모델은 내가 경험적으로 증명할 수 있는 무언가가 아니라는 점을 강조한다. 증명은 기억의 역사를 포함하는 역사적 탐구에서는 적절한 기준이 아니다. 우리는 과거에 관한 현존 증거를 가장 잘 설명하는 모델을 구축할 수 있을 뿐이다. 우리의 경우 증거는 고대 이집트, 가나안, 이스라엘의 텍스트와 기타 물질문화로 구성된다. 그러나 나는 그럴듯한 모델을 구축하기를 원한다면 선택된 조각들을 떼어내 그것들을 다른 조각들과 관련시키면 안 된다는 점을 강조한다. 모든 증거가 고려되어야 한다. 나는 여기서 요약된 모델이 이집트 제국에 관한 방대한 고고학적 증거와 텍스트 증거, 성경 텍스트의 세부 사항과 구성, 최신 이집트학·아시리아학·레반트 고고학 등 우리가 가지고 있는 모든 증거를 설명한다고 주장한다. 이 모델은 설명의 범위와 세부 내용이 조화되어 추천할 만하다.

그러나 우리가 출애굽기의 저작 역사와 구성 및 이스라엘의 초기 역사에 관해 명확하게 알지 못하기 때문에 이 모델은 불완전하다. 그러므로 더 나은 분석이나 새로운 텍스트 또는 고고학적 발견이 나오면 그 모델은 수정되거나 개정되거나 기각될 수 있다. 그러므로 우리는 무오성이라는 기준으로 학문에 부담을 주지 말아야 한다. 우리는 우리의 이해가 항상 향상될 수 있다는 것과 역사학은 정정할 여지가 있다는 것을 기억해야 한다. 그것은 진리를 파악하기 위해 애쓰지만 결코 완성되지 않는, 여러 세대에 걸친 대화다.

나는 또한 이 접근법이 현대 신학에 도전을 제시한다는 점을 인정한다. 그것은 출애굽에 관한 성경의 제시가 모두 역사적인 것은 아니라고 주장한다. 성경의 제시는 부분적으로 상상된 것이며, 실제 역사의 많은 부분이 잊혔다. 그러나 이 접근법은 또한 문화적 기억이 본질적으로 어떻게 현재를 위한 교훈을 주며 현재와 공명하는지를 보여준다. 유월절 하가다가 가르치는 바와 같이, 이 이야기를 듣는 사람들은 자기가 마치 출애굽 현장에 있고 이집트로부터의 해방과 노예 생활에서 자유로의 이동을 경험한 것처럼 생각해야 한다. 부모와 조부모에 의해 전해지는 이 개인적인 기억(출 10:2)을 통해 그들은 하나님과 그들 자신을 알게 될 것이다. 출애굽의 복잡한 성격은 현대 유대인들과 그리스도인들에게 도전이 된다. 그러나 모세와 그의 세대가 알고 있었듯이, 종교와 신앙이 반드시 쉬운 것은 아니다. 우리는 우리가 구성하는 과거의 도덕적 진실들과 부분적 마법을 진지하게 받아들여야 한다.

로널드 헨델에 대한 답변
(기원전 15세기 출애굽 관점)

스콧 스트리플링

헨델 교수는 전통적인 출애굽 패러다임에 도전하고 기존 틀에서 벗어나 생각한 점을 인정받을 가치가 있다. 역사 기술에 대한 사회학적·인류학적 접근법을 선호하는 사람들은 그의 기고문이 타당하다고 생각할 것이다. 신화학 연구자로서 나는 그것이 흥미롭다고 생각한다. 나는 내 비평을 출애굽 논의에 대한 헨델의 긍정적 기여와 헨델의 주장에서 드러나는 결함이라는 두 부분으로 구성했다.

긍정적 기여

헨델은 신왕국 시대의 노예 제도를 정확하게 묘사한다. 야곱의 후손들이 이집트에 있었던 유일한 가나안 노예들이었거나 해방을 경험한 유일한 노예들이 아니었다고 한 그의 말은 옳다. 헨델이 인용한 아브라함 말라마트는 아마도 많은 소규모 탈출이 있었으리라고 가정한다. 노예가 주인에게서 도망치려고 시도하고 때로는 성공한다는 것은 상식이다. 나는 하나님이 일련의 기적적인 재앙을 통해 이집트 사람들을 낮추신 후에 모세가 그런 탈출 중 하나를 이끌었다고 생각한다. 모세가 이끈 탈출은 다른 어떤 출애굽보다 규모가 컸고 성경 저자들에 의해 언급된 탈출이었다.

헨델은 가나안 사람들의 노예화에 관해 주목할 만한 제18왕조의 사례 두 가지를 인용한다. 그는 "투트모세 3세…는 므깃도에서 승리한 후 가나안 사람 2,503명을 포로로 잡았다. 그의 후계자인 아멘호테프 2세는 그의 두 번째 가나안 원정 후 10만 명이 넘는 포로를 잡았다고 주장한다"라고 말한다. 헨델은 이 숫자가 엄청나게 크다는 문제를 다루기 위해 마리오 리베라니를 인용한다. 나도 이 큰 숫자가 이집트의 과장과 선전을 나타낼 가능성이 있다는 점에 동의한다. 그러나 포로의 수는 좀 더 적을지라도 유사한 사건이 일어났을 가능성이 있다. 헨델은 자신도 모르게 역사적 출애굽이 아멘호테프 2세의 통치 기간과 같은 시기에 일어났을 수 있다는 논거를 제공한다. 나는 이 책에 수록된 내 기고문에서 출애굽 연대를 이 시기로 보는 시각에 찬성하는 주장을 편다. 아멘호테프 2세의 두 번째 아시아 원정이었던 그의 노예 조달 원정은 재위 9년째에 일어났다. 나는 출애굽으로 인해 그의 노동력이 상실되었기 때문에 이 원정이 필요해졌다고 생각한다.

헨델은 성경의 무오성을 받아들이면서도 기원전 15세기가 아닌 출애굽 연대를 옹호하는 복음주의자들의 해석학적 접근법에서 나타나는 비일관성을 올바로 지적한다. 헨델은 다음과 같이 설명한다. "케네스 키친은 출애굽이 기원전 1200년대 중반에 일어났다고 주장하며, 비교 증거를 사용해 열왕기상 6:1이 부정확한 이유를 설명한다. 그는 '메소포타미아의 군주들은 때때로 (…왕상 6:1에 나오는, 480년 같이) 절대적인 연수로는 너무도 긴 연대를 제시한다'라고 주장한다. 성경의 연대기는 잘못되었지만, 충실한 학자는 그것을 수정할 수 있다."

나는 출애굽 시기에 관해 늦은 연대를 옹호하는 학자들이 텍스트의 단순한 의미를 회피한다는 헨델의 의견에 동의한다.

고대 근동 문학 연구자들은 헨델이 성경의 재앙과 메소포타미아, 이집트, 북서 셈어 텍스트 사이의 유사점을 제시한 점을 높이 평가할 것이다. 그는 "출애굽기에 등장하는 재앙들 가운데 일곱 가지는 기원전 672년에 작성되어…배부된 에사르하돈의 승계조약의 저주 부분과 유사하다"라고 지적한다. 이 지적이 흥미롭기는 하지만, 나는 그것이 결코 오경이 기원전 672년 이후 어느 시점에 쓰였고 어떤 면에서 이 고대 텍스트에 의존했음을 암시하는 것은 아니라고 생각한다. 어떤 연관성이 있다면 에사르하돈이 물려받은, 재앙들을 통해 신적 목적이 이뤄진다는, 문화적 인식을 반영한다는 것을 의미할 가능성이 좀 더 커 보인다. 성경 연구자는 성경 문헌과 다른 고대 근동 문헌들 사이의 유사성에 대해 놀라지 말아야 한다. 모세는 "애굽 사람의 모든 지혜를 배워 그의 말과 하는 일들이 능하"였기 때문이다(행 7:22). 모세가 함무라비의 동해복수법(*lex talionis*)을 이스라엘 백성의 법전에 포함시킨 데서 입증되었듯이(출 21:22-25), 그가 고대 근동 문헌을 매우 잘 알고 있었을 가능성이 있다.

헨델의 주장에서 드러나는 결함

헨델의 분석에는 몇 가지 결함이 있다. 첫째, 미국의 추수감사절 유비에서 그는 순례자들이 종교적 관용과 언론의 자유를 실천했다고 믿는 허수아비 인간을 만들어낸다. 설령 이런 사람이 존재한다고 하더라도, 나는 그런 사람을 만나본 적이 없다. 헨델의 관점에서 보면 순례자들의 "해방과 종교적 자유에 대한 적대감은 전통적인 이야기에서 지워져 왔다." 나는 문화적 우파이지만 이 희화화에 들어맞지 않으며, 내 지인들도 마찬가지다. 그리고 나는 헨델이 여기서 과잉 반응한다고 믿는다. 사람들이 존 윈스럽(John Winthrop)이 매사추세츠만 식민지에서 로저 윌리엄스(Roger Williams)를 추방했다는 사실을 부인한다고 해서 그것이 무슨 의미가 있겠는가? 헨델은 문화적 기억에 대한 유비로 부정확한 자유주의적 논점을 선택함으로써 즉각적으로 자기의 독자들 가운데 일부가 그의 좀 더 큰 메시지를 덜 수용하게 만든다.

둘째, 헨델은 성경의 영감을 받아들이는 사람들이 "전통적인 무오성 교리를 자유롭게 해석한다"라고 잘못 가정한다. 그는 복음주의자들이 "성경에 기록된 대다수 기적을 자연적인 사건들로 대체함으로써" 이렇게 한다고 주장한다. 그는 자신의 기고문에 사용된 단어 만 개 중 2천 개를 이 점을 주장하는 데 할애한다. 그는 기적적인 재앙들을 자연적으로 발생하는 사건들로 대체하려고 하는 복음주의자들을 질책한다. 하지만 헨델은 복음주의자들 사이에 초자연적 현상을 반대하는 합의가 없다는 사실을 독자들에게 알려주지 않는다. 비록 많은 학자가 이런 견해를 취하고 있다는 그의 말이 옳을지라도 말이다. 나는 복음주의 신앙 전통 출신이지만 그 문제에 있어서 초자연적 재앙이나 **얌 수프**(*yam sûp*)의 초자연적인 갈라짐에 대해 아무런 문제를 느끼지 않는다.

셋째, 헨델은 문화적 기억에 대해 자신이 이해한 바에 따라 기억의 역사에 대한 얀 아스만의 견해를 옹호한다. 헨델과 아스만은 어느 시점에서 정체성을 확립하거나 신학을 뒷받침하기 위해 과거 경험에 관한 진실의 핵심들이 필요해질 때 그것들이 역사로 굳어진다고 믿는다. 헨델은 자신의 견해를 뒷받침하는 경험적 증거를 주장하지 않으려고 주의한다. 그는 "개별적인 사건들은 고대 이스라엘의 등장으로 이어지는 시기에 일어난 광범위한 일련의 사건들만큼 중요하지 않다"라고 말한다. 그 결과 문헌이나 고고학 기록에 의존해서 헨델의 견해를 비판하기가 어렵다. 결국 그는 자신의 견해가 어떤 경험적 근거에 토대를 둔다고 주장하지 않는다. "나는 문화적 기억으로서의 이 출애굽 모델은 내가 경험적으로 증명할 수 있는 무언가가 아니라는 점을 강조한다." 헨델의 투명성은 그에게 좋은 인상을 준다.

넷째, 헨델은 기억의 역사 단락에서 메르넵타 석비가 이스라엘에 대한 최초의 텍스트 증거라고 말하면서 잘못된 전제를 세운다. 내 기고문에서 나는 베를린 받침대와 솔레브 상형문자 등 좀 더 이른 시기의 비문의 예 몇 가지를 제시했다. 좀 더 이른 시기의 이러한 비문들에 비추어 볼 때 기원전 13세기 말-12세기에 "초기 이스라엘의 정체성이 구체화되었으며, 그와 더불어 이스라엘의 근간을 이루는 과거에 대한 이야기가 형성되었을 것으로 예상한다"라고 한 헨델의 말은 틀렸다.

다섯째, 헨델은 고대 이집트에서의 노예 제도에 대한 광범위한 증거를 제공하지만, 그것을 자신의 더 큰 논거와 연결하지 않는다. 앞서 나는 고대 근동의 노예 제도에 대한 헨델의 언급이 이스라엘의 속박과 기적적인 해방의 일반적인 문화적 배경을 이해하는 데 유용하다고 언급했다. 그러나 이 무관한 데이터에 2천 단어를 할애할 필요는 없었다. 헨델이 그 요점을 간결하게 설명하고 그 이론의 다른 측면들을 탐구하는 데 지면을 할애할 수도 있었을 것이다. 다른 고대 근동 문화들이 자기들의 역사를 만들어냈다면, 그러한 유사점들이 그의 주장에 힘을 실어주었을 것이다.

여섯째, 헨델은 자기의 문화적 기억 패러다임이 "성경 이야기가 역사적으로 문제가 있다고 지적하는 고고학적·역사적 증거와 양립할 수 있다"라고 주장한다. 각자의 기고문에서 호프마이어 교수와 나는 둘 다 출애굽의 역사성에 대한 설득력 있는 주장을 제시한다. 분수령이 되는 이 사건은 확실히 문화적 기억 이상이다. 헨델은 또한 수백만 명이 탈출하는 것이 불가능하다고 말한다. 마치 그것이 고고학적·성경 외적 증거가 성경 텍스트와 매우 가까운 시기의 것이라고 보는 사람들에게 문제가 되기라도 하는 것처럼 말이다. 호프마이어와 나는 두 사람 모두 히브리어 단어 **엘레프**(*'elep*)의 의미 범위에 "씨족"이나 "'전투 단위"가 포함될 가능성이 크다고 설명한다. 복음주의 학자 거의 대다수가 지지하는 우리의 해석은 대략 5만 명이나 아마도 그보다 훨씬 더 적은 수가 이집트를 떠났다고 지적한다.

일곱째, 가나안에 대한 이집트의 지배의 붕괴가 출애굽 신화를 초래했다는 헨델의 주장을 내가 반박할 수는 없지만, 그는 확실히 자신의 논제를 증명하지 못했다. 어느 한 패러다임이 가능하거나 합리적이라고 반복적으로 주장한다고 해서 그것이 그렇게 되는 것은 아니다. 헨델 본인의 말에 의하면, "이스라엘은 이 이야기를 통해 자신을 존재하게 만들었다."

헨델의 주장을 옹호하기 위한 마지막 두 진술은 언급할 가치가 있다. 첫째, 그는 독자들에게 "증명은…역사적 탐구에서는 적절한 기준이 아니다"라고 말한다. 만약 증명이 부적절하다면, 우리의 탐구의 목적은 무엇인가? 적어도 증거의 무게가 어느 쪽으로 기우는지 결정하려고 우리가 노력해야 하지 않는가? 역사학자들에게 개연성은 가치가 있는 추구다. 둘째, 헨델은 "여기서 요약된 모델이…우리가 가지고 있는 모든 증거를 설명한다"라고 주장한다. 그러나 나는 증거는 필연적으로 증명과 연결된다고 생각한다. 마지막으로, "우리는 우리가 구성하는 과거의 도덕적 진실들과 부분적 마법을 진지하게 받아들여야 한다"라는 헨델의 마지막 문장은 명확하지 않다. 결론이 명확했더라면 그의 논증이 좀 더 나아졌을지도 모른다.

결론

나는 헨델이 정의한 대로의 문화적 기억이 존재한다는 것을 인정한다. 내 고향 텍사스주와 데이비 크로켓(Davy Crockett)을 둘러싼 신화만 봐도 그 점을 알 수 있다. 나는 1836년 알라모(Alamo)에서 압도적인 역경과 확실한 죽음을 직면한 크로켓의 용기에 감탄하며 자랐다. 헐리우드가 존 웨인(John Wayne)에게 크로켓의 배역을 맡겼을 때, 그 전설은 역사가 된 것처럼 보였다. 그러다가 1955년, 호세 엔리케 데 라 페냐(José Enrique de la Peña)라는 멕시코인 중령의 일기가 스페인어로 출판되었고, 그로부터 20년 뒤 그 출판사는 영어 번역본을 발간했다.[42] 데 라 페냐는 알라모의 전투 현장에 있었는데, 그의 일기는 크로켓이 죽을 때까지 싸웠다는 것을 확인하는 대신 멕시코인들이 선교회의 유서 깊은 벽을 돌파하자 크로켓이 항복했다고 기록했다. 멕시코 군인들은 변경 개척자에서 하원의원이 되었다가 자유의 전사가 된 크로켓을 멕시코의 잔인한 독재자 산타 안나(Santa Anna)에게 넘겨주었다. 산타 안나는 즉시 크로켓을 처형하라고 명령했다. 기록된 이 기사에 비추어 볼 때, 우리가 어떤 버전을 믿어야 하는가? 나는 기록된 기사가 정확할 가능성이 있다고 생각한다. 압도적인 역경에 직면해 항복했다고 해서 크로켓이 겁쟁이가 되는 것은 아니지만, 그것은 신화적 영웅을 필요로 하는 우리에게 큰 혼란을 가져온다.

그러나 크로켓은 모세가 아니며, 산타 안나는 아멘호테프 2세가 아니다. 이 비유를 확장하자면, 역사적 출애굽을 받아들이는 사람들은 데 라 페냐의 기록된 기사를 선호하고 그것과 상충하는 구전 전통을 일축하는 역사학자들과 유사하다. 출애굽 연대를 추정할 때, 우리에게는 서로 다른 성경 저자 다섯 명이 쓴 서로 다른 책 다섯 권이 있

---

42   José Enrique de la Peña, *With Santa Anna in Texas: A Personal Narrative of the Revolution*, ed. and trans. Carmen Perry (College Station, TX: Texas A&M Univ. Press, 1997).

는데, 그 책들은 모두 [출애굽이 발생한 시기로] 기원전 15세기 중반을 가리킨다. 게다가 성경 밖의 비문들과 역사책들도 같은 세기를 가리키며, 고고학 유물들은 그것이 사실일 가능성이 큼을 확증한다.

나는 헨델 교수가 이 논쟁에 기꺼이 참여한 데 감사한다. 나는 그가 공유한 아이디어와 자료들로부터 유익을 얻었다.

로널드 헨델에 대한 답변
(기원전 13세기 출애굽 관점)

제임스 K. 호프마이어

로널드 헨델 교수는 이 책의 기고문으로 "문화적 기억으로서의 출애굽"을 쓰기에 적합한 인물이다. 그는 이 접근법을 20년 동안 옹호해 왔다.[43] 그가 무엇이 역사적인지를 결정하는 방식은 심각한 문제를 제기하지만, 나는 그가 출애굽 내러티브에 모종의 역사적 기억이 있다고 보는 데 감사한다. 그러나 헨델은 그의 논제를 정의하고 발전시키며 문화적 기억이 어떻게 작용하는지 설명하기도 전에 성경의 무오성 교리를 받아들이는 것에 대해 그리스도인 학자들을 통렬하게 비난함으로써 갑자기 그 작업에서 이탈한다. 그런 다음 그는 자신이 케네스 키친과 나의 성서 무오설 신조라고 믿고 있는 것에 우리 두 사람이 충실하지 않다고 비난하는데, 이는 기괴한 왜곡이다.

헨델이 그의 기고문에서 이 문제를 제기했기 때문에 나는 헨델에게 보수주의자들을 향한 적의의 역사가 있으며, 그가 전통적인 입장은 학술적 출판물에 등장해서는 안 된다고 믿는다는 점을 지적하

---

[43] Hendel, "The Exodus in Biblical Memory," 601-22. 이 논문의 한 버전이 "The Exodus as Cultural Memory: Egyptian Bondage and the Song of the Sea"라는 제목으로 Levy, Schneider, and Propp, *Israel's Exodus in Transdisciplinary Perspective*, 65-77에 실렸다.

고 싶다.[44] 그는 한때 항의 표시로 일시적으로 세계성서학회에서 탈퇴했다.[45] 2014년 5월 31일부터 6월 3일까지 캘리포니아 대학교 샌디에이고 캠퍼스에서 열린 출애굽 학술회의에서 보수적인 학문에 대한 그의 반감이 공개적으로 달아올랐다.[46] 이집트 북동부 삼각주에 관한 중요한 연구를 통해 이 지역의 청동기 시대 고(古)환경을 밝혀낸[47] 지질학자 스티븐 모시어(Stephen Moshier)가 논문을 발표했는

---

[44] Ronald Hendel, "Farewell to SBL: Faith and Reason in Biblical Studies," *BAR* 35, no. 4 (July/August 2010): 28, 74. 10년 전 한 논평 페이지에서 Hendel은 "근본주의자 집단들"이 학회와 공동으로 모임을 개최하도록 허용하는 세계성서학회에 이의를 제기했으며, Bruce Waltke가 Michael Fox의 잠언 주석을 비평하면서 잠 1-24:33이 솔로몬의 저작이라고 결론지은 것이 "이성적으로 터무니없다"라고 말했다.

[45] Hendel은 세계성서학회를 향해 열변을 토하지만, 그의 불만은 실제로는 복음주의 학자들을 향한다. 히브리 성경에 대한 그들의 좀 더 전통적인 접근법이 "이성적으로 터무니없"으며, 따라서 그들은 그 학회에서 파문되어야 한다는 것이다. 세계성서학회 채팅방은 몇 주 동안 회원들의 열띤 논쟁으로 떠들썩했다. Hendel을 비난하는 학자들도 있었고, 몰려들어 그를 지지한 학자들도 있었다. 2010년 6월 23일에서 2010년 8월 15일 사이에 95개의 글이 올라왔다. www.sbl-site.org/membership/farewell.aspx를 보라.

[46] 모든 강의와 후속 토론은 비디오로 볼 수 있으며(http://exodus.calit2.net/), Levy, Schneider, and Propp, *Israel's Exodus in Transdisciplinary Perspective*에서 질문과 논평은 제외하고 출판되었다.

[47] Moshier의 지질학적 연구는 2000년에서 2007년 사이에 이루어졌다. 다음 문헌들을 보라. James K. Hoffmeier and Stephen O. Moshier, "New Paleo-Environmental Evidence from North Sinai to Complement Manfred Bietak's Map of the Eastern Delta and Some Historical Implications," in *Timelines: Studies in Honour of Manfred Bietak*, ed. Ernst Czerny et al., OLA 149 (Leuven: Peeters, 2006), 2:168-76; Stephen O. Moshier and Ali El-Kalani, "Late Bronze Age Paleogeography along the Ancient Ways of Horus in Northwest Sinai, Egypt," Geoarchaeology 23 (2008): 450-73; James K. Hoffmeier and Stephen O. Moshier, " 'The Ways of Horus': The Main Road from Egypt to Canaan," in *Desert Road Archaeology in the Eastern Sahara*, ed. Heiko Riemer and Frank Förster, Colloquium Africanum 5 (Cologne:

데,[48] 헨델은 (피)람세스에서 시나이반도 북부를 통과하는 노선이 출애굽 여정과 관련이 있을 수 있다는 제안에 화를 냈다. 그는 즉각적으로 모시어 박사를 비난하면서 "비판적 학문이라는 현대의 맥락에서 텍스트에서 즉시 지질학으로 넘어가는 것은 **지적으로 옹호될 수 없다**"[49]라고 주장했다. 북동부 삼각주 고고학의 거장인 만프레트 비탁은 헨델과 달리 모시어의 "매혹적인 연구"에 대해 그에게 감사를 표하고 출애굽과 관련하여 "가능한 것과 불가능한 것에 대한 물리적 배경을 찾아내는 일은 절대적으로 **정당하고 설득력이 있는** 작업이다"라고 말했다. 헨델과 비탁의 상반된 반응은 역사학자와 고고학자 및 현대의 "비평적" 성서학자들 사이의 학문적 분열을 드러낸다. 인문학과 히브리 성경 연구에 대한 다양한 접근법의 강력한 옹호자인 나는 "인문학의 목적은 탐구의 문을 닫는 것이 아니라 여는 것"[50]이라는 게리 A. 렌즈버그의 건전한 단언에 공감한다. 복음주의 학자들

Heinrich- Barth-Institut, 2013), 485-510; Stephen O. Moshier and James K. Hoffmeier, "The Geological Setting of Tell el-Borg with Implications for Ancient Geography of Northwest Sinai," in *Excavations in North Sinai*: Tell el-Borg I, ed. James K. Hoffmeier (Winona Lake, IN: Eisenbrauns, 2014), 62-83; Stephen Moshier and Bahaa Gayed, "Geological Investigation of the Ballah Depression, Northern Suez Canal Zone, Egypt," in *Excavations in North Sinai: Tell el-Borg II*, ed. James K. Hoffmeier (University Park, PA: Eisenbrauns, 2019), 5-20.

48　이 논문은 Levy, Schneider, and Propp, *Israel's Exodus in Transdisciplinary Perspective*, 101-8에 "Which Way out of Egypt? Physical Geography Related to the Exodus Itinerary"라는 제목으로 나와 공동으로 발표한 것이다.

49　Hendel과 Bietak의 인용문에서 강조는 덧붙인 것이다. 거의 4분에 달하는 Hendel의 비평 전체를 지금도 강의 비디오에서 들을 수 있다(http://exodus.calit2.net/)

50　Gary A. Rendsburg는 내가 지중해연구학회(Society of Mediterranean Studies)를 위해 토론토 대학교에서 구성한 강의에서 이 인상적인 표현을 사용했다.

에 대한 그의 비판으로 미루어 볼 때 헨델은 그의 "비평적인" 해석을 공유하지 않는 학자들에게 문을 닫으려고 작정한 것처럼 보인다.

내 기고문 어디에도 신학이나 성경의 특정 교리가 언급되지 않는다. 1975년 심사를 통과한 내 첫 번째 논문이 출판된 이후, 나는 결코 신학적 논증을 사용하여 역사적 개념을 전개한 적이 없다. 나는 구약성서 연구에서 고등비평이라는 현대의 합리주의적 접근법과 포스트모던 해석학의 "새로운" 문학적 접근법 모두의 한계에 대해 글을 쓴 적이 있다.[51] 나는 내러티브에 등장하는 사건들과 다양한 현상을 진지하게 받아들이는 현상학적 접근법을 선호한다. 현상학은 "합리적인 것만이 참된 것이라는 가정을 거부한다."[52] 나는 히브리 텍스트와 이집트 텍스트를 같은 방식으로 다룬다.[53]

헨델 교수는 성경의 무오성을 주장하는 보수주의 학자들이 틀림없이 문자주의자이기도 하리라고 믿는 것처럼 보인다. 이것은 거짓이다. 키친과 나는 [출애굽 시기부터 성전 건축 착수 시기까지]

---

51 나는 훗날 *"Sacred" in the Vocabulary of Ancient Egypt: The Term ḎSR, with Special Reference to Dynasties I-XX*, OBO 59(Freiburg: Universitatsverlag, 1985)로 출판된 내 박사논문에서 이 접근법을 채택했다. 나중에 나는 이 접근법을 성경 내러티브에도 적용했다. 참조. James K. Hoffmeier, "Understanding Hebrew and Egyptian Military Texts: A Contextual Approach," in *Archival Documents from the Biblical World*, vol. 3 of *The Context of Scripture*, ed. William W. Hallo and K. Lawson Younger (Leiden: Brill, 2002), xxi-xxvii; idem, *Ancient Israel in Sinai: The Evidence for the Authenticity of the Wilderness Tradition* (Oxford: Oxford Univ. Press, 2005), 8-27.

52 Hoffmeier, *Ancient Israel in Sinai*, 33.

53 초자연적인 현상을 다루는 이집트 텍스트들에 대한 내 접근법의 예는 Hoffmeier, "Understanding Hebrew and Egyptian Military Texts," xxi-xxvii을 보라.

480년이 경과했다거나 이집트를 떠난 히브리인 성인 남성 수가 60만 명이라는 성경 구절의 문자적 해석에 의문을 제기하여 "성경의 무오성에서 벗어나는" 것과 "성경의 명백한 의미에서 벗어나는" 것에 대해 공격받는다. 그는 이러한 세부 사항들을 "성경의 오류들"의 예로 보며, 우리가 그것들을 "역사적으로 그럴듯한 재구성으로 대체"함으로써 교정하려고 한다고 생각한다. 헨델은 열 가지 재앙에 대한 우리의 해석이 그 재앙들을 자연 현상으로 축소한다며 그것들에 대한 우리의 해석을 거부한다. 우리가 "어떤 의미에서 성경은 재앙들을 잘못 표현하거나 잘못 이해하는데, 이는 현대 학자가 시정할 수 있는 실수다"라고 생각한다는 것이다. 하지만 나는 결코 어떤 텍스트도 "시정"하려고 하지 않는다. 오히려 나는 성경을 이해하려고 노력한다! 그럼에도 헨델은 자신의 주장을 증명하기 위해 내 책 『이집트에서의 이스라엘』(*Israel in Egypt*)을 인용한다. 재앙들은 "이집트에 알려진 자연적인 사건들"이었으며, 그 결과 그의 말로 표현하자면, "성경에 나오는 사건들은 대체로 그것들의 초자연적인 성격을 잃는다." 그러나 나훔 사르나(Nahum Sarna)의 훌륭한 출애굽기 주석에서 내가 인용한 "그것들[재앙들]은 하나님이 자신의 역사적 목적을 실현하기 위해 자연의 힘을 이용하신 예들이다"라는 진술은 간과되었다.

나는 이집트인과 이스라엘인들이 "그들이 살고 있는 세상이 교회와 국가 또는 자연적인 것과 기적적인 것 같은 이분법적 범주로 나누어지지 않았고, 오히려 이러한 개념들이 역동적으로 상호 연관되어 있으며, 모든 자연의 힘이 신에 의해 통제된다"[54]라고 이해했다고 주장하면서 내 입장을 좀 더 자세하게 나타냈다. 현대의 과학적 관점에서 볼 때, 처음 아홉 가지 재앙은 "자연적인" 사건이지만, 히브리인들과 이집트인들에게는 그것들이 신적이고 기적적인 행동이었다. 헨델은 "이 모델에서는 초자연적인 사건들이 자연적인 사건들로 대체된다"라고 선언하면서 내 입장을 잘못 나타낸다. 현상학적 접근법은 경험이나 사건 또는 현상을 그 내러티브의 고대 맥락의 관점에서 평가하고자 한다.[55]

헨델은 먼저 "성경의 명확한 의미"를 지지하는 변증을 한 후, 그 모델이 "사건들의 기적적인 특성"을 수용하기 때문에 "문화적 기억으로서의 출애굽"을 옹호한다. 실상 그는 이러한 사건들이 초자연적이거나 자연적인 현상이었다고 믿지 않으며, 재앙들과 노예가 된 히브리인들의 해방 사이에 인과관계도 없다. 헨델의 재앙들은 문자적 재앙이 아니라 문학적 재앙이다. 그에게 있어 그 재앙들은 에사르하돈의 승계조약 같은 고대 근동 텍스트들을 통해 알려진 재앙과 저주 목록들에서 유래했을 가능성이 있다. 따라서 "성서학자들이 추측한 바와 같이 그런 전통적인 자료들이 하나님이 이집트에 내리시는 징벌적 재앙의 예들로서 출애굽 기억 속으로 끌어들여졌다." 몇몇 고대 근동 문헌에서 암시되는 모종의 지역적 재앙이 성경 이야기에서 기억될 가능성이 있지만 말이다.

---

54 여기에 나오는 모든 인용문은 Hoffmeier, *Israel in Egypt*, 149에서 찾아볼 수 있다.
55 Hoffmeier, *Ancient Israel in Sinai*, 27-33.

실제로 아멘호테프 3세의 통치 기간(기원전 1380-1373년)에 아마도 전염병이나 아리엘레 코즐로프(Arielle Kozloff)가 "심각한 질병 사건들"[56]이라고 부른 것 때문에 심각한 혼란이 일어났다. 헨델이 인용하는 텍스트들에 그 사건들이 반영되어 있을 수도 있다. 사무엘상 4장에 따르면 블레셋 사람들이 이스라엘과 싸웠을 때 그들은 "여러 가지 재앙으로 애굽인을 친"(8절) 이스라엘의 신의 힘을 인정했으며, 언약궤 때문에 블레셋에 재앙이 임했을 때 그들은 다음과 같이 말했다. "애굽인과 바로가 그들의 마음을 완악하게 한 것 같이 어찌하여 너희가 너희의 마음을 완악하게 하겠느냐? 그가 그들 중에서 재앙을 내린 후에 그들이 백성을 가게 하므로 백성이 떠나지 아니하였느냐?"(삼상 6:6) 블레셋에 내린 재앙은 그들로 하여금 그들의 지역을 강타했던 전염병에 대한 어렴풋하고 까마득히 먼 기억이 아니라 특히 이집트에서 히브리인들에게 일어났던 일을 상기하도록 자극한다.

헨델의 문화적 기억 해석학은 "역사, 전통적 민간 전승, 서사적 상상력의 측면들이 하나의 강력한 문화적 기억 안으로 통합"되며 "역사와 허구가 혼합"된다고 본다. 그러나 그는 특정한 내러티브에서 역사와 허구와 기억의 역사가 무엇인지를 식별하는 방법론을 제시하지 않는다. 그는 "지속적인 역사적 성찰을 통해서만 기억의 작용이 가시화된다"[57]라는 얀 아스만의 지침을 따르는 것으로 보인다. 나

---

56 Arielle Kozloff, *Amenhotep III: Egypt's Radiant Pharaoh* (Cambridge: Cambridge Univ. Press, 2012), 112. 이 혼란된 시기에 관한 그녀의 논의는 111-15쪽을 보라.

57 Jan Assmann, *Moses the Egyptian: The Memory of Egypt in Western Monotheism*

는 "역사적 성찰"은 지나치게 주관적이라고 생각한다. 객관적 기준이 부족한데, 성경의 내러티브를 문화적 기억으로 읽는 해석에는 이 문제가 있다. 무엇이 일어났고 무엇이 일어나지 않았는지 그리고 무엇이 문화적 기억으로서 적합한지를 독자가 주관적이고 자의적으로 결정한다.

문화적 기억이라는 대세에 편승한 학자가 많지만, 통찰력 있는 비판도 퍼부어졌다.[58] 윌리엄 데버(William Dever)는 이것을 "일부 성서학자들과 역사학자들 사이의 유행"[59]이라고 올바로 부른다. 그러나 그는 포스트모더니즘 철학이 작용하고 있는 것에 대해 문화적 기억은 "대체로 이야기의 전달을 다루며 그 뒤에 놓여 있는 어떤 실재를 다루지 않는다. 이것이 내게는 고대와 현대의 또 다른 신화이자 신화 만들기—포스트모더니즘의 또 다른 유산—로 보인다"라고 말

(Cambridge: Harvard Univ. Press, 1997), 21.

58 다음 문헌들을 보라. Hans Barstad, "History and Memory: Some Reflections on the 'Memory Debate,'" in *The Historian and the Bible: Essays in Honour of Lester L. Grabbe*, ed. Philip R. Davies and Diana V. Edelman (London: T&T Clark, 2010), 1-10; Jens Bruun Kofoed, "The Old Testament as Cultural Memory," in *Do Historical Matters Matter to Faith? A Critical Appraisal of Modern and Postmodern Approaches to Scripture*, ed. James K. Hoffmeier and Dennis R. Magary (Wheaton, IL: Crossway, 2012), 303-23; idem, "Tell Your Children and Grandchildren! The Exodus as Cultural Memory," in *"Did I Not Bring Israel out of Egypt?" Biblical, Archaeological, and Egyptological Perspectives on the Exodus Narratives*, ed. James K. Hoffmeier, Alan R. Millard, and Gary A. Rendsburg, BBRSup 13 (Winona Lake, IN: Eisenbrauns, 2016), 177-96.

59 William G. Dever, "The Exodus and the Bible: What Was Known; What Was Remembered; What Was Forgotten?" in Levy, Schneider, and Propp, *Israel's Exodus in Transdisciplinary Perspective*, 399.

한다.[60] 따라서 고대 역사와 문화적 기억 접근법을 채택하는 역사학자의 새롭고 창의적인 신화적 책략들 사이의 경계가 희미해진다. 코펜하겐학파 학자인 옌스 브룬 코포에드(Jens Bruun Kofoed)는 몇몇 학자(특히 코펜하겐학파)에 따르면 출애굽기에 대한 문화적 기억 접근법은 오경에 대한 전통적인 자료비평 분석을 전제로 하며, 따라서 그 접근법이 "가설적이고 현존하지 않는 자료들에 기초한 구성"을 제시한다고 경고한다.[61] 의문의 여지가 있는, 출애굽 기억 사건들에 관한 재구성은 19세기의 자료비평이라는 빈약한 기초 위에 세워졌다.

로널드 헨델은 "출애굽 이야기가 초기 이스라엘에 뿌리를 내리기 위해서는, 그것이 이집트에서 가나안으로 이주하지 않은 정착민들의 기억된 과거와 관련이 있어야 했다"라고 믿는다.[62] 이처럼 의심스러운 가정에도 불구하고, 그는 이집트에 있었던 이스라엘 사람들이 어떻게 가나안 사람들 및 다른 원주민 집단과 공통의 대의명분을 발견할 수 있었는지에 대한 설명을 찾아내려고 한다. 후기 청동기 시대에 가나안 전체가 이집트의 지배 아래 있었기 때문에, 그들은 파라오의 노예들이었다는 것이다. 그는 계속해서 이집트 제국이 붕괴하고(기원전 1150년경) 이집트 주둔군이 고국으로 돌아갔을 때, 히브리인들과 더불어 가나안 전체가 이집트로부터의 해방을 축하할 수 있었다고 주장한다. 지면 제약상 이집트 제국(식민지가 아니다!)에 관해 이렇게 상상한 재구성과 그것이 가나안에 미친 영향에 대해 우리가

60　Dever, "The Exodus and the Bible," 399-400.

61　Kofoed, "Tell Your Children and Grandchildren," 190.

62　Hendel, "The Exodus in Biblical Memory," 605

충분히 비판할 수는 없지만, 몇 가지 사항은 지적되어야 한다.

수천 명이 전쟁 포로로서 이집트로 끌려가고, 레반트 지역에서 이집트로 조공이 바쳐졌다는 것은 사실이다. 그러나 파라오는 지방 관리들과 왕들을 이용하여 이집트의 국정을 운영했다.[63] 이집트에 대한 이 엘리트들의 충성은 여러 세대에 걸쳐 계속되었고, 가나안에서 이집트 문화를 어느 정도 모방하는 현상이 지속되었다.[64] 헨델은 가나안인들이 히브리인들과 경험을 공유했다는 것을 입증하기 위해 이집트의 봉신 국가들이 "모두 황제의 노예였다"라고 한 웨스트브룩의 말을 인용한다. 그러나 그는 웨스트브룩이 이어서 "그 용어는 비유적으로 사용되었다"[65]라고 말한 설명을 포함하지 않았다. 가나안인들은 문자적인 노예가 아니라 신민이었다. 가나안은 이집트와 애증의 관계에 있었다. 가나안의 몇몇 엘리트는 이집트에서 교육받고 파라오의 대리인 역할을 하는 호사를 누렸다. 예루살렘 왕 아브디 헤바가 그런 인물 중 하나다(참조. EA 286, 287, 288). 아페르 엘 같은 외국의 몇몇 군주는 이집트에서 훈련받고 기원전 14세기에 아멘호테프

---

63 이집트가 가나안에 있는 자신의 제국을 관리한 방법과 누비아에 있는 자신의 식민지를 관리한 방법 사이의 차이는 James K. Hoffmeier, "Aspects of Egyptian Foreign Policy in the 18th Dynasty in Western Asia and Nubia" in *Egypt, Israel, and the Ancient Mediterranean World: Studies in Honor of Donald B. Redford*, ed. Gary Knoppers and Antoine Hirsch, Probleme der Ägyptologie 20 (Leiden: Brill, 2004), 121-41을 보라.

64 나는 레반트 지역에 제한적인 이집트 군대와 행정 관료가 있었다는 Carolyn R. Higginbotham의 견해에 반대하여 의도적으로 "어느 정도"라는 단어를 사용한다. 그녀의 *Egyptianization and Elite Emulation in Ramesside Palestine: Governance and Accommodation on the Imperial Periphery*, CHANE 2(Leiden: Brill, 2000)를 보라.

65 Westbrook, "International Law in the Amarna Age," 29.

3세와 아케나텐의 재위 때 이집트의 고관(수상)이 되었다.[66] 레반트 지역의 정치 조직체들은 확실히 이집트의 지배가 종식된 것을 환영했지만, 그 지역에서 어떤 독립 선언도 살아남지 않았다. 모든 가나안인이 성경에 묘사된, 히브리인들이 이집트에서 압제를 받은 것과 같은 방식의 노예였던 것은 아니었다.

한편 누비아는 기원전 2000년경부터 1700년까지 그리고 다시 기원전 1500년부터 1050년까지 이집트의 식민지가 되었다. 쿠시(Kush) 왕국에 대한 이집트의 가혹한 착취와 군사적 억압은 서부 아시아의 경험을 훨씬 능가했으며, 훨씬 오래 지속되었다. 그러나 이집트의 지배에서 해방되었을 때 다음 1,400년 동안 쿠시 왕국의 왕족은 피라미드를 세우고 이집트 상형문자로 기념비의 비문을 기록했으며, 그 왕국에는 이집트로부터의 해방에 관한 무용담이 존재하지 않는다. 대신 누비아는 이집트 문화를 모방했으며 자신들을 제25왕조의 합법적인 이집트 통치자로 여겼다.[67]

결국 우리에게는 이스라엘의 탈출-해방 이야기만 남아 있다. 몇몇 미디아/겐 사람들과 가나안 사람들을 포함한 다른 사람들이 이 새로운 민족 집단에 합류했다. 합류하기로 한 그들의 결정은 그들이 야웨(YHWH)가 행하신 일이라고 이해한 사건에 기초했다. 미디

---

66   Alain Zivie, "Pharaoh's Man, 'Abdiel: The Vizier with a Semitic Name," *BAR* 44, no. 4 (July/August 2018): 22-31, 64-66.

67   László Török, *The Kingdom of Kush: Handbook of Napatan-Meroitic Civilization* (Leiden: Brill, 1997); Stuart T. Smith, *Wretched Kush: Ethnic Identities and Boundaries in Egypt's Nubian Empire* (New York: Routledge, 2003).

안 제사장이자 모세의 장인인 이드로는 "하나님이…하신 일 곧 여호와께서 이스라엘을 애굽에서 인도하여 내신 모든 일을 들었"으며(출 18:1), 여리고에 거주하던 가나안 사람 라합은 "너희가 애굽에서 나올 때에 여호와께서 너희 앞에서 홍해 물을 마르게 하신…일을 우리가 들었음이니라"(수 2:10)라고 고백했다. 여기에는 가나안이 이집트의 지배로부터 해방되었다는 암시가 없다. 가나안 사람들이 히브리인의 이집트 체류-출애굽 경험에 공감했다거나 히브리인들이 이집트 제국 아래서 압제받은 가나안인들과 관련을 맺었을 수 있다는 증거는 실체가 없다. 내 "역사적 성찰"에 기초하여 판단할 때 이집트의 노예가 된 것에 관한 공통의 기억이 있었다는 이론은 환상적 허구다.

피터 파인만

기고자 다섯 명 중 로널드 헨델만 출애굽 연대를 제시하지 않는다. 대신 그는 그 사건이 "문화적 기억"이었다고 본다. 헨델은 렌즈버그처럼 순례자들을 예로 들고, 순례자들이 미국의 문화 기억의 일부가 된 방식을 언급한다. 그들의 생활 방식 일반, 특히 매사추세츠주에서 자행한 그들의 행동들의 바람직하지 않은 특정한 측면들이 전통적인 이야기에서 삭제되었다. 최근에 그 행동의 몇몇 측면이 좀 더 많은 주목을 받았다. 헨델은 왐파노아그 부족의 이름을 적시하지 않는다. 그가 그들을 가리켜 사용한 아메리카 원주민이라고 부른 말은 미국 전역에 있는 수백 개의 아메리카 원주민 부족을 지칭할 수 있는 포괄적 용어다. 이것은 내게 이집트인들이 베두인 부족을 그들 각자의 개별적인 이름으로 적시하지 않고 "샤수"라는 용어를 사용한 것을 상기시킨다.

그것은 그렇다고 치고, 헨델은 순례자들이 미국에 그러하듯이 "이스라엘이 당한 압제와 이집트의 속박으로부터의 탈출에 대한 기억은…고대 이스라엘의 정체성의 핵심이었던 이상들을 예시한다"라고 말한다. 결국, 출애굽기 20:2은 이 구원의 행동에 따라 이스라엘의 신을 규정한다. 헨델은 심지어 두 탈출 전통, 즉 이집트로부터의 탈출과 구세계로부터의 탈출을 비교한다. 그가 이 유사점이 식민지 미국인들이 자기들을 하나님의 새 이스라엘로 여긴 이유라고 덧붙였을 수도 있었을 것이다. 탈출은 미국인인 흑인과 백인 모두에게 문화적 기억의 일부다.

혹자는 헨델이 순례자들이 미국으로 항해한 것이 어떻게 기억되든 그것이 실제로 발생한 사건이었던 것처럼, 이스라엘이 이집트를 떠난 것도 역사에서 일어났던 특정한 사건이라고 결론지으리라고 생각할 것이다. 그러나 그는 여기서 그런 결론을 내리지 않는다. 대신 헨델은 미래 세대들을 위해 출애굽 이야기를 기억하고 이야기하라는 성경의 요구로 주의를 돌린다. 그는 "출애굽을 기억하라는 명령이 성경에 울려 퍼지고 있다"라고 말한다.

그런 다음 헨델은 논의의 주제를 바꿔 "이 책에 수록된 다른 접근법들에 비해 이 접근법에 어떤 차이점들과 장점들이 있는지"를 지적한다. 그는 성경의 무오성 문제를 제기하고, 그런 교리가 "복음주의 학자들과 정통파 학자들이 추구할 수 있는 탐구의 종류를 제한한다"라고 주장한다. 바로 그런 제한들이 복음주의자들에 의한 구조 노력을 촉발했나. 헨델에 따르면 그 과정에서 복음주의자들은 이 접근법을 자유롭게 사용해서 성경의 사건을 재해석함으로써 성경의 묘사를 교정한다. 이와 대조적으로, 헨델은 성경에 오류가 있지만 "충실한 학자는 그것을 수정할 수 있다"라고 주장한다. 그는 심지어 그러한 노력을 그것을 통해 기적이 자연적 사건으로 대체되는 문화적 기억의 한 형태라고 부른다. 헨델은 그의 기고문의 결론에서 이 주제로 다시 돌아간다. 그는 출애굽기의 저작 역사와 이스라엘의 초기 역사에 관해 더 알고 싶다는 점을 인정하고, 문화적 기억 접근법이 "현대 신학에 도전을 제시한다"라는 점을 인식한다.

나는 헨델이 설명한 교리적 입장을 직접적으로 다루지 않았다. 그것은 헨델이 글을 쓸 당시 읽지 않았던 내 기고문에는 적용되지 않는다. 다른 기고자들에 대한 내 답변에서, 나는 『일리아스』를 예로 들어 그들이 사람들이 실제로 무엇을 말했는지를 보여주는 증거로서 족보에 관한 성경 텍스트에 의존하는 것에 대해 의문을 제기했다. 『일리아스』의 모든 주요 인물이 실존 인물이었다고 하더라도, 그것이 호메로스가 그들의 행동이나 동기를 정확하게 알고 있었다는 의미는 아니다. 이 점에서 나는 복음주의 학자들이 (그들의 믿음 때문에) 안고 있는 제약조건에 대해 헨델이 제기하는 경고에 공감한다.

이 경고를 뒷받침하기 위해 헨델은 그의 첫 번째 예로 열왕기상 6:1을 제시한다. 나는 내 기고문에서 이 구절을 언급하지 않았다. 내 느낌으로는 일부 기고자가 스트리플링이 무엇을 쓸지 예상하고 선제공격을 가한 것 같다. 헨델은 이 구절을 토대로 출애굽 연대를 기원전 1446년으로 추정하는 것을 비판하기보다는 좀 더 일반적으로 복음주의자들이 이 구절에 의존하는 것을 비판한다. 아이러니하게도, 여기에 성경의 증거에 과도하게 의존하는 예가 있다. 헨델의 말마따나 "성경의 오류들을 적시하고 그 오류들을 역사적으로 그럴듯한 재구성으로 대체하는 것은 복음주의 학자들에게는 신기한 전략이다. 그것은 명백히 전통적인 무오성 교리에서 벗어난다." 이 진술은 출애굽에 대한 헨델 자신의 이해에 관한 언급이라기보다는 다른 사람들의 입장에 대한 반응이다.

그는 "성경의 무오성을 확대해석하는" 또 다른 사례로 재앙을 적시한다. 그는 역사적으로 그럴듯한 이야기를 만들어내기 위해 기적을 자연적 사건으로 합리화하는 것에 반대한다. 그는 이렇게 합리화하는 접근법에 관여하는 복음주의 학자로서 제임스 호프마이어를 거명한다. 그러나 이 책에 수록된 호프마이어의 기고문에서 그는 이렇게 하지 않는다. 나는 호프마이어가 발표한 많은 학술 논문에 접해본 경험을 바탕으로 그가 복음주의적 관점을 드러내거나 암시하지 않고도 학술 자료를 제시할 수 있음을 알고 있다. 그리고 그는 이 책에서 그런 접근법을 취하고 있다. 헨델은 호프마이어가 복음주의적 접근법을 취할 것으로 예상하고 호프마이어의 기고문을 보기도 전에 그의 입장을 공격하는 답변을 쓴 것 같다.

재앙들은 고대 근동의 이야기 전개에서 표준적인 작동 절차였다는 헨델의 지적은 옳은 말이다. 그것들은 백성, 특히 왕들을 향한 신들의 태도에 관한 메시지를 전달하는 효과적인 방법이었다. 나는 헨델이 고대 근동에서의 재앙에 더 많은 지면을 할애하고 복음주의자들에 대한 비판은 기고자들에 대한 그의 답변에서 다뤘더라면 더 좋았으리라고 생각한다. 그는 "재앙들의 목적은 이스라엘 백성이 그들의 자녀들과 손자들에게 들려줄 위대한 이야기를 만드는 것이다"라고 말한다. 그것이 전부인가? 그가 성경 내러티브에 등장하는 특정한 재앙들을 맥락에 비추어 설명하기 위해 노력했더라면 좋았을 것이다. 왜 이 재앙들이 일어났는가? 왜 이 순서로 일어났는가가? 왜 열 가지 재앙이 일어났는가? 이 재앙들이 나일강이라는 환경이 없는, 가나안에 거주하는 청중에게 무엇을 의미하는가? 그것들은 모두 동시에 문화적 기억이 되었는가? 누구의 권위에 의해 문화적 기억이 되었는가? 나는 복음주의자들에 대한 그의 비판보다 이런 질문들에 좀 더 관심이 있다.

헨델은 이어서 "출애굽의 배경에 놓여 있다고 볼 수 있는 역사적 사건 및 상황"을 살펴본다. 렌즈버그의 기고문에 대한 답변에서 내가 지적했던 것처럼, 그가 가나안에 이집트 제국이 있었음을 지적하고 그것의 종료 시기를 람세스 3세의 통치 기간 이후로 추정한 것은 옳다. 그는 고고학과 메르넵타 석비의 증거에 비추어 이스라엘의 출현 시기를 기원전 13-12세기로 올바로 추정한다. 그런 다음 그는 "우리는 이 시기에 초기 이스라엘의 정체성이 구체화되었으며, 그와 더불어 이스라엘의 근간을 이루는 과거에 대한 이야기가 형성되었을 것으로 예상한다"라고 말한다. 이는 맞는 말이며, 람세스 2세 시대의 출애굽을 기억하는 것은 이 견해와 일치한다. 그러한 기억의 예들로서 바다의 노래, 이스라엘이라는 이름, 신의 이름의 정의를 생각해 보라.

헨델은 이집트 제국주의에 기초하여 이집트와 가나안이라는 두 지역에서의 이집트 노예 제도를 검토한다. 그는 제18왕조와 제19왕조의 다양한 파라오 치하의 노예 제도를 살펴본 후 다음 단계로 나간다. 헨델은 논의를 이집트가 주장한 포로 목록들로 국한하지 않고 그 영향을 가나안 자체로 확장한다. 포로들 외에, 가나안 도시들이 매년 왕에게 바쳐야 하는 조공이 있었다. 이런 행위들이 결합해 가나안의 사회 구조를 갈가리 찢어 버렸고, 그 땅 전체의 가정들이 영향을 받았다. 가나안에 있는 모든 사람은 제국의 이데올로기 아래서 파라오의 노예였다.

헨델은 노예 제도의 지평을 능란하게 확장하여 이집트 밖의 민족들을 이집트의 노예에 포함시킨다. 그는 자신의 가족 구성원이나 이웃들이 이집트에서 노예가 되었을 수도 있지만 본인은 가나안에 살면서 이집트에 가본 적이 없는 가나안 사람을 노예에 포함시킨다. 헨델은 "이집트 노예 생활에 대한 공동의 기억이 가나안 구릉지에서의 새로운 민족 형성에 있어 결속 요인"이었다고 가정한다. 여기서 헨델은 노예 생활이 이집트에서의 포로 시기에 새로운 민족을 형성하는 결속 요인이었다고 제안하기를 삼간다. 그는 이 일이 왜 이집트가 아니라 가나안 구릉지에서 일어났다고 생각하는지 설명했어야 했다.

헨델은 이집트학 학자 엘렌 모리스의 연구에 의존하여 이집트 제국의 붕괴로 가나안 땅에서 무슨 일이 일어났는지를 설명한다. 특히 그는 제19왕조 말에 가나안에서 이집트 요새들과 행정 기지들이 파괴된 것에 초점을 맞춘다. 모리스는 기원전 1213년에서 기원전 1190년(대체로 메르넵타 통치 기간)에 파괴된 여러 장소를 언급한다. 모리스는 메르넵타 석비에 나열된 바와 같이 메르넵타가 반란에 직면했던 적들 가운데 이스라엘에 주목한다. 헨델도 당시 "이집트 지배에 대한 저항 패턴들"에 대해 언급하는 성서 고고학자 아론 버크를 인용한다.

헨델은 내가 가나안의 봄이라고 부르는 것에 주목했다. 내 기고문에서 나는 람세스 2세가 가데스에서 실패한 후 모세가 헨델이 여기서 언급하는 이유와 취지를 따라 가나안의 봄을 기대하고 소망했다고 추측했다. 그러나 가나안의 봄은 오지 않았다. 람세스는 재위 8년째의 원정을 시작으로 가나안에서 강경책을 폈다. 가나안의 봄은 메르넵타 때까지 늦춰졌고, 이스라엘은 그 사이에 람세스 2세 통치 후반에 위험이 사라질 때까지 광야에서 방황하다가 구릉지에 정착하기 시작했다. 메르넵타는 리비아와 누비아 원정에 관심을 집중했지만, 가나안에도 원정을 나섰다. 메르넵타는 선왕인 그의 아버지와 마찬가지로 가나안에서 반란이 일어날 가능성을 알고 있었으며 이스라엘이 이집트를 성공적으로 떠남으로써 다른 반란을 촉발하는 촉매나 불꽃이 되기를 원하지 않았다.

헨델은 이집트로부터의 "많은 소규모 탈출" 가능성을 기꺼이 받아들인다. 그는 "새로운 문화적 정체성을 위한 통합의 촉매제"로서의 "기적적인 이집트 탈출 이야기"를 기꺼이 받아들인다. 그는 심지어 "그러한 이야기는 이집트에서 탈출한 노예들에 의해 고안되었을 수도 있고…그들을 주인공으로 삼았을 수도 있었을 것"임을 받아들이려고 한다. 그는 상징적 "통과 의례"를 제안하기 위해 이러한 견해들을 자세하게 설명한다. "출애굽 이야기가 이집트의 속박에 대한 공동의 기억을 통해 촉진되어 이 역사적 사건들을…변형시켰다." 이 시나리오에서는 모세에 대한 설명만 빠져 있다. 가나안에 거주하는 가나안 사람들이 소규모의 탈출자들보다 훨씬 수가 많았는데 그들이 왜 촉매제로서 이스라엘을 받아들이고 이스라엘의 일부가 되기로 선택해야 하는가? 왜 단순히 여호수아 같은 가나안 영웅이 이집트의 통치로부터 그 땅을 해방했다고 가정하는 대신에 이런 복잡한 과정을 거치는가? 왜 출애굽을 만들어내거나 그토록 사소한 사건을 그들의 정체성에 지극히 중요한 사건으로 만드는가?

바로 이 대목에서 내 기고문과 렌즈버그에 대한 내 답변이 이 역사적 재구성에서 빠진 부분을 채운다. 힉소스가 주도한 출애굽을 인정하면 파라오에 대한 이스라엘의 저항이 두드러진 역할을 한 이유가 설명된다. 그것은 람세스 2세 통치 시기의 대부분 동안 (여리고 왕 같은) 가나안의 왕들은 충실한 봉신으로 남아 있었음을 인정한다. 우리는 가나안 사람들이 이집트의 제국주의와 봉신 왕들에 맞서 반란을 일으킬 가능성과 가나안 사람들이 공공의 적에 맞서 이스라엘과 동맹을 맺을 가능성을 고려해야 한다. 이스라엘인들의 탈출에 대한 인식 또한 가나안의 문화적 기억의 일부였으며, 시스라가 람세스 3세였다는 인식은 왜 가나안 사람들과 요단강 동쪽 사람들의 다양한 구성원이 이집트에 대항하는 이스라엘의 리더십을 받아들였는지를 설명한다.

노예 제도는 단순한 법률 용어가 아니다. 파라오 솔로몬의 부역에 동원되었던 이스라엘 사람들은 법적으로는 노예가 아니었지만 자신들을 노예로 보았다(렌즈버그의 기고문에 대한 내 답변을 보라). 백인 미국인들이 자신들을 조지 3세 왕의 노예로 여겼던 것처럼 말이다. 역사적 출애굽에 대한 문화적 기억은 기원전 10세기의 정치적 행동과 저작에 기여했다. 헨델은 이스라엘과 미국에게만 문화적 기억이 있는 것이 아님을 간과한다. 이집트는 힉소스가 세케넨레를 살해한 것과 출애굽을 기억했다. 가나안 사람들은 이집트에 대한 노예 생활과 출애굽을 기억했다. 헨델이 이스라엘의 문화적 기억의 기초에 있는 역사적 핵심이 실제로 일어난 역사적 출애굽이었음을 인정하지 않는 것은 잘못이다. 실제로 이집트에서 탈출한 사건이 람세스 2세 시대에 일어났으며, 그 사건에 대한 기억이 이후 수 세기 동안 이집트—가나안 역사에 영향을 주었다. 이상하게도 헨델은 "모세와 그의 세대가 알고 있었듯이, 종교와 신앙이 반드시 쉬운 것은 아니다"라고 결론짓는다. 하지만 그의 기고문에서 모세가 실제로 존재했음을 암시하는 내용은 없다. 그러나 모세는 존재했고, 이집트로부터의 탈출을 이끌었다.

로널드 헨델에 대한 답변
(기원전 12세기 출애굽 관점)

게리 A. 렌즈버그

로널드 헨델은 출애굽 자체의 역사적 성격에는 관심을 덜 기울이며, 대신 우리에게는 후대의 이스라엘 사람들에 의해 기록된 출애굽에 대한 기억만 남아 있음을 상기시킨다. 이 접근법은 우리 중 성경에 묘사된 역사적 사건들을 재구성하려는 사람들에게 정신이 번쩍 들게 하는 상기물이다. 특히 사건들 자체와 그것들의 "정경" 내러티브 사이에 수 세기의 간격이 있을 때는 더욱 그렇다.

말하자면 이것은 열왕기에 기술된 사건들 대다수에 대해서는 문제가 되지 않는다. 열왕기의 정경 버전은 기술된 사건들과 대체로 동시대에 기록된 연대기 자료에 기초하고 있기 때문이다.[68] 따라서 북왕국 이스라엘의 오므리, 아합, 예후, 므나헴, 베가, 호세아 등의 통치와 남왕국 유다의 아하스, 히스기야, 므낫세, 여호야긴 등의 통치에 대한 다양한 요소―상세한 요소들을 포함한다―가 모압, 아람, 아시리아, 바빌로니아 자료에 의해 확인된다.

이와 대조적으로 기억의 문제는 초기 성경 자료를 다룰 때 책들

---

[68] Baruch Halpern, "Erasing History: The Minimalist Assault on Ancient Israel," *BRev* 11, no. 6 (November/December 1995): 26–35, 47에 수록된 기본 논문과 요약표를 보라.

자체(예, 출애굽기)와 서술된 이야기들(예, 출애굽) 모두에 대해 매우 중요한 문제다. 역사적 사건이 발생한 후 내러티브로 기록되기까지 여러 세기가 흘렀다. 그러면, 우리는 이 문제에 어떻게 접근해야 하는가?

성경의 더 큰 출애굽 내러티브에서 언급된 사건들(이주, 출애굽, 광야) 중 어떤 사건에 대해서도 이를 확인하는 직접적인 증거가 없으므로 비교 자료, 특히 풍부한 이집트 문서에서 비교 자료를 찾아 분석하는 것이 가장 좋은 접근법이다. 나는 이 책에 수록된 내 기고문에서는 분석되어야 할 자료를 인용하지 않았지만, 이전 출판물들에서는 그렇게 했다.[69] 헨델 자신은 주요 이집트 텍스트들 가운데 하나를 인용한다. 그러므로 그는 분명히 이러한 전반적인 접근법에 동의할 것이다.

그러나 우리는 한 가지 중요한 항목에서 의견을 달리한다. 그 점에 대해 좀 더 자세히 말하기 전에 나는 먼저 헨델이 특정 학자나 학자 집단을 "복음주의자"라고 부르는 데 이의를 제기하려고 한다. 그러한 칭호가 문제가 되는가? 그것이 문제가 되어야 하는가? 특정 학자의 개인적인 종교적 신념이 논의에 들어와서는 안 된다. 우리는 모

---

69   Gary A. Rendsburg, "The Early History of Israel," in *Crossing Boundaries and Linking Horizons: Studies in Honor of Michael C. Astour on His 80th Birthday*, ed. Gordon D. Young, Mark W. Chavalas, and Richard E. Averbeck (Bethesda, MD: CDL, 1997), 433–53; idem, "Israelite Origins," in *"An Excellent Fortress for His Armies, a Refuge for the People": Egyptological, Archaeological, and Biblical Studies in Honor of James K. Hoffmeier*, ed. Richard E. Averbeck and K. Lawson Younger (University Park, PA: Eisenbrauns, 2020), 327–39.

두 한 가지 목표를 가지고 있는데, 그것은 바로 성경을 만들어낸 세계를 밝히기 위해 우리가 발견할 수 있는 사항을 포함하여 고대 과거를 가급적 잘 재구성하는 것이다.

헨델이 그 문제를 제기했기 때문에 말하는데, 그리고 내가 이 문제에 관한 전문가는 아니지만, 나는 헨델이 성경의 무오성과 복음주의 신념을 혼합하는 오류를 저지른다고 믿는다. 그렇게 함으로써 그는 안타깝게도 복음주의 접근법과 근본주의 접근법을 혼동한다. 복음주의 학자들은 성경 내러티브의 본질적인 역사성을 믿지만, 그들이 성경의 문자적 해석을 항상 받아들이는 것은 아니다. 그들은 비판적 연구에 참여하며, 성경 연구 분야에서 역사적·고고학적 탐구의 중요성을 이해한다. 헨델은 복음주의 접근법과 근본주의 접근법 사이의 경계를 모호하게 함으로써[70] 전자를 잘못 표현한다. 거듭 말하지만, 나는 이런 논의가 왜 필요한지 그리고 특정 학자의 개인적인 종교적 입장에 왜 꼬리표를 붙여야 하는지 이해하지 못하겠다.

그 점은 차치하고, 앞서 언급된 중요한 항목을 살펴보자. 나는 이스라엘 사람들이 샤수 베두인족에서 유래했으며 가나안 사람들과 구별된다고 보는 반면, 헨델은 이스라엘 사람들의 대다수가 "이전에 가나안인들이었다"라고 본다. 따라서 노예 생활에 대한 성경의 기사는 이집트 자체에서의 노예 생활에 관한 것이 아니라, 후기 청동기 시대 가나안의 정치적 상황을 반영하는 역할을 한다. 이 시기에 이집

70 　자신이 복음주의자라고 밝히는, 학자가 아닌 많은 사람(평신도 일반)이 근본주의 접근법을 따른다는 점을 나도 인정한다. 그렇지만 여기서 내 강조점은 복음주의 학자들에게 있다(Hendel의 강조점도 그런 것으로 보인다).

트 제국이 가나안을 지배했으며, 이집트의 주요 주둔지들(가자, 아벡, 텔 모르, 텔 엘 아줄[Tell el-'Ajjul], 벧산)이 가나안 땅 여러 곳에 산재해 있었던 반면,[71] 가나안인들 가운데 일부는 이집트 자체로 이송되어 부역 노동자로 일했다. 헨델의 재구성에서 가나안 주민들은 자신들을 이집트인들의 노예로 여기게 되었다. 훗날 초기 이스라엘이 가나안의 본토에서 출현했을 때 그들은 이집트에 대한 이 노예 생활을 회상했다. 그들이 무대의 배경을 이집트 자체로만 옮겼지만 말이다. 내가 아는 한 헨델은 이 이전이 왜 또는 어떻게 일어났는지 설명하지 않는다. 이스라엘 사람들의 역사적 기억이 주로 가나안 땅에서 일어난 사건들과 관련이 있다면 이스라엘의 텍스트들은 왜 노예 생활이 이집트 안에서만 일어난 것으로 제시했는가?

이와 대조적으로, 나는 이스라엘 사람들이 남방지역(시나이반도와 현대의 남부 이스라엘과 현대의 남부 요르단에 걸쳐 있는 광대한 땅과 동일한 지역이다)의 일반적인 지역에서 기원했다고 본다.[72] 따라서 이스라엘 사람들은 후기 청동기 시대에 가나안 땅의 주민에 대한 이집트의 "노예화"에 참여하지 않았다. 특히 주요 이집트 문서 세 개―파피루스 아나스타시 VI, 파피루스 레이덴 348, 파피루스 아나스타시 V―가 성경의 기사와 공명하는 점을 고려할 때 우리는 성경의 기록에 좀 더 큰 가치를 부여해야 한다.

메르넵타의 통치 시기에 기록된 것으로 추정되는 파피루스 아

나스타시 VI(특히 4:11-5:5을 보라)은 에돔의 샤수가 이집트에 들어오도록 허용된 것을 언급한다. 그들은 이집트에서 "그들을 살리고 그들의 가축 떼를 살리기 위해" 테쿠/페르 아툼(Per-Atum) 지역에 정착하게 될 터였다. 이 구절과 성경의 이집트로의 이주 기사는 놀라울 정도로 유사하다. 에돔과 이스라엘은 성경에서 "쌍둥이"로 묘사되며(에서와 야곱의 [이란성] 쌍둥이 관계를 통해), 따라서 두 집단의 경험은 매우 유사할 것이다. 에돔이 살았던 페르 아툼은 이스라엘이 살았던 비돔(출 1:11)과 가까우며, 이스라엘 사람들도 그들의 가축 떼와 함께 이집트에 도착한다(창 47:4).

람세스 2세 통치 때 쓰인 것으로 추정되는 서신인 파피루스 레이덴 348에 다음과 같이 쓰여 있다(recto 6:6). "군사들과 람세스의 [집?]의 큰 탑문을 만들기 위해 돌(?)을 끌고 있는 군대의 남자들과 **아피루**('*Apiru*)에게 곡식을 지급하라." 나는 모든 아피루/하비루가 히브리인이었다고 믿지 않지만(이 주제는 다른 기회에 다루는 것이 가장 좋다), 이 사례에서 두 용어 사이의 연관성은 상당히 놀랍다. 특히 출애굽기 1:11에 따르면 이스라엘 사람들이 람세스(라암셋) 성에서 건축 작업에 참여했기 때문이다.

출애굽 자체에 관해서 헨델은 역시 메르넵타 통치 시대에 쓰인 것으로 추정되는 파피루스 아나스타시 V를 통해 잘 알려진 유사점을 인용한다. 그 문서의 주요 구절(19:6-20:2)은 이집트를 탈출한 노예 두 명을 묘사한다. 그들의 행적을 이집트의 군대가 뒤쫓았다. 이 모든 내용은 출애굽기 14장에 기록된 성경 이야기와 매우 유사하다. 헨델과 나 두 사람 모두 이 텍스트를 출애굽 자체와 연결하지 않지만, 우리 둘 다 밀접한 유사성이 있음을 인식하고 있다. 그는 "제국 시대와 그 이후에 이집트에서 많은 소규모 탈출이 있었다"라고 제안한 아브라함 말라마트에게 동의하는데, 나도 그 의견에 동의한다.

헨델은 이상하게도 파피루스 아나스타시 V와 성경 기사 사이의 가장 두드러진 유사점—두 텍스트 모두에 등장하는 믹돌이라는 지명—을 언급하지 않는다.[73] 이집트의 보고서를 인용하면서 그는 이 문서의 이 중요한 부분에서 생략 부호(…)를 사용하고 출애굽기 14:2에 그 지명이 등장한다는 사실을 언급하지 않는다. 그렇다고 해서 이집트 텍스트가 성경 이야기의 1차 자료라는 의미는 아니지만, 후자가 전자의 빛에 비춰 읽히면 어느 정도 역사성을 지니게 된다. 내가 다른 곳에서 제안한 바와 같이, 두 텍스트 모두에 믹돌이 등장한다는 것은 그 장소가 고대의 지하철에 해당하는 교통수단을 통해 이집트를 탈출하는 노예들에게 일종의 중간 기착지 역할을 했음을 시사한다.[74]

여기서 조사된 이집트 문서 세 개는 성경의 기록에 헨델이 인정하고자 하는 수준보다 더 많은 역사성이 있음을 암시한다. 그가 성경의 출애굽 전통이 "이집트에서 탈출한 노예들에 의해 고안되었을 수도 있고(앞서 언급된 소규모 집단들의 탈출) 그들을 주인공으로 삼았을 수도 있었을" 가능성을 완전히 부인하지 않는다는 것은 사실이다. 그

---

73 전자에 대해서는 James E. Hoch, *Semitic Words in Egyptian Texts of the New Kingdom and Third Intermediate Period* (Princeton: Princeton Univ. Press, 1994), 169-70을 보라.

74 Rendsburg, "The Early History of Israel," 444.

러나 그의 기고문의 주요 초점은 "이 이야기가 이전에 제국의 신민이었다가 이스라엘의 새로운 지파 정치 조직체에 합류한 **모든** 가나안 사람과 관련이 있을 수 있음을 강조하는 것이다."

요점을 명확하게 말하자면, 이집트 텍스트 한 개는 에돔의 샤수를 언급하는 반면, 다른 이집트 텍스트는 하비루를 언급한다(세 번째 텍스트는 추가적인 설명 없이 "노예들"에 대해서만 말한다). 내가 앞서 지적한 바와 같이, 전자는 광대한 남방지역을 가리키는 반면 후자는 사회적 소외 계층을 암시한다. 아마르나 문서는 자신을 파라오의 노예로 여겼던 가나안 소 군주들(예컨대 헨델이 인용한 서신을 보낸 므깃도 왕 비리디야)과 가나안 도시 국가들이 맞서야 했던 도적과 약탈자 집단을 이루는 것으로 보이는 하비루 사이를 명확히 구분한다.[75] 성경 이야기와 가장 유사한 이집트 텍스트들은—수가 적기는 하지만—가나안 사람들 자체를 이집트로 이주했거나 이집트에서 일하는 사람들로 간주하지 않고 다른 사람들(샤수와 하비루)로 간주한다.

기억의 역사는 성경 연구에서 가치 있는 도구다. 문화적 기억에 관한 헨델의 다음과 같은 간략한 진술은 매우 유용하다. "[출애굽 이야기는] 평범한 역사가 아니며 순수한 허구도 아니다. 그것은 역사적 사건과 상황에 대한 회상, 전통적인 모티프, 서사적 상상력의 혼합물이다. 그것은 과거를 현재에 사용할 수 있도록 만들고 고대 이스라엘의 정체성과 이상을 단단히 붙들어 매기 위해 과거를 회상하고

75　일반적인 설명은 William L. Moran, ed. and trans., *The Amarna Letters*(Baltimore: Johns Hopkins Univ. Press, 1992)를 보라.

수정하여 일부 측면은 잊어버리고 다른 측면은 중시한다."

나는 위 진술에 전적으로 동의하지만, 성경 이야기의 근저에 있는 "과거"는 가나안에서 출현했고 자신을 가나안에 있는 이집트의 노예라고 생각했던 이스라엘이 아니다. 성경 이야기에는 헨델이 인정하는 것보다 더 많은 역사성이 있다. 나는 이 점을 기꺼이 지지한다.

헨델은 그의 기고문을 **메이플라워호** 이야기로 시작한다. 나도 내 기고문에서 이 유비를 사용한다. 그러나 이 유사점은 **메이플라워호** 항해가 실제로 일어났고 적절한 지리적 배경―플리머스에서의 출발, 대서양 횡단, 매사추세츠에 상륙―이 있어야 그리고 그때에만 타당하다. 청교도들 가운데 일부가 약 10년 동안 레이덴에 거주했지만, 이야기를 네덜란드로 옮기는 것은 그 내러티브에 적합하지 않을 것이며 주로 영국에 뿌리를 둔 미국의 국가적 대의에 도움이 되지 않을 것이다.

나는 또 다른 서사 전통인 "베오울프"(*Beowulf*)를 언급함으로써 내 답변을 마무리하려고 한다. 그 이야기는 기원후 6세기에 일어난 것으로 추정할 수 있는 역사적 사건들을 바탕으로 하며, 시 자체는 8세기에 쓰였고, 우리에게 남아 있는 가장 이른 시기의 필사본(사실 유일한 초기 필사본이다)의 연대는 1000년경으로 추정된다. 이 이야기는 실제인가? 그것은 현실을 바탕으로 한 것인가? 나의 전 동료 로버트 패럴(Robert Farrell)은 다음과 같이 썼다.

"베오울프"는 영웅적 역사 작품, 즉 시인이 영웅적 문명의 윤리를 제시하면서 시인이 사실들과 연대기보다 영웅적인 행위들과 그것들의 가치에 좀 더 관심을 기울이는 시다. 이런 방식으로 글을 쓰는 시인은 절대적인 역사적 사실, 즉 우리가 알고 있는 그대로의 역사를 무시하지 않는다. 그는 역사적 사실을 다른 고려 사항들보다 덜 중요하다고 생각한다.…하이겔락(Hygelac)이 프리지아 해안을 습격한 에피소드에서처럼 그의 이야기는 때때로 역사와 상당히 잘 들어맞는다. 그러나 그의 작품은 자유롭게 짜인 구조가 되는 경우가 더 많은데, 그 구조에서는 과거의 인물과 행동이 윤리적으로 만족스러운 내러티브의 일부가 된다.[76]

그리고 토라도 마찬가지다. 출애굽 내러티브는 "때때로 역사와 상당히 잘 들어맞는다"(샤수가 이집트로 가서 페르 아툼에 정착함, 노예들이 람세스 성읍을 건설함, 노예들이 믹돌을 통하여 탈출함). 그러나 일반적으로 이러한 "역사적 사실[들], 즉 우리가 알고 있는 그대로의 역사"는 저자의 더 큰 목표에 종속한다. 이스라엘의 경우 저자의 목표는 "윤리적으로 만족스러운 내러티브"뿐만 아니라 신학적으로 자양분을 주는 내러티브다.

---

76   R. T. Farrell, "Beowulf, Swedes and Geats," *Saga-Book of the Viking Society for Northern Research* 18 (1970-1973): 220-96, 특히 229. 독자의 흥미를 끌 수도 있는 개인적 여담이 허용된다면, 나는 Bob Farrell이 거장 J. R. R. Tolkien의 발치에서 배우던 시절의 일화들로 코넬 대학교 동료인 우리를 어떻게 즐겁게 했는지를 회상한다. 그 사람에 관한 좀 더 자세한 내용은 Catherine E. Karkov, "In Memoriam: Robert T. Farrell (November 16, 1938-July 31, 2003)," *Old English Newsletter* 37, no. 1 (Fall 2003): 6을 보라. 온라인 주소 www.oenewsletter.org/OEN/print.php/memorials/farrell/Array에서 그 글을 읽을 수 있다.

나는 동료 기고자들의 사려 깊은 논평에 감사한다. 내가 이해하는 학문은 증거와 증거를 이해하는 우리의 능력에 대한 여러 세대에 걸친 대화인데, 이는 큰 그림에서 시작하여 매우 세밀한 알갱이까지도 포함한다. 이를 위해서는 대화와 비판—자아비판을 포함한다—이 필수적인 수단이다. 나는 내 관점이 복음주의 학문의 경계를 벗어난다는 사실이 알려진 상태에서 복음주의 학자들이 주최하고 복음주의 시리즈로 출판되는 이 대화에 초대받았다. 내가 복음주의 대학이나 신학교 교수로서 내 연구를 출간한다면 나는 해고될 것이다. 이는 단순히 이론적인 경계들이 아니라 매우 실제적인 경계들이다. 그래서 나는 무오성 교리가 출애굽을 이해하는 데 어떤 차이를 만드는지를 다뤘다. 제임스 호프마이어와 게리 A. 렌즈버그는 이 점을 비판하지만, 나는 우리의 논의에서 내면화된 경계를 강조할 필요가 있다고 생각한다. 마크 놀(Mark Noll)에 따르면 "어떤 학자가 성경의 영감에 대한 복음주의 관점을 취한다는 사실을 아는 것은 유용하다. 혹자는 진정한 학문이 '역사비평 방법'에 의존한다고 생각한다는 것을 아는 것이 도움이 되듯이 말이다."[77] 하지만 물론 이 경계들을 인식하는 것은

77　Mark A. Noll, *Between Faith and Criticism: Evangelicals, Scholarship, and the Bible in*

시작에 불과하다. 증거에 대한 분석의 질과 논증의 타당성이 학문의 핵심이다. 나는 내가 경계들에 대한 관심과 분석적·역사적 논증의 균형을 적절하게 유지했기를 바란다.

문화적 기억이라는 주제가 이 답변들에서 여러 번 등장한다. 스콧 스트리플링은 내가 순례자 선조들에 대한 미국의 문화적 기억을 잘못 표현한다고 생각한다. 내가 지나치게 단순화했을지도 모른다. 그러나 내가 내 학교생활과 내 자녀들의 학교생활을 돌이켜 보면, 이상화된 순례자의 모습이 여전히 규범적인 것처럼 보인다. 내 아들이 다섯 살 때 판지로 만든 순례자 모자를 쓰고 귀가했을 때 내가 내 아들에게 순례자들이 내 아들 나이 또래의 어린 유대인 아이를 감옥에 가두고, 심지어 유대인 아이를 로드아일랜드로 추방했을 것이라고 말해주었던 기억이 난다. 내 아들은 단호하게 "아빠, 그건 틀렸어. 우리 선생님은 그렇게 말하지 않았어"라고 말했다. 아들의 선생님이 미국의 기억에 대한 권위 있는 전달자였고, 너무도 자주 농담하는 그 애의 아빠는 권위자가 아니었다. 이 일은 내게 문화적 기억에 관한 몇 가지 중요한 점을 가르쳐주었다. 첫째, 문화적 기억은 반드시—렌즈버그가 지적하듯이—순례자들이 대체로 영국이 아니라 네덜란드에 살았다는 것 같은 불편한 사실들을 잊는다. 둘째, 어느 공동체에서든 권위 있는 해석자들이 문화적 기억을 전달한다. 학자들과 역사학자들—그리고 빈정대는 아빠들—의 견해는 이차적이며 쉽게 잊힌다.

나는 이런 특징들 가운데 일부가 출애굽 이야기에도 존재한다

America, 2nd ed. (Grand Rapids: Baker, 1991), 182.

고 생각한다. 초기 이스라엘인들 대다수가 가나안인들이었다는 생각은 성경에서 잊혔다. 아마도 선지자 에스겔처럼 특이한 인물들을 제외하고 말이다. 에스겔은 다음과 같이 상기시키면서 그의 동시대 사람들을 비판한다. "네 근본과 난 땅은 가나안이요 네 아버지는 아모리 사람이요 네 어머니는 헷 사람이라"(겔 16:3). 순례자들이 네덜란드 시민권을 잊은 것처럼, 성경의 출애굽은 많은 초기 이스라엘인들이 이집트의 통치가 붕괴하자마자 이스라엘이 구릉지에 정착할 때 합류하여 새로운 정체성을 만들어낸 가나안인들—촌락 사람들, 목동들, 유목민들—이었다는 사실을 생략한다. 마찬가지로, 과거에 대한 권위 있는 해석자들에 의한 이 기억의 전달은 문학적 모티프와 신학적 사상과 때로는 집단 간 논쟁을 통해 강화되면서 그 기억이 성장하고 변화할 수 있게 했다. 출애굽 기억의 버전들은 우리가 에스겔 20장 등에서 볼 수 있듯이 출애굽기부터 예언서에 이르기까지 크게 다르다.

마지막으로 호프마이어의 답변에 관해 언급하자면 인신공격은 학술 포럼에서 부적절하다고 말하고 싶다. 나는 이 책에 참여함으로써 문을 닫지 않고 열어 두려고 적극적으로 노력하고 있다. 내 입장을 희화화하고("보수주의자들을 향한 적의" 등) 현대의 비판적 학문을 일축하는 그의 태도는 이 프로젝트를 발전시키지 못한다. 그는 내가 "19세기의 자료비평이라는 빈약한 기초"에 의존한다는 이유로 내 연구를 거부한다. 그러나 자료비평은 19세기에 크게 발전했지만, 그것 때문에 죽은 것은 아니다. 내가 기억하기로 전자기(electromagnetism) 연구 역시 19세기에 크게 발전했으며, 내가 아는 한 그것은 여전히

과학적 성취의 중요한 영역이다. 바꾸어 말하자면, 현대 학문의 다른
결과물들과 마찬가지로 내 아이폰(iPhone)은 아주 잘 작동한다.

▶ 결론

▶ 마크 D. 얀젠

이런 책의 결론은 쓴다는 것은 다소 신기한 일이다. 많은 책이 그 책의 결정적인 주장이나 가장 중요한 주장들에 대한 요약으로 끝난다. 물론 여기서 나는 그렇게 할 수 없다. 그러므로 "결론"은 잘못된 명칭이다. 나는 이 책이 전문가와 일반 독자를 막론하고 그들 사이에 출애굽에 관한 좀 더 폭넓은 대화를 **시작하고** 수십 년 동안 전문가들이 참여한 대화를 **계속하는** 책이라고 생각하기를 좋아한다.

히브리인의 출애굽에 대해 논의하려면 확실히 광범위한 역사적·고고학적·언어적 증거를 통합하는 정교한 관점이 필요하다. 고고학자들이 발굴을 계속하고 학자들이 새로운 렌즈를 통해 성경 텍스트를 분석함에 따라 이러한 데이터는 자주 새로운 정보를 통합한다. 우리는 어떤 결론을 내리든 언제나 추가 발견과 혁신적인 접근법이 등장하면 그 결론이 재평가되어야 할 가능성이 있다는 점을 주의해야 한다. 이 책의 의도는 모든 질문에 답하는 것이 아니라 다양한 관점에서 다양한 문제에 대해 독자들을 교육하는 것이었다.

히브리인의 출애굽은 일반적으로 주제에 냉정하게 접근하는 훈련을 받은 학자들에게도 광범위한 감정을 불러일으킬 수 있다. 성경 내러티브에 대한 논쟁을 장려하는 책에서 개인적인 믿음은 필연적으로 면밀한 조사의 대상이 될 것이다. 우리의 기고자들은 각각 해당 분야의 선도자로서 수십 년 동안 연구하고 결론을 도출해왔다. 이 책은 사람들이 쉽게 바꾸지 않을 입장과 관련된 지극히 개인적인 신념과 신앙의 문제를 다룬다.

따라서 우리 저자들이 몇몇 곳에서 인신공격을 받았다고 느낀 것은 놀라운 일이 아니다. 우리 기고자들이 이렇게 느낀 경우, 나는 논증과 반론이 그 학자의 주장을 다루고 있는 것이지 단순히 그를 공격하는 쪽으로 나아간 것은 아니라고 생각했다. 동시에 나는 누구의 우려도 침묵시키고 싶지 않았기 때문에 그들의 의견을 이 책의 최종본에 그대로 남겨두었다. 하지만 나는 어느 학자의 이전 연구를 분석하는 것은 인신공격이 아니며, 성경의 무오성 같은 사항에 대한 개인의 전제가 그의 연구와 분석에 영향을 미치는지 묻는 것도 인신공격이 아니라고 믿는다. 아마도 여기서 가장 중요한 교훈은 믿음과 지식의 구분이 우리 학자들이 원하는 만큼 항상 명확하지는 않다는 점일 것이다.

궁극적으로, 나는 출애굽에 대한 상세한 검토를 제공하고 출애굽에 관해 더 많이 알기 원하는 많은 독자에게 출발점을 제공하고 싶었다. 이는 부분적으로는 독자들이 다른 출처에서 나온 잘못된 정보나 과장된 주장을 인식할 수 있도록 준비시키려는 바람에서 비롯된 것이었다. 나는 이 책이 그 목표를 달성했다고 믿는다.

하지만 나는 우리가 모든 정답을 제공했다고는 생각하지 않는다. 솔직히 말해서 그 논쟁은 계속되어야 한다. 중요한 여러 문제에 관해 아직 합의가 이루어지지 않고 있다. 나는 이 책이 그 모든 논쟁을 해결하는 책이었기를 바라지만, 현재 이용할 수 있는 증거로는 그것은 불가능한 희망 사항이다. 나는 편집자로서 이곳에서 이런 문제들에 대한 내 견해를 제시하고 싶지는 않지만, 내가 독자들이 다음과 같은 핵심적인 미해결 쟁점 네 가지를 좀 더 알아보기를 원할 수도 있으리라고 말해도 독자들이 이해해 줄 것이라고 믿는다.

1. **열왕기상 6:1에 언급된 480년.** 스트리플링은 480이 문자적인 숫자로 받아들여져야 한다고 믿지만, 성전 건축은 실제로 출애굽 후 479년째 해에 시작되었을 것이라고 덧붙인다. 그에게 있어 이 구절은 출애굽이 기원전 15세기에 일어났음을 의미한다. 반면에 호프마이어, 파인만, 렌즈버그는 480이 상징적인 수(12 x 40)라고 믿는다. 호프마이어는 이것이 고대인들이 신전을 봉헌할 때 상징적·이념적으로 중요한 숫자를 사용한 고대의 관행 디스탄츠안가베(Distanzangabe)와 부합한다고 지적한다.

2. **출애굽기 1:11에 언급된 (피)람세스의 중요성.** 이 중요한 삼각주 수도가 사용된 기간은 150년이 채 되지 않는다(기원전 1270-1130년경).[1] 따라서 호프마이어와 파인만은 이 구절(그리고 다른 데이터)을 사용하여 출애굽이 기원전 13세기에 일어났다고 추정하며, 렌즈버그는 출애굽이 그

---

[1] 자세한 내용은, Mark D. Janzen, "(Pi-)Rameses—The Delta Capital of Ramesside Egypt," in *Lexham Geographic Commentary on the Pentateuch*, ed. Barry Beitzel(Bellingham, WA: Lexham, 2020 [forthcoming])을 보라.

도시가 존재했던 시기의 말기인 기원전 12세기에 일어난 것으로 본다. 그들 모두 이 언급을 성경 내러티브에서 가장 중요한 연대기적 단서들 가운데 하나(또는 심지어 가장 중요한 단서!)로 여긴다. 헨델은 쉬퍼의 견해를 따라 그 언급의 진정성에 의문을 제기하는 반면 스트리플링은 그것이 후대의 편집상 주해일 수 있다고 생각한다. 확실히 이에 관한 합의가 이루어지지 않고 있다.

3. **성경 족보들의 신기한 사례**. 각 족보에 대한 각각의 견해를 검토하지 않고서도 족보를 신뢰할 수 있는지에 대해 상당한 의견 차이가 있다고 말하는 것으로 충분하다. 족보들이 너무 이념적이고 선전 목적으로 작성되어서 신뢰할 수 없는가? 그것들은 압축되었거나 인위적으로 길어졌거나 선택적으로 짧아졌는가? 이 질문들에 대한 대답은 출애굽 연대 결정에 필요한 계산에 영향을 준다.

4. **베를린 받침대가 이스라엘을 언급하는가?** 스트리플링은 그렇다고 믿지만, 호프마이어가 인용한 이집트학 학자들의 최근 연구는 그 해석에 이의를 제기한다. 그들은 그 철자법의 언어학적 어려움을 지적한다. 스트리플링은 제안된 대안들이 알려진 지명이 아니라고 반박했다. 다시 말하지만, 상당한 논쟁이 있으며, 이 자료를 인용할 때는 상당한 주의를 기울여야 한다.

그러한 논쟁의 여지가 있는 문제들이라고 해서 건전한 논증이 불가능한 것은 아니다. 그것들은 건전한 논증의 중요성을 보여준다.

만약 내가 언급하기 껄끄러운 문제를 다루지 않는다면 그것은 태만한 처사일 것이다. 의심할 여지 없이 많은 사람이 이 책을 읽다가 여러 곳에서 "누구를 믿어야 하지?"라는 생각을 했을 것이다. 이는 이해할 만하다. 우리는 다른 데이터에 우선순위를 두거나 심지어 때로는 같은 증거나 인공물에 대해 다른 결론에 도달하기도 하는(베를린 받침대처럼 말이다) 서로 다른 해석을 보아왔다. 어떤 전문가는 출애굽이 어느 세기에 일어났다고 말하고, 다른 전문가들은 각각 다른 두 세기에 일어났다고 말하며, 또 다른 전문가는 우리가 그것을 결정할 수 없다고 말한다. 애석하게도, 이것을 해결할 쉬운 방법은 없다. 만약 쉬운 방법이 있다면, 이 책은 존재하지 않거나 제목이 단순히『출애굽에 대한 한 가지 관점』(One View on the Exodus)이 될 것이다. 내가 제시할 수 있는 최선의 대답은 결코 학습을 멈추지 말고, 자신의 결론을 도출하고, 당신이 읽는 모든 것에 관해 깊이 그리고 비판적으로 생각하라는 것이다.

내가 학생들이나 관심 있는 평신도들과 출애굽에 대해 논의할 때, 그들은 결국 대학원 학위 없이도 당면한 문제들을 이해할 수 있는지 궁금해한다. 이에 나는 "그럼요, 할 수 있습니다!"라고 대답한다. 그 내러티브를 직접 반복해서 읽어 보라. 이 책의 앞에서 인용된 다른 자료들을 읽어 보라. 직접 1차 자료들의 번역본을 읽어 보라. 지금은 주요 발굴 프로젝트 대다수는 해당 프로젝트와 관련된 훌륭한 웹사이트들을 가지고 있으므로 그 웹사이트들을 즐겨찾기에 추가하여 최신 발견들에 대한 정보를 받아라. 이 책을 읽은 것은 훌륭한 첫 번째, 두 번째 혹은 스무 번째 단계였다. 이제 나는 당신이 이 여정의 어느 지점에 있든 상관없이 계속 배우라고 권한다.

전반적으로, 이 프로젝트를 감독하는 것은 큰 특권이었다. 동료 기고자들과 존더반 출판사의 편집자들에게 진심으로 감사한다. 엄격한 분량과 엄격한 마감일이라는 제약에도 불구하고 기고자들과 함께 작업하는 것은 즐거운 일이었다. 그들은 이 책의 편집에 수반되는 모든 것을 고려하면서 이 책의 편집 과정을 참으로 쉽게 만들었다.

마지막으로, 우리의 독자들에게 감사하고 싶다. 나는 여러분이 이 책이 교육적이고, 통찰력이 있고, 접근하기 쉽고, 재미있다는 것을 발견했다고 믿는다. 나는 이 책이 우리의 회당, 교회, 학교, 그리고 물론 커피숍에서 건전한 대화를 진척시키기를 바란다. 인류의 가장 위대한 내러티브들 가운데 하나는 적어도 그런 대우를 받을 가치가 있다.

출애굽의 역사성과 연대 논쟁

출애굽의 역사성, 연대기, 신학적 함의에 대한 토론

Copyright ⓒ 새물결플러스 2024

1쇄 발행 2024년 9월 12일

지은이 스콧 스트리플링 외 4인
옮긴이 안영미
펴낸이 김요한
펴낸곳 새물결플러스

편　집 왕희광 정인철 노재현 이형일 나유영 노동래
디자인 황진주 김은경
마케팅 박성민
총　무 김명화 이성순
영　상 최정호
아카데미 차상희

홈페이지 www.holywaveplus.com
이메일 hwpbooks@hwpbooks.com
출판등록 2008년 8월 21일 제2008-24호
주　소 (우) 04114 서울특별시 마포구 신촌로28가길 29
전　화 02) 2652-3161
팩　스 02) 2652-3191

ISBN 979-11-6129-288-5 93230

책값은 뒤표지에 있습니다.